Kofi Annan

Die Vereinten Nationen im 21. Jahrhundert

Kofi Annan

Die Vereinten Nationen im 21. Jahrhundert

Reden und Beiträge 1997 – 2003

herausgegeben von Manuel Fröhlich

Die Veröffentlichung erfolgt mit
freundlicher Genehmigung der Vereinten Nationen

VS VERLAG FÜR SOZIALWISSENSCHAFTEN

VS VERLAG FÜR SOZIALWISSENSCHAFTEN

VS Verlag für Sozialwissenschaften
Entstanden mit Beginn des Jahres 2004 aus den beiden Häusern
Leske+Budrich und Westdeutscher Verlag.
Die breite Basis für sozialwissenschaftliches Publizieren

Bibliografische Information Der Deutschen Bibliothek
Die Deutsche Bibliothek verzeichnet diese Publikation in der Deutschen Nationalbibliografie;
detaillierte bibliografische Daten sind im Internet über <http://dnb.ddb.de> abrufbar.

Die Urheberrechte für die Reden Kofi Annans liegen bei den Vereinten Nationen, New York.
Die Veröffentlichung erfolgt mit freundlicher Genehmigung der Vereinten Nationen.

Die Urheberrechte für die Nobelpreis-Rede Kofi Annans liegen bei der Nobel-Stiftung, Oslo.
Die Veröffentlichung erfolgt mit freundlicher Genehmigung der Nobel-Stiftung.

Die Übersetzungen der Texte [21] und [25] stammen aus der Zeitschrift Internationale Politik.
Die Veröffentlichung erfolgt mit freundlicher Genehmigung des W. Bertelsmann-Verlages,
Bielefeld (www.wbv.de).

1. Auflage Juni 2004

Alle Rechte vorbehalten
© VS Verlag für Sozialwissenschaften/GWV Fachverlage GmbH, Wiesbaden 2004

Lektorat: Frank Schindler

Der VS Verlag für Sozialwissenschaften ist ein Unternehmen von Springer Science+Business Media.
www.vs-verlag.de

Umschlaggestaltung: KünkelLopka Medienentwicklung, Heidelberg
Umschlagbild: Mit freundlicher Genehmigung von picture-alliance/dpa

Gedruckt auf säurefreiem und chlorfrei gebleichtem Papier

ISBN-13:978-3-531-13872-5   e-ISBN-13:978-3-322-80439-6
DOI: 10.1007/978-3-322-80439-6

Inhalt

IV. VERÄNDERUNGEN UND REFORMEN

V. NEUE WEGE

Vorwort

Manuel Fröhlich

Kaum ein Tag vergeht, an dem UN-Generalsekretär Kofi Annan nicht in den Medien mit einer Stellungnahme zu unterschiedlichsten Ereignissen vertreten ist. Sein Name und sein Gesicht sind eins geworden mit der Organisation, die er vertritt. Seit seinem Amtsantritt hat er durchaus ein gewisses Potential zur Starfigur der Weltpolitik entwickelt: Die Zeitschrift „George" wählte ihn unter die „zwanzig faszinierendsten Politiker", das Ehepaar Annan fand sich sogar in der „Vogue" wieder, die Sesamstraße lud den Generalsekretär im Dezember 2001 zur Schlichtung eines Streites zwischen zwei Stofftieren ein (es ging darum, wer von beiden denn nun das „Alphabet-Lied" singen darf)[1] – und selbst diese Gelegenheit nutzte Annan, um seinem Publikum die für die Vereinten Nationen konstitutiven Werte gegenseitiger Achtung und Toleranz näher zu bringen. Der ehemalige amerikanische UN-Botschafter Richard Holbrooke nennt Annan sogar einen „Rockstar der internationalen Diplomatie".[2] An diesem etwas flapsigen Vergleich ist zumindest eines wahr: Auch Annan ist bei seiner Tätigkeit wesentlich auf seine Stimme angewiesen; das Medium seines Amtes ist der öffentliche Auftritt. Dabei geht es aber keinesfalls um unterhaltende oder nebensächliche Dinge; es geht um Existenzfragen der internationalen Politik und letztlich immer wieder um Krieg oder Frieden. Es ist auffällig, wie Kofi Annans Art zu reden von vielen Kommentatoren hervorgehoben wird: „Kofi Annan spricht ganz leise, ohne seine Stimme zu heben, und doch hört ihm jeder fasziniert zu. Der Mann, der – scheinbar abgehoben von den Dingen dieser Welt – im 38. Stock des Sekretariats der Vereinten Nationen residiert, weiß um die Kraft seiner leisen Stimme. Er muss der Kraft der moralischen Argumente vertrauen, wenn andere Waffen einsetzen können. Schwächen muss man betonen, um sie in Stärken zu verwandeln. Seine leise Stimme zwingt zur Konzentration, erzwingt Aufmerksamkeit."[3] Noch ausführlicher schreibt ein amerikanischer Beobachter: „Annans Stimme hat einen leisen, etwas heiseren, gedämpften Ton, ist wie ein

---

[1] Vgl. Thomas Schuler, Der stille Diplomat. Kofi Annan – Friedensnobelpreisträger, Liebling der Amerikaner und mehr Sekretär als General, in: Ders., Selbst der Friseur ist Diplomat. Die UNO in New York, Wien 2002, S. 27; Philip Gourevitch, The Optimist. Kofi Annan's U.N. has never been more important and more imperilled, in: The New Yorker v. 03.03.2003, S. 50 und Kofi Annan vermittelt in der Sesamstraße, in: Die Welt v. 08.12.2001, S. 1.
[2] Das Holbrooke-Zitat findet sich bei Edith M. Lederer, Annan adds Terrorism to Mission, in: The Washington Post v. 12.10.2001.
[3] Schuler, Diplomat, a.a.O., S. 25-26.

verstärktes Flüstern; seine Redeweise verfügt über eine unheimlich metronomische Gleichmäßigkeit. Er klingt altehrwürdig und seine Stimme ist doch voller Kraft, eine Monotonie ohne Eintönigkeit, gebeugt nur durch den äquatorialen, mittelatlantischen Tonfall seines Akzents, der einem amerikanischen Ohr genau so westindisch wie westafrikanisch vorkommt und seiner Rede einen leichten musikalischen Rhythmus verleiht. Ihr Effekt ist auf eine verwirrende Art beruhigend. Annan kann die allgemeinsten, harmlosesten Aussagen gehaltreich und tiefgründig machen und er kann seine härtesten, umstrittensten Aussagen ohne erkennbare Streitsucht machen. Wenn er spricht, Auge in Auge oder von einem mit Mikrophonen übersäten Pult, ist er sich sicher bewusst, dass er zur Welt spricht, aber er erweckt den Eindruck eines Mannes, der sich selbst zuhört und einem erlaubt, ihn zu belauschen und zu sehen, dass er mit sich übereinstimmt, während er spricht. Angesichts der völligen Abwesenheit einer erkennbaren Attitüde in der ruhig dahindonnernden Ausdruckslosigkeit seiner Rede, gibt er dem Zuhörer nichts anderes zur Aufnahme als seine Worte."[4] Bei vielen Gelegenheiten erntet Annan gleich mehrfach stehende Ovationen; seine Rede „wirkt": „Wo immer Kofi Annan spricht, beeindruckt er seine Zuhörer. Das ist sein eigentliches Talent, denn Annan ist weder Visionär wie Boutros-Ghali noch ein Macher wie einst Kurt Waldheim. Aber er hat etwas sympathisch Glaubhaftes an sich. Man nimmt ihm ab, was er sagt, weil er es nachdenklich und bescheiden vorträgt. In einer Welt der schnellen Veränderungen wirkt Annan beruhigend."[5]

Für den Zeitraum seit seinem Amtsantritt Anfang 1997 bis zum Ende des Jahres 2003 hat Kofi Annan knapp 3000 Statements, Berichte, Pressemitteilungen, Grußworte, Reden, Vorlesungen, Glückwunschschreiben und Beileidstelegramme abgegeben – vom Appell zur Beendigung von Kriegshandlungen über die Analyse internationaler Konfliktformationen bis hin zur Kommentierung der Gefahren der Biotechnologie.[6] Diese Textmenge ist kaum zu bewältigen und wie viele andere leitende Politiker greift auch Annan darauf zurück, sich bei verschiedenen Anlässen durch seine Stellvertreterin oder andere Sprecher der Organisation vertreten zu lassen. Zudem entstehen seine Reden in Teamarbeit mit seiner Redenschreiberabteilung und seinen Beratern. Inmitten der alltäglichen Flut von Äußerungen nimmt er sich aber auch Zeit zur Ausarbeitung einiger grundsätzlicher Stellungnahmen. Dazu bieten sich nicht zuletzt größere Reden mit etwas mehr Zeit als dem üblichem Nachrichten-„sound bite" an. Ziel dieses Buches ist es, eine Auswahl solcher grundlegender Texte vorzustellen und mittels der deutschen Übersetzung

---

[4] Gourevitch, Optimist, a.a.O., S. 52.
[5] Friedrike Bauer, Der Botschafter des Friedens war bisher weitgehend glücklos. Zum Friedensnobelpreis für UN-Generalsekretär Kofi Annan, in: FAZ v. 13.10.2001, S. 3.
[6] Die Spannweite reicht von UN Doc. SG/SM 6140 bis zu UN Doc. SG/SM 9101.

einem breiten Lesepublikum in Deutschland zugänglich zu machen. Das Buch ist zu diesem Zweck zweigeteilt: Der weitaus größte Teil besteht aus den Texten des UN-Generalsekretärs, die nicht einer chronologischen, sondern einer allgemeinen thematischen Gliederung folgend aufbereitet worden sind. Die Reden verweisen gelegentlich aufeinander, einige Passagen wiederholen sich auch, um beispielsweise als Teileelemente eines größeren Kontextes wieder aufzutauchen. In der Summe wollen sie eine Perspektive auf die Gesamtarbeit der Vereinten Nationen eröffnen. Der erste Teil dagegen führt konkreter in den Hintergrund, die Prägungen, Erfahrungen und Schwerpunkte der Arbeit Kofi Annans ein. Hier werden – ergänzend und quer zur thematischen Gliederung des zweiten Teils – Verweise zu den Reden hergestellt. Beide Teile korrespondieren so miteinander und laden ein, sich nach persönlichem Interesse auf die Spur der Motivation, der Arbeit und der Bilanz des Generalsekretärs zu begeben, in dessen Amtszeit die Aufgabe der Anpassung der Weltorganisation an die Realitäten des 21. Jahrhunderts fällt.

Jede Auswahl öffnet sich der Kritik des Weglassens und Übergehens. Tatsächlich sind einige Arbeitsbereiche und Anliegen der Vereinten Nationen nicht oder nur nachrangig behandelt; dies gilt etwa für die Umweltpolitik. Weder Einleitung noch Redenauswahl könnten einen umfassenden Anspruch erfüllen. Hätte man alle Teilbereiche gleichermaßen würdigen wollen, wäre gut und gerne das Doppelte an Seiten- und Leseumfang herausgekommen. Bei der Zusammenstellung der Reden ging es in erster Linie darum, aussagekräftige Orientierungspunkte für die Amtszeit Kofi Annans zu finden. Der Reiz der hier verfolgten Dokumentation über die Jahre hinweg liegt darin, dass einige Themen in ihrer Entwicklung von der bloßen Idee über ein ausgearbeitetes Konzept bis hin zur konkreten Umsetzung verfolgt werden können. Dabei entlarvt die Rückschau auch manch trügerische Hoffnung. Die Texte zeigen, wie sehr sich gemachte Erfahrungen im Amt spiegeln, wie sich das Amt wandelt – wie aber auch vielleicht das Amt den Amtsinhaber verwandelt. In der Tendenz sind die Reden eher aus der ersten als aus der zweiten Amtszeit Annans, was unter anderem daran liegt, dass der Generalsekretär kaum zweimal Reden zum gleichen Kernthema halten wird – er würde nur seine eigenen Aussagen relativieren. Kofi Annan versteht sich als Sprachrohr der Charta, die im Namen der Völker der Welt formuliert ist, seine Äußerungen verdienen nicht zuletzt deshalb breites Interesse. Das Buch soll die Möglichkeit eröffnen, sich mit diesem Anspruch und seiner Wirklichkeit auseinanderzusetzen.

Bei der Entstehung des Buches waren eine Reihe von Personen beteiligt, ohne die die Zusammenstellung und Übersetzung der Manuskripte überhaupt nicht möglich gewesen wäre. Zunächst einmal habe ich in diesem Zusammenhang der Kommunikations- und Redenschreiberabteilung des Generalsekretärs zu danken. Ihr

Leiter, Edward Mortimer, hat das Projekt von Beginn an unterstützt und nach Kräften gefördert. Gleiches gilt für die unverzichtbare Hilfe seiner Mitarbeiterinnen Annika Savill und Ruxandra Ferascu sowie besonders für Jaya Dayal, deren kontinuierliche Unterstützung und Ansprechbarkeit wesentlichen Anteil an der Realisierung des Buches hatte. Jun Hun Lee hat sich seitens der Rechtsabteilung des Sekretariats um die involvierten Urheberrechtsfragen gekümmert. Auch ihr habe ich für die geduldige und unkomplizierte Kooperation zu danken. Die Nobel-Stiftung hat dankenswerterweise durch ihre freundliche Erlaubnis die Aufnahme der Nobelpreisrede 2001 für diesen Band ermöglicht. Wichtig während der ganzen Bearbeitungszeit war die Unterstützung des United Nations Information Center (UNIC) in Bonn bzw. Brüssel. Sein ehemaliger Leiter Dr. Axel Wüstenhagen und Arne Molfenter haben die Realisation des Projekts wesentlich vorantreiben können.

Die schiere Textmenge wäre kaum ohne zusätzliche Hilfe zu bewältigen gewesen. Bei dem Großteil der Texte konnte ich dabei auf Übersetzungen des UNIC bzw. des deutschen Übersetzungsdienstes bei den Vereinten Nationen zurückgreifen, bei denen ich mich diesbezüglich ausdrücklich bedanke. Daneben konnte auf die Dokumentation der Zeitschrift „Internationale Politik" zurückgegriffen werden; dem Bertelsmann-Verlag ist diesbezüglich für die Abdruckgenehmigung zu danken. Diese Übersetzungen wurden nur an wenigen Stellen sprachlich vereinheitlicht und angepasst. Die Texte ohne Quellenangabe im zweiten Teil wurden eigens für diese Publikation in Teamleistung ins Deutsche übersetzt. Die Hauptlast der Übersetzung lag dabei bei Sylvia Lenke, die als Projektmitarbeiterin am Institut für Politikwissenschaft ihr ausgezeichnetes Sprachgefühl und ihr Interesse an internationalen Organisationen in die Publikation mit einbrachte. Ihr gilt mein ganz besonderer Dank. Ebenfalls als Projektmitarbeiter haben Jonathan Gibbs, Anne Müller, Stefan Schneider und Martin Wieczorek Teile des Manuskripts gesichtet und kommentiert. Die redaktionelle Überarbeitung des gesamten Redeteils lag in den bewährten Händen von Anja Papenfuß, der gerade in Dokumentations- und Übersetzungsangelegenheiten erfahrenen und sowohl mit exzellenten Sprach- als auch Politikkenntnissen ausgestatteten Mitarbeiterin der Zeitschrift „Internationale Politik". Auch ihr Anteil an diesem Buch war wesentlich.

Besonderer Dank gebührt schließlich Frank Schindler, den ich als Lektor des VS Verlages für Sozialwissenschaften für dieses Projekt gewinnen konnte und der ein weit über die normale Betreuung eines Buchmanuskriptes hinausgehendes Engagement bei der Planung und Umsetzung an den Tag legte; dies gilt auch für den sehr hilfreichen Hersteller des Verlages, Frieder Kumm.

Prof. Dr. Klaus Dicke danke ich für das kontinuierliche Gespräch über Fragen der Weltorganisation, dessen Echo in manch einen Gedanken der Einleitung eingegangen ist. Karlheinz Kögel schließlich hat als Stifter des Deutschen Medienpreises, den Kofi Annan im Januar 2004 verliehen bekam, dieses Projekt ebenfalls tatkräftig unterstützt. Allen Beteiligten einschließlich der Bekannten und Freunde, die die Entwicklung des Projekts mit Interesse verfolgt haben, gilt mein herzlicher Dank.

Manuel Fröhlich   *Jena, im März 2004*

Einleitung: Die Annan-Agenda

Prägungen, Erfahrungen und Schwerpunkte der Amtszeit Kofi Annans

Manuel Fröhlich

In der Nähe des israelischen Örtchens Kiryat Anavim eröffnete gegen Ende Februar 1998 ein kleines Café. Wie allen Gastwirten gingen den Besitzern des Cafés vor dem Tag der Eröffnung die Gedanken nach der Zukunft ihres Unternehmens durch den Kopf. In diese Gedanken mischte sich jedoch in jenen Tagen mehr und mehr die bange Frage nach dem Ausgang eines politischen Ereignisses, das mit großer Aufmerksamkeit verfolgt wurde: Der Streit um Mandat und Kompetenzen der UN-Waffeninspekteure im Irak hatte sich aufgrund der Weigerung Saddam Husseins, auch die so genannten Präsidentenpaläste durchsuchen zu lassen, dermaßen hochgeschaukelt, dass die USA zusammen mit einigen Verbündeten drohten, die Auflagen des Sicherheitsrates notfalls mit Gewalt durchzusetzen. Der Nahe Osten stand wieder einmal an der Schwelle zu einer kriegerischen Auseinandersetzung. Im Golfkrieg sieben Jahre zuvor hatte Saddam Hussein Israel mit Raketen angegriffen und viele Beobachter gingen davon aus, dass im Falle alliierter Militärschläge auch diesmal eine solche Gefahr drohe. Die Erfahrung der heulenden Alarmsirenen und übergestülpten Schutzmasken jedenfalls war den Betreibern des Cafés noch in schlechter Erinnerung. Alles schien auf eine abermalige Auseinandersetzung hinauszulaufen – bis UN-Generalsekretär Kofi Annan sich entschloss, persönlich nach Bagdad zu reisen, um mit dem irakischen Machthaber den Streit um die Inspektionen in letzter Minute politisch beizulegen.[1] Anzubieten hatte Annan wenig – kein Geld, kein Druckpotential eigener militärischer Stärke. Allerdings hatte er zuvor über Yassir Arafat den Hinweis erhalten, dass Saddam Hussein durchaus über eine Verhandlungslösung nachdenke. Nach anfänglichem Widerstand willigten auch die USA in die Reise des Generalsekretärs ein,[2] der sie aber keine besonderen Erfolgschancen zubilligten. Und doch gelang es Annan am 23. Februar durchaus überraschend, eine

---

[1] Vgl. zum Hintergrund William Shawcross, Deliver Us from Evil. Peacekeepers, Warlords and a World of Endless Conflict, New York u.a. 2000, S. 249-279 sowie Manuel Fröhlich, Zur Friedensmission von UN-Generalsekretär Kofi Annan in Bagdad, in: Das Parlament v. 03.04.1998, S. 19.

[2] Vgl. dazu Michael R. Gordon/Elaine Sciolino, How U.S. got what it wanted from Iraq and resolved its own internal debate, in: NYT v. 25.02.1998 sowie Philip Gourevitch, The Optimist. Kofi Annan's U.N. has never been more important and more imperiled, in: The New Yorker v. 03.03.2003, S. 55.

Einigung zu erzielen, die den Waffengang einstweilen hinfällig machte. Für eine kurze Zeit atmete die Welt auf – und die Betreiber eines kleinen Cafés in Israel beschlossen, in anerkennender Dankbarkeit ihrem Café den doppeldeutigen Namen „Coffee Annan" zu geben.

Der solchermaßen Geehrte, Kofi Annan, ist in den Jahren seiner Amtsführung als UN-Generalsekretär tatsächlich zu einer Personifikation der Vereinten Nationen geworden. Wie kaum ein anderer seiner Vorgänger steht er für die Weltorganisation als Ganze und wird auch dementsprechend wahrgenommen. Die Verleihung des Friedensnobelpreises an ihn und die Organisation der Vereinten Nationen im Jahre 2001 würdigt in dieser Perspektive sinnfällig die Symbiose des Namens Annan mit der Institution UNO.

Person und Institution steuerten jedoch schon kurz nach der Preisverleihung auf eine Herausforderung zu, die das Ansehen und die Konzeption der Weltorganisation erheblich in Frage stellen sollte. Die nicht vom Sicherheitsrat genehmigte Militäraktion der USA und ihrer Verbündeter 2003 im Irak zeigte die Grenzen und Schwächen eines Systems kollektiver Sicherheit und sie offenbarte auch die Einschränkungen, denen das Handeln des UN-Generalsekretärs unterliegt. Der diplomatische Erfolg von Bagdad 1998 hatte nur einige kurze Monate bis zum 16. Dezember 1998 gehalten, als Saddam Hussein ein weiteres Mal die Zusammenarbeit mit der UNO in Frage stellte und US-Präsident Clinton mit der Operation Desert Fox Luftschläge gegen den Diktator anordnete. Annans Erfolg schlug in Misserfolg um, weltweite Anerkennung in den spöttischen Vorwurf politischer Naivität. Er selbst sagte damals: „Heute ist ein trauriger Tag für die Vereinten Nationen und für die Welt. (...) Es ist auch ein sehr trauriger Tag für mich persönlich."[3] Der Krieg gegen den Irak im Jahre 2003 aber stellte mit neuer Dringlichkeit Person und Institution in Frage. Die Vereinten Nationen sind wie keine andere Organisation durch die weltpolitischen Umbrüche und die Bedrohungen des Friedens herausgefordert.[4]

Um dieser Herausforderung entgegenzutreten, hat der UN-Generalsekretär in erster Linie nur das Instrument des Wortes, der Rede. Kofi Annan hat versucht, dieses Instrument dementsprechend häufig und intensiv einzusetzen. Seit seinem Amtsantritt 1997 hat er die internationale Gemeinschaft immer wieder auf die

---

[3] UN Doc. SG/SM/6841 v. 16.12.1998. Zitate Annans und aus der fremdsprachigen Literatur wurden für diesen Text ins Deutsche übertragen.
[4] Vgl. zum Überblick jüngst Sabine von Schorlemer (Hrsg.), Praxishandbuch UNO. Die Vereinten Nationen im Lichte globaler Herausforderungen, Berlin 2003 und Manfred Knapp, Die Rolle der Vereinten Nationen in den internationalen Beziehungen, in: Ders./Gert Krell (Hrsg.), Internationale Politik. Ein Studienbuch, München [4]2004, S. 514-549.

drängenden Fragen der Weltorganisation hingewiesen und alternative Entwick-
lungswege aufgezeigt: im Kampf gegen den internationalen Terrorismus, bei der
Begründung humanitärer Interventionen, im Dialog der Zivilisationen sowie bei
der Gestaltung und Zähmung der Marktkräfte einer globalisierten Welt, die
gleichwohl Massenarmut und Elend kennt. In der Summe seiner Äußerungen
spiegeln sich die weltpolitischen Veränderungen seit den neunziger Jahren.
Gleichzeitig fügen sich die Aussagen zu einem von Annan postulierten und teils
in bitterer politischer Erfahrung geprägten Konzept für die Weltorganisation:
Welchen Stellenwert haben und welche Rolle spielen die Vereinten Nationen in
der internationalen Politik? Was kann der UN-Generalsekretär leisten? Welche
Lehren sind aus den Erfolgen und dem Scheitern der Weltorganisation zu zie-
hen? Schließlich: Welche Reformen entsprechen einer sinnvollen Anpassung der
Charta-Vorstellungen von 1945 an eine gewandelte internationale Umwelt? Um
Kofi Annans Antworten auf diese Fragen nachzugehen, ist ein Blick auf seine
Person, sein Amtsverständnis und seine Politik an der Spitze der Vereinten Nati-
onen notwendig.

I. Ghana und die Welt: Biografie und Laufbahn Kofi Annans

Kofi Atta Annan wurde am 8. April 1938 in Ghana geboren.[5] Sein Name bedeutet „Sohn, der am Freitag geboren wurde." Ghana gehörte damals unter dem
Namen Goldküste zum britischen Kolonialreich. Der Einfluss der Kolonialmacht
auf das öffentliche Leben ist bis heute nachweisbar. Erst 1957 erlangte das Land
(als erste Kolonie südlich der Sahara) die Unabhängigkeit. Kofi Annans Familie
hat sowohl in der traditionellen wie in der modernen Öffentlichkeit des Landes
durchaus nennenswerte Funktionen inne: Sein Vater Henry Reginald Annan war
Oberhaupt des Fante-Stammes sowie britischer Provinzgouverneur der Ashanti
Provinz und über seine Mutter Victoria hatte er Anspruch auf die Stammesführung der Akwamu. Die Stammesführung der Fante war jedoch weitgehend eine
Ehrenfunktion. Henry Annan arbeitete denn auch für die United Africa Compa-

---

[5] Vgl. zum folgenden die offizielle Kurzbiographie der Vereinten Nationen unter http://www.un.org/
News/ossg/sg/pages/sg_biography.html. Daneben Gourevitch, Optimist, a.a.O.;Thomas Schuler, Der
stille Diplomat. Kofi Annan – Friedensnobelpreisträger, Liebling der Amerikaner und mehr Sekretär
als General, in: Ders., Selbst der Friseur ist Diplomat. Die UNO in New York, Wien 2002, S. 22-30;
Sebastian Klusak, Sanftmütiger Sieger, UN-Generalsekretär Kofi Annan weiß mit dem Apparat und
den Menschen umzugehen, in: FAZ v. 13.09.1997, Beilage, Joshua Cooper Ramo, The five virtues of
Kofi Annan, in: Time v. 04.09.2000, S. 40-47 sowie Stanley Meisler, Man in the Middle, in: Smithso-
nian Magazine January 2003, S. 32-36.

ny, ein Tochterunternehmen des Unilever-Konzerns. Kofi Annan wuchs zusammen mit drei Schwestern auf, darunter seine 1991 verstorbene Zwillingsschwester Efua. Die Erziehung der Kinder legte Wert auf Eigenverantwortung und Selbständigkeit. So inszenierte der Vater bei Bedarf nach dem Abendessen eine Art Gerichtsverhandlung, in denen seine Kinder sich für Taten und Unfug zu rechtfertigen hatten.[6]

Die ghanaische Unabhängigkeitsbewegung um den in den USA ausgebildeten und die Mittel des friedlichen Widerstands nutzenden Kwame Nkumrah hat der junge Annan nicht als aktiver Teilnehmer miterlebt; sie prägten jedoch das Panorama seiner Kindheit und Jugend. Kofi Annan besucht von 1954 bis 1957 die Oberschule im Mfantsipim Internat für Jungen. Die Schule, 1876 von den Methodisten gegründet (Annan selbst ist anglikanischer Christ), gilt als Ghanas führende Schule. Ausbildung und Lehrinhalte waren stark am britischen Vorbild orientiert, doch wurde das Internat zu Zeiten Annans bereits von Einheimischen geführt. Der Name bedeutet „Seele des Volkes" und noch heute betont die Schule, dass es ihr neben der intellektuellen Wissensvermittlung um „moralische und spirituelle Entwicklung"[7] ihrer Schüler geht. Annan selbst hat den Einfluss von Mfantsipim für seine grundsätzliche Haltung und Perspektive mehrfach betont: „Ich erinnere mich daran, wie Pfarrer Brandful mal ein großes weißes Tuch mit einem schwarzen Punkt in der Mitte über die Tafel drapierte und uns fragte: ‚Was seht ihr?' Wie antworteten alle: ‚Den schwarzen Punkt'. ‚Warum nur den schwarzen Punkt?', erwiderte er. ‚Warum nur das Negative? Was ist mit den riesigen weißen Flächen rund herum?' Er wollte uns daran erinnern, immer jenseits des Offensichtlichen und unter der Oberfläche zu schauen – immer auch an das größere Bild zu denken und uns nicht nur auf die Fehler zu konzentrieren. Er brachte uns auch bei, daran zu denken, dass es mehr als eine Perspektive zu einer Geschichte und mehr als eine Antwort auf eine Frage gibt."[8]

Nach der Schulzeit begann Annan in seiner Geburtsstadt Kumasi ein wirtschaftswissenschaftliches Studium. An der technischen Hochschule engagierte er sich auch in der Selbstverwaltung der Studentenschaft und organisierte ein länderübergreifendes Treffen afrikanischer Studentenvertreter in Sierra Leone. Dort bekam er den Hinweis, dass er sich bei der Ford Foundation um ein Stipendium für die USA bewerben könne. Tatsächlich kam er 1959 auf diesem Wege an das Macalester College in St. Paul/Minnesota, eine Schule mit einer stark internatio-

---

[6] Vgl. Ramo, Virtues, a.a.O., S. 44.
[7] So die Selbstauskunft auf der Homepage unter http://www.mfantsipim.com/school/
[8] Zitat aus einem Grußwort für die Schule unter http://www.mfantsipim.com/alumni_moba/message_kofi_annan/

nalen Ausrichtung, die bezeichnenderweise neben der amerikanischen die Flagge der Vereinten Nationen vor dem Hauptgebäude hisst.[9] In Macalester schließt er 1961 sein wirtschaftswissenschaftliches Studium ab und macht Erfahrungen im Amerika der Bürgerrechtsbewegung, ohne sich jedoch direkt in die politischen Auseinandersetzungen einzuschalten. Direkt nach dem Abschluss in den USA studierte er mit einem Stipendium der Carnegie Foundation als Graduierter für ein Jahr am Institut Universitaire des Hautes Études Internationales in Genf. Von seiner Kindheit bis zu diesem Zeitpunkt stellen das Aufkommen der Blockfreienbewegung und die Unabhängigkeitsbestrebungen in Afrika den Hintergrund seines Heranwachsens und seiner Ausbildung dar. Zu Beginn der sechziger Jahre wird eine ganze Welle ehemals kolonialer afrikanischer Länder in die UNO aufgenommen. Die Ausweitung der Mitgliedschaft und des Tätigkeitsbereichs der Weltorganisation eröffnet auch ganz konkret Berufschancen für junge Afrikaner – die Charta der Vereinten Nationen verlangt eine angemessene Berücksichtigung der verschiedenen geographischen Regionen ihrer Mitgliedschaft. Kofi Annan tritt 1962 nach seinem Studium am Institut des Hautes Études Internationales in den internationalen Dienst der Vereinten Nationen ein. Seine Karriere beginnt zunächst als Verwaltungs- und Finanzbeamter mit der niedrigsten Gehaltsstufe P1 bei der Weltgesundheitsorganisation, die ihren Sitz in Genf hat. Zu diesem Zeitpunkt sah er die Tätigkeit bei der UNO als Zwischenetappe für ein paar Jahre an[10] – wie viele Angehörige seiner Generation wollte er letztlich in sein Heimatland zurückkehren und beim dortigen Aufbau helfen. Einstweilen führte ihn allerdings auch seine Laufbahn bei der UNO zurück nach Afrika: So kam er 1965 zur Wirtschaftskommission der Vereinten Nationen für Afrika im äthiopischen Addis Abeba. Dort arbeitete er für sechs Jahre und lernte sowohl die Bestrebungen zur Einigung Afrikas als auch die Rückschläge afrikanischer Politik, wie etwa die Hungerkatastrophe in Äthiopien, kennen. Hoffnung und Scheitern des neuen Afrika bekam er auf diesem Wege hautnah mit. Nach Äthiopien ließ er sich 1971 für ein Jahr beurlauben, um mit einem Stipendium als Sloan Fellow am Massachusetts Institute of Technology einen Master-Titel in Management zu absolvieren. Nach seinem Abschluss arbeitete er kurzzeitig als Leiter des Personalwesens bei der im Nahen Osten stationierten Blauhelmtruppe der United Nations Emergency Force im ägyptischen Ismalia, bevor er über eine Tätigkeit beim Hochkommissar der Vereinten Nationen für Flüchtlinge wieder nach Genf gelangte.

---

[9] Vgl. Gourevitch, Optimist, a.a.O., S. 61.
[10] Vgl. Gourevitch, Optimist, a.a.O., S. 60.

Und doch war zwischenzeitlich der Vorsatz, wieder in sein Heimatland zurückzugehen, nicht ganz vergessen. Als Annan 1974 das Angebot bekam, als Direktor des ghanaischen Tourismusverbandes den Aufbau des Fremdenverkehrs zu leiten, nahm er an und reiste mit seiner nigerianischen Frau Titi Alakija sowie seinen beiden Kindern Ama und Kojo nach Afrika. Ghana befand sich jedoch zu dieser Zeit unter Militärherrschaft und schon nach zwei Jahren kehrte Annan in den Dienst der Vereinten Nationen zurück. Auch späteren Anfragen aus seinem Heimatland erteilte er eine Absage. Lange Jahre der Distanz zum Heimatland und der Erziehung in der westlichen, industrialisierten Welt hatten sicher ihren Teil zu den Schwierigkeiten bei der Rückkehr nach Ghana beigetragen: „Annan kam mit dem Land nicht zurecht. Er war zu westlich."[11] Die Entscheidung, wieder in den Dienst der Vereinten Nationen einzutreten, wertet Annans heutiger Untergeneralsekretär für Öffentlichkeitsarbeit und Kommunikation, der Inder Shashi Tharoor, aus eigener Erfahrung aber auch als Hinweis auf die durchaus mit dem Heimatland zusammenhängenden Motivation als UN-Bediensteter: „Wir sind in Gesellschaften aufgewachsen, die das internationale System brauchen, um gut zu funktionieren. Das ist einer der Gründe dafür, warum wir dem internationalen System dienen wollen."[12] Und so betont Annan selbst denn auch seine afrikanische Herkunft: „Ich fühle mich in einem tief greifenden Sinne afrikanisch, meine Wurzeln sind zutiefst afrikanisch, und die Dinge, die mir als Kind beigebracht wurden, sind mir sehr wichtig (…)."[13] Gerade für seine spätere Arbeit als UN-Generalsekretär nennt er eine Reihe von „afrikanischen" Einflüssen und Erfahrungen, die ihn geprägt haben: „Geduld war ein sehr großer Teil der Kultur (…). Und deswegen finde ich es manchmal sehr schwierig, die heutigen afrikanischen Diktatoren zu verstehen – in der traditionellen afrikanischen Gesellschaft diskutierten die Leute ihre Belange. Sie redeten und redeten – Sie kennen ja die Tradition des „Palaver" – man geht unter den Baum und spricht miteinander. Wenn man das Problem nicht lösen kann, trifft man sich am nächsten Tag und redet weiter, bis man eine Lösung findet. Die Afrikaner haben eine unglaubliche Gabe der Verzeihung, der Versöhnung und der Gastfreundschaft. Das Afrika meiner Kindheit sehe ich in jemandem wie Mandela, der vergeben und versöhnen kann. Ich sehe es nicht in diesen brutalen Führern."[14] Dialog, Toleranz und Versöhnung erscheinen in dieser Selbstdarstellung als grundlegende Werte für seine Tätigkeit an der Spitze der Weltorganisation. Das Nachrichtenmagazin Time hat darüber hinaus versucht, das ethische Koordinatensystem

---

[11] Schuler, Diplomat, a.a.O., S. 23.
[12] Zit. nach Gourevitch, Optimist, a.a.O., S. 64.
[13] Zit. nach Gourevitch, Optimist, a.a.O., S. 59.
[14] Zit. nach Gourevitch, Optimist, a.a.O., S. 59.

Annans mit Hilfe von fünf traditionellen afrikanischen Tugenden zu fassen: Enyimnyam (Würde), Awerehyemu (Zuversicht), Akokodur (Mut), Ehumbobor (Mitgefühl) und Gyedzi (Glaube).[15] Tatsächlich ist die ethische Orientierung Annans ein Faktor, auf den auch bei der Beschreibung seines Amtsverständnisses noch zurückzukommen sein wird.

Nach der Episode in Ghana kehrte Annan als stellvertretender Verwaltungsleiter und Personalchef beim Hochkommissariat für Flüchtlinge in Genf zu den Vereinten Nationen zurück. In seiner Zeit in Genf lernte Annan seine heutige Frau Nane Lagergren kennen, eine schwedische Anwältin und Künstlerin, die in der Rechtsabteilung des Hochkommissariats arbeitete. Die beiden heirateten 1986.[16] Nane Annan ist eine Nichte des schwedischen Diplomaten Raoul Wallenberg, der im Zweiten Weltkrieg als mutiger Retter ungarischer Juden vor dem Holocaust bekannt wurde. Ihr Vater war unter anderem Richter am Menschenrechtsgerichtshof in Straßburg. In die neue Ehe brachte Annan Tochter und Sohn mit, die mittlerweile in Nigeria leben; seine Frau hat ebenfalls eine Tochter, die in Holland lebt. Von Genf führte Kofi Annans Karriere wieder in die USA. 1984 bis 1987 war er Budgetdirektor im Büro für Finanzdienste am Hauptsitz der UNO. Danach arbeitete er zunächst bis 1990 als beigeordneter Generalsekretär für Personalwesen und Sicherheitsfragen im UN-System. Daran anschließend übernahm er für die folgenden zwei Jahre ebenfalls im Range eines beigeordneten Generalsekretärs die Arbeitsbereiche Programmplanung, Haushalt und Finanzen sowie Controlling. Im März 1992 wechselte er in die von Generalsekretär Boutros-Ghali neu geschaffene Abteilung für Friedenssicherungseinsätze. Hier wurde er nach nur einem Jahr vom beigeordneten Generalsekretär zum Untergeneralsekretär und damit zum Leiter der Abteilung befördert – ohne eigene militärische Kenntnisse oder Ausbildung, aber mit dem Organisationswissen des internationalen Bediensteten, der unter anderem eine Lessons-Learned-Einheit in der Abteilung etablierte, um aus den Erfahrungen laufender und vergangener Einsätze zu lernen. Philipp Gourevitch sieht Annans raschen Aufstieg in diesen Jahren nach relativ langen Stationen zuvor als eine direkte Konsequenz der improvisierten Art, mit der die Vereinten Nationen versuchten, auf neue Bedrohungen und Herausforderungen zu reagieren.[17] Die UNO war zu einer sich schnell wan-

---

[15] Vgl. Cooper, Virtues, a.a.O. In einer Rede vor Parlamentariern in Burundi findet sich eine ähnliche Aufzählung traditionell afrikanischer Werte. Annan spricht über eine gerechte Vision für das Land und führt aus „‚Gerecht', weil sie wieder die Verbindung zu den traditionellen Werten wie Ubuntu oder menschliche Würde; Ukuri oder die Verehrung der Wahrheit und Kusira Akarenganyo oder die Gleichheit vor dem Gesetz herstellt." UN Doc. SG/SM/6554 v. 12.05.1998.
[16] Vgl. Dagmar von Taube, Die Frau an Kofi Annans Seite, in: Welt am Sonntag v. 09.12.2001, S. 14.
[17] Vgl. Gourevitch, Optimist, a.a.O., S. 64.

delnden Organisation geworden; der leitende Angestellte Annan ist insofern ein Kind der Revitalisierung der Vereinten Nationen. In seine Amtszeit als Untergeneralsekretär fiel die explosionsartige Ausweitung der Friedenssicherungseinsätze in Bezug auf Auftrag, Personal und Einsatzgebiet: Im Jahr 1995 hatte seine Abteilung weltweit 70.000 Blauhelmsoldaten aus 77 Ländern zu koordinieren. Die Ausweitung der Friedenssicherungseinsätze mündete jedoch in zunehmendem Maße auch in die Krise dieses Instruments der Weltorganisation: Scheitern und Misserfolge in Jugoslawien, Somalia, Haiti, Ruanda und anderen Orten zeigten die Grenzen des zu Zeiten des Kalten Krieges entwickelten Konzepts der Blauhelmmission, das in der Charta der Vereinten Nationen nicht einmal explizit genannt wird – aber einen beträchtlichen, wenn nicht den entscheidenden, Anteil an Wirkung und Wertung der Vereinten Nationen hatte und hat.

Neben der Karriere im Organisationsgefüge der Vereinten Nationen sind drei diplomatische Spezialaufträge Annans zu erwähnen: Nach der Invasion Kuwaits durch den Irak im Jahre 1990 bat der damalige Generalsekretär Javier Pérez de Cuéllar Annan als zuständigen beigeordneten Generalsekretär für Sicherheitsfragen, die Rückführung von etwa 900 internationalen Bediensteten und Bürgern westlicher Länder aus dem Irak zu koordinieren. Nach dem zweiten Golfkrieg kam er abermals mit der irakischen Führung auf dem Verhandlungswege zusammen, als er die Bedingungen für das so genannte „Öl für Nahrung"-Programm der Vereinten Nationen aushandelte, das neben dem bestehenden Sanktionsregime gegenüber Bagdad die Nutzung der Ölverkäufe des Landes für humanitäre Zwecke ermöglichte. Die dritte Mission brachte den Untergeneralsekretär für Friedenssicherungseinsätze im Auftrag von Boutros-Ghali als Sonderbeauftragter des UN-Generalsekretärs in das ehemalige Jugoslawien, wo er nach Abschluss des Friedensabkommens von Dayton den Übergang der einstigen Blauhelmtruppe UNPROFOR zur NATO-geführten, multinationalen Implementation Force (IFOR) steuerte.

Die Erfahrung des Blauhelmeinsatzes in Jugoslawien und das Debakel um den Einsatz in Somalia hatten jedoch die Weltorganisation als Ganze und ihren damaligen Generalsekretär Boutros-Ghali gerade aus amerikanischer Perspektive in arge Bedrängnis gebracht. Der Ägypter hatte selbstbewusst den Anspruch globaler Führung durch die Vereinten Nationen postuliert und war nun im besonderen mit der Führungsmacht USA in Konflikt geraten. Die massive Kritik am „arroganten" und „erfolglosen" Generalsekretär erschöpfte sich bald nicht mehr nur in der Forderung nach mehr Wirtschaftlichkeit und Reform der Verwaltung, sondern wurde im amerikanischen Präsidentschaftswahlkampf zum persönlichen Angriff auf Boutros-Ghali.[18] Nicht zuletzt innenpolitische Motive dürften den damaligen Präsidenten Clinton dazu bewegt haben, in einem durchaus ungewöhnlichen Manöver und zu frühem Zeitpunkt einseitig die Wiederwahl Boutros-Ghalis für eine traditionell übliche zweite Amtszeit abzulehnen.

Der UNO-Generalsekretär wird im Wortsinne nicht von der Generalversammlung gewählt, sondern lediglich auf Empfehlung des Sicherheitsrates für eine Amtszeit von fünf Jahren ernannt. Die Wahl im Sicherheitsrat findet in geheimer Abstimmung statt, bei der die Vetomächte (durch Abgabe einer farbigen Stimmkarte) die Wahl eines Kandidaten blockieren können.[19] Tatsächlich legten die USA bereits in den Probewahlen zur Nachfolge ihr Veto gegen den Ägypter ein – während anfänglich die übrigen 14 Mitglieder des Sicherheitsrates geschlossen für Boutros-Ghali votierten. Das Beharren auf dem amerikanischen Veto machte jedoch die Suche nach Alternativen notwendig; Boutros-Ghali setzte seine Kandidatur aus. Fest stand, dass das Bewerberfeld aus Afrika kommen sollte – da Boutros-Ghali „nur" eine Amtszeit hatte, sollte die folgende nochmals „afrikanisch" vergeben werden. Frankreich legte als ebenfalls ständiges Mitglied des Sicherheitsrates Wert darauf, möglichst einen Generalsekretär aus einem frankophonen Land zu bestellen. Kofi Annan erfüllte diese Bedingung nicht – und doch war er dank seines rasanten Aufstiegs und der Tätigkeit in der Abteilung für Friedensoperationen ein allseits bekannter Kandidat, der zudem über seine bisherige Karriere als „Insider" der Organisation gelten konnte und besonders für die Strukturreform und Neuausrichtung der verzweigten Bürokratie geeignet erschien.[20] Die Ernennung des langjährigen UN-Mitarbeiters wurde insofern auch als ein Gegenakzent zur äußert profilierten Stellung gewertet, die sein Vorgänger Boutros-Ghali zu erreichen gesucht hatte.[21] Die Unterstützung der USA hatte sich Annan nach den Worten des amerikanischen Chef-Unterhändlers beim Abkommen von Dayton, Richard Holbrooke, in der Endphase des Jugoslawien-Konflikts erworben, als er in Abwesenheit von Boutros-Ghali und als dessen Stellvertreter der NATO signalisierte, dass seitens der beteiligten

---

[18] Vgl. zum Hintergrund Manuel Fröhlich, Der alte und der neue UNO-Generalsekretär, in: Aussenpolitik 48:3 (1997), S. 301-309.

[19] Zum Wahlvorgang vgl. Thomas Schuler, Wahl des Generalsekretärs, in: VN 1/1997, S. 19-20. Annans aussichtsreichster Gegenkandidat war Amara Essy, Außenminister der Elfenbeinküste. Die Ergebnisse der einzelnen Wahlgänge finden sich bei Francois Soudan, L'ascension tranquille de Kofi Annan, in: Jeune Afrique Nr. 1876-1877, S. 8.

[20] Gourevitch, Optimist, a.a.O., S. 65 meint in diesem Zusammenhang bezogen auf die Krise des Peacekeeping: „(...) Annan hatte gelernt, sich als technokratischer Zwischenhändler in der Maschinerie internationaler Funktionsstörung bedeckt zu halten."

[21] Edward Newman, The UN Secretary-General from the Cold War to the new era: a global peace and security mandate?, Basingstoke u.a. 2001, S. 126.

UN-Stellen kein Einspruch gegen eine mögliche NATO-Aktion erhoben werden würde. Mit der Operation Deliberate Force, die am 30. August 1995 nach mehreren missachteten Warnungen an die serbische Seite und als Reaktion auf einen Granatenangriff auf einen Marktplatz in Sarajewo begann, veränderte sich das militärische Kräfteverhältnis derart, dass die bosnischen Serben und Serbien sich schließlich zu den Verhandlungen in Dayton bereit erklärten.[22] Rückblickend urteilt Holbrooke: „Nachdem alles vorbei war und wir bemessen konnten, wer am hilfsreichsten gewesen war, nannten meine Kollegen in Washington gewöhnlich Kofi Annan bei der UNO und Willy Claes sowie General Joulwan bei der NATO. Annans mutige Leistung in jenen vierundzwanzig Stunden spielte ein Jahr später eine zentrale Rolle bei Washingtons Unterstützung seiner Kandidatur zum Generalsekretär der Vereinten Nationen, als Nachfolger von Boutros-Ghali. Tatsächlich gewann Annan in einem gewissen Sinne den Job an jenem Tag."[23] Nach langen Verhandlungen wurde das ursprüngliche Veto Frankreichs gegen Annan durch das Angebot zur Besetzung der Friedenssicherungs-Abteilung mit einem hochrangigen französischen Diplomaten zurückgenommen. Kofi Annan galt vor diesem Hintergrund anfänglich nicht wenigen als „Gehilfe der USA und als Bürokrat".[24] Nach Annans erster Amtszeit trat allerdings sogar der russische UN-Botschafter Sergej Lawrow diesem Eindruck entgegen.[25] Annan, so schien es, hatte sich in seinem Amt von seinem ursprünglichen Ruf emanzipiert. Nichts weniger verlangt die Charta der Vereinten Nationen von ihrem Generalsekretär.

Die direkteste Auseinandersetzung mit Biografie und Lebenslauf Annans findet sich in Text [2]. Weitere Bezüge sind in den Texten [7] und [9] vorhanden.

II. Möglichkeiten und Grenzen: Rechtliche Grundlagen des Amtes

Auf die Frage des russischen Botschafters, warum Kofi Annan denn nach den ersten hundert Tagen seiner Amtszeit noch nicht die UNO reformiert habe, wo Gott doch für die Erschaffung der Welt nur ganze sieben Tage gebraucht habe, antwortete Annan: „Gott hatte den wunderbaren Vorteil, dass er nicht mit Ko-

---

[22] Richard Holbrooke, To end a war, New York 1999, S. 99.
[23] Holbrooke, War, a.a.O., S. 103.
[24] Schuler, Diplomat, a.a.O., S. 25.
[25] Vgl. Gourevitch, Optimist, a.a.O., S. 54.

mitees und 185 [mittlerweile 191] Mitgliedstaaten arbeiten musste."[26] Nicht zuletzt dieser Umstand macht das Amt des Generalsekretärs zum „unmöglichsten Job der Welt", als den ihn schon der erste Amtsinhaber Trygve Lie beschrieb. Wie jeder Generalsekretär bringt Annan zunächst einmal ganz persönliche Prägungen seines Lebens mit in dieses Amt. Gefragt, welche prägenden Einflüsse ihn in seiner Arbeit als Generalsekretär bestimmen, antwortete Annan mit Blick auf seinen oben skizzierten Lebenslauf im März 1998 auf einer Pressekonferenz: „Das ist eine schwierige Frage. Es ist immer so schwierig, über sich selbst zu reden. Man muss vorsichtig sein, nicht anzugeben, abgesehen davon, dass ich bei diesem Thema ein bisschen schüchtern bin. Lassen Sie mich aber sagen, dass ich denke, dass ich in der Welt herumgekommen bin. Ich habe auf drei Kontinenten gelebt und gearbeitet. Meine frühen Jahre wurden in Afrika, in Ghana, gestaltet. Ich wuchs während der Jahre des Unabhängigkeitskampfes auf. Also sah ich als Jugendlicher, als junger Mann, wie viele Veränderungen um mich herum passierten – und grundsätzliche Entwicklungen, als die koloniale Macht das Land an die damals von uns so genannten ‚Freiheitskämpfer' übergab, wobei Leute wie Nkrumah und andere aus dem Gefängnis kamen und Premierminister oder Präsidenten wurden. Und so wächst man auf im Glauben, dass Wandel möglich ist. Dass alles möglich ist, und dass man es wagen kann, einen Unterschied zu machen – man kann den Wandel wagen. Und diese Haltung ist hilfreich. Man wird nicht leicht eingeschüchtert oder beeindruckt von Drohungen und solchen Sachen. Dann habe ich natürlich auch die Gelegenheit gehabt, in Amerika und in Europa zu studieren und zu arbeiten. Ich habe auch im Nahen Osten gearbeitet, in Ägypten, Somalia und anderen Ländern, und so lernt man, andere Kulturen zu schätzen und zu respektieren. Durch die Zusammenarbeit mit 185 Ländern im Laufe der Zeit lernt man auch, wie man mit verschiedenen Nationalitäten Themen zur Sprache bringt. Die Art und Weise, wie ich eine Angelegenheit mit den Chinesen ansprechen würde, um sie von etwas zu überzeugen, ist ja ganz anders als die Art und Weise, wie ich es mit Ihnen oder mit einem Iraker oder einem Russen versuchen würde. Und diese Aspekte helfen auch. Und ich versuche auch, diejenigen, mit denen ich verhandle, zu respektieren, ohne Rücksicht auf ihre Stellung (...). Ich lasse mich beraten, aber letzten Endes muss ich tief in mich selbst hinein greifen, um die nötige Inspiration zu finden, die richtige Entscheidung zu treffen. Das ist eine sehr einsame Position, aber es gibt viel Unterstützung und viel Ermutigung – und dadurch bekommt man das Gefühl, dass

---

[26] Zit. nach Irmintraud Jost, „Gott musste nicht mit 185 Mitgliedstaaten arbeiten", in: Die Welt v. 15.04.1997, S. 3.

dieser unmögliche Job vielleicht doch machbar ist."[27] Auch Annan betont hier, dass die Amtsführung des Generalsekretärs wesentlich mit der Persönlichkeit des Amtsinhabers und seinen Grundüberzeugungen zu tun hat.

Tatsächlich ist das Amt des UN-Generalsekretärs einzigartig.[28] Neben einer Reihe administrativer Aufgaben sind ihm politische Kompetenzen zugeschrieben, die letztlich auf den allgemeinen Auftrag der Vereinten Nationen verweisen: Die Wahrung des Weltfriedens und der internationalen Sicherheit. Damit verfügt der „oberste Angestellte" der Weltorganisation in bestimmten Situationen über einen nicht unerheblichen Handlungsspielraum. Das unterscheidet ihn auch von seinem „Vorgänger", dem Generalsekretär des Völkerbundes, dem keine wesentlichen politischen Befugnisse zugebilligt waren. Das Spannungsverhältnis zwischen „General" (verstanden in einem Führungsauftrag für die Weltorganisation) und „Sekretär" als bloße bürokratische Hilfsleistung bestimmte die Amtspraxis aller bisheriger Generalsekretäre.

Die Verbindung von administrativen und politischen Kompetenzen des Generalsekretärs schlägt sich in den zum Teil bewusst vage gehaltenen Formulierungen der relevanten Charta-Bestimmungen nieder. Die Zurückhaltung in der konkreten Ausgestaltung der Bestimmungen zeugt von der Einsicht der Gründungsväter und -mütter der Charta, dass das Amt des Generalsekretärs sich als politisches Amt sowieso im Kontext der politischen Praxis etablieren und entwickeln müsse. Kapitel XV mit den Artikeln 91 bis 101 der Charta ist mit „Das Sekretariat" betitelt und umfasst insofern die einschlägigen Bestimmungen für den Generalsekretär. Artikel 97 stellt zunächst fest, dass der Generalsekretär als „höchs-

---

[27] UN Doc. SG/SM/6482 v. 12.03.1998. Dieser Antwort fügt er noch eine bezeichnende Anekdote hinzu: „Man lernt – ich habe Ihnen von einer Lektion erzählt, die ich beispielsweise als Jugendlicher in Minnesota als aus den Tropen kommender Junge gemacht habe. Wir hatten das gleiche Unterrichtsprogramm wie die Engländer (...) und so kommt es dazu, dass man über die Jahreszeiten liest. Ich wusste alles über den Winter, ich wusste auch etwas vom Frühling und den anderen Jahreszeiten, aber in meinem eigenen Land hatten wir nur zwei Jahreszeiten: nass und trocken. Aber intellektuell dachte ich, ich wüsste darüber Bescheid, bis ich nach Minnesota kam. Das erste, was mir nicht gefiel, war, dass ich Schicht um Schicht an Kleidung anziehen musste, um warm zu bleiben – aber ich entschied, das sei genug. Es gab jedoch einen Gegenstand, bei dem ich entschlossen war, ihn nicht zu benutzen: Die Ohrwärmer. Ich hielt sie für wenig elegant und hässlich, bis ich eines Tages nach draußen ging um Essen zu besorgen und fast meine Ohren verloren hätte. Am nächsten Tag ging ich und kaufte mir das größte Paar Ohrwärmer, das ich finden konnte und hatte die Lehre gemacht, dass man sich nicht in irgendwelche Situationen begibt und so tut, als wisse man es besser als die Einheimischen. Diese Lektion hat mich seither nicht verlassen."

[28] Vgl. zum folgenden Manuel Fröhlich, Dag Hammarskjöld und die Vereinten Nationen. Die politische Ethik des UNO-Generalsekretärs, Paderborn u.a. 2002, S. 42-60 mit weiteren Nachweisen sowie Ders., Der Generalsekretär der Vereinten Nationen, Berlin 2003 (UN Basis-Informationen der Deutschen Gesellschaft für die Vereinten Nationen).

te[r] Verwaltungsbeamte[r] der Organisation" auf Empfehlung des Sicherheitsrates von der Generalversammlung ernannt wird. Alternativ zu diesem oben
schon für Annan beschriebenen Verfahren wäre auch eine Wahl durch die Generalversammlung möglich gewesen; statt dessen bindet die Charta jedoch von
Beginn an den Generalsekretär an das Vertrauen der Mitglieder des Sicherheitsrates – und hier im besonderen der fünf ständigen, mit Veto-Recht ausgestatteten
Mitglieder USA, Frankreich, Großbritannien, Russland und China.[29] Gleichzeitig
darf er sich aber nicht einseitig durch die Mitgliedstaaten beeinflussen lassen.
Artikel 100 der Charta formuliert den Anspruch, dem der Generalsekretär – wie
auch alle anderen UN-Bediensteten – genügen muss. Danach dürfen Generalsekretär und Bedienstete „bei der Wahrnehmung ihrer Pflichten von einer Regierung
oder von einer Autorität außerhalb der Organisation Weisungen weder erbitten
noch entgegennehmen". Statt dessen müssen sie strikt auf ihre „Stellung als
internationale, nur der Organisation verantwortliche Bedienstete" achten. Artikel
100 Ziffer 2 stellt dieser Erfordernis eine Bestimmung für die Mitgliedstaaten zur
Seite, wonach diese sich verpflichten, „den ausschließlich internationalen Charakter der Verantwortung des Generalsekretärs und der sonstigen Bediensteten
zu achten und nicht zu versuchen, sie bei der Wahrnehmung ihrer Aufgaben zu
beeinflussen". Schon allein diese „Warnung" macht deutlich, dass in der Tages-
praxis und angesichts ständig wechselnder Konflikt- und Allianzkonstellationen
die Erfordernis rein internationaler Loyalität immer wieder neu gegen konkurrie-
rende Orientierungen zu behaupten ist. Das erfordert bei der Auswahl des UN-
Personals neben der schon erwähnten breiten Berücksichtigung der Weltregionen
und unterschiedlicher Mitgliedstaaten „ein Höchstmaß an Leistungsfähigkeit,
fachlicher Eignung und Ehrenhaftigkeit", auf das der Generalsekretär bei der
Auswahl der Bediensteten achten soll – das aber zugleich auch ihm selbst aufge-
geben ist. Mit den Grundlagen wie den Problemen dieser Besonderheiten des
internationalen Dienstes ist Kofi Annan nicht zuletzt aufgrund seiner Leitungser-
fahrung im Personalwesen sehr vertraut.

Als oberstem Verwaltungsbeamten nach Artikel 97 kommen dem Generalsekretär also eine Reihe administrativer und repräsentativer Aufgaben zu: Auswahl und Ernennung des Personals, Aufstellen des Haushaltsplans, Teilnahme an

---

[29] Die schon erwähnten Auswahlmechanismen bei der Suche nach einem Generalsekretär zeigen, dass
Kandidaten aus kleineren und neutralen Ländern als Kompromisskandidaten in der Geschichte der
Vereinten Nationen gute Chancen hatten. Gleichzeitig wird die Auswahl durch die angemessene
Berücksichtigung der Weltregionen bestimmt, was auch die bisherige Auswahl der Generalsekretäre
zeigt: Trygve Lie (1946-53, Norwegen), Dag Hammarskjöld (1953-1961, Schweden), U Thant (1961-
1971, Burma), Kurt Waldheim (1972-1981, Österreich), Javier Pérez de Cuéllar (1982-1991, Peru)
und Boutros Boutros-Ghali (1992-1996, Ägypten).

den Sitzungen der Hauptorgane, Erstellung der vorläufigen Tagesordnungen, alljährliche Berichterstattung über die Tätigkeit der Organisation, Vertretung der Organisation nach außen hin etc. Diese Funktionen ermöglichen bereits eine Reihe von Einflussmöglichkeiten, die aber allenfalls mittelbar Licht auf die mögliche politische Tätigkeit des Generalsekretärs werfen. Die Kompetenz, etwa zu einer diplomatischen Verhandlungsinitiative nach Bagdad zu reisen, lässt sich daraus nicht ableiten. Stattdessen ist an dieser Stelle auf Artikel 99 der Charta zu verweisen: „Der Generalsekretär kann die Aufmerksamkeit des Sicherheitsrats auf jede Angelegenheit lenken, die nach seinem Dafürhalten geeignet ist, die Wahrung des Weltfriedens und der internationalen Sicherheit zu gefährden." Auch diese Bestimmung klingt reichlich unspektakulär – und doch ist sie der eigentliche Schlüssel zu vielfältigen politischen Aktivitäten des Generalsekretärs. Er wird hier zum einen direkt mit dem Sicherheitsrat in Verbindung gebracht, dem nach Artikel 24 der Charta die Hauptverantwortung für Frieden und Sicherheit von den Mitgliedstaaten aufgetragen ist. In und gegenüber diesem Gremium kann der Generalsekretär also auftreten und „jede Angelegenheit" zur Sprache bringen, die unter den breiten Handlungsauftrag fällt. Die vagen Formulierungen beinhalten durchaus weitreichende Konsequenzen: Zum einen „kann" der Generalsekretär das tun – er muss es nicht. Dieser Umstand eröffnet einen politischen Spielraum, der durch den Zusatz „nach seinem Dafürhalten" bei der Bestimmung möglicher Gefährdungen von Weltfrieden und internationaler Sicherheit dem Generalsekretär als „außergewöhnlich platziertem, individuellem Akteur"[30] ein höchst beachtliches, persönliches Urteilsvermögen in Fragen der internationalen Politik zubilligt.

Schaut man sich jedoch an, wie die bisherigen Generalsekretäre – einschließlich Kofi Annans – diese Bestimmung genutzt haben, so stellt man fest, dass es allenfalls in einer handvoll Fällen zur direkten Berufung auf die Kompetenz nach Artikel 99 gekommen ist. Das Potential des Artikels liegt denn auch nicht in der direkten Berufung auf diese Rechtsgrundlage, sondern in ihren Implikationen. Die Kompetenz des UN-Generalsekretärs realisiert sich nicht in der wiederholten Bezugnahme auf die rechtliche Grundlage, sondern in der Verbindung von konkreten politischen Handlungen mit der persönlichen Autorität des Generalsekretärs und der mehr oder weniger stillschweigenden Respektierung durch die anderen Hauptorgane der Vereinten Nationen. Zwei Arten von Tätigkeiten haben sich im besonderen aus dieser allgemeinen Kompetenz nach Artikel 99 herausgebil-

---

[30] J. David Murphy, The Papacy and the Secretary-Generalship: A Study of the Role of the exceptionally-situated individual actor in the international system, in: Coexistence 7 (1970), S. 165.

det: Die Kompetenz zur Durchführung von Missionen zur Tatsachenermittlung (Fact-Finding-Missions) und zum Einsatz der Guten Dienste (Good Offices).

Fact-Finding-Missions stellen Bemühungen dar, die Rahmenbedingungen und tatsächlichen Entwicklungen eines Konfliktes von unparteilicher Seite zu prüfen und festzuhalten. Beginnend mit Lie haben die Generalsekretäre deutlich gemacht, dass sie zur Bildung ihres eigenen Urteils (also ihres „Dafürhaltens", nach persönlicher Abwägung eventuell dem Sicherheitsrat eine Angelegenheit vorzulegen) notwendigerweise die Möglichkeit haben müssen, sich genau zu informieren, um verschiedene Aspekte des Problems prüfen und bewerten zu können. Bedeutsam ist dabei der Umstand, dass es keine klare Trennung zwischen „technischer" Tatsachenermittlung und aktiver eigenständiger Vermittlungs- und Streitschlichtungsbemühung des Generalsekretärs gibt. Damit deutet die Tatsachenermittlung schon auf die Möglichkeit zur Durchführung von „Good Offices" durch den Generalsekretär. Die Guten Dienste sind eng verwandt mit dem Konzept der Präventiven oder Stillen Diplomatie.[31] Zu unterscheiden sind sie jedoch von Vermittlung im engeren Sinne, da bei der Durchführung der Guten Dienste in der Regel keine eigenen konkreten Vorschläge gemacht werden. Zwar lassen sich eher als bei der Tatsachenermittlung Unterschiede zwischen technischen (organisatorische, logistische Unterstützung von Konferenzen etc.) und politischen Guten Diensten (direkte Appelle, Implementationsangebote etc.) benennen, aber in der Praxis gehen auch hier die Grenzen ineinander über. Erneut lassen sich keinerlei explizite Vollmachten des Generalsekretärs in der Charta finden; der Begriff ist interpretationsoffen. Schon im formellen Sinne kann man darunter Aufgaben verstehen, die dem Generalsekretär übertragen worden sind, Aufgaben, die er sich selbst aufgrund seiner eigenen Autorität gegeben hat, oder aber sogar Aufgaben, die er abseits der Beschlusslage und ohne offizielle Bezugnahme auf andere UN-Organe wahrnimmt. Prinzipiell kann er dabei jeweils persönlich als Vermittler auftreten oder aber einen Stellvertreter bzw. Repräsentanten entsenden.

Dieses aus der Charta abgeleitete, aber nicht explizit benannte Tätigkeitsfeld hat mittlerweile durchaus beachtliche Bedeutung. Kofi Annan wird momentan von rund 35 regional- bzw. länderbezogenen Repräsentanten, Sonderbeauftragten und Koordinatoren sowie 14 thematischen Beratern und Repräsentanten (u.a. in den Bereichen Kindersoldaten, AIDS oder Informationstechnologien) vertreten. Daneben bleibt auch der persönliche Einsatz innerhalb der Guten Dienste:

---

[31] Vgl. zum Hintergrund Vratislav Pechota, The Quiet Approach. A Study of the Good Offices exercised by the United Nations Secretary-General in the Cause of Peace, New York 1972 sowie Fröhlich, Hammarskjöld, a.a.O., S. 253-283.

von der Verdeutlichung der internationalen Besorgnis gegenüber den Konfliktparteien über die bloße Bereitstellung eines anerkannten Kommunikationskanals
bis hin zur konstruktiven Rolle bei Lösungsfindung und -absicherung oder aber
zum Entschluss, in prekärer Lage eine Verhandlungsmission – wie etwa nach
Bagdad – zu unternehmen. Annans Vorgänger Pérez de Cuéllar hat deshalb den
Ausdruck des „good officer"[32] der UNO als Synonym für den Generalsekretär
gebraucht.

Pérez de Cuéllar selbst hatte sich im Vorfeld des zweiten Golfkrieges im übrigen auch um eine Verhandlungslösung in Bagdad bemüht; er wurde jedoch von
Saddam Hussein erst gar nicht empfangen. Dies führt wieder zu der Einsicht,
dass der Generalsekretär letztlich von der Kooperationswilligkeit der Mitgliedstaaten abhängig ist – und von dem Vertrauen, dass diese in sein Verhandlungs-
geschick setzen. Neben der juristischen Basis, einer dynamischen Interpretation
und der Bezugnahme auf Präzedenzfälle bedarf es offensichtlich auch eines politischen Mechanismus, mithilfe dessen die stillschweigend anerkannten Machtbe-
fugnisse des Generalsekretärs konkretisiert und durchgesetzt werden.[33] Die E-
tablierung über Präzedenzfälle setzt ja jeweils voraus, dass die angestrebten
Aktionen auch zumindest teilweise erfolgreich sind. So sind es die ersten Amts-
handlungen, die den meist zunächst eher unbekannten Generalsekretären zur
„Feuerprobe" für ihre gesamte Amtsperiode werden können. Gelingt es ihnen,
persönlich einen Erfolg zu verbuchen, so ist ihre Position etabliert. Und dann
greift in zunehmendem Maße die zweite Option der Charta zu den politischen
Funktionen des Generalsekretärs: Artikel 98, nach dem der Generalsekretär „alle
sonstigen ihm von diesen Organen [den Hauptorganen der UN] zugewiesenen
Aufgaben" wahrnimmt. Abermals fällt die vage Begrifflichkeit auf und es zeigt
sich, dass die sonstigen Aufgaben eben nicht nur administrative und unterstüt-
zende Dienste umfassen, sondern im Gegenteil höchst politische Aufträge und
Handlungsvollmachten mit einem breiten Ermessensspielraum für den Generalsekretär sein können. Als markantes Beispiel kann hier die Aufforderung an
Boutros-Ghali gelten, nach dem Ende des Ost-West Konflikts eine „Agenda für
den Frieden"[34] auszuarbeiten, die dieser dann auch prompt zu einer breiten Neudefinition des Friedenssicherungskonzeptes der UN nutzte. Andererseits zeigt die
Geschichte der Vereinten Nationen, dass der Generalsekretär gerade dann beauftragt wird, wenn sich die anderen Organe selbst nicht eindeutig einer Sache annehmen wollen oder sogar unterschiedliche Vorstellungen über die weitere Aus-

---

[32] Vgl. Thomas M. Franck, The Secretary-General's Role in Conflict Resolution; Past, Presence and
Pure Conjecture, in: European Journal of International Law 6 (1995), S. 360.
[33] Vgl. hierzu Fröhlich, Der alte und der neue Generalsekretär, a.a.O.
[34] Vgl. UN Doc. A/47/277 v. 17.06.1992.

führung eines Plans unter den Mitgliedstaaten vorherrschen. Die improvisierte Etablierung der ersten Blauhelmmission während der Suez-Krise 1956, deren Leitung dem Generalsekretär übertragen wurde, geriet so zum Präzedenzfall für die Übertragung von Aufgaben, die tagtäglich das politische Urteil und die Tatkraft des Generalsekretärs verlangen – und dies oftmals in Situationen, in denen schnell entschieden werden muss und das knappe Mandat des Sicherheitsrates aufgrund unterschwelliger Konflikte der Mitgliedstaaten keine Orientierung vorgibt. Unausweichlich begibt sich der Generalsekretär in einer solchen Situation in die Sphäre politischer Kontroversen. Grundsätzlich darf er das Vertrauen der anderen UN-Organe und letztlich der einzelnen Staaten nicht nachhaltig verlieren, da er auf einer rechtlich ambivalenten Basis und ohne eigene Durchsetzungsmöglichkeiten agiert. Die englische Fassung von Artikel 98 ist hier bezeichnend, indem sie nicht wie die deutsche Fassung von „zugewiesenen Aufgaben" der Hauptorgane an den Generalsekretär spricht, sondern bewusst das Verb „entrust" verwendet, das eher mit „anvertrauen" übersetzt werden könnte.

Die Möglichkeit zur Wahrnehmung politischer Aufgaben und das Ausmaß derselben ist also abhängig von einem Wirkmechanismus, den man als Vertrauensspirale bezeichnen könnte: Ein Generalsekretär, der sich möglichst schon mit seinen ersten Aufgaben das Vertrauen der Mitgliedstaaten erarbeitet hat, wird mittels weiterer Gelegenheiten die Möglichkeiten zu einer immer stärkeren eigenständigen Rolle bekommen, mit der er wiederum seine Vertrauensbasis erweitern kann. Hingegen wird ein Generalsekretär, der schon bei seinen ersten Gehversuchen auf dem Parkett internationaler Organisation und Diplomatie Probleme hat, vielleicht gar nicht die Möglichkeit bekommen, seine politischen Führungsqualitäten zu beweisen und Vertrauen aufzubauen. Die Abnahme seines Ansehens erfolgt dabei mindestens ebenso schnell wie der Zuwachs. Im Gegenteil wird dann die wichtigste „inoffizielle" Funktion des Generalsekretärs zunehmend in den Vordergrund treten: die des Sündenbocks für das Versagen der Einzelstaaten, die U Thant sogar als „einen wichtigen Teil der Rolle des Generalsekretärs"[35] bezeichnet hat und die von einigen Amtsinhabern schon einmal halb scherzhaft als die wirkliche Bedeutung der Abkürzung ihres Titels „SG" (für Secretary-General) genannt wird: „Scapegoat" (Sündenbock).

Wird dem Generalsekretär ein Handlungsfeld durch die politischen Umstände eröffnet, oder hat er sich sogar selbst ein solches erarbeitet, so stellt sich die Frage, welche Richtung er in dem von ihm betretenen Neuland einschlagen will. Die Charta bietet als rechtliche (und ethische) Gesamtkonstruktion zwar bestimmte Leitmotive des Handelns, aber keine konkreten rechtlichen oder politi-

---

[35] U Thant, Die Rolle des Generalsekretärs der Vereinten Nationen, in: VN 19 (1971), S. 160.

schen Vorgaben. Weisungen von Staaten oder aber deren nationales Interesse dürfen für den Generalsekretär nicht leitend sein. Im Unterschied zu nationalen Politikern bekommt er keinerlei Orientierung aus Parteiprogrammen oder Meinungsumfragen. Allein der von ihm zu interpretierende „Geist" der Charta steht ihm als Richtschnur zur Verfügung. Dazu kommen in solchen Situationen sicher auch grundlegende, persönliche Überzeugungen, Werte und Orientierungen. Diese sind dafür verantwortlich, dass die bisherigen Generalsekretäre innerhalb ihres jeweiligen Handlungsspielraums auch eine individuelle Handschrift erkennen ließen. Genau dies hat Annan mit seiner bereits zitierten Aussage beschrieben, letztlich müsse er „tief in mich selbst hineingehen, um die nötige Inspiration zu finden, die richtige Entscheidung zu treffen". Gefordert ist ein Handeln auf der Grundlage einer politischen Ethik, die jedoch nicht willkürlich ist. Sie steht unter den hohen Anforderungen an die Persönlichkeit des Amtsinhabers: Persönliche Integrität, politische Urteilskraft und internationale Loyalität (negativ formuliert Unparteilichkeit) stehen dabei im Zentrum und diese Anforderungen werden in Artikel 100 der Charta niedergelegt. Die Autorität des Generalsekretärs erwächst dabei zu einem gewichtigen Teil aus der Umsetzung „moralischer Kraft", die sich wiederum aus dem Auftrag der Charta ergibt und immer konsensfähig gegenüber den Mitgliedstaaten bleiben sollte. Die Geschichte der Generalsekretäre zeigt, dass dabei viele Amtsinhaber auf einem Kurs strikter Unparteilichkeit über die Jahre und verschiedene Konflikte hinweg so oft und intensiv mit diversen Staateninteressen kollidieren, dass sich ihre Unterstützung aufbraucht. So erkannte die Sowjetunion Lie zum Ende seiner Amtszeit schlichtweg nicht mehr an, Frankreich wandte sich vehement gegen Hammarskjöld – Chruschtschow forderte 1961 sogar die Abschaffung des Generalsekretär-Postens und wollte diesen durch eine (sich gegenseitig neutralisierende) Troika von Vertretern der Blöcke und der Dritten Welt ersetzen. Boutros-Ghalis Schicksal wurde schon erwähnt.

Der Generalsekretär steht also vor der Aufgabe, mehrere Balanceakte[36] gleichzeitig durchzuführen: Den Balanceakt zwischen administrativen und politischen Funktionen, den Balanceakt zwischen Unabhängigkeit und dem Vertrauen der Mitgliedstaaten sowie den Balanceakt zwischen höchsten moralischen Ver-

---

[36] Klaus Dicke, Effizienz und Effektivität internationaler Organisationen. Darstellung und Kritik eines Topos im Reformprozess der Vereinten Nationen, Berlin 1994, S. 126 spricht in ähnlichem Sinne von Spannungen: „Das Amt des Generalsekretärs ist also durch eine Vielzahl von Spannungen gekennzeichnet: der Spannung zwischen seinen politischen und seinen administrativen Aufgaben; der Spannung zwischen seiner Rolle als Sprecher genuin internationaler Interessen einerseits und dem Zwang, sich der Unterstützung möglichst aller Mitgliedstaaten bzw. Organe und Organisationen des UN-Systems zu vergewissern; der Spannung zwischen seiner Stellung als Chef des Sekretariates hier und seiner Autorität ,aus eigenem Recht' dort."

pflichtungen und deren Chance zur realpolitischen Umsetzung. Will man im Bild bleiben, so bestimmen die internationalen Umstände, wann und in welcher Höhe der Generalsekretär einen Balanceakt vollführen muss, die Charta und das Vertrauen der Mitgliedstaaten sind das Seil, auf dem er sich bewegt und von dem er zugleich nicht abweichen darf. Seine internationale Loyalität und die seiner Amtsauffassung zugrunde liegende politische Ethik schließlich könnte mit der Balancierstange verglichen werden, die ihm hilft, das Gleichgewicht zu halten. Tatsächlich hat Annan selbst seine Aufgabe in einem ähnlichen Bild beschrieben.[37] Sein Einfluss, seine „Macht" ist dabei äußerst fragil.[38] Seine Möglichkeiten bleiben strukturell begrenzt: „Diese zwei Pfeiler begrenzen die Welt des Generalsekretärs: einerseits der Idealismus und die weltweiten Zielsetzungen der Charta, andererseits die pragmatische – und bisweilen ausgesprochen eigensüchtige – Natur der einzelstaatlichen Souveränität."[39] Nach Gordenker bleibt der Generalsekretär „ein Gefangener der Besonderheit seiner Stellung"[40] und Boutros-Ghali kommentiert: „Hier liegt eine ganz schöne Herausforderung für denjenigen, der akzeptiert, ständig mit solchen Widersprüchen zu leben."[41] Aber gerade in dieser speziellen Situation liegt die Möglichkeit – wenn nicht sogar die Verpflichtung –, zur „Quelle von Führung bei der Beförderung der Aufrechterhaltung des Friedens"[42] zu werden.

Als dem Generalsekretär eigenes Instrument erscheint dabei die öffentliche Rede. Tatsächlich weist Artikel 98 dem Generalsekretär die Aufgabe zu, „alljährlich über die Tätigkeit der Organisation Bericht" abzulegen. Dieser Bericht ist keinesfalls eine bloße Buchhalterpflicht, sondern hat sich zu einem besonderen Instrument der politischen Führung des Generalsekretärs entwickelt.[43] Er bietet dem Generalsekretär die Möglichkeit, konzeptionelle Impulse für die Ausrichtung der Arbeit der Vereinten Nationen zu geben, Schwerpunkte zu identifizieren, gegebenenfalls an Mitgliedstaaten zu appellieren oder diese entlang des Maßstabs ihrer Charta-Verpflichtungen zu kritisieren sowie nicht zuletzt die dem

---

[37] Vgl. Text [4] sowie Kofi Annan, Walking the International Tightrope, in: The New York Times v. 19.09.1998, S. 19.

[38] Vgl. zu einem in Anlehnung an den Machtbegriff Hannah Arendts entwickelten Machtbegriff in diesem Kontext Fröhlich, Hammarskjöld, a.a.O., S. 95-99.

[39] U Thant, Rolle, a.a.O., S. 156.

[40] Leon Gordenker, The UN Secretary-General and the Maintenance of Peace, New York/London 1967 (Columbia University Studies in International Organization 4), S. 115.

[41] Boutros Boutros-Ghali, Le Secrétaire général des Nations unies : Entre l'urgence et la durée, in : Politique Étrangère 61 (1996), S. 407. Dazu auch Marietta Slomka, Der UN-Generalsekretär im Kreuzfeuer der Kritik. Möglichkeiten und Grenzen seines Amtes, in: IP 51:11 (1996), S. 55-58.

[42] Leon Gordenker, The UN Secretary-General. Intellectual Leadership and Maintaining Peace, in: Internationale Spectator 47 (1993), S. 634.

[43] Vgl. dazu Fröhlich, Hammarskjöld, a.a.O., S. 61-65.

Bericht folgende Debatte in der Generalversammlung zu strukturieren. Als „Rede zur Lage der Welt" birgt der Jahresbericht ein ganz eigenes Potential zur Ansprache der Weltöffentlichkeit. Die vielfältigen weiteren öffentlichen Auftritte und Statements des Generalsekretärs können als Variationen dieses Instruments angesehen werden. Wie eingangs bemerkt, spiegeln sie nicht nur die politischen Erfahrungen ihrer Zeit, sondern bergen auch das Potential zur Artikulation eines Konzepts für die Arbeit der Vereinten Nationen. Welches Amtsverständnis, welche Erfahrungen und Schwerpunkte lassen sich für die Amtszeit Kofi Annans festhalten?

Die direkteste Auseinandersetzung Annans mit dem Amt des Generalsekretärs findet sich in Text [4]. Weitere Bezüge sind in den Texten [1], [5] und [24] vorhanden.

III. Sekretär und General: Zum Amtsverständnis Kofi Annans

Das rechtliche Gerüst der Charta-Bestimmungen ist also jeweils durch den Amtsinhaber mit Leben zu füllen. Dabei steht jeder Generalsekretär vor der Herausforderung, die beiden programmatischen Bestandteile seines Amtstitels in Balance zu halten – also sowohl in der Führung einer großen internationalen Bürokratie zu brillieren, als auch dem Auftrag, eine führende diplomatische Rolle in der internationalen Politik zu spielen, gerecht zu werden.

Die Wahl Kofi Annans zum siebten Generalsekretär der Vereinten Nationen, dem ersten aus den Reihen der UN-Bediensteten selbst, war mit dem Auftrag und dem Mandat zur inneren Reform der Weltorganisation verbunden. Und so machte sich Annan unmittelbar nach seiner Wahl an die Reform der Organisationsstruktur des Sekretariats.[44] Diese steht im Zentrum des ersten großen Reformberichts Annans vom Januar 1997. Betrachtet man die „Startphasen" der bisherigen Amtsinhaber, so ist es wohl grundsätzlich empfehlenswert, solch eine schwer steuerbare und verflochtene Administration bei Amtsübernahme zu re-

---

[44] Vgl. zum Überblick das Dossier und die Chronologie unter http://www.un.org/reform sowie Thomas Schuler, Die „stille Revolution" des Kofi Annan, in: VN 4/1997, S. 146-148 und Ders., Annans Anlauf zur Reform, in: VN 1/1998, S. 30-31. Zum Folgenden und zu Reform im weiteren Sinne vgl. auch Helmut Volger, UN-Reform ohne Charta-Revision? Der Stand der Reformbemühungen nach dem Milleniums-Gipfel, in: Schorlemer (Hrsg.), Praxishandbuch, a.a.O., S. 733-753 sowie Sven Bernhard Gareis/Johannes Varwick, Die Vereinten Nationen. Aufgaben, Instrumente und Reformen, Opladen 2002, S. 243-290.

formieren – alleine um eine handhabbare Struktur für den neuen Mann (oder eines Tages die Frau) an der Spitze zu schaffen. Annans Reformbemühungen gingen jedoch weiter: Die vorrangige Reformmotivation unmittelbar bei Amtsantritt war die Erreichung einer höheren Wirtschaftlichkeit und besseren Koordination. Annan profitierte dabei insofern von Boutros-Ghalis Entscheidungen, als er 1.000 Stellen innerhalb des Sekretariats, die 1996 aufgrund einer Wiederbesetzungssperre vakant waren, endgültig strich. Gleich zu Beginn seiner Amtszeit versetzte er 23 Spitzenbeamte in den Ruhestand. Zur besseren Koordination der VN-Aktivitäten wurden unter den Rubriken „Frieden und Sicherheit", „Humanitäre Angelegenheiten", „Entwicklungs-Gruppe" sowie „Wirtschafts- und Sozialfragen" die bestehenden 30 UN-Abteilungen, Programme und Hilfsfonds zu Arbeitsbereichen zusammengefasst und ihre Bemühungen gepoolt. An der Spitze eines Arbeitsbereichs steht jeweils ein Executive Committee als Steuerungsgremium, in dem die Leiter der beteiligten Einheiten vertreten sind. Im Sekretariat selbst ist durch Einrichtung der so genannten „Senior Management Group" ein Gremium geschaffen worden, in dem die Spitzen aller beteiligten Einheiten zusammenkommen – durchaus vergleichbar mit einem erweiterten Kabinett des Generalsekretärs. Eine weitere, nicht unerhebliche Neuerung der Organisationsstruktur des Sekretariats stellt die Einrichtung des Postens eines stellvertretenden Generalsekretärs dar, der seit 1998 von der Kanadierin Louise Fréchette ausgeübt wird.

Blickt man auf die Organisationsstruktur des Sekretariates, so fällt auch auf, dass in der Abteilung für Wirtschafts- und Sozialfragen drei unter Boutros-Ghali noch eigenständige Abteilungen zu einer zusammengefasst wurden. Ebenso gebündelt wurden Arbeitseinheiten in den Bereichen der Verbrechensbekämpfung oder des Menschenrechtsschutzes. Auf Missionsebene wurden durch die Einführung zentraler Hauptquartiere (so genannter „UN Houses") die unterschiedlichen Repräsentanzen verschiedener Programme und Institutionen zusammengelegt. Erkennbare Koordinationsfigur soll im Regelfall ein UN Resident Coordinator sein, der die Bemühungen der VN „unter einer Flagge" repräsentiert. Daneben sollen von den beteiligten Programmen und Organisationen gemeinsam erstellte „Länderprofile" zur Bedarfsermittlung und „UN Development Assistance Frameworks" zur Arbeitsteilung und Zielformulierung die Tätigkeiten der verschiedenen Beteiligten erleichtern. Hier – wie generell im Bereich des Sekretariats – wurde auch die Kommunikation durch das Internet genutzt, um auf der Basis virtueller Koordination entsprechende Effekte zu erzielen. Doppelte und überlappende Zuständigkeiten wurden auf diesem Wege gemindert und die vielfältigen Aktivitäten der Gesamtorganisation erfuhren ein merkliches „streamlining". Überhaupt ist eine deutlich bessere Nutzung der Kommunikationskapazitäten der Vereinten Nationen zu konstatieren, die Dokumentation der Weltorganisation ist nun ebenfalls zum Teil internet-gestützt. Im Jahr 2002 legte Annan einen weiteren Bericht zur Management- und Haushaltsreform vor,[45] der sich inhaltlich unter anderem an den Vorgaben der Millenium-Entwicklungsziele orientiert und dementsprechende Umstellungen anvisiert. Daneben bildete das Informations- und Bibliothekswesen einen Schwerpunkt. 1997 bis 2002 stand durchgehend auch die Personalpolitik im Mittelpunkt der Reformvorschläge. Im Bericht des Generalsekretärs zu „Human ressources management reform"[46] wurden Wege zu einer aufgabenbetonteren, schneller agierenden und transparenteren Personalpolitik eröffnet. Als vormaligem internationalem Bediensteten mit Leitungsaufgaben im Personal- und Managementsektor lag und liegt Annan dieser Bereich besonders am Herzen. Annan arbeitete zudem an einem neuen Verhaltenskodex für den Dienst bei der UNO, den er als „Berufung" versteht;[47] er führte auch die Institution eines Ombudsmannes ein.

Das streng und kritisch an Kriterien der Wirtschaftlichkeit und Effizienz orientierte amerikanische General Accounting Office (GAO), der Rechnungshof des US-Kongresses, hat zu Beginn des Jahres 2004 die Umsetzung der Reforminitiativen aus 1997 und 2002 geprüft.[48] Das Fazit: Ein beachtlicher Teil der Reformen ist realisiert (60% der Reformen aus 1997 und 38% der Reformen aus 2002). Dabei ist jedoch zu berücksichtigen, dass es bis zur wirklichen Umsetzung und Etablierung der neuen Strukturen teilweise noch ein langer Weg ist. Bei allen Schwierigkeiten genauer „Messung" bilanziert das GAO, dass Reformen, die im unmittelbaren Zuständigkeitsbereich des Generalsekretärs liegen, schneller umgesetzt wurden als solche, die die jeweilige Zustimmung der Mitgliedstaaten benötigen. Das GAO mahnt jedoch an, dass der weitere Reformprozess durch stärkere Zielvorgaben, Prioritätensetzungen und Berichterstattung begleitet sein muss. Der Bericht kommt unter anderem zu dem Schluss, dass in dieser Hinsicht Reformbemühungen auch die Bereitstellung neuer personeller und finanzieller Ressourcen bedeuten können. Die Ergebnisse des Berichts wurden dem amerikanischen Außenministerium und der ständigen Vertretung der USA bei den Vereinten Nationen weitergeleitet und zustimmend zur Kenntnis genommen.

---

[45] Vgl. Text [20].

[46] UN Doc. A/55/253 v. 01.08.2000.

[47] Vgl. dazu Text [18].

[48] Vgl. United States General Accounting Office, United Nations: Reforms Progressing, but Comprehensive Assessments Needed to Measure Impact (Report to Congressional Requests 04-339), Washington D.C. February 2004 unter http://www.gao.gov. Zur Umsetzung siehe auch den Zwischenbericht UN Doc. A/58/351 v. 05.09.2003.

Die Strukturreform war von Beginn der Amtszeit Annans seitens der USA Bedingung für die Zahlung der zeitweise mehr als 1,5 Milliarden Dollar umfassenden amerikanischen Schulden. Kofi Annan hatte sich diesbezüglich bereits in seinem ersten Amtsjahr nicht nur mit Präsident Clinton, sondern auch mit dem damals einflussreichen Vorsitzenden des Auswärtigen Ausschusses, Jesse Helms getroffen. Erst im November 2001 beglichen die USA einen substantiellen Teilbetrag der lange überfälligen Gelder.[49]

Mit diesem ersten Schwerpunkt auf die Reform der Binnenorganisation des Sekretariats entsprach Annan zunächst dem Bild des reformwilligen „Bürokraten", der einen neuen Führungsstil in der Organisation einführt.[50] Schon bald zeigte sich aber, dass sich sein Amtsverständnis nicht in diesem Etikett erschöpft. Wenn Annan auch in Temperament und Persönlichkeit in deutlichem Kontrast zu seinem unmittelbaren Vorgänger auftritt,[51] so lässt sich doch zeigen, dass er eine dynamische Interpretation seiner politischen Kompetenzen verfolgt. Dies tut er auffällig oft unter Berufung auf seinen Vorgänger Dag Hammarskjöld[52]. Kofi Annan stellt sich bewusst in die „Hammarskjöld-Tradition" als einer Leitlinie zur aktiven, politischen Amtsführung. Auch Hammarskjöld hatte zu Beginn seiner Amtszeit eine umfassende Verwaltungsreform durchgeführt, war dann aber zunehmend als politisch agierender Repräsentant aufgetreten, dessen ethisch fundierte Konzeption der Weltorganisation und dessen Tätigkeit in der präventiven Diplomatie – aber auch im Bereich der Friedenssicherung (als „Erfinder" der Blauhelme) – einen hohen Standard für die Tätigkeit des Generalsekretärs gesetzt hat. Dass Annan, der nur ein Jahr nach dem Tod Hammarskjölds bei einer Vermittlungsreise im Kongo in den Dienst der UNO eintrat, ebenfalls ein aktives Amtsverständnis vertrat, ließ sich schon unmittelbar nach seiner Ernennung bei seiner Rede vor der Generalversammlung erkennen: „Ich werde meine Rolle als Oberhaupt eines der sechs wichtigsten Organe dieser Organisation weder überschreiten noch minimieren. Ich beabsichtige, den Mitgliedstaaten meine unabhängigen Ansichten zur Berücksichtigung darzulegen. Ich beabsichtige, meine

---

[49] Vgl. auch Benjamin Rivlin, Leadership in the UN, 1997: The Secretary-General and the U.S. – A symbiotic Realtionship under Stress, in: International Journal 52 (1997), S. 197-218 und Helmut Volger, UN-Reform im Alleingang? Das konfliktreiche Verhältnis zwischen USA und UN, in: IP 12/1997, S. 39-44. Zur Finanzsituation siehe Klaus Hüfner, Die Finanzierung des UN-Systems in der Dauerkrise, in: Schorlemer (Hrsg.), Praxishandbuch, a.a.O., S. 615-641.

[50] Vgl. seine Äußerung im Interview mit dem Public Broadcasting Service v. 16.12.1996: „(...) Ich bin ein Mann von Resultaten, ich arbeite auch gut mit Teams zusammen und baue Teams auf." (Transkript der Sendung mit Charlayne Hunter Gault unter http://www.pbs.org).

[51] Vgl. dazu Text [4].

[52] Zu dessen Amtszeit vgl. grundsätzlich Brian Urquhart, Hammarskjöld, New York/London 1994. Zur Hammarskjöld-Tradition vgl. Fröhlich, Hammarskjöld, a.a.O., S. 355-428.

Dienste und ‚good offices' als Vermittler und Zwischenhändler wo auch immer und wann auch immer dort anzubieten, wo ich das Gefühl habe, dass es hilfreich ist. Ich beabsichtige, einen internationalen, öffentlichen Dienst zu leiten, der ehrlich, effizient, unabhängig und stolz ist – stolz auf seinen ehrenhaften Beitrag zur Verbesserung des Lebens auf dieser Erde. Schließlich beabsichtige ich, nicht nur unsere rechtliche Verpflichtungen zu betonen, nicht nur unsere finanziellen Grenzen, nicht nur unsere politischen und diplomatischen Erwägungen, sondern auch und vor allem die moralische Dimension unserer Arbeit in dieser Organisation."[53] Dem fügte er hinzu: „Wir können ohne Ihre politische, moralische, finanzielle sowie materielle Unterstützung und Teilnahme keinen Erfolg haben. Applaudieren Sie uns, wenn wir gewinnen; korrigieren Sie uns, wenn wir versagen; vor allem aber lassen Sie nicht diese unentbehrliche, unersetzbare Institution verblühen, dahinsiechen oder untergehen als Folge von Gleichgültigkeit, Unaufmerksamkeit oder finanziellem Aushungern seitens der Mitgliedstaaten."[54] Vergleicht man dies mit dem Ausspruch Hammarskjölds am gleichen Ort, so kann man nicht umhin, hier eine bewusste Bezugnahme anzunehmen. Hammarskjöld hatte gesagt: „Es liegt an Ihnen, zu urteilen, wie erfolgreich ich bin und es liegt an Ihnen, mich zu korrigieren, falls ich versage. Unsere Arbeit ist eine Arbeit der Versöhnung und des realistischen Aufbaus."[55] In einem Interview beschreibt Annan denn auch Hammarskjöld als denjenigen seiner Vorgänger, den er am meisten bewundere: „Ich denke, was mir an ihm gefallen hat, das waren seine Stärke, seine Vision, seine auf Prinzipien gründende, moralische Stellungnahme zu verschiedenen Belangen. Und auch die Tatsache, dass er sehr aktiv war und die Themen angepackt hat, ohne Rücksicht auf die Mächte, die im Spiel waren."[56] Auch anlässlich seiner Wiederwahl für eine zweite Amtszeit zitierte Annan vor der Generalversammlung die Worte Hammarskjölds an gleicher Stelle aus dem Jahr 1957 und gab in einer Pressekonferenz Auskunft über Ähnlichkeiten zwischen ihm und Hammarskjöld.[57] 40 Jahre nach Hammarskjölds Tod hielt Annan in Uppsala eine Rede über Dag Hammarskjöld und das 21. Jahrhundert,

---

[53] UN Doc. GA/9211 v. 17.12.1996.
[54] UN Doc. GA/9211 v. 17.12.1996.
[55] Vgl. Statement in the General Assembly after Taking the Oath of Office v. 10.04.1953, in: Andrew Cordier/Wilder Foote (Hrsg.), Public Papers of the Secretaries-General of the United Nations. Volume II: Dag Hammarskjöld 1953-1956, New York/London 1972, S. 31.
[56] Institute of International Studies. University of California, Kofi Annan Interview v. 04.1998 unter http://www.globetrotter.berkeley.edu/UN/Annan/annan-con2.html.
[57] Vgl. „Press encounter following reappointment for a further five year term as Secretary-General" v. 29.06.2001 unter http://www.un.org.

die er zu einem Porträt seiner eigenen Vision der Weltorganisation nutzte.[58]
Mehrfach hat Annan die moralische Autorität als eigentliches Spezifikum des
Generalsekretärs benannt. Dies dürfe ihn aber nicht dazu verleiten, moralische
Urteile und persönliche Überzeugungen öffentlich werden zu lassen: „Es ist ein
Luxus, den ich mir nicht leisten kann. Die Integrität, Unparteilichkeit und Unabhängigkeit dieses Amts des Generalsekretärs sind zu wichtig, um so leicht aufge-
opfert zu werden."[59] Dies ist eine Erfahrung, die ebenfalls von mehreren Generalsekretären gemacht wurde: Wenn nahezu alle diplomatischen Kanäle ausgeschöpft sind, dann muss der Generalsekretär sich als „Rückfallposition"[60] bereit
halten, um eventuell unter ausschließlicher Bezugnahme auf seine Amtsautorität
und gegebenenfalls abseits verurteilender Resolutionen anderer UN-Organe tätig
zu werden. Hierin zeigt sich ein eigenartiges Merkmal des Amtes: Der Generalsekretär, der sich um allerhöchste persönliche Integrität in seiner Amtsführung
bemühen muss, muss letztlich als ultimative Verhandlungsressource eingreifen,
um eventuell mit Diktatoren oder geächteten Regimen zu verhandeln. Dies hat
Kofi Annan in Bagdad getan.[61] Notwendigerweise macht er sich in solchen Situationen auch selbst für ethisch motivierte Kritik verwundbar. So wurde seine
unglücklich gewählte Formulierung, des „Geschäfte-machens mit Saddam"[62]
erheblich kritisiert. Solche Vorwürfe angeblicher moralischer Indifferenz muss
der Generalsekretär in Extremsituationen jedoch angesichts seiner Verantwortung für den Weltfrieden auf sich nehmen. Mehr noch: Das Ende des Ost-West-
Konflikts löste viele Konfliktformationen von der ideologischen Überlagerung,
die Interventionen seitens des Generalsekretärs erschwert und sogar gefährlich
gemacht hätte. Kofi Annan ist sich dieses neu gewonnenen Spielraums bewusst:
„Das Ende des Kalten Krieges veränderte vor allem die moralischen Erwartungen an die Rolle des Generalsekretärs. Es erlaubte ihm, die Vereinten Nationen
in den Dienst der universellen Werte der Charta zu stellen, ohne Einschränkungen durch Ideologien oder Partikularinteressen."[63] Und in diesem Zusammen-

---

[58] Siehe Text [24]. Vgl. dazu auch weitere Beiträge im Themenheft „Dag Hammarskjöld and the 21st
Century" der Dag Hammarskjöld-Stiftung (Development Dialogue 2001:1) unter www.dhf.se.
[59] Annan, Tightrope, a.a.O., S. 19. Vom „Luxus" hatte in diesem Sinne schon U Thant gesprochen.
Vgl. Fröhlich, Hammarskjöld, a.a.O., S. 385.
[60] Joseph P. Lash, The Man on the 38th Floor, in Harper's Magazine October 1959, S. 49.
[61] Sein Auftreten weist dabei einige Parallelen zu der von Hammarskjöld entwickelten „Peking-
Formel" auf. Vgl. Fröhlich, Hammarskjöld, a.a.O., S. 253-282.
[62] Vgl. Text [14]. Dazu ein Interview mit Annan im Time Magazine v. 09.03.1998, S. 17, Christopher
S. Wren, U.N. Leader Rebuts Critics of his Pact with Baghdad, in: The New York Times v.
27.02.1998, S. 8 sowie David Rieff, Up the Organization, in: The New Republic v. 01.02.1999, S. 19-
23. Der englische Ausdruck "to do business" hat eine etwas weniger negative Konnotation als die
deutsche Übersetzung.
[63] Text [4].

hang bekennt Annan sich zu der ebenfalls prominent von Hammarskjöld begründeten Unterscheidung zwischen Unparteilichkeit und Neutralität: „Unparteilichkeit heißt nicht – und darf nicht heißen – Neutralität im Angesicht des Bösen. Unparteilichkeit bedeutet, die Grundsätze der Charta strikt und unvoreingenommen einzuhalten – nicht mehr und nicht weniger."[64]

Die direkteste Auseinandersetzung mit Annans Amtsverständnis findet sich in den Texten [4] und [24]. Weitere Bezüge sind in den Texten [1], [14], [17], [18], [19] und [20] vorhanden.

IV. Souveränität und Intervention: Neue Herausforderungen der Friedenssicherung

Die Frage des Verhaltens „im Angesicht des Bösen" und der angemessenen Bestimmung von Unparteilichkeit in einem Konflikt ist zu einem Leitmotiv der Amtszeit Kofi Annans geworden, das bereits aus seiner Zeit als Untergeneralsekretär für Friedensoperationen herrührt. Anlässlich der Enthüllung eines Denkmals für Raoul Wallenberg in London zitierte Annan 1997 Edmund Burke: „Für den Triumph des Bösen genügt es, wenn gute Menschen nichts tun."[65] Es sind zwei katastrophale Erfahrungen, die Annan in den neunziger Jahren auch ganz persönlich gemacht hat und die seine Einstellung in dieser Frage geprägt haben: Das Versagen der internationalen Gemeinschaft bei der Aufrechterhaltung der UN-Schutzzonen in Bosnien und das Versagen im Angesicht des Völkermords in Ruanda. Für das erste Versagen ist der Name Srebrenica zum internationalen Begriff geworden, der Name der UN-Schutzzone, die im Juli 1995 von der bosnisch-serbischen Armee überrannt wurde und bei deren Einnahme unter den Augen weniger niederländischer UN-Blauhelme bis zu 8.000 Flüchtlinge verschleppt und getötet wurden. Gourevitch bilanziert: „Die UN-Schutzzonen gehörten in der Mitte der neunziger Jahre zu den unsichersten Orten auf der Erde."[66] In Ruanda kam es innerhalb kurzer Zeit zum buchstäblichen Abschlachten von bis zu 800.000 Angehörigen der Tutsi. Auch hier hatte die internationale Gemeinschaft Informationen über die sich anbahnenden Vorkommnisse, auch

---

[64] Text [4]. Dazu auch die Rede an der University of California UN Doc. SG/SM/6531 v. 20.04.1998.
[65] UN Doc. SG/SM/6169 v. 26.02.1997.
[66] Gourevitch, Optimist, a.a.O., S. 65.

hier blieb eine Handlung aus.[67] Beide Fälle hingen letztlich vom Willen der Mitgliedstaaten ab, doch war es Annan, in dessen unmittelbarem Verantwortungsbereich diese zwei Konflikte lagen. So wirft Rieff Annan, der das Mandat des Sicherheitsrates umzusetzen hatte, unverantwortliche Schein-Objektivität im Um-
gang zwischen bosnischen Muslimen und bosnischen Serben vor.[68] In jedem Fall
haben diese Erfahrungen Annan in aller Härte mit den neuen Gefahren und
Problemen des Peacekeeping konfrontiert.[69] Angesichts der Vorgehensweise der
Serben und dem Leid der Bosnier in Srebrenica spricht er selbst in dem von ihm
vorgelegten Bericht[70] über die Katastrophe von Srebrenica von „amoralischer
Äquivalenz, mit der der Konflikt in Bosnien zu lange von zu vielen betrachtet
wurde."[71] Unzweideutig räumt er Fehler ein und kommt dabei auf eine fundamentale Infragestellung der wesentlichen Prinzipien des Peacekeeping: „Im
Nachhinein kann man sehen, dass viele Fehler, die die Vereinten Nationen
machten, aus einer einzigen und zweifellos gut gemeinten Bemühung stammten:
wir versuchten, den Frieden zu bewahren und die Regeln der Friedenserhaltung
anzuwenden, wo es keinen Frieden zu bewahren gab. Im Wissen, dass jegliche
andere Handlungsweise das Leben der Truppen in Gefahr bringen würde, versuchten wir eine Umgebung zu schaffen – oder uns einzubilden – in der die Regeln der Friedenserhaltung – Abmachung zwischen den Parteien, Einwilligung
der Konfliktparteien und Unparteilichkeit – eingehalten werden konnten. Wir
versuchten, die Lage vor Ort durch Waffenstillstandsvereinbarungen zu stabilisieren. Diese Handlung brachte uns den Serben nah, die den größeren Anteil des
Gebietes kontrollierten. Wir versuchten, die Anwendung der Gewalt jenseits der
Selbstverteidigung zu vermeiden, was uns in Konflikt mit den Verteidigern der
Schutzzonen brachte, deren Sicherheit von unserer Anwendung von Gewalt

---

[67] Vgl. Linda Melvern, A people betrayed. The Role of the West in Rwanda's Genocide, London/New
York 2000 und Alison Des Forges, Kein Zeuge darf überleben. Der Genozid in Ruanda, Hamburg
2002.

[68] Vgl. Rieff, Organization, a.a.O., S. 20; kritisch auch Gourevitch, Optimist, a.a.O., S. 66.

[69] Vgl. dazu auch seine Beiträge als Untergeneralsekretär: Kofi Annan, UN peacekeeping operations
and cooperation with NATO, in: NATO Review October 1993, S. 3-7 sowie Kofi Annan, Challenges
of the New Peacekeeping, in: Olara A. Otunnu/Michael W. Doyle (Hrsg.), Peacemaking and Peacekeeping for the New Century, Lanham 1998, S. 169-188. Dem Thema widmete sich Annan auch in
seiner Rede an der Georgetown University UN Doc. SG/SM/6901 v. 23.02.1999. Aus der Fülle der
Literatur vgl. etwa Winrich Kühne (Hrsg.), Blauhelme in einer turbulenten Welt, Baden-Baden 1993
und Manfred Eisele, Die Vereinten Nationen und das internationale Krisenmanagement. Ein Insider-
Bericht, Frankfurt a.M. 2000. Zu einigen Aspekten des folgenden auch Manuel Fröhlich, Keeping
Track of UN Peacekeeping – Suez, Srebrenica, Rwanda and the Brahimi Report, in: Max Planck
Yearbook of United Nations Law 5 (2001), S. 185-248.

[70] Report of the Secretary-General pursuant to General Assembly Resolution 53/35 (1998) – im
Folgenden Srebrenica-Report.

[71] Srebrenica Report, Absatz 479.

abhängig war."[72] Im Falle Ruandas sorgte ein Fax des UN-Kommandeurs in Ruanda, Romeo Dallaire, für viele Diskussionen. Dallaire hatte von den Plänen gegen die Tutsi-Minderheit erfahren und um Erlaubnis gebeten, im Vorfeld gegen die führenden Köpfe dieser Pläne vorgehen zu dürfen.[73] Sein „Vorgesetzter" in New York war Kofi Annan. Dieser sah jedoch angesichts des begrenzten Mandats der UN-Truppe keine Möglichkeit für offensive Aktionen und scheint auch bei den Mitgliedstaaten keine besondere Unterstützung für eine Ausweitung des Mandats gefunden zu haben.[74] Auch Ruanda wurde – ebenfalls mit Unterstützung von Annan – zum Gegenstand einer eingehenden Untersuchungen durch eine unabhängige Expertenkommission. Annan, der 1998 bei einem Besuch Ruandas von empörten Politikern boykottiert wurde,[75] hat wiederum selbst eine persönliche Lehre aus dem Versagen in Ruanda gezogen: „Persönlich werde ich für immer von unserem Versagen verfolgt sein, den Völkermord in Ruanda zu verhindern oder aufzuhalten, bevor fast eine Million Menschen getötet wurden. Die Friedenstruppe wurde in dem Moment abgezogen, in dem sie hätte verstärkt werden sollen. Doch egal, ob wir Reue oder Empörung oder beides empfinden – unsere Worte haben geringen Wert, wenn wir nicht sicher sind, dass wir beim nächsten Mal anders handeln werden. Das heißt, dass wir uns beim nächsten Mal nicht hinter den Unübersichtlichkeiten und Gefahren der Situation verstecken können. Beim nächsten Mal dürfen wir nicht auf späteres, besseres Wissen warten, das uns die beste Richtung aufzeigt. Auch dürfen wir keine unmöglichen Bedingungen aufstellen, mit denen wir gewährleisten, dass der Sicherheitsrat seine Entscheidungen zu spät oder gar nicht trifft. Wir müssen uns darauf vorbereiten zu handeln, wenn die Lage noch unklar und ungewiss ist, aber

---

[72] Srebrenica Report, Absatz 488.

[73] Vgl. dazu ausführlich Report of the Independent Inquiry into the Actions of the United Nations during the 1994 Genocide in Rwanda v. 15.12.1999 unter http://www.un.org.

[74] Vgl. Schuler, Diplomat, a.a.O., S. 28.

[75] Vgl. Gourevitch, Optimist, a.a.O., S. 67. Die Frage nach der persönlichen Zurechenbarkeit von Schuld und Versagen, die Gourevitch in einem Artikel 1998 gestellt hatte, veranlasste den Generalsekretär über seinen Sprecher folgende Erklärung zu verlautbaren: „Das grundsätzliche Versagen resultierte aus dem Mangel an politischen Willen, nicht aus dem Mangel an Information. Niemand kann bestreiten, dass die Welt gegenüber den Menschen von Ruanda versagt hat. Aber die entscheidende Frage ist nicht, wie man im Nachhinein Schuld zuweisen kann. Statt dessen sollten wir viel mehr fragen, wie wir sicherstellen können, dass solch eine Tragödie nie wieder passieren kann. (...)". UN Doc. SG/SM/6545 v. 04.05.1998. Zwei Tage später nahm Annan den Gedanken bei seiner Rede vor dem ruandischen Parlament in Kigali auf und erklärte, er sei auf einer „Mission der Heilung"; in Übereinstimmung mit der oben genannten Charakterisierung der Person Nelson Mandelas betont Annan hier „die Eigenschaft, vergeben zu können, die unserem gemeinsamen afrikanischen Erbe inhärent ist" als eine wesentliche Voraussetzung der Aussöhnung. Vgl. UN Doc. SG/SM/6522 v. 06.05.1998.

rechtzeitig, um etwas zu verändern."[76] In der Konsequenz verweisen beide Berichte darauf, dass die traditionellen Elemente und Bedingungen von Friedensoperationen der Vereinten Nationen sich als untauglich für eine neue Konfliktart erweisen, die sich in Srebrenica und Ruanda gezeigt hatte.[77] Dies hatte Annan schon als Untergeneralsekretär erkannt: „[D]ie Grundvoraussetzung traditioneller Friedenssicherung werden in den meisten Fällen nicht vorhanden sein."[78] Schon 1996 hat Annan vor der Notwendigkeit gesprochen, Missionen mit erzwingenden Elementen einzusetzen.[79] Konsens der beteiligten Parteien, bloße Selbstverteidigung und Unparteilichkeit gegenüber den Konfliktparteien sind inkompatibel mit einer Situation des Völkermordes. Hier können die Vereinten Nationen sich nicht hinter scheinbarer Neutralität verstecken: „[D]er weltweite Einsatz der Vereinten Nationen zur Beendigung von Konflikten schließt moralische Urteile nicht aus, sondern macht sie notwendig."[80] Diese Erfahrung veranlasste Annan zu einem Umdenken, das er im Srebrenica-Bericht noch in Frageform formulierte und das durchaus revolutionär für die sicherheitspolitische Rolle der UN ist: „Ich habe vor, solche Themen wie die Kluft zwischen Mandat und Mitteln, die allseits vorhandene Ambivalenz in der UNO bezüglich der Rolle militärischer Gewalt im Streben nach Frieden, die institutionelle Ideologie der Unparteilichkeit selbst bei versuchtem Völkermord und eine ganze Bandbreite von doktrinären und institutionellen Fragen anzusprechen, die in das Zentrum der Fähigkeit der UNO reichen, Frieden zu wahren und die Zivilbevölkerung vor bewaffneten Konflikten zu schützen."[81] Die Agenda für den Frieden seines Vorgängers Boutros-Ghali hält Annan dabei nicht für ausreichend, da sie „einer anderen Zeit"[82] entstamme. Ein Ziel von Annans „Agenda" findet sich als konkrete Erfahrung aus der Tragödie von Srebrenica. Der noch fragende Ton aus dem Srebrenica-Bericht fand

---

[76] UN Doc. SG/SM/6901 v. 23.02.1999. Vgl. In diesem Sinne auch Statement on receiving the report of the Independent Inquiry into the Actions of the United Nations during the 1994 Genocide in Rwanda vom 16.12.1999 unter http://www.un.org/News/ossg/sgsam_rwanda.htm: „Von all meinen Zielen als Generalsekretär gibt es keines, dem ich mehr persönlich verpflichtet wäre, als die Vereinten Nationen zu befähigen, nie wieder beim Schutz einer Zivilbevölkerung vor Völkermord oder massenhaftem Abschlachten zu versagen."

[77] Vgl. dazu Adams Roberts, The Crisis in UN Peacekeeping, in: Survival 36:3 (1994), S93-120 und Winrich Kühne, Peace Support Operations: How to make them succeed, in: IPG 4/1999, S. 358-367.

[78] Kofi Annan, Challenges of the New Peacekeeping, in: Otunnu/Doyle (Hrsg.), Peacekeeping, a.a.O., S. 171.

[79] Vgl. Annan, Challenges, a.a.O., S. 173 in Anlehnung an ein Konzept von Donald C. F. Daniel und Bradd C. Hayes.

[80] Srebrenica Report, Absatz 506.

[81] Srebrenica Report, Absatz 505.

[82] „Ich bin ein Glücklicher Narr". Interview mit dem UN-Generalsekretär, in: Die Zeit v. 25.07.1997, S. 9.

seine Bestätigung im Ruanda-Bericht und schließlich eine Konsequenz in der Einberufung einer Expertenkommission zur Reform der Friedensoperationen der Vereinten Nationen, die Annan unter Leitung des algerischen Diplomaten Lakdhar Brahimi einsetzte und die mit ihrem Bericht vom August 2000 eine Reihe grundsätzlicher und konkreter Reformschritte aufzeigt.[83] Die darin enthaltenen Empfehlungen bilden insofern eine Synthese aus den beiden vorhergehenden Berichten. Dazu gehören die Stärkung präventiver Mechanismen, die Ermöglichung von Start- und Quick-Impact-Projekten zu Beginn einer Mission, die Präzisierung der Sicherheitsrats-Mandate, die Einholung von Truppenverpflichtungen vor Verabschiedung von Resolutionen für größere Missionen, die Verkürzung der Entsendezeit auf 30 bzw. 90 Tage für Blauhelmmissionen bzw. komplexe Friedensmissionen, die Stärkung der Stand-By-Truppenvereinbarungen der Vereinten Nationen sowie die finanzielle und personelle Erhöhung der Ausstattung der Peacekeeping-Abteilung im Sekretariat – um nur einige zu nennen. In der Umsetzung wurde bislang das Personal in der Friedenssicherungsabteilung um 50% erhöht und die logistische Sammelstelle für UN-Missionen im italienischen Brindisi mit 150 Millionen Dollar besser ausgestattet. Mit Blick auf die Zivilbevölkerung ist das Schlagwort des Reform-Berichts der so genannten Axworthy-Kommission, die „Verantwortung zum Schutz"[84], als mögliche Richtungsweisung an die Stelle eines umstrittenen „Rechts zur Intervention" getreten. Die Brahimi-Empfehlungen mahnen eher zur Zurückhaltung und warnen vor Überforderung. Tatsächlich ist die ersatzweise Beauftragung von ad-hoc-Koalitionen, denen dann gegebenenfalls UN-Missionen folgen, in Annans Amtszeit deutlich erkennbar. Mit unterschiedlicher Abdeckung durch den Sicherheitsrat handelten Australien in Ost-Timor, die USA in Afghanistan, französische und westafrikanische Truppen in der Elfenbeinküste, die EU (Operation „Artemis") im kongolesischen Bunia und ohne vorheriges Mandat die NATO im Kosovo. Annans Zurückhaltung bei der Erweiterung eigener Friedensoperationen – auch im Falle des Irak – trifft andererseits auf durchaus fordernde Töne, etwa bei der Forderung nach einer mit den Zwangsbefugnissen von Kapitel VII der Charta ausgestatteten Truppe für Liberia, die der Generalsekretär dem Sicherheitsrat im Sommer 2003 mehrmals entgegenhielt.

---

[83] Vgl. UN Doc. A/55/305 v. 21.08.2000. Zum Hintergrund Ekkehard Griep, Neue Maßstäbe für die UN-Friedensmissionen. Der Brahimi-Bericht und seine Folgen: eine Bestandsaufnahme, in: VN 2/2002, S. 61-67 und Winrich Kühne, UN-Friedenseinsätze verbessern – Die Empfehlungen der Brahimi-Kommission, in: Schorlemer (Hrsg.), Praxishandbuch, a.a.O., S. 715-731.

[84] Vgl. The Responsibility to Protect. Report of the International Commission on Intervention and State Sovereignty, September 2001 unter http://www.dfait-maeci.gc.ca/iciss-ciiss/pdf/commission-report.pdf

Die Frage der Durchführung von Friedensoperationen führt Annan jedoch zu viel tiefgründigeren Fragen. In seiner Antrittsrede vor der Generalversammlung hatte er ein neues Verständnis von Frieden und Sicherheit eingefordert.[85] Dieses neue Verständnis hängt eng mit dem Stellenwert und der Definition staatlicher Souveränität im Zeitalter der Globalisierung zusammen.[86] Hierbei ist es wichtig zu betonen, dass die Souveränität ihrer Mitgliedstaaten Grundbedingung der Arbeit der Vereinten Nationen ist, wie es Artikel 2 der Charta ausführt. Der Generalsekretär ist sich der Brisanz des Themas durchaus bewusst: „Das ist ein umstrittenes Thema, aber ich glaube, dass es zu meinen Aufgaben als Generalsekretär gehört, die bedeutenden Anliegen aufzuzeigen, denen sich die internationale Gemeinschaft widmen muss – selbst oder gerade dann, wenn diese umstritten oder schwierig sind."[87] Annan stellt nun zwei Konzepte von Souveränität in deutlichen Worten gegeneinander: „Die Charta schützt die Souveränität der Völker. Dies war nie als Lizenz für Regierungen gedacht, auf den Menschenrechten und der Menschenwürde herumzutrampeln. Souveränität impliziert Verantwortung, nicht nur Macht."[88] Dies schließt im übrigen an eine seinerzeit heftig kritisierte Aussage Annans als Untergeneralsekretär für Friedensoperationen an. 1994 hatte er in der französischen Zeitung Le Monde die These aufgestellt, einige afrikanische Regierungen könnten ihre Truppen nicht der UNO zur Verfügung stellen, weil sie sie bräuchten, um die eigene Bevölkerung einzuschüchtern.[89] Nun misst der Generalsekretär Annan die Souveränität des Staates an der Souveränität des Individuums und des Volkes.[90] Hier müssten die Mitglieder der UNO entscheiden, welchem Kriterium im Zweifelsfall größere Bedeutung eingeräumt werde. Diese Einsicht ist sogar als „Kofi-Doktrin" bezeichnet worden: „Souveränität ist kein Schutzschild."[91] Dabei kann es keine „einfa-

[85] UN Doc. GA/9211 v. 17.12.1996.
[86] Vgl. zum Hintergrund Oscar Schachter, Sovereignty and Threats to Peace, in: Thomas George Weiss (Hrsg.), Collective Security in a Changing World. A World Peace Foundation Study, Boulder/Colo. u.a. 1993, S. 19-44; Theodor Schilling, Die „neue Weltordnung" und die Souveränität der Mitglieder der Vereinten Nationen, in: AVR 33 (1995), S. 67-106; Stephan Hobe, Der kooperationsoffene Verfassungsstaat, in: Der Staat 34:4 (1998), S. 521-546 sowie jüngst Ulrich Teusch, Die Staatengesellschaft im Globalisierungsprozess. Wege zu einer antizipatorischen Politik, Wiesbaden 2003, S. 70-102.
[87] Kofi Annan, Looking Back – Locking Ahead. The United Nations and Global Challenges, in: UN Chronicle Nr. 4/1999, S. 33.
[88] Siehe Text [13].
[89] Vgl. Gourevitch, Optimist, a.a.O., S. 70.
[90] Vgl. Text [21]. Eine überarbeitete Version erschien als Kofi Annan, Two Concepts of sovereignty, in: The Economist v. 18.09.1999, S. 49-50.
[91] Ramo, Virtues, a.a.O., S. 43. Vgl. teils kritisch dazu auch Edward Luttwak, Kofi's Rule. Humanitarian Intervention and Neocolonialism, in: The National Interest Winter 1999/2000, S. 57-62.

chen" und eindeutigen Antworten geben, wie Annan an anderer Stelle zum Ausdruck brachte: „Während der Völkermord in Ruanda für unsere Generation die Konsequenzen von Untätigkeit angesichts von Massenmord aufzeigt, hat der aktuellere Konflikt im Kosovo wichtige Fragen hinsichtlich der Konsequenzen von Handeln beim Fehlen vollständiger Einigkeit der internationalen Gemeinschaft aufgeworfen."[92] Das Verhältnis von Souveränität und Intervention wird so zu einem weiteren Leitmotiv der Amtszeit Kofi Annans.

In mehreren grundsätzlichen Reden hat Annan versucht, die oben geschilderten Probleme unter dem Thema der „Intervention"[93] zu behandeln. Dabei hat er weitere Fragen aufgeworfen: „Nichts in der Charta schließt die Anerkennung von Rechten über staatliche Grenzen hinaus aus. Die Charta spricht lediglich davon, dass ‚Waffengewalt nur noch im gemeinsamen Interesse angewandt wird'. Aber was ist das gemeinsame Interesse? Wer soll es definieren? Wer soll es verteidigen? Mit welcher Autorität? Und mit welchen Mitteln der Intervention?"[94] Als Wegweiser bei der Beantwortung dieser Fragen führt Annan vier Punkte auf:[95] 1. Intervention ist nicht mit militärischer Intervention gleichzusetzen. Sie umfasst vielmehr eine Reihe weiterer Aktivitäten aus humanitärer Verpflichtung, die aber dann auch universal angewandt werden müssten. 2. Effektives Handeln scheitert nicht nur am traditionellen Konzept staatlicher Souveränität, sondern an einer überkommenen Vorstellung nationalen Interesses, die nicht erkenne, dass das gemeinsame Interesse der Staatengemeinschaft in vielen Fällen mit dem nationalen Interesse zusammenfalle. 3. Wenn der Sicherheitsrat seine zentrale Autorität bei der Wahrung des Weltfriedens aufrechterhalten will, dann muss er in den Fällen, in denen auch militärische Maßnahmen notwendig sind, entschlossen handeln, um so auch eine abschreckende und vorbeugende Wirkung zu entfalten. 4. Die Verantwortung für die Situation muss über die Beendigung des militärischen Eingreifens hinaus aufrechterhalten werden. Diese Prinzipien spiegelten sich in Annans Statement zu Beginn der NATO-Luftschläge gegen

---

[92] Siehe Text [21].

[93] Vgl. dazu Christopher Greenwood, Gibt es ein Recht auf humanitäre Intervention?, in: EA 48 (1993), S. 93-106; Adam Roberts, Humanitarian War: Military Intervention and Human Rights, in: IA 69 (1993), S. 429-449; Thomas Hoppe, Zur Problematik „humanitärer Intervention". Politisch-ethische Reflexionen, in: Karl Graf Ballestrem (Hrsg.), Sozialethik und politische Bildung. FS Bernhard Sutor, Paderborn u.a. 1995, S. 447-463; Klaus Dicke, Friedenswahrung durch Interventionen. Die Notwendigkeit eines internationalen Ordnungsrechtes, in: IP 50:12 (1995), S. 21-26, sowie Ders., Interventionen zur Durchsetzung internationalen Ordnungsrechts: Konstitutives Element der neuen Weltordnung?, in: Jahrbuch für Politik 2 (1993), S. 259-283 und Teusch, Staatengesellschaft, a.a.O, S. 235-270.

[94] Vgl. Annan, Sovereignty, a.a.O., S. 49-50.

[95] Vgl. Annan, Sovereignty, a.a.O.

Jugoslawien. Zwar mahnt er darin eindeutig die Zuständigkeit des Sicherheitsrates an und erinnert die NATO an diese Vorrangstellung. Gleichzeitig sagt er aber auch: „Während des letzten Jahres habe ich bei vielen Gelegenheiten an die jugoslawische Führung und die Kosovo-Albaner appelliert, Frieden statt Krieg, Kompromiss statt Konflikt zu suchen. Ich bedaure zutiefst, dass die jugoslawische Führung trotz aller Bemühungen der internationalen Gemeinschaft bei der Ablehnung einer politischen Vereinbarung geblieben ist, die das Blutvergießen im Kosovo beendet und einen gerechten Frieden für die Bevölkerung gesichert hätte. Es ist wirklich tragisch, dass die Diplomatie versagt hat, aber es gibt Zeiten, in denen der Einsatz von Gewalt im Bemühen um den Frieden legitim sein mag."[96] Schon bei der Bagdad-Mission hatte Kofi Annan auf die Nützlichkeit militärischen Drucks zur Unterstützung diplomatischen Verhandelns hingewiesen: „[W]enn Diplomatie erfolgreich sein soll, muss sie durch militärische Stärke und Fairness unterstützt sein."[97] Symptomatischerweise wies er vor amerikanischem Publikum nach dem Irak-Krieg darauf hin, dass die Gründer der UNO keine Pazifisten waren.[98] Schuler berichtet in diesem Zusammenhang: „Seine Kritik an der Strategie der NATO im Bosnienkrieg blieb verhalten, wie er einmal sagte, weil er im Grunde dankbar für das Engagement der NATO sei."[99] Eine Reihe von Beobachtern hat Annan vor diesem Hintergrund als grundsätzlichen Befürworter von internationalen Interventionen verstanden. Dabei muss jedoch deutlich gesagt werden, dass Annan eine Reihe von Bedingungen formuliert und letztlich darauf verweist, wie wichtig angesichts der neuen Herausforderungen der Gedanke der Prävention für die Aufrechterhaltung des Systems kollektiver Sicherheit der Vereinten Nationen ist:[100] Was kann man tun, um überhaupt nicht erst in die schwierige Entscheidungssituation zwischen Duldung gröbster Menschenrechtsverletzungen und Verletzung staatlicher Souveränität (oder der Charta und des Völkerrechts) zu kommen? Folglich hat Annan den Gedanken der Prävention zu einem weiteren Schwerpunkt seiner Reden gemacht, indem er wieder und wieder von der Notwendigkeit einer „Kultur der Prävention"[101]

---

[96] UN Doc. SG/SM/6938 v. 24.03.1999.
[97] Siehe Text [13].
[98] So in seiner Rede in Williamsburg UN Doc. SG/SM/8600 v. 10.02.2003. Vgl zum Hintergrund auch Stephen C. Schlesinger, Act of Creation. The Founding of the United Nations. A Story of Superpowers, Secret Agents, Wartime Allies and Enemies and Their Quest for a Peaceful World, Bopulder/Col. 2003.
[99] Schuler, Diplomat, a.a.O., S. 29.
[100] Vgl. dazu auch Michael S. Lund, Underrating Preventive Diplomacy, in: FA 74:4 (1995), S. 160-163.
[101] Vgl. Text [10] sowie die Rede vor dem Carnegie Forum zur Prävention tödlicher Konflikte UN Doc. SG/SM/6454 v. 05.02.1998. Der Gedanke ist auch ein Leitmotiv des Jahresberichtes 1999 UN Doc. A/54/1.

spricht: „Die Vereinten Nationen des 21. Jahrhunderts müssen zu einem globalen Zentrum visionärer und effektiver Prävention werden. Diesem Ziel werde ich all meine Bemühungen widmen (...)."[102] Zu dieser Kultur gehören jedoch neben im engeren Sinne sicherheitspolitischen Elementen auch soziale, wirtschaftliche und kulturelle Elemente.

Die direkteste Auseinandersetzung mit den Themen Souveränität und Intervention findet sich in den Texten [13] und [21]. Weitere Bezüge sind in den Texten [5] und [10] vorhanden.

V. Gemeinsame Werte und neue Akteure: Das Leitbild der inklusiven Globalisierung

Neben dieser die Struktur der Organisation betreffenden Neuerung hat Kofi Annan auch die Etablierung eines neuen inhaltlichen Maßstabes für die Arbeit der Vereinten Nationen vorangetrieben: Durch die Verabschiedung der auf seinem Bericht basierenden Millenium Development Goals seitens der zum Milleniums-Gipfel[103] versammelten Mitgliedstaaten erhält die Arbeit der Weltorganisation eine bedarfsorientierte Fokussierung. So soll unter anderem der Anteil der Menschen, die in Hunger oder extremer Armut leben, bis 2015 halbiert werden; ähnliches wird für den Zugang zu sauberem Wasser oder die Bekämpfung der Kindersterblichkeit postuliert. In der Summe sind die Millenium-Entwicklungsziele die operative Fassung des allgemeinen Charta-Auftrages vor dem Hintergrund der veränderten Weltbedingungen. Ein „Fahrplan"[104] sowie nachfolgende Fortschrittsberichte dokumentieren diese Neuausrichtung – ohne dabei einstweilen den Zielen wesentlich näher gekommen zu sein oder gar sie erreicht zu haben. Im Kern geht es Annan darum, die programmatisch auch zum Titel des Millenium-Berichts erwählte Einleitungsformel der Charta „Wir, die Völker" zum Maßstab der Weltorganisation zu machen. Zum vierzigsten Jahrestag der päpstlichen Enzyklika „Pacem in Terris" sagte Annan dazu: „Wir müssen uns immer vergegenwärtigen, dass Staaten existieren, um Menschen zu dienen und zu beschützen – und nicht anders herum."[105] Die Menschen und nicht die Staaten

---

[102] Vgl. Text [10].
[103] Vgl. Ian Williams, Eine kritische Masse an Staatskunst. Der Milleniums-Gipfel der Vereinten Nationen vom September 2000, in: VN 5/2000, S. 161-167.
[104] UN Doc. A/56/326 v. 06.09.2001.
[105] UN Doc. SG/SM/8923 v. 07.10.2003.

sieht Annan als letztendliche Grundlage seiner Arbeit und Autorität.[106] Die Vereinten Nationen will er nicht zuletzt in dieser Hinsicht näher zu den Menschen bringen.[107] In einer Vorlesung an der Universität Yale hat Annan darauf hingewiesen, dass das arabische Wort für Globalisierung genau genommen Weltinklusivität bedeute – die inklusive, umfassende und einschließliche Globalisierung ist sein Ziel.[108] Der Ausschluss von Armen oder Benachteiligten wird ihm so zur inneren Gefährdung der Globalisierung selbst: „Entweder helfen wir den Außenstehenden der globalisierten Welt aus einem Gefühl moralischer Verpflichtung und aufgeklärten Selbstinteresses, oder wir werden es gezwungenermaßen tun müssen, wenn ihre Probleme in einer Welt ohne Mauern zu unseren werden."[109] Und in diesem Kontext komme den Vereinten Nationen die entscheidende Rolle bei der Gestaltung einer nachhaltigen Entwicklung[110] zu: „Nur universale Organisationen wie die Vereinten Nationen haben die Reichweite und Legitimität, die Prinzipien und Regeln hervorzubringen, die wesentlich sind, damit die Globalisierung allen zugute kommt."[111] Mit diesem Ziel vor Augen geht Kofi Annan neue Wege.

Auf dem Forum Globale Fragen des Auswärtigen Amtes im Jahre 2001 verwies der beigeordnete Generalsekretär Michael Doyle bei der Frage, wieso die Vereinten Nationen sich der Privatwirtschaft zugewandt hätten, auf einen alten Spruch aus dem Wilden Westen, in dem der ertappte Bankräuber auf die Frage, wieso er Banken überfalle, antwortet: „Weil da das Geld ist."[112] Die wirtschaftliche, finanzielle aber auch die mittelbar politische Kraft der Privatwirtschaft kann insbesondere in einer zunehmend globalisierten Welt nicht außer Acht gelassen

---

[106] Hieraus erklärt sich auch der Stellenwert und die internationale Bedeutung demokratischer Regierungsform für ihn. Siehe dazu Text [7]. Annans Berater Michael Doyle gilt als einer der Begründer der sogenannten These vom „demokratischen Frieden". Vgl. zum Hintergrund Michael W. Doyle, Ways of War and Peace: Realism, Liberalism and Socialism, New York 1997.

[107] Vgl. auch seine Äußerung in seiner ersten Pressekonferenz nach der Wahl im Sicherheitsrat: „Wir sollten die Organisation näher zu den Menschen bringen. Meinem eigenen Urteil nach glaube ich, dass wenn die Unterstützung der Menschen haben und sie verstehen, was wir zu tun versuchen, die Politiker nicht fern bleiben werden." UN Doc. GA/9212 v. 18.12.1996.

[108] Vgl. SG/SM 8412 v. 02.10.2002. Das Leitbild einer inklusiven Globalisierung lässt sich auch in der Milleniums-Deklaration der generalversammlung finden. Vgl. UN Doc. A/RES/55/2 v. 18.09.2000 sowie Text [19].

[109] SG/SM 8412 v. 02.10.2002.

[110] Vgl. dazu auch Annans Vorlesung an der London School of Economics UN Doc. SG/SM/8137 v. 25.02.2002.

[111] UN Doc. A/53/1 Absatz 233.

[112] Michael Doyle, Referat zum Panel 1: Der Global Compact, in: Auswärtiges Amt (Hrsg.), Fünftes Forum Globale Fragen: Neue Globale Partnerschaften, Berlin 2001, S. 17.

werden.[113] Berechungen der VN gehen davon aus, dass sich das Verhältnis öffentlicher und privater Finanzströme in die Entwicklungsländer von noch 60:40
Prozent in den achtziger Jahren in den neunziger Jahren zu 20:80 mehr als umgekehrt habe. Die Privatwirtschaft und insbesondere transnationale Unternehmen
stellen einen Faktor dar, der – in Kernbereichen der Tätigkeit der Vereinten Nationen – nicht vernachlässigt werden darf. Die Spende von einer Milliarde Dollar
durch den Medienunternehmer Ted Turner im September 1997 und die nachfolgende Einrichtung sowie Tätigkeit der UN-Stiftung sind der wohl deutlichste
Vorstoß privater Initiative in das System der Vereinten Nationen. Die Öffnung
der Vereinten Nationen für neue Akteure geht aber noch weiter, wie einige Beispiele belegen sollen.

An erster Stelle wäre hier sicher der von Kofi Annan auf dem Weltwirtschaftsforum in Davos begründete Global Compact zu nennen.[114] Im Gegenzug
zu diversen Möglichkeiten der Zusammenarbeit und Werbung verpflichtet sich
die Privatwirtschaft auf die Einhaltung fundamentaler Regeln in den Bereichen
Menschenrechte, Arbeitsrechte und Umweltschutz. Der Standard aus den großen
internationalen Abkommen in diesen Feldern soll also auf die wirkmächtigen
aber nicht in gleichem Maße wie Staaten völkerrechtsfähigen und -willigen
Subjekte der transnationalen Konzerne ausgeweitet werden. Gerade hier ist im
übrigen der Einfluss von Annans Berater John Gerard Ruggie[115] zu nennen, der
als beigeordneter Generalsekretär maßgeblich die Entwicklung dieses Projektes
als eine Umsetzung der von ihm analysierten Notwendigkeit eines „eingebetteten
Liberalismus"[116] vorangetrieben hatte. Der Global Compact, in dem auch – im
engeren Sinne – zivilgesellschaftliche Akteure (NGOs) teilnehmen, etabliert ein
Muster, das der oben genannten inhaltlichen Querschnittsorientierung im Sekretariat ein akteursbezogenes Arrangement an die Seite stellt und das man als Tri-
lateralismus bezeichnen könnte: Die Zusammenarbeit von Staaten, internationalen Organisationen und nichtstaatlichen Einheiten. Urbild dieser Art von Koope-

---

[113] Vgl. Tanja Brühl u.a. (Hrsg.), Die Privatisierung der Weltpolitik. Entstaatlichung und Kommerzia-
lisierung im Globalisierungsprozess, Bonn 2001 sowie Manuel Fröhlich, Global Com-
pact/Wirtschaftswelt und die Vereinten Nationen, Berlin 2002 (UN Basis-Informationen der Deutschen Gesellschaft für die Vereinten Nationen).

[114] Vgl. jüngst auch Sabine von Schorlemer, Der „Global Compact" der Vereinten Nationen – ein
Faust'scher Pakt mit der Wirtschaftswelt?, in: Dies (Hrsg.), Praxishandbuch, a.a.O., S. 507-552 und
Text [22].

[115] Vgl. zu dessen Person Friederike Bauer, Ein Macher, in: FAZ v. 06.09.2000, S. 16.

[116] Vgl. dazu John Gerard Ruggie, Globalization and the Embedded Liberalism Compromise: The End
of an Era?, in: Wolfgang Streeck (Hrsg.), Internationale Wirtschaft, nationale Demokratie, Frank-
furt/New York 1998, S. 79-97. Zum Hintergrund auch Volker Rittberger (Hrsg.), Global Governance
and the United Nations System, Tokio/Nem York/Paris 2001.

ration ist sicherlich die Internationale Arbeitsorganisation (ILO) – im Vergleich
zu ihrer Struktur, in der u.a. auch die Tarifpartner vertreten sind, weisen die
neuen Kooperationen jedoch nochmals andere Kategorien von profit-making-
und non-profit-making-NGOs auf, die als „Koalitionen für den Wandel"[117] netz-
werkartige Strukturen bilden. Die Kampagne gegen Landminen und die Etablierung des Internationalen Strafgerichtshofes belegen ebenfalls den Stellenwert
und die Integrationsmöglichkeiten von NGOs in die Politikgestaltung der Weltorganisation.

Ein weiteres Beispiel in diesem Kontext ist die Bekämpfung von AIDS. 1996
schlossen sich sechs UN-Agenturen in UNAIDS zusammen, um ihre Tätigkeiten
zu koordinieren: das UNDP, die UNESCO, der UN Population Fund, UNICEF,
die WHO and die Weltbank. Dieses Bündnis wurde durch die ILO und das UN
Office of Drug Control and Crime Prevention erweitert; auf Länderebene gibt es
„Themengruppen" zum Problem AIDS, die versuchen, die jeweiligen spezifi-
schen Einzelbeiträge der beteiligten Agenturen zu vernetzen. In den Verhandlungen mit den fünf führenden Pharmazie-Unternehmen auf diesem Gebiet spielte
der UN-Generalsekretär im Jahr 2001 (zusammen mit einigen Nationalstaaten)
eine nicht unerhebliche Rolle bei der Senkung der Preise für diese Medikamente
in Entwicklungsländern. Im April 2001 verkündete Annan einen „Handlungsauf-
ruf" und erklärte die Bekämpfung von AIDS zu einer „persönlichen Priorität".[118]
An anderer Stelle sagt er angesichts von täglich 8.000 AIDS-Toten in umiß-
verständlicher Sprache: „Die AIDS-Epidemie ist eine wirkliche Massenvernich-
tungswaffe."[119] Im Juni 2001 wurde der Global Fund on AIDS begründet, der
ebenfalls als Netzwerk zwischen internationalen Organisationen, Staaten und der
Zivilgesellschaft/Privatwirtschaft angelegt ist und arbeitet. Ein hochrangiges
Beratergremium zur Frage der Beziehungen zwischen den Vereinten Nationen
und der Zivilgesellschaft ist unter Leitung des ehemaligen brasilianischen Präsidenten Henrique Cardoso eingesetzt worden.[120]

Neben solch neuen Kooperationsmustern nimmt für Annan das Bemühen um
einen Dialog der Kulturen einen prominenten Platz in der Präventionsarbeit der
Vereinten Nationen ein. Ein äußerst symptomatisches Dokument stellt in diesem
Zusammenhang seine Rede an der Universität Teheran dar.[121] Dort unternimmt
er den Versuch, die Ursprünge wesentlicher menschenrechtlicher Standards
bewusst aus den Lehren und Vorstellungen islamischer Gelehrter abzuleiten.

---

[117] Vgl. Text [19]
[118] UN Doc. SG/SM/7764 v. 05.04.2001.
[119] UN Doc. SG/SM 9088/Rev. 1 v. 18.12.2003.
[120] Vgl. UN Doc. SG/SM/8064 v. 13.02.2003.
[121] Vgl. dazu Text [6].

Unter Bezugnahme auf den Kalifen Imam Ali, den Staatsrechtslehrer Ibn Khaldun oder den persischen Dichter Saádi postuliert er den Gedanken einer universellen Verantwortung für das Leid, das einem Menschen angetan werde und letztlich von der Menschheit als Ganzer gespürt werde. Wie sehr solche Gedanken dazu angetan sind, zur Brücke verschiedener kultureller Traditionen zu werden, wird deutlich, wenn man sie etwa mit Kants Feststellung vergleicht, wonach „die Rechtsverletzung an einem Platz der Erde an allen gefühlt wird".[122] Gleichzeitig wendet sich Annan an anderer Stelle gegen die Gleichsetzung von Islam und Terror: „[K]ein religiöses oder ethisches System sollte jemals aufgrund moralischer Verfehlungen einiger seiner Anhänger verurteilt werden. Wenn ich als Christ beispielsweise meinen Glauben nicht nach den Taten der Kreuzzüge und der Inquisition beurteilt sehen möchte, sollte ich vorsichtig sein, den Glauben anderer anhand der Taten zu beurteilen, die Terroristen in dessen Namen begehen."[123] Annan will mit solchen Äußerungen ähnlich wie Hammarskjöld die spirituellen Wurzeln der Arbeit der UNO wieder deutlich machen.[124] Die schon genannten afrikanischen Tugenden Würde, Zuversicht, Mut, Mitgefühl und Glaube[125] sind dabei durchaus anschlussfähig an den von Hammarskjöld in seinen Reflektionen entwickelten Grundakkord Liebe, Geduld, Gerechtigkeit und Demut oder aber an U Thants buddhistische Begriffe Metta (Güte), Karuna (Mitgefühl), Mudita (teilnehmende Freude) und Upekka (Gelassenheit).[126] Der Christ Annan scheut sich nicht, neben seiner mit starkem Management-Vokabular durchsetzten Sprache die „Kraft des Gebetes"[127] zu betonen, die er bewusst zu den Erfolgsbedingungen geglückter Verhandlungen zählt. Auch führt er deutlich Hammarskjölds Ansatz fort, dass der Weg zur Verbesserung auch der internationalen Beziehungen bei der einzelnen Person anzusetzen hat.[128] Dies bringt ihn aber auch dazu, die These Samuel Huntingtons vom wahrscheinlichen Kampf der Kulturen abzulehnen.[129] Annan geht von einem konstitutiven Grundbestand an

---

[122] Immanuel Kant, Zum ewigen Frieden. Ein Philosophischer Entwurf (1795), in: Immanuel Kant, Werke in zehn Bänden, hrsg. v. Wilhelm Weischedel, Band 9, Darmstadt 1983, S. 216.
[123] UN Doc. SG/SM 9076 v. 12.12.2003.
[124] Vgl. dazu Text [12].
[125] Ramo, Virtues, a.a.O., S. 40-47.
[126] Vgl. dazu Fröhlich, Hammarskjöld, S. 126-147 und S. 383.
[127] Vgl. Text [12]. Zu Shawcross, Evil, a.a.O., S. 218 sagte er: „Ich habe immer noch einen Glauben, – allerdings gehöre ich nicht zu denjenigen, die man die Bibel zitieren sieht. Aber der Glaube gibt einen Rückhalt, auf den man zurückfallen kann wenn man ihn braucht. Und das Gefühl, dass man in egal welcher Situation nicht alleine ist."
[128] Vgl. Text [2].
[129] Siehe Text [6]. Vgl. Huntington Samuel P. Huntington, The Clash of Civilizations?, in: FA 72:3 (1993), S. 22-49 und Ders., If not civilizations, what? Paradigms for the Post-Cold War World, in: FA 72:5 (1993), S. 186-194 sowie die weitere Ausgestaltung Ders., Der Kampf der Kulturen. The Clash

Gemeinsamkeiten zwischen den Kulturen aus, der aktualisiert werden müsse.[130] Der Generalsekretär hat im Rahmen des Jahres des Dialogs der Zivilisationen 2001 eine Gruppe hochrangiger Personen eingesetzt (unter ihnen Richard von Weizsäcker und Hans Küng),[131] die einen Bericht über die Chancen eines Dialogs der Kulturen zur Verbesserung der internationalen Beziehungen erarbeiteten und der Generalversammlung vorlegten. Annan spricht von einer „Weltethik": „So sieht die Weltethik aus, die wir brauchen: Einen Rahmen geteilter Werte – ein Gefühl für unsere Gemeinsamkeiten als Menschen, in dem unterschiedliche Traditionen nebeneinander bestehen können (...). Alle großen Religionen und Traditionen stimmen überein, wenn es um die fundamentalen Grundsätze menschlichen Verhaltens geht, wie Nächstenliebe, Gerechtigkeit, Mitgefühl, gegenseitige Achtung und die Gleichheit der Menschen vor Gott."[132] Neben dieser eher grundsätzlichen Friedensarbeit kommt es aber immer wieder neu auf konkrete Friedensbemühungen in schwelenden oder ausgebrochenen Konflikten an.

Die direkteste Auseinandersetzung mit den neuen Akteuren und Herausforderungen der Globalisierung findet sich in den Texten [19] und [22]. Weitere Bezüge stellen auch die Texte [1], [3], [7], [8], [9] und [16] her. Aussagen zum Dialog der Kulturen sind in [6], [11] und [12] vorhanden.

VI. Macht und Recht: Die Vereinten Nationen am Scheideweg

Das eingangs aufgeführte Beispiel der Vermittlungsreise Annans nach Bagdad hat schon die Ambivalenz des diplomatischen Engagements des Generalsekretärs gezeigt. Es gehört zu den Eigenheiten des Amtes des UN-Generalsekretärs, das er immer eine ganze Reihe von bedrohlichen Konflikten auf seiner Agenda hat.

---

of Civilizations. Die Neugestaltung der Weltpolitik im 21. Jahrhundert, München 1996. Dagegen etwa Harald Müller, Das Zusammenleben der Kulturen: Ein Gegenentwurf zu Huntington, Frankfurt a.M. 2001.

[130] Vgl. in einem ähnlichen Sinne Dieter Senghaas, Welches Paradigma für die internationalen Beziehungen angesichts welcher Welt(en)?, in: Ders./Hans Küng (Hrsg.), Friedenspolitik. Ethische Grundlagen internationaler Beziehungen, München/Zürich 2003, S. 71-109, der die diesbezüglichen „irenischen" Bemühungen ideengeschichtlich bis in die Krisenerfahrung der frühen Neuzeit zurückverfolgt.

[131] Vgl. dazu die Publikation Brücken für die Zukunft. Ein Manifest für den Dialog der Kulturen. Eine Initiative von Kofi Annan, Frankfurt a.M. 2001 sowie jüngst auch Annans Rede an der Universität Tübingen UN Doc. SG/SM 9076 v. 12.12.2003.

[132] Vgl. Text [6].

Auch Kofi Annan hat sich bei gleich mehreren Konflikten persönlich einge-schaltet. Die Schwierigkeit bei der Beschreibung dieses Engagements liegt dabei darin, dass die erfolgreiche und gescheiterte Vermittlungstätigkeit des General-sekretärs nicht unbedingt öffentlich werden muss. Einen besonderen Schwer-punkt hat Kofi Annan jedoch sicherlich auf den afrikanischen Kontinent gelegt; die dortigen Konfliktursachen und Lösungswege hat er in einem eigenen Bericht vom April 1998 grundlegend behandelt.[133] Konkret hat sich Annan seit 1997 u.a. bei den Konflikten in Sierra Leone, Liberia, im Kongo, der Westsahara, Guinea und Nigeria eingeschaltet. Während er in letzterem Fall eine beachtliche Rolle beim Übergang zur Zivilverwaltung des Landes leisten konnte, erlebte er in den anderen Fällen wiederholt Rückschläge und das Neuaufflammen der Konflikte. Ebenfalls auf dem afrikanischen Kontinent konnte Annan eine entscheidende Rolle beim Schuldeingeständnis Lybiens für das Lockerbie-Attentat von 1988 spielen; eine Entschädigungsvereinbarung wurde 1999 zwischen Lybien und dem Sicherheitsrat geschlossen. Die von Annan maßgeblich bewerkstelligte Einigung mit führenden Pharmaunternehmen über die verbilligte Produktion und Abgabe von AIDS-Medikamenten in Afrika wurde schon erwähnt. Auch in an-deren Erdteilen engagierte sich Annan: Im Jahre 2000 schaltete er sich erfolg-reich in die Überwachung des israelischen Abzugs aus dem Südlibanon ein; im März 2001 versuchte er vergeblich, das Taliban-Regime in Afghanistan an seine Verpflichtungen gegenüber der internationalen Gemeinschaft zu erinnern und u.a. die Buddhastatuen von Bamyian vor der Zerstörung zu retten. Im Konflikt zwischen Israel und den Palästinensern hat er – ebenso wie andere externe Ak-teure – kaum eine Änderung herbeiführen können. Ein singulärer, glänzender Verhandlungserfolg blieb auf diesem Wege aus.[134] Zu den Erfolgsgeschichten gehört jedoch sicher die Begleitung Ost-Timors in die Unabhängigkeit, die im Mai 2002 mit wesentlicher Unterstützung der UNO erreicht wurde. Im ebenfalls schon seit Jahrzehnten die UN-Agenda bestimmenden Zypern-Konflikt wech-selten sich dagegen Erfolg und Misserfolg ab. Der von Kofi Annan lange vorbe-reitete Plan zur Beilegung des Konfliktes mittels der Bildung einer Föderation scheiterte zunächst im Februar 2003.[135] Fast genau ein Jahr später entschlossen sich jedoch die Führer der türkischen und griechischen Zyprioten nun doch auf

---

[133] Vgl. den Bericht „The Causes of Conflict and the Promotion of Durable Peace and Sustainable Development in Africa" vom April 1998 unter http://www.un.org/ecosocdev/geninfo/afrec/sgre-port/index.html

[134] Vgl. Friederike Bauer, Der Botschafter des Friedens war bisher weitgehend glücklos. Zum Frie-densnobelpreis für UN-Generalsekretär Kofi Annan, in: FAZ v. 13.10.2001, S. 3, die schreibt: „Ein Friedensstifter im klassischen Sinne ist Kofi Annan nicht."

[135] Vgl. Martin Pabst, Bewegung auf Zypern, aber nicht im Zypern-Konflikt. Der gescheiterte Ver-mittlungsversuch des UN-Generalsekretärs, in: VN 4/2003, S. 121-128.

dieser Grundlage Verhandlungen über eine abschließende Regelung aufzunehmen. Den unmittelbaren Hintergrund dieser Einstellungsänderung bildete sicherlich der bevorstehende EU-Beitritt und die gleichgerichtete Einflussnahme verschiedener Staaten auf die Führer vor Ort. An diesen Beispielen wird abermals die bedingte Handlungsfähigkeit des Generalsekretärs deutlich, der Lösungen nicht eigenständig „herbeiführen" oder gar „erzwingen" kann, der aber in bestimmten Situationen gleichwohl zu einer wichtigen Instanz und einem entscheidenden Akteur werden kann.

Der Irak-Konflikt begleitet Kofi Annan dabei schon seit seiner Zeit als beigeordneter Generalsekretär. In diesem Konflikt hat er durchaus Höhen und Tiefen seiner Vermittlungstätigkeit erlebt. Das Scheitern der Vereinbarung mit Saddam Hussein im Dezember 1998 machte dabei eine weitere Initiative Annans von vornherein unwahrscheinlich: Die Vertrauensgrundlage war zerstört und mit einer weiteren Reise nach Bagdad hätte er zudem riskiert, das Ansehen des Generalsekretärs zu beschädigen. Tatsächlich war schon die 1998er Mission die „Extrameile", die der Generalsekretär im Interesse des Friedens gegangen war. Sein Scheitern war für die USA im übrigen schon damals ein Argument mehr bei der Bildung einer Koalition gegen den Diktator von Bagdad.[136] Als im Oktober 1998 die amerikanischen Flugzeuge schon in der Luft waren, hatte sich Hussein in letzter Minute in einer Annan übermittelten Verpflichtung zur Wiederaufnahme der Inspektionen den Luftschlägen entzogen; doch auch diese Verpflichtung hielt nicht lange. Zwei Jahre später legte Annan den Schwerpunkt seiner Arbeit vor allem auf die Beibehaltung der Einigkeit des Sicherheitsrates.[137] Direkt nachdem US-Präsident George W. Bush in seiner Rede vor der Generalversammlung zwar vor der Irrelevanz der UN gewarnt hatte – zugleich aber Zusammenarbeit angeboten hatte – schaltete sich Annan in Verhandlungen mit der Arabischen Liga ein. Sein Ziel: Über die Aufforderung zur Wiederaufnahme der Inspektionen dem Irak eine Brücke zu bauen. Tatsächlich erfolgt die Rückkehr der Inspektoren auf der Grundlage eines Briefes aus dem Irak vom 16. September.[138] Hinter den Kulissen spielte er auch eine bemerkenswerte Rolle im Vorfeld der einstimmig verabschiedeten Resolution 1441 vom 8. November 2002.[139] Gegen die sich zunehmend entwickelnde Dynamik in Richtung Krieg konnte letztlich auch Annan wenig ausrichten. Er mahnte sowohl den Irak zur Erfüllung seiner Pflichten gegenüber der internationalen Gemeinschaft als auch die USA

---

[136] Vgl. Samuel R. Berger, Im Zweifel – Gewalt, in: Die Zeit v. 05.03.1998, S. 13.
[137] Vgl. Gourevitch, Optimist, a.a.O., S. 58.
[138] Vgl. Gourevitch, Optimist, a.a.O., S. 57.
[139] Vgl. dazu Manuel Fröhlich, Die „letzte Chance". Das diplomatische Ringen um Resolution 1441, in: Hartmut Behr/Markus Kaim (Hrsg.), Der Irak-Konflikt. Aktuelle Analysen, Jena 2003, S. 33-39.

und ihre Verbündeten vor einer Umgehung des Sicherheitsrates. Das Ziel eines Regimewechsels hat er sich dabei nie offiziell zu eigen gemacht. Schon früh hatte er erklärt: „Es ist nicht Sache der UNO, irgendeinen Präsidenten abzusetzen. In unserer Organisation ist das illegal."[140] Annan zeigt sich dabei aber durchgängig der „einzigartigen Stellung" der USA in der Organisation bewusst. Ziel müsse aber eine „produktive Interdependenz"[141] zwischen UNO und USA sein.[142]

Hier scheint wieder das Spannungsverhältnis von Möglichkeiten und Grenzen eines Generalsekretärs durch. Der höheren Anzahl möglicher Betätigungsfelder des Generalsekretärs steht nicht automatisch die Erhöhung seiner Erfolgsquote gegenüber. Rieff bilanziert in diesem Zusammenhang: „Angesichts der Realität der Welt und der Realität der UNO konnte Annan vielleicht nicht besser abschneiden. Einige seiner Verteidiger haben in diese Richtung argumentiert. Er mag, so sagen sie, der ideale Generalsekretär für eine Zeit sein, in der es nicht viel gibt, was die UNO tun kann."[143] Dem wäre jedoch hinzuzufügen, dass Annan sich abseits blockierter Handlungsmöglichkeiten durchaus neue Partner und Handlungsmöglichkeiten eröffnet hat. Seine frühzeitige Wiederwahl – umso bemerkenswerter als er ja ursprünglich nur für die „zweite afrikanische" Amtszeit gewählt worden war – zeugt in jedem Fall von hohem Ansehen unter den Mitgliedstaaten. Für andere Beobachter hat Annan insofern „der Organisation einen Handlungsspielraum zurückgewonnen, wie sie ihn seit Hammarskjölds Tod im Jahre 1961 nie mehr besaß"[144] und „sein Ruf [ist] schon jetzt fast so gut wie der seines berühmten Vorgängers Dag Hammarskjöld".[145] Dies rührt wohl auch aus der von Annan verfolgten Fokussierung der Tätigkeiten der Weltorganisation nach ihrer teilweisen Überdehnung unter seinem Vorgänger: „Das Paradox der Amtszeit Kofi Annans als Generalsekretär ist, dass er die UNO durch die Verringerung ihrer Ansprüche und Ambitionen gestärkt hat, die darauf zielten, die gleiche Macht wie souveräne Staaten auszuüben. Die UNO tut nicht mehr das, was sie nicht richtig tun kann – also weckt sie auch keine Erwartungen mehr, die sie nicht erfüllen kann. Aber die UNO ist in ihrer Statur als Mittel-

---

[140] Zit. nach Gourevitch, Optimist, a.a.O., S. 56.

[141] Vgl. die Rede bei der Heinz Foundation in Pittsburgh UN Doc. SG/SM/8955 v. 21.10.2003.

[142] Vgl. dazu jüngst auch Madeleine Albright, Think Again: The United Nations, in: Foreign Policy September/October 2003, S. 16-24 und Shashi Tharoor, Why America still needs the United Nations, in: Foreign Affairs 82:5 (2993), S. 57-80.

[143] Rieff, Organization, a.a.O., S. 23.

[144] William Pfaff, Kofi Annans neue UNO, in: Blätter für deutsche und internationale Politik 10/2000, S. 1183.

[145] Friederike Bauer, Der Missionar. Kofi Annan führt die Vereinten Nationen gut – aber ohne Erfolg in Kriseneinsätzen, in: Frankfurter Allgemeine Sonntagszeitung v. 15.09.2002, S. 10.

punkt der Diplomatie gewachsen, wo die wichtigsten Angelegenheiten – Krieg und Frieden – debattiert, verhandelt und – manchmal wenigstens zeitweise – gelöst werden. Das, was die UNO ihren Mitgliedern anbietet – ihr Hauptprodukt sozusagen – ist Legitimität."[146] Eine solche Bilanz unterschätzt etwas die vielfältigen Tätigkeiten der Vereinten Nationen außerhalb der unmittelbaren Entscheidung über Krieg und Frieden, oder wie Annan selbst sagte: „[D]ie Welt ist sehr viel größer als der Irak."[147] Und doch ist genau diese Frage in Gestalt des Krieges 2003 zum Scheideweg auch für die Zukunft der Vereinten Nationen geworden.

Diese grundsätzliche Bedeutung des Irak-Krieges deutete sich schon in den beiden Reden an, die Kofi Annan und George W. Bush am 12. September 2002 vor der Generalversammlung hielten. Der US-Präsident hatte gesagt: „Die ganze Welt steht vor einem Testfall und die Vereinten Nationen vor einem schwierigen und entscheidenden Moment. Sind Resolution des Sicherheitsrates zu befolgen und umzusetzen oder ohne Konsequenzen zu missachten? Werden die Vereinten Nationen dem Zweck ihrer Gründung gerecht oder werden sie irrelevant?"[148] Annan hielt dem die Zuständigkeit des Sicherheitsrates in solchen Fragen entgegen und bekannte emphatisch: „Ich stehe heute vor Ihnen als ein Multilateralist – aus Erfahrung, Prinzip, abgeleitet aus der Charta und aus Verpflichtung."[149] Tatsächlich ist ihm und der Organisation nach den oben dargelegten Äußerungen Annans zur Qualifizierung staatlicher Souveränität wie auch nach der bis dahin erfolgten Reaktion des Sicherheitsrates auf die Anschläge in New York und Washington eine Erweiterung und Anpassung des Sicherheitsbegriffes zu attestieren, wie sie sich etwa in der Resolution 1368 vom 12. September 2001 zeigte, die die Anschläge unter Artikel 39 fasste und sie damit der Behandlung durch den Sicherheitsrat sowie den Vorkehrungen von Kapitel VII der Charta zugänglich machte.[150] Viele Teile der Kritik an den überkommenen Vereinten Nationen, die konzeptionell angeblich nicht auf die neuen Herausforderungen eingehen könnten und schwerfällig agierten, werden nicht zuletzt hierdurch relativiert. Im

---

[146] Gourevitch, Optimist, a.a.O., S. 71.

[147] UN Doc. SG/SM 9088/Rev. 1 v. 18.12.2003.

[148] George W. Bush, Rede vor der UN-Generalversammlung am 12.09.2002 unter http://www.whitehouse.gov

[149] UN Doc. SG/SM/8378 v. 12.09.2002.

[150] Vgl. Klaus Dicke, Die Vereinten Nationen und der 11. September 2001, in: ZPol 1/2003, S. 105-121; Thomas Bruha, Irak-Krieg und Vereinte Nationen, in: AVR 41 (2003), S. 295-313 sowie Thomas M. Franck, What happens now? The United Nations after Iraq, in: AJIL 97 (2003), S. 607-620. Kritisch dazu Michael J. Glennon, Why the Security Council Failed, in: Foreign Affairs 83:3 (2003), S. 16-35 sowie Joachim Krause, Die Krise um den Irak und die internationale Ordnung. Kieler Analysen zur Sicherheitspolitik Nr. 4 unter http://www.isuk.org.

Zuge des Militärschlages gegen die Taliban wurde Woche für Woche Gegenstandsbereich und Auslegung der relevanten Charta-Artikel zum Einsatz von Gewalt erheblich diskutiert und strapaziert. Von einer einhelligen Ablehnung möglicher Anpassungen in Bezug auf neue Bedrohungen kann keine Rede sein. Das, was im Fall Afghanistan noch mehr oder minder zähneknirschend oder stillschweigend durchgesetzt wurde, brach jedoch in der Diskussion im Vorfeld des Irak-Krieges vollends als manifester Konflikt auf.

Nachdem der Sturm zu Beginn der letzten Generalversammlung etwas vorübergezogen war, nahm Kofi Annan in seiner Eröffnungsrede Stellung zu den Konsequenzen für die Vereinten Nationen.[151] Diese Rede gibt einerseits bereits formulierten Gedanken Annans neue Dringlichkeit und spricht zum anderen weitere Fragen offen an. Die Fragen von Reform, Souveränität und Intervention sowie nach dem Grundkonsens der Weltorganisation liegen damit unübersehbar auf dem Tisch internationaler Politik. Die bessere Ausstattung der Organisation und ihrer Missionen mit den notwendigen Ressourcen erhält einen neuen Kontext. Besonders zeigt sich Annan (der ehemalige beigeordnete Generalsekretär für Sicherheitsfragen) auch vom Anschlag auf das UN-Gebäude in Bagdad erschüttert, bei dem sein persönlicher Freund und eine wesentliche Größe seines Führungsteams in der UNO, Sergio Vierra de Mello, ums Leben kam. Friederike Bauer konstatiert in diesem Zusammenhang: „(...) Annan hat einen Teil jener Zurückhaltung, die sein Handeln noch während des eigentlichen Irak-Kriegs im Frühjahr kennzeichnete, inzwischen abgelegt und durch deutlich kritischere Sprache ersetzt."[152] Der „Scheideweg", von dem Annan spricht, wird konkret durch zwei sich entgegenstehende Entwicklungsnotwendigkeiten der Vereinten Nationen markiert. Zum einen die notwendige Verteidigung des Systems kollektiver Sicherheit gegen den unilateralen Einsatz von Gewalt und zum anderen die Notwendigkeit einer effektiven Antwort auf neuartige Formen der Bedrohung. Der Stellung des Generalsekretärs entsprechend hat Annan die Mitgliedstaaten vor diese Optionen gestellt und einstweilen keinen direkten Vorschlag gemacht. Um die Diskussion fortzuführen, hat er jedoch ein Panel eingesetzt, das sich entlang relativ breiter Vorgaben mit einer Bestandsaufnahme und Reformvorschlägen für das UN-System beschäftigen soll.[153] Das Panel soll zur nächsten Generalversammlung einen Bericht vorlegen. Bezüglich seiner Marschrichtung hat Annan sich aber zumindest schon insofern geäußert, dass die Empfehlungen des Panels in der Linie seiner eigenen Gedanken zu Souveränität und Interventi-

---

[151] Siehe Text [25].
[152] Friederike Bauer, Persönlicher Schmerz, in: VN 5/2003, S. 172.
[153] Vgl. UN Doc. SG/A/857 v. 04.11.2003.

on liegen bzw. die entsprechenden Vorschläge der kanadischen Axworthy-Kommission berücksichtigen sollten.[154]

Auch diese Äußerung ist Teil der „Annan-Agenda", der Prägungen, Erfahrungen und Schwerpunkte seiner Amtszeit. Die Begründung des Nobelkommitees bei Verleihung des Friedensnobelpreises formuliert dies folgendermaßen: „Kofi Annan hat beinahe sein ganzes Arbeitsleben der UNO gewidmet. Als Generalsekretär hat er eine überragende Rolle dabei gespielt, der Organisation neues Leben einzuhauchen. Während er klar die traditionelle Verantwortlichkeit der UNO für Frieden und Sicherheit hervorgehoben hat, hat er zugleich ihre Verpflichtung bezüglich der Menschenrechte betont. Er hat solch neue Herausforderungen wie AIDS und den internationalen Terrorismus angenommen und eine effizientere Nutzung der bescheidenen UN-Ressourcen bewerkstelligt. In einer Organisation, die kaum mehr werden kann, als ihre Mitglieder erlauben, hat er klargemacht, dass Souveränität kein Schild sein kann, hinter dem die Mitgliedstaaten ihre Übeltaten verbergen können."[155] Der Preis an Annan und die Vereinten Nationen ist keine bloße Dekoration: „Wissenschaftler werden für Erbrachtes geehrt. Annan und die UNO werden geehrt für die Hoffnungen, die sie den Menschen geben. Sie werden geehrt, damit sie in Zukunft Gutes tun."[156] Kofi Annans Amtszeit ist noch nicht beendet.

Die direkteste Auseinandersetzung mit dem Scheideweg, an dem die Vereinten Nationen stehen, findet sich in Text [25]. Weitere Bezüge sind in den Texten [10], [13], [15], [21], [23] und [24] vorhanden.

---

[154] Vgl. sein Statement auf der Jahreabschluss-Pressekonferenz 2003 UN Doc. SG/SM 9088/Rev. 1.
[155] Unter http://www.nobel.se/peace/laureates/2001/press.html
[156] Schuler, Diplomat, a.a.O., S. 30. In ähnlichem Sinne auch Bauer, Botschafter a.a.O.

[1] Auszeichnung für die Weltorganisation

Rede zur Verleihung des Friedensnobelpreises[*]
Oslo, 10. Dezember 2001

Eure Majestäten, Eure Königlichen Hoheiten, Exzellenzen, sehr geehrte Mitglieder des Norwegischen Nobelkomitees, meine Damen und Herren!

Heute wird in Afghanistan ein Mädchen geboren. Ihre Mutter wird es im Arm halten und stillen, wird es umhegen und liebevoll umsorgen – so wie es jede Mutter wo immer auf der Welt tun würde. Bei diesem urmenschlichen Vorgang kennt die Menschheit keine Unterschiede. Aber als Mädchen im heutigen Afghanistan geboren zu werden, bedeutet ein Leben zu beginnen, Jahrhunderte von dem Wohlstand entfernt, den ein kleiner Teil der Menschheit für sich errungen hat. Es ist ein Leben unter Bedingungen, die viele von uns in diesem Saal als unmenschlich bezeichnen würden.

Ich spreche von einem Mädchen in Afghanistan, aber genauso gut hätte ich von einem neugeborenen Jungen oder Mädchen in Sierra Leone sprechen können. Jedermann ist sich heute der tiefen Kluft zwischen Reich und Arm in dieser Welt bewusst. Niemand kann behaupten, nichts davon zu wissen, welchen Preis diese Kluft den Armen und Mittellosen abverlangt, die genauso Anspruch auf Menschenwürde, Grundfreiheiten, Sicherheit, Nahrung und Bildung haben wie wir alle. Den Preis zahlen aber nicht nur sie allein. Letztendlich wird dieser Preis von uns allen bezahlt, im Norden wie im Süden, von Reich und Arm, von Männern und Frauen aller Rassen und Religionen.

Die wirklichen Grenzen unserer Zeit verlaufen nicht zwischen Staaten, sondern zwischen den Mächtigen und den Machtlosen, den Freien und den Gefesselten, den Privilegierten und den Gedemütigten. Keine Mauer kann heute humanitäre Krisen oder Menschenrechtsverletzungen in irgendeinem Teil der Welt von nationalen Sicherheitskrisen in einem anderen Teil trennen.

Wissenschaftler sagen uns, dass die Welt der Natur so klein und so eng verwoben ist, dass der Flügelschlag eines Schmetterlings in den Regenwäldern des Amazonas einen Wirbelsturm auf der anderen Seite der Erde auslösen kann. Dieses Prinzip nennt man den „Schmetterlingseffekt". Heute verstehen wir vielleicht besser denn je zuvor, dass die Welt des Handelns der Menschen auch ihren eigenen „Schmetterlingseffekt" hat – zum Guten wie zum Schlechten.

Wir haben das dritte Jahrtausend durch ein Feuertor betreten. Wenn wir heute, nach den Schrecken des 11. September, besser und weiter sehen können, werden wir erkennen, dass die Menschheit unteilbar ist. Neue Gefahren machen keinen Unterschied zwischen Rassen, Nationen oder Regionen. Ein neues Gefühl der Unsicherheit ist in jedem von uns wachgerufen worden, unabhängig von Wohlstand oder Stellung. Jung und Alt sind sich jetzt stärker bewusst, welche Bande uns alle verbinden – im Leid wie im Wohlergehen.

In den frühen Anfängen des 21. Jahrhunderts – eines Jahrhunderts, das bereits so früh gewaltsam eines Besseren belehrt wurde, als dass es darauf hoffen könnte, dass der Fortschritt zu weltweitem Frieden und Wohlstand unvermeidlich ist – kann diese neue Realität nicht länger ignoriert werden. Wir müssen uns dieser Realität stellen.

Das 20. Jahrhundert war vielleicht das blutigste in der Menschheitsgeschichte, zerrüttet von zahllosen Konflikten, unsäglichem Leid und unvorstellbaren Verbrechen. Immer wieder wendeten Gruppen oder Staaten extreme Gewalt gegeneinander an, oft getrieben von irrationalem Hass und Verdacht, oder von zügelloser Arroganz oder Gier nach Macht und Bodenschätzen. Um sich gegen diese Katastrophen zu wehren, kamen die Führer der Welt in der Mitte des Jahrhunderts zusammen, um die Völker in bisher beispielloser Weise zu vereinen.

Ein Forum wurde geschaffen – die Vereinten Nationen – in dem alle Nationen ihre Kräfte vereinen konnten, um die Würde und den Wert jedes Menschen zu bekräftigen und Frieden und Entwicklung für alle Völker zu gewährleisten. Hier konnten die Staaten zusammenfinden, um die Herrschaft des Rechts zu stärken, die Not der Armen zu erkennen und etwas dagegen zu tun, um menschliche Brutalität und Gier zu dämpfen, die Ressourcen und Schönheit der Natur zu erhalten, die Gleichberechtigung von Mann und Frau nachhaltig zu fördern und für die Sicherheit künftiger Generationen zu sorgen.

Wir erben damit vom 20. Jahrhundert die politische, wie auch die wissenschaftliche und technologische Macht, die – wenn wir das nur wollen – uns die Chance geben könnte, Armut, Unwissenheit und Krankheit zu besiegen.

Im 21. Jahrhundert wird der Auftrag der Vereinten Nationen, so meine ich, durch ein neues, profunderes Bewusstsein der Heiligkeit und Würde jedes menschlichen Lebens unabhängig von Rasse und Religion geprägt sein. Wir werden daher über den Rahmen der Staaten hinaus und tiefer unter die Oberfläche der Nationen oder Volksgemeinschaften hinein blicken müssen. Wir müssen uns wie nie zuvor auf die Verbesserung der Lebensumstände des Einzelnen, jedes Mannes und jeder Frau, konzentrieren, denn sie machen den Reichtum und die Eigenart jedes Staates oder jeder Nation aus. Wir müssen mit dem kleinen afghanischen Mädchen beginnen und verstehen, dass es bei der Rettung dieses einen Menschenlebens um die Rettung der ganzen Menschheit geht.

Während der letzten fünf Jahre habe ich immer wieder daran erinnert, dass die Charta der Vereinten Nationen mit den Worten: „Wir, die Völker...." beginnt. Nicht immer wird verstanden, dass „wir, die Völker" aus Individuen bestehen, deren Anspruch auf fundamentalste Menschenrechte viel zu oft den angeblichen Interessen eines Staates oder einer Nation geopfert wurde. Ein Völkermord beginnt mit der Tötung eines Menschen, nicht wegen etwas, was er getan hätte, sondern weil er ist, was er ist. Eine „ethnische Säuberungskampagne" beginnt mit einem Nachbarn, der sich gegen einen anderen wendet. Armut beginnt, wenn auch nur einem einzigen Kind das Grundrecht auf Bildung verwehrt wird. Was mit dem mangelnden Schutz der Würde eines einzelnen Menschenlebens beginnt, endet nur allzu oft im Unglück ganzer Nationen.

In diesem neuen Jahrhundert müssen wir von der Erkenntnis ausgehen, dass der Friede nicht nur Staaten und Völkern, sondern jedem einzelnen Mitglied dieser Gemeinschaften gehört. Die Souveränität der Staaten darf nicht länger als Schutzschild für schwere Menschenrechtsverletzungen missbraucht werden. Der Friede muss in der täglichen Existenz jedes Menschen in Not real und greifbar werden. Um den Frieden muss man sich vor allem deshalb bemühen, weil er für jedes Mitglied der Menschheitsfamilie die Voraussetzung für ein Leben in Würde und Sicherheit ist.

Die Grundrechte des Einzelnen sind für Immigranten und Minderheiten in Europa oder in Nord- und Südamerika um nichts weniger wichtig als für Frauen in Afghanistan oder für Kinder in Afrika. Sie sind genauso bedeutsam für die Armen wie für die Reichen, sie sind genauso notwendig für die Sicherheit der Industriestaaten wie jene der Entwicklungsländer.

Aus dieser Vision der Rolle der Vereinten Nationen im nächsten Jahrhundert ergeben sich drei entscheidende Prioritäten für die Zukunft: die Beseitigung der Armut, die Verhinderung von Konflikten und die Förderung der Demokratie. Nur in einer Welt frei von Armut können alle Männer und Frauen das Beste aus ihren Fähigkeiten herausholen. Nur wo die Rechte des Einzelnen geachtet werden, können Meinungsverschiedenheiten politisch behandelt und friedlich beigelegt werden. Nur in einem demokratischen Umfeld, das auf der Achtung der Vielfalt und auf Dialog beruht, können individuelle Selbstverwirklichung und Selbstregierung gesichert und die Vereinigungsfreiheit garantiert werden.

In meiner Amtszeit als Generalsekretär habe ich mich bemüht, stets die Menschen in den Mittelpunkt all unserer Tätigkeit zu rücken – von der Konfliktvorbeugung bis zur Entwicklung und zu den Menschenrechten. Echte und dauerhafte Verbesserungen für das Leben der einzelnen Männer und Frauen zu gewährleisten, ist das Maß aller Dinge, die wir in den Vereinten Nationen tun.

In diesem Sinne möchte ich in aller Bescheidenheit den hundertjährigen Friedensnobelpreis annehmen. Heute vor 40 Jahren, 1961, wurde der Preis erstmals einem Generalsekretär der Vereinten Nationen verliehen – und zwar posthum, da Dag Hammarskjöld bereits sein Leben für den Frieden in Zentralafrika gegeben hatte. Und im Jahr davor, 1960, wurde der Preis zum ersten Mal an einen Afrikaner vergeben – an Albert Luthuli, einen der ersten Führer im Kampf gegen die Apartheid in Südafrika. Für mich als jungen Afrikaner, der wenige Monate später seine Laufbahn in den Vereinten Nationen begann, waren diese beiden Männer Vorbilder, denen zu folgen ich mich in meinem ganzen Arbeitsleben bemüht habe.

Dieser Preis gehört nicht nur mir allein. Auch stehe ich hier nicht allein. Im Namen all meiner Kollegen in jedem Bereich der Vereinten Nationen, in jedem Winkel dieser Erde, im Namen jener, die ihr Leben in den Dienst des Friedens gestellt und in vielen Fällen auch riskiert und für die Sache des Friedens hingegeben haben, danke ich den Mitgliedern des Nobelkomitees für diese hohe Ehre. Mein eigener Weg in den Dienst bei den Vereinten Nationen wurde durch das Opfer und das Engagement meiner Familie und vieler Freunde in allen Kontinenten, von denen einige leider nicht mehr leben, ermöglicht. Sie lehrten mich und sie führten mich. Ihnen möchte ich an dieser Stelle meine tief empfundene Dankbarkeit aussprechen.

In einer Welt, die von Waffen strotzt und in der allzu oft vom Krieg gesprochen wird, ist das Nobelkomitee zu einer wichtigen Stimme des Friedens geworden. Es ist bedauerlich, dass ein Friedenspreis in dieser Welt eine Seltenheit ist. Viele Nationen verfügen über Monumente und Denkmäler des Kriegs, bronzene Verherrlichungen heroischer Schlachten, Siegesbögen des Triumphes. Der Friede hat keine Parade, kein Siegespantheon. Aber er hat den Nobelpreis – eine Botschaft der Hoffnung und des Mutes von einzigartiger Resonanz und Autorität. Nur durch unser Verständnis dafür, wie notwendig Frieden, Würde und Sicherheit für das Individuum sind, und unser entsprechendes Handeln können wir in den Vereinten Nationen hoffen, der heute zuteil werdenden Ehrung gerecht zu werden und die Vision unserer Gründungsväter erfüllen zu können. Das ist die große Friedensmission, die von den Mitarbeitern der Vereinten Nationen jeden Tag in jedem Teil der Welt durchgeführt wird.

Einige dieser Frauen und Männer sind heute unter uns. Darunter zum Beispiel ein Militärbeobachter aus Senegal, der bei der Aufrechterhaltung der Sicherheit in der Demokratischen Republik Kongo mitwirkt; ein Zivilpolizeiberater aus den Vereinigten Staaten, der zur Verbesserung der Rechtsstaatlichkeit im Kosovo beiträgt; ein UNICEF-Mitarbeiter für Kinderschutz aus Ecuador, der sich um die Sicherung der Rechte der am meisten schutzbedürftigen Bürger Kolumbiens bemüht; und ein Mitarbeiter des Welternährungsprogramms aus China, der für Nahrungsmittelhilfe für die hungernden Menschen in Nordkorea sorgt.

Die Vorstellung, dass nur ein Volk im Besitz der Wahrheit ist, dass es nur eine Antwort auf die Übel dieser Welt gibt, oder nur einen Weg, um die Bedürfnisse der Menschheit zu stillen, hat in der Geschichte schon zu unsäglichem Leid geführt, vor allem im vergangenen Jahrhundert. Heute jedoch, selbst inmitten der anhaltenden ethnischen Konflikte in allen Teilen der Welt, wächst die Einsicht, dass menschliche Vielfalt eine Realität ist, die sowohl den Dialog notwendig macht, als auch die eigentliche Grundlage für diesen Dialog bildet.

Wir verstehen wie nie zuvor, dass jeder von uns die Achtung und Würde uneingeschränkt verdient, die für unsere gemeinsame Humanität so unabdingbar sind. Wir erkennen, dass wir das Produkt vieler Kulturen, Traditionen und Erinnerungen sind; dass gegenseitige Achtung es uns ermöglicht, andere Kulturen zu studieren und von ihnen zu lernen; und dass wir durch die Verbindung des Fremden mit dem Vertrauten an Stärke gewinnen.

In jedem großen Glauben und jeder Tradition kann man die Werte der Toleranz und des gegenseitigen Verständnisses finden. Der Koran sagt uns zum Beispiel: „Wir haben Euch aus einem einzigen Paar von Mann und Frau erschaffen und Euch zu Nationen und Stämmen gemacht, damit Ihr einander erkennt." Konfuzius rief seine Gläubigen auf: „Wenn der gute Weg im Staat vorherrscht, dann sprich entschlossen und handle entschlossen. Wenn der Staat den Weg verloren hat, dann handle entschlossen und sprich mit Bedacht". In der jüdischen Tradition wird das Gebot „Liebe Deinen Nächsten wie Dich selbst" als Kernaussage der Thora angesehen.

Dieser Gedanke spiegelt sich im christlichen Evangelium wider, das uns ebenfalls lehrt, unsere Feinde zu lieben und für jene zu beten, die uns verfolgen. Den Hindus wird gelehrt, dass es nur eine Wahrheit gibt und die Weisen ihr verschiedene Namen geben. Und in der buddhistischen Tradition werden die Einzelnen aufgerufen, in jedem Bereich ihres Lebens stets Mitgefühl zu üben.

Jeder von uns hat das Recht, auf seinen eigenen Glauben oder seine Herkunft stolz zu sein. Aber die Vorstellung, dass das, was uns gehört, notwendigerweise in Konflikt zu dem steht, was anderen gehört, ist so falsch wie gefährlich. Diese

Vorstellung hat endlose Feindschaften und Konflikte hervorgerufen und Menschen dazu gebracht, die größten Verbrechen im Namen einer höheren Macht zu begehen.

Das muss nicht so sein. Menschen unterschiedlicher Religionen und Kulturen leben Seite an Seite in nahezu jedem Teil der Welt. Viele von uns haben sich überschneidende Identitäten, die uns mit sehr verschiedenen Gruppen verbinden. Wir können das, was wir sind, lieben, ohne das, was wir nicht sind, hassen zu müssen. Wir können voll in unserer eigenen Tradition aufgehen, selbst wenn wir von anderen lernen und dazu kommen, ihre Lehren zu achten.

Das wird jedoch ohne Religionsfreiheit, ohne Freiheit der Meinungsäußerung, ohne Versammlungsfreiheit und ohne Gleichberechtigung vor dem Gesetz nicht möglich sein. Die Lehre, die wir aus dem vergangenen Jahrhundert gezogen haben, war ja gerade die, dass wo immer die Würde des Einzelnen mit Füßen getreten oder bedroht wurde, wo immer Bürger nicht das grundlegende Recht hatten, ihre Regierung zu wählen oder regelmäßig auch abzuwählen, es allzu häufig zu Konflikten kam, bei denen unschuldige Zivilpersonen mit dem Tod und der Zerstörung ihrer Gemeinschaften einen hohen Preis zahlen mussten.

Die Hindernisse auf dem Wege zur Demokratie haben wenig mit Kultur oder mit Religion zu tun, sondern viel mehr mit dem starken Wunsch jener, die an der Macht sind, ihre Position um jeden Preis zu halten. Dieses Phänomen ist weder neu noch auf einen bestimmten Teil der Welt beschränkt. Menschen aller Kulturen schätzen ihre Wahlfreiheit und wollen bei den Entscheidungen, die ihr Leben betreffen, ein Wort mitzureden haben.

Die Vereinten Nationen, zu deren Mitgliedern so gut wie alle Staaten der Welt zählen, beruhen auf dem Grundsatz des gleichen Wertes jeder menschlichen Person. Sie kommen am nächsten an eine repräsentative Institution heran, die auf die Interessen aller Staaten und aller Völker eingeht. Im Rahmen dieses universellen, unverzichtbaren Instruments des menschlichen Fortschritts können die Staaten den Interessen ihrer Bürger dienen, indem sie gemeinsame Interessen erkennen und diese in Einigkeit verfolgen. Ohne Zweifel ist das der Grund dafür, warum das Nobelkomitee zu diesem hundertjährigen Jubiläum erklären wollte, dass „der einzige auf Übereinkunft zielende Weg zum Weltfrieden und zur Zusammenarbeit über die Vereinten Nationen geht".

Ich glaube, das Komitee hat auch erkannt, dass diese Ära der globalen Herausforderungen keine andere Wahl lässt, als auf globaler Ebene zusammenzuarbeiten. Wenn Staaten die Herrschaft des Rechts untergraben und die Rechte ihrer Bürger verletzen, werden sie nicht nur für ihr eigenes Volk sondern auch für ihre Nachbarn und nicht zuletzt für die ganze Welt zu einer Gefahr. Was wir heute brauchen, ist ein besseres Regieren – legitimes, demokratisches Regieren, das dem Einzelnen ermöglicht sich voll zu entfalten und es dem Staat ermöglicht zu gedeihen.

Sie werden sich daran erinnern, dass ich meine Rede mit dem Hinweis auf ein Mädchen begann, das heute in Afghanistan geboren wurde. Obwohl seine Mutter alles in ihren Kräften Stehende tun wird, um es zu schützen und am Leben zu erhalten, stehen ihre Chancen 1:4 ihren fünften Geburtstag zu erleben. Ob das gelingt, ist ein Test unserer gemeinsamen Humanität, unseres Glaubens an unsere individuelle Verantwortung für unsere Mitmenschen, ob Mann oder Frau. Nur ein Test, aber der einzige, der zählt.

Wenn Sie sich an dieses Mädchen erinnern, dann werden unsere größeren Ziele – die Bekämpfung der Armut, die Verhinderung von Konflikten oder die Heilung von Krankheiten – nicht mehr so fern, nicht mehr so unmöglich sein. Vielmehr werden diese Ziele plötzlich sehr nahe, sehr erreichbar erscheinen, was sie auch sollten. Denn unter der Oberfläche der Staaten und Nationen, der Ideen und der Sprache, liegt das Schicksal einzelner Menschen in Not. Auf diese Not zu reagieren wird Aufgabe der Vereinten Nationen im vor uns liegenden Jahrhundert sein.

(Quelle: UNIC BONN, Pressemitteilung UNIC/439 v. 10.12.2001.)

I. Ressourcen und Grundlagen

[2] Es kommt auf den Einzelnen an

Rede am Macalester College
St. Paul/Minnesota, 17. Mai 1998

Danke, Präsident McPherson, für diese freundliche Einführung. Ich freue mich immer ganz besonders, wenn ich nach Macalester zurückkehre, heute aber ist es mir zudem eine Ehre, hier zu sein. Als ich Sie im Herbst 1994 besuchte, waren diejenigen von Ihnen, die heute graduieren, gerade am Anfang ihres ersten Studienjahres. Der heutige Tag ist auf vielerlei Art einer dieser seltenen Anlässe im Leben, bei denen man das Gefühl hat, dass der Kreis sich schließt.

Ich freue mich zu sehen, wie viel sich hier seit meiner Zeit geändert, entwickelt und verbessert hat und wie vieles doch noch immer so ist wie damals. Gerade so wie die besten Dinge im Leben. Das Old Main sieht von außen noch genauso schön aus, wenngleich das Innere ganz beträchtlich auf Vordermann gebracht worden ist. Sie haben neue Wissenschaftsgebäude, eine neue Bibliothek, neue Wohnheime, eine neue Kapelle. Der Rasen, auf dem ich Fußball spielte, die Bahn, auf der ich den 100-Yards-Sprint gelaufen bin, sind verschwunden; Sie haben neue Sportplätze, wo Sie, so hoffe ich, noch bessere Leistungen erbringen als wir in unseren Tagen.

Was Sie bewahrt haben, ist der vertraulich-persönliche Charakter dieses kleinen Colleges der freien Künste.

Den Internationalismus:

- fast die Hälfte von Ihnen hat im Ausland studiert und mehr als 10 Prozent von Ihnen sind ausländische Studenten, so wie ich einer war.

Das ehrenamtliche Engagement:

- mehrere Hundert von Ihnen haben sich auf die eine oder andere Weise in den Dienst einer Sache gestellt. Es macht mich stolz, dass ich Mac meine Alma Mater nennen kann.

Vor vier Jahren sprach ich mit Ihnen über unsere interdependente Welt, ich sprach davon, dass die Universitäten notwendigerweise in ihrer Lehre den Veränderungen in der Welt Rechnung tragen müssten; ich sagte, dass sich die besseren Universitäten auf diese Tatsache eingestellt hätten.

Ich sagte, dass Macalester dies schon 30 Jahre zuvor verstanden hatte; dass es uns auf das, was kommen sollte, vorbereitet hat; und ich weiß, in diesen vier Jahren wird es Sie ausgezeichnet vorbereitet haben.

Die globale Perspektive, die Macalester Ihnen eingeimpft haben wird, ist in der heutigen Welt unentbehrlich. Die Probleme, vor denen die Vereinten Nationen stehen, wie etwa Umwelt, Drogen, weit verbreitete Seuchen, nachhaltige Entwicklung, sind Probleme, die sich über alle Grenzen hinwegsetzen. Das ist die Botschaft, die wir der Welt zu vermitteln versuchen. Doch noch immer denken zu viele Menschen in lokalen Bezügen, eingeschränkt durch Grenzen.

Dabei sollten wir uns der Sorgen und Interessen anderer annehmen, in größeren Zusammenhängen denken als nur in unseren eigenen engen Grenzen. Hier sollten wir auf die Kraft von Bildung, Kommunikation und Information bauen.

Die Herausforderungen unserer Zeit sind Probleme ohne Reisepass; um sie angehen zu können, benötigen wir Pläne jenseits überkommener Grenzziehungen. Es ist die Aufgabe der Vereinten Nationen solche zu entwickeln.

Allerdings machen eben diese Vereinten Nationen eine finanzielle Krise durch. Die unbezahlten Beiträge, die die Vereinigten Staaten schulden, belaufen sich auf 1,6 Milliarden Dollar. Für die Vereinten Nationen ist das ein entscheidender Betrag, auch wenn er etwas kleiner ist als die Summe, die „Titanic" weltweit in wenigen Monaten eingespielt hat.

Überlegen Sie für einen Moment, was 1,6 Milliarden Dollar eigentlich für ein großes Land wie das Ihre bedeuten. Pro Kopf gerechnet, entspricht das gerade sechs Dollar für jeden Amerikaner, um Schulden zurückzuzahlen, die sich über ein Jahrzehnt angesammelt haben.

Für diesen Betrag würde man bei O'Garra's nicht einmal ein Bier kaufen können.

Angesichts der Traditionslinie des Dienens dieser Schule werden viele von Ihnen bereits wissen, dass der wahre Maßstab für den Erfolg in einem menschlichen Leben das ist, was wir unseren Mitmenschen zurückgeben können.

Unsere stärksten Vorbilder – gleichgültig, ob sie die Helden von Legenden sind oder der Mann oder die Frau von nebenan – verkörpern diese Qualität mehr als jede andere. Sie werden diese Qualität unter einer Bedingung besitzen: Sie müssen den Mut haben, zu glauben, dass es auf Ihr Handeln ankommt. Das Jahr 1961, in dem ich diesen Campus verließ, um hinaus in die Welt zu gehen, war auch das Jahr, in dem mein Vorgänger Dag Hammarskjöld starb. Ich möchte Ihnen die letzten Worte, die er zu den Mitarbeitern der Vereinten Nationen im Amtssitz in New York sagte, mit auf den Weg geben.

Sie sollten seine letzten öffentlichen Worte sein, bevor sein Flugzeug eine Woche später während einer Mission im Kongo abstürzte.

„Niedergeschlagenheit und Hoffnungslosigkeit führen zu Schwarzseherei – und zum Scheitern. Es ist falscher Stolz, in aller Welt die Wichtigkeit seiner Arbeit zu rühmen, aber es ist falsche Bescheidenheit, und letztlich ebenso verheerend, wenn man nicht erkennt – und mit Dankbarkeit erkennt –, dass die eigene Arbeit einen Sinn hat. Lassen Sie uns den zweiten Trugschluss genauso sorgfältig vermeiden wie den ersten, und lassen Sie uns in der Überzeugung arbeiten, dass unsere Arbeit einen Wert hat, der über den begrenzten individuellen hinausreicht und für die Menschheit etwas bedeutet."

Diese Worte stellen uns vor eine Herausforderung, sie sind aber auch eine Quelle der Stärke. Ich kann Ihnen keinen Rat für Ihre Entscheidungen über die Zukunft geben. Das ist eine Aufgabe für die, die Ihnen am nächsten stehen und vor allem für Ihren eigenen Verstand und Ihr Herz.

Aber ich kann Sie ermutigen. In dieser sich wandelnden Welt neuer Herausforderungen brauchen wir, mehr als je zuvor, engagierte und talentierte Individuen, die ein öffentliches Amt übernehmen. Mehr als je zuvor brauchen wir Leute, die sich für den Dienst an der Menschheit entscheiden – Leute wie Sie, die Sie hier sitzen, den Mac-Jahrgang von '98.

Es ist keine einfache Wahl, die es zu treffen gilt. Einige von Ihnen mögen von der vermeintlichen Schwäche der öffentlichen Institutionen dieser Tage abgeschreckt sein; einigen von Ihnen könnten die unmittelbaren Gewinne, die die Wirtschaft bietet, verlockend erscheinen.

Zum Ersten würde ich sagen: einer siegreichen Mannschaft beizutreten, ist eine einfache Sache.

Gerade dann, wenn eine Institution kämpfen muss, um ans Ziel zu gelangen, ein Anliegen nur mühevoll auf den Weg gebracht werden kann, bedarf es der Unterstützung der besten und mutigsten Menschen.

Zweitens möchte ich sagen: der Lohn für die Arbeit im Dienste der Menschheit geht weit über den materiellen Gewinn hinaus, es ist der Lohn zu wissen, dass es auf den Einzelnen – Sie – wirklich ankommen kann.

Wenn wir heute an Intervention denken, denken wir an Armeen, Bündnisse und Organisationen. Aber Intervention kann viel bedeuten. Ja, ein militärisches Bündnis kann eingreifen, wenn eine Region von Instabilität bedroht ist. Ja, eine Gesellschaft kann eingreifen, wenn ihre eigenen Reihen durch Intoleranz bedroht werden.

Aber es gibt auch so etwas wie eine individuelle Intervention.

Sie werden sich vielleicht denken, was kann eine Person angesichts der riesigen Unternehmen, der ökologischen Gefahren und angesichts organisierter Konflikte schon ausrichten? Dennoch hat es immer Menschen gegeben –, und es wird sie immer geben – die als Einzelne viel bewirkt haben. Denken Sie an Nelson Mandela, der Gefangener war und Präsident wurde wegen seiner unbeugsamen Integrität, seiner Tapferkeit und seinen Überzeugungen. Denken Sie an Aung San Suu Kyi, die nach Jahren des Hausarrests in Myanmar ein Vorbild für demokratische Werte bleibt. Denken Sie an Jody Williams, die mitgeholfen hat, Regierungen dazu zu bewegen, ihre Kräfte mit 1000 NGOs zu vereinigen, um einen Vertrag herbeizuführen, der Anti-Personen-Minen verbietet. Denken Sie an Raoul Wallenberg, der während des Zweiten Weltkrieges als schwedischer Diplomat in Budapest die Leben von Zehntausenden ungarischen Juden rettete.

Das letzte Beispiel ist für mich besonders bewegend, als Generalsekretär der Vereinten Nationen, aber auch ganz persönlich, denn Raoul war der Onkel meiner Frau.

Raouls Leben und seine Leistungen verdeutlichen die maßgebliche Rolle des Einzelnen inmitten des Konflikts und des Leidens. Sein Eingreifen gab Opfern Hoffnung, ermutigte sie zu kämpfen, Widerstand zu leisten, durchzuhalten und Zeugnis abzulegen. Es weckte unser kollektives Gewissen. Das Rätsel bleibt jedoch: Warum gab und gibt es so wenige Raouls?

Das Leben dieser Einzelnen sollte andere zum Handeln animieren, zukünftige Generationen, uns alle. Edmund Burke schrieb in diesem Zusammenhang: „Alles, was notwendig ist für den Triumph des Bösen, ist, dass gute Menschen nichts tun."

Es kommt weniger darauf an, ob Sie sich entschließen für Ihre Regierung zu arbeiten, auf lokaler oder Bundesebene, oder für eine Organisation, sei sie nun eine intergouvernementale oder eine Nichtregierungsorganisation. Es kommt nicht darauf an, ob Sie in einer Suppenküche drüben in der Stadt oder für ein Hilfsprogramm für Analphabeten in Afrika arbeiten. Worauf es ankommt ist, dass Sie sich dafür entscheiden, Ihr Leben dem Dienst für eine bessere Welt für ihre Mitmenschen zu widmen.

Als Teil seines Lehrplans hat Mac seine Studenten stets dazu angeregt, rauszugehen und in der Welt jenseits dieser Campusmauern zu arbeiten. Bauen Sie auf den Mut, den man Ihnen eingeflößt hat. Nutzen Sie Ihren ungetrübten Blick, erforschen Sie neue Grenzen, denen sich ältere, weisere und vorsichtigere Leute möglicherweise nicht nähern würden. Fehlschläge sind Teil des Erfolgs; wenn man nicht hin und wieder scheitert, bedeutet das wahrscheinlich, dass man sich nicht stark genug fordert.

Mut bedeutet nicht, dass es Ihnen an Angst mangelt, nur die Dummen sind ohne Angst, Mut bedeutet, dass Sie trotz Ihrer Angst handeln. Sehen Sie diesen Ängsten ins Auge, nehmen Sie Risiken in Kauf für das, was Sie glauben, denn nur wenn Sie herausfinden, zu was Sie fähig sind, werden Sie entdecken, dass, wenn Ihre Absichten gut sind, das Schlimmste, was Ihre Gegner Ihnen antun können, nicht wirklich so schlimm ist. Gehen Sie raus und bewirken Sie etwas in der Welt. Aber vergessen Sie nicht, nebenbei Spaß zu haben. Ich wünsche Ihnen allen viel Glück.

[3] Die Partnerschaft zwischen den Vereinten Nationen und der Wirtschaft

Rede auf dem Weltwirtschaftsforum
Davos, 1. Februar 1997

Es freut und ehrt mich, in solch einem frühen Stadium meiner Amtszeit als Generalsekretär zu Ihnen sprechen zu können.

Die enge Verbindung zwischen dem privaten Sektor und der Arbeit der Vereinten Nationen ist von entscheidender Bedeutung. Unsere partnerschaftliche Zusammenarbeit hat bereits zur Verwirklichung wichtiger globaler ökonomischer Ziele geführt. Wir haben Stabilität gefördert. Wir haben ökonomische und politische Übergangsprozesse angeregt. Und wir haben neue Ebenen des Handels und der wirtschaftlichen Entwicklung erreicht. Nie war die Zusammenarbeit auf all diesen Gebieten größer, nie war sie erfolgreicher.

Die wirtschaftliche und politische Liberalisierung umfasst heute Länder in der ganzen Welt. In Asien, Lateinamerika und der Gemeinschaft Unabhängiger Staaten (GUS) haben Regierungen der Bildung politischer Institutionen und der Umstrukturierung der Wirtschaft vordringliche Priorität eingeräumt. Sie haben Raum für die Dynamik des privaten Sektors geschaffen. Und in Afrika arbeiten Länder hart daran, günstigere Bedingungen für private Investitionen entstehen zu lassen.

Wir alle können durch Statistiken geblendet werden, aber eine erschien mir kürzlich doch bemerkenswert – die privaten Kapitalflüsse in Entwicklungsländer sind um das 35fache, von fünf Milliarden Dollar in den frühen siebziger Jahren auf heute 176 Milliarden Dollar, angestiegen. Gleichzeitig verringerte sich die öffentlich finanzierte Entwicklungshilfe. Natürlich bleiben die staatlichen Ausgaben von enormer Wichtigkeit für die Verwirklichung der sozialen, wirtschaftlichen und umweltpolitischen Ziele der Vereinten Nationen. Aber wir bei den Vereinten Nationen begrüßen die wachsende Bedeutung des privaten Sektors. Heute arbeiten die Programme, Fonds und Sonderorganisationen, aus denen sich die Familie der Vereinten Nationen zusammensetzt, mehr denn je daran, Verfahren zu fördern, die ein weiteres Wachstum des privaten Sektors und des freien Marktes unterstützen.

Diese Initiativen spiegeln die Realitäten einer sich wandelnden Welt wider. Zunächst gibt es ein neues universelles Verständnis dafür, dass die Kräfte des Marktes für nachhaltige Entwicklung von essenzieller Bedeutung sind. Zweitens verändert sich die Rolle des Staates in den meisten Entwicklungsländern; weg von einem Staat, der das Wirtschaftsleben zu beherrschen sucht, hin zu einem, der Bedingungen schafft, durch die nachhaltige Entwicklung möglich ist. Drittens gibt es zunehmende und überzeugende Anzeichen dafür, dass die Armen ihre Probleme selbst lösen können, wenn sie fairen Zugang zu finanzieller und wirtschaftlicher Förderung erhalten.

Wenn wir sicherstellen wollen, dass diese positiven Veränderungen anhalten und weiterentwickelt werden, ist es unbedingt erforderlich, dass die Partnerschaft zwischen den Vereinten Nationen, den Regierungen und der internationalen Unternehmerschaft bekräftigt wird. Die Marktwirtschaft hat heute keine bedeutende ideologische Konkurrenz mehr. Ihre größte Bedrohung entsteht aus ihr selbst. Wenn sie nicht Wohlstand und Gerechtigkeit gleichermaßen befördern kann, wird sie nicht erfolgreich sein.

Nach dem Ende des Kalten Krieges können wir Frieden und Sicherheit nicht länger einfach nur in Kategorien militärischer Macht oder eines Gleichgewichts des Schreckens definieren. Die Welt hat sich verändert. Dauerhafter Frieden erfordert mehr als das Eingreifen von Blauhelmen vor Ort. Wirkungsvolle Friedenskonsolidierung verlangt einen erweiterten Begriff menschlicher Sicherheit. Wir können nicht inmitten von Hunger und Tod sicher sein. Wir können keinen Frieden schaffen, ohne die Armut zu mildern. Wir können Freiheit nicht auf der Grundlage von Ungerechtigkeit errichten.

In der heutigen Welt ist der private Sektor der bestimmende Wachstumsmotor; der bedeutendste Schöpfer von Werten und Reichtum; die Quelle der größten finanziellen, technologischen und managementbezogenen Ressourcen. Wenn der private Sektor nicht überall auf der Welt wirtschaftliche und soziale Chancen schafft – gerecht und nachhaltig –, dann wird der Frieden zerbrechlich und soziale Gerechtigkeit ein ferner Traum bleiben.

Deshalb rufe ich heute zu einer neuen Partnerschaft zwischen den Regierungen, dem privaten Sektor und der internationalen Gemeinschaft auf. Ich begrüße den explosionsartigen Anstieg von Handels- und Kapitalströmen, die Menschen und Märkte in einer neuen globalen Wirtschaft verbinden. Aber die dramatische Zunahme des Welthandels und das Aufkommen neuer mächtiger Handelsblöcke haben auch zu einer noch größeren Marginalisierung der ärmsten Nationen der Welt geführt. Werden diese Blöcke in ihren Unternehmungen konkurrieren, sich ergänzen oder wechselseitig beeinflussen? Meiner Ansicht nach ist es außerordentlich wichtig, dass die Entscheidungsträger der New Global Economy die Entwicklungsländer nicht vergessen, besonders nicht in den Foren, in denen sie nicht repräsentiert sind.

Wir müssen den Mythos begraben, dass Entwicklungszusammenarbeit nicht länger gebraucht wird angesichts der Kapitalflüsse des privaten Sektors, der Handelsmöglichkeiten und anderer Vorteile der Globalisierung. 80 Prozent der ausländischen Direktinvestitionen in den Entwicklungsländern gehen an nur zwölf Länder – China ausgenommen, alles Länder mittleren Einkommens. Nur fünf Prozent gehen nach Afrika und ein Prozent an die 48 am wenigsten entwickelten Länder. Im Gegensatz dazu geht die Hilfe der Vereinten Nationen überwiegend an einkommensschwache Länder, wo sie der Entwicklung des privaten Sektors den Weg ebnen kann.

Die Globalisierung hat die Hoffnung geweckt, dass menschlicher Erfindungsreichtum und Unternehmungsgeist uns in ein neues goldenes Zeitalter bringen würden, aber ernste Herausforderungen im Bezug auf Entwicklung bleiben. Globalisierung an sich kann nicht als Wunderheilmittel betrachtet werden. Der Nutzen der Globalisierung ist für die Armen, die Hungernden, für die Analphabeten nicht immer ersichtlich. Über 60 Prozent der Weltbevölkerung müssen von zwei Dollar pro Tag oder weniger leben. 100 Ländern der Welt geht es heute schlechter als vor 15 Jahren. Die zunehmende Kluft zwischen Arm und Reich, innerhalb und zwischen den Ländern, bleibt eine ernste Bedrohung für Stabilität und langfristiges wirtschaftliches Wachstum. Die Vereinten Nationen und der private Sektor können und müssen zusammenarbeiten, um 60 Prozent der Weltbevölkerung in den Markt zu integrieren. Das wird allen Wohlstand bringen.

Lassen Sie uns das traditionelle Dogma von Nord und Süd überwinden. In jedem Land des Nordens gibt es ein bisschen vom Süden; in jedem „Süden" gibt es einen „Norden". Ein Großteil des dramatischen Wachstums in der Welt geht von Ländern des Südens aus. Der Süden ist die treibende Kraft ökonomischen Wandels und bietet Ihnen, den Unternehmern, beispiellose Möglichkeiten. Heute gibt es eine klare und nachweisbare Verbindung zwischen Rentabilität und steigenden Lebensstandards für die Ärmsten der Welt. Rentabilität und Gerechtigkeit sind keine Ziele, die sich gegenseitig ausschließen. Ganz im Gegenteil.

Wir können mehr tun, alle von uns, um diesen Problemen größere Priorität einzuräumen. Wir für unseren Teil, die Vereinten Nationen, haben eine gemeinsame Plattform für Entwicklungsarbeit eingerichtet, deren Tätigkeit wir vorantreiben. Es ist unsere Aufgabe, einen Beitrag zur Schaffung der Bedingungen zu leisten, die Ihren Job in der Privatwirtschaft erfolgreich machen. In der Zusammenarbeit mit den Mitgliedstaaten, dem privaten Sektor und anderen Nichtregierungsorganisationen betont unsere Plattform soziale Verantwortung, Interdependenz und vor allem die gemeinsame Verfolgung praktikabler und erreichbarer Entwicklungsziele.

Auf der operativen Ebene ist Partnerschaft entscheidend. Den Vereinten Nationen kommt eine entscheidende Rolle zu, wenn es darum geht, den Boden für in- und ausländische Privatinvestitionen zu bereiten und diese zu unterstützen. Unsere weitreichende Arbeit auf diesem Gebiet beinhaltet Hilfe bei der Reform der öffentlichen Verwaltung, bei der ökonomischen Umstrukturierung, bei Privatisierungsprogrammen und wichtigen Infrastrukturprojekten, ebenso wie bei der Stärkung des rechtlichen und regulatorischen Rahmens.

Die Vereinten Nationen haben ihren Teil dazu beigetragen, spezielle Wirtschaftszonen zu schaffen, Handelsschranken zu beseitigen, Unternehmer zu unterstützen und die Entwicklung kleinerer und mittlerer Unternehmen voranzubringen. In all diesen Gebieten, können wir stolze Leistungen vorweisen. Das System der Vereinten Nationen ist seit dem Ende des Zweiten Weltkriegs oft die wichtigste, wenn nicht die einzige Quelle finanzieller und technischer Unterstützung für über 100 Staaten gewesen. Unsere Leistungen sind klar: wir haben etwas bewirkt, indem wir geholfen haben, neue Gesellschaften aufzubauen, indem wir gehandelt haben, um menschliches Elend zu beenden und indem wir zu einem friedlichen Übergang von repressiven zu freien und demokratischen Gesellschaften beigetragen haben.

Aber wir können mehr tun. Die Stärkung der Partnerschaft zwischen den Vereinten Nationen und dem privaten Sektor wird eine Priorität meiner Amtszeit als Generalsekretär sein. Ohne größere Kooperation können die sozialen und wirtschaftlichen Bedürfnisse der Entwicklungsländer nicht befriedigt werden. Ohne größere Kooperation werden die Gewinne ausländischer Investitionen nicht zu denen fließen, die sie am meisten brauchen. Ohne größere Kooperation können die Vereinten Nationen von den Fähigkeiten, dem Kapital und der Managementexpertise des privaten Sektors weder lernen noch diese voll nutzen.

Wir bei den Vereinten Nationen sind langfristig engagiert. Wir widmen uns der Reform, um eine effizientere und effektivere Organisation aufzubauen; dazu soll auch die Herstellung engerer Verbindungen mit dem privaten Sektor gehören. Wir können das aber nur tun und wir können nur dann eine effektive Organisation schaffen, mit der Sie stolz sind, Geschäfte zu machen, wenn wir vordringlich gegen die anhaltende finanzielle Krise der Vereinten Nationen vorgehen. Wir sind darauf angewiesen, dass alle Mitgliedstaaten ihre finanziellen Verpflichtungen gegenüber der Organisation erfüllen.

Die Vereinten Nationen sind bereit, Ihnen Argumente für langfristige Investitionen zu liefern, die zum einen ein gutes Geschäft sind, zum anderen aber auch von fundamentaler Bedeutung für die Erhaltung von Frieden und Sicherheit auf unserem Planeten. Sowohl für das System der Vereinten Nationen wie für den privaten Sektor besteht das Ziel des 21. Jahrhunderts in nichts Geringerem als der Schaffung einer wahren globalen Wirtschaft, die tatsächlich allen Völkern der Welt offen steht.

Aber diese Vision ist nicht genug. Sie muss mit dringend erforderlichen, praktikablen Programmen und Projekten Hand in Hand gehen, um das beträchtliche menschliche und ökonomische Potenzial der unterentwickelten Welt erschließen zu helfen. Als Generalsekretär möchte ich mich genau dafür engagieren. Ich bin offen für Ihren Rat und freue mich darauf, von Ihnen zu hören.

[4] Drahtseilakt in internationaler Arena – Das Amt des Generalsekretärs

Rede vor dem Council on Foreign Relations
New York, 19. Januar 1999

Danke, Pete, für diese freundlichen Einführungsworte. Ich freue mich, heute Abend mit Ihnen zusammenzukommen und das Peter G. Peterson Center für Internationale Studien hier am Council on Foreign Relations zu eröffnen. Erlauben Sie mir zunächst, Pete meine Anerkennung zu bekunden für all das, was er für die Stärkung Ihres Auftrags getan hat. Die Arbeit des Councils ist von großer Wichtigkeit, nicht nur für dieses Publikum und seine vielen Mitglieder. Sie hat eine weit größere Bedeutung.

Im Laufe der Zeit ist der Council zu einer unentbehrlichen Quelle der Reflektion und Erneuerung in der Außenpolitik geworden. Er hat uns allen dabei geholfen, die globalen Herausforderungen, die vor uns liegen, besser zu verstehen; er hat das Engagement der Vereinigten Staaten in auswärtigen Angelegenheiten befürwortet und ist den Gefahren eines amerikanischen Isolationismus immer beharrlich entgegengetreten.

Das ist von besonderem Wert für die Institution, die ich vertrete.

Wir, die Vereinten Nationen, brauchen die Vereinigten Staaten, um unsere Ziele zu erreichen, und ich glaube, die Vereinigten Staaten brauchen die Vereinten Nationen ebenso. Ich glaube auch, dass dieses Publikum die Bedeutung dieser Verbindung anerkennt, und ich hoffe, dass wir zusammen in den kommenden Jahren ein noch engeres Verhältnis begründen können.

Für die Vereinten Nationen sind die Herausforderungen, die vor uns liegen, Herausforderungen der Menschheit – es gilt, den Frieden zu sichern, Armut zu besiegen, Menschenrechte zu schützen und den Kreis der Freiheit auszudehnen, so dass keinem – ungeachtet seiner Hautfarbe, seiner Nationalität oder seinem Glauben – die Chance verwehrt wird, ein Leben nach eigener Wahl zu führen.

Das sind Herausforderungen mit fernen Erfolgsaussichten und unsicheren Ergebnissen, für die es einen Kampf gegen unwägbare Widrigkeiten aufzunehmen gilt, der aber nur selten mit Lorbeer und dauerhaftem Fortschritt belohnt wird. Es sind jedoch Herausforderungen, derentwegen wir gegründet worden sind, und da wir in ein neues Jahrhundert eintreten, müssen die Vereinten Nationen neue Wege finden, um die uralten Feinde von Frieden und Wohlstand zu besiegen. Bei der Erfüllung dieser Aufgabe kommt dem Generalsekretär eine zentrale Rolle zu – durch die Charta, durch die Geschichte und aufgrund des Vertrauens, das die Mitgliedstaaten in ihn setzen.

Heute Abend möchte ich deshalb mit Ihnen über die Rolle des Generalsekretärs nachdenken – über sein Potential, seine Grenzen, die ihm auferlegte Verantwortung und seine tatsächlichen Möglichkeiten. Ich tue das nicht aus Stolz, sondern aus Pflicht, nicht weil ich die Aufmerksamkeit für meine Rolle weiter vergrößern will, sondern weil ich glaube, dass es wichtig ist, dass unsere Freunde und unsere Kritiker die Vereinten Nationen und dieses Amt mit einem, wie Isaiah Berlin es nannte, „Sinn für die Realitäten" beurteilen.

Damit meine ich einen Sinn für die Geschichte der Vereinten Nationen und für ihren gegenwärtigen Zustand, einen Sinn dafür, was ein Generalsekretär einer multilateralen Institution zur Förderung des Friedens tun kann und was er nicht tun kann. Vor allem heißt das anzuerkennen, dass das Amt des Generalsekretärs nur so lange die Interessen aller Staaten vertreten kann, so lange es nicht den Anschein erweckt, nur den engen Interessen eines Staates oder einer Staatengruppe zu dienen. Das ist ein heikler Balanceakt, von dem das Amt, die Stärke, die Leistungsfähigkeit und die moralische Autorität eines jeden Generalsekretärs abhängen.

Jeder Generalsekretär vor mir hat diese Balance halten müssen, über 50 Jahre hindurch, in Zeiten geopolitischen Wandels und des Übergangs. Jeder von ihnen hat danach gestrebt, zwei Rollen auf einmal auszufüllen: die Rolle des obersten Verwaltungsbeamten der Organisation und die weit weniger scharf abgegrenzte und viel umstrittenere Rolle des politischen Instruments des Sicherheitsrates. Diese mangelhafte Abgrenzung hat sich sowohl als Vorteil als auch als Belastung erwiesen, als Chance und als Quelle von Frustration. Aber die ganze Geschichte der Vereinten Nationen hindurch war es dem Generalsekretär erlaubt, noch eine dritte Rolle anzunehmen: ein Instrument umfassenderer Anliegen zu werden, jenseits nationaler Rivalitäten und regionaler Übereinkünfte.

Ohne Zweifel ist man manchmal versucht, bei einem besonderen Verstoß den eigenen Gefühlen persönlicher Empörung nachzugeben, vor allem dann, wenn man sich damit bei einigen politisch beliebt machen würde. Aber es würde der größeren Verpflichtung, Aggression zu verhindern und den Frieden zu erhalten, zuwiderlaufen. Das ist ein Luxus, den ich mir nicht leisten kann. Die Integrität, Unparteilichkeit und Unabhängigkeit des Amtes des Generalsekretärs sind zu wichtig, um so leichtfertig geopfert zu werden.

Ein Grund dafür, dass frühere Generalsekretäre falsch beurteilt oder missverstanden worden sind, ist vielleicht, dass das Amt des Generalsekretärs so einzigartig ist wie die Institution, die er führt. Ohne über die Organisation hinausreichende Durchsetzungskapazitäten und Exekutivgewalt ist ein Generalsekretär nur mit den Mitteln ausgerüstet, die er sich selbst schafft. Er ist nur mit der Macht ausgestattet, die ein vereinter Sicherheitsrat ihm zu verleihen gewillt ist, und mit der Autorität, die ihm die Charta überträgt.

Anhand welchen Maßstabs kann man dann die Worte und Taten eines Generalsekretärs messen? Mit dem Maßstab für einen Regierungschef oder einen Außenminister? Sicherlich nicht, denn deren Aufgabe wird durch die Interessen ihres Staates, und allein ihres Staates, bestimmt. Anhand des Maßstabs einer privaten Gruppe oder einer Nichtregierungsorganisation, die sich für ein Verbot von Landminen einsetzen oder sich um Kriegsverletzte kümmern? Nein, denn sie dienen nur ihrer Sache, nicht der von 185 Mitgliedstaaten, aus denen sich die Vereinten Nationen zusammensetzen.

Ein Generalsekretär muss an seiner Treue zu den Grundsätzen der Charta gemessen werden, und danach, wie er die darin ausgedrückten Ideale fördert. Das Ende des Kalten Krieges brachte eine neue Ära für die Friedensarbeit der Vereinten Nationen. Plötzlich konnte man einen vereinten Sicherheitsrat erleben, der mit einer Stimme gegen die Verbrechen von Aggressoren und gegen Verletzungen der Charta sprach. Dies bedeutete auch, dass die gewohnten Beschränkungen aufgehoben wurden, nach denen sich ein Generalsekretär für Frieden einsetzen kann. Dies brachte neue Verpflichtungen und größere Risiken mit sich.

Es erlaubte dem Generalsekretär, die Vereinten Nationen im Dienst für den Frieden in den vergessenen Winkeln der Welt einzusetzen, deren Kriege und Kämpfe nicht mehr das Interesse oder das Engagement der Großmächte auf sich ziehen konnten. Mehr denn je konnten die Mittel der stillen Diplomatie, diskreter Verhandlung und der Vermittlung durch Dritte eingesetzt werden, nicht nur um Kriege zu beenden, sondern um sie zu verhindern. Das Ende des Kalten Krieges veränderte vor allem die moralischen Erwartungen an die Rolle des Generalsekretärs. Es erlaubte ihm, die Vereinten Nationen in den Dienst der universellen Werte der Charta zu stellen, ohne Einschränkungen durch Ideologien oder Partikularinteressen.

In meinen zwei Jahren als Generalsekretär habe ich mich bemüht, diese Rolle auf zweifache Weise zu erfüllen.

Zum Ersten, indem ich für die allgemeinen Menschenrechte eingetreten bin sowie für die Opfer von Aggression oder Missbrauch, wo immer sie auch auftraten. Den Amerikanern gilt das Präsidentenamt als Predigerkanzel für kraftvolle Reden, zumindest seit den Tagen von Theodore Roosevelt. Ich habe mich bemüht, das Amt des Generalsekretärs ebenfalls zu einer Kanzel zu machen. Ich habe mich bemüht, es als Instrument zu nutzen, um die Werte der Toleranz, der Demokratie, der Menschenrechte und der guten Regierungsführung zu fördern, die ich für universell erachte.

In Teheran habe ich dem großen Glauben des Islam meine Anerkennung gezollt, während ich den Terrorismus, der zu Unrecht in seinem Namen verübt wird, angeprangert habe. In Harare habe ich Afrikaner aufgerufen, die Menschenrechte gleichermaßen als die ihren und als die Rechte jedes anderen anzuerkennen. In Shanghai habe ich davon gesprochen, dass die Freiheit der Katalysator für den zukünftigen Wohlstand Chinas sein wird. Und auf dem Balkan habe ich frühzeitig und mehrfach die Verbrechen, die im Kosovo begangen wurden, verurteilt und jede betroffene Partei ersucht, die Lehren aus Bosnien zu berücksichtigen.

Zum Zweiten habe ich mein Amt dazu genutzt, eine Brücke zwischen zwei oder mehreren Parteien zu schlagen, wo immer ich eine Chance für eine friedliche Lösung von Streitigkeiten sah. Um das zu tun, bin ich viele Meilen gereist, ich habe viele Missionen unternommen und mich nicht nur den Zweifeln anderer sondern auch meinen eigenen ausgesetzt. Manchmal war ich hinsichtlich der wahren Absichten eines Staatsmannes ebenso skeptisch wie jeder andere, in jedes Kriegsgebiet habe ich mich ohne Illusionen über die Aussichten auf Frieden oder die Kosten schlechter Regierungsführung begeben.

Aber ich bin beharrlich geblieben, denn ich muss die Welt nehmen, wie sie ist, nicht wie ich sie gern hätte. Ich muss ihr mit Realitätssinn gegenübertreten – wissen wie weit ein Staatsmann mit friedlichen Mitteln gebracht werden kann und wie lange es dauert, bis Frieden einen Zustand des Krieges ablöst. Macht mich das oder jeden anderen in meiner Position erklärtermaßen moralisch blind? Kann ein Generalsekretär deshalb nicht das Gute vom Bösen unterscheiden oder das Opfer vom Aggressor?

Natürlich kann er das, und genau aus diesem Grund muss er an seiner Aufgabe festhalten, denn es ist öfter so, dass letztlich eher der Aggressor als das Opfer von der Isolierung und der Aufgabe durch die internationale Gemeinschaft profitiert. Unparteilichkeit heißt nicht – und darf nicht heißen – Neutralität im Angesicht des Bösen. Unparteilichkeit bedeutet, die Grundsätze der Charta strikt und unvoreingenommen einzuhalten – nicht mehr und nicht weniger.

Wenn ich sage, dass ich mit dem einen oder anderen Staatsmann Geschäfte machen kann, dann gebe ich weder ein moralisches oder sonst wie geartetes Urteil ab. Noch bürge ich für das zukünftige Verhalten irgendeines Staatsmannes oder Staates gegenüber der internationalen Gemeinschaft. Ich führe einfach die Aufgabe aus, mit der ich von den Vereinten Nationen betraut worden bin, um nach einer friedlichen Lösung für Streitigkeiten zu suchen.

Als ich im Juli nach Nigeria ging, um den Demokratisierungsprozess zu fördern, machte diese große Nation eine dramatische Zeit des Wandels durch. Überall herrschte Ungewissheit und Unruhe, nur wenige waren in der Lage einen Ausweg zu sehen. Der Tod von General Abacha eröffnete ein neues Kapitel und heute scheint General Abubakar entschlossen zu sein, sein Versprechen zu halten und Volkssouveränität zuzulassen. Wenn auch nur als Brücke, mag meine Anwesenheit dazu beigetragen haben, den demokratischen Übergang in diesem gefährlichen Moment zu unterstützen und somit nicht nur die Zukunftsaussichten Nigerias sondern auch die Ziele der Charta vorangebracht zu haben.

Als ich im Dezember nach Libyen ging, ging ich in einer kritischen Zeit, um Gerechtigkeit für die Opfer von Lockerbie zu erreichen. Ich ging auch in der Hoffnung, die zunehmende Kluft zwischen Afrika und dem Westen in der Behandlung dieses Landes schließen zu können. Dort mögen unsere Aussichten weniger günstig sein, und sicher kann keiner vorhersagen, wann Libyen zu einer Entscheidung kommen und wie diese ausfallen wird. Aber wenn mein Besuch den Abschluss dieses tragischen Kapitels auch nur um einen Tag beschleunigt hat, dann, glaube ich, wird es das wert gewesen sein – für mich und die Vereinten Nationen.

Von den Missionen, die ich im letzten Jahr unternommen habe, barg keine so viele Risiken für mein Amt und die Vereinten Nationen wie die im Irak. Vor dem Hintergrund der Spannungen zwischen dem Irak und dem Sicherheitsrat ging ich nach Bagdad, mit dem Ziel, einen Ausweg aus der Sackgasse zu finden und die Rückkehr der Sonderkommission der Vereinten Nationen (UNSCOM) zu ihrer wichtigen Aufgabe der Abrüstung irakischer Massenvernichtungswaffen zu ermöglichen. Für einen kurzen, aber entscheidenden Moment befolgte der Irak wieder die UNO-Beschlüsse und die UNSCOM konnte Orte betreten, zu denen ihr sieben Jahre lang der Zugang verwehrt worden war.

Ich sage „für einen kurzen Moment", weil der Irak später beschloss, der UNS-COM neue Hindernisse in den Weg zu legen, was nicht nur eine ungeheuerliche und zutiefst Besorgnis erregende Verletzung der von mir erzielten Übereinkunft sondern auch der lange bestehenden Verpflichtungen des Irak gegenüber dem Sicherheitsrat darstellte.

Seither sind wir von einer Krise in die andere geraten, nur zeitweise unterbrochen durch flüchtige Momente der Zusammenarbeit zwischen der UNSCOM und der irakischen Regierung, was schließlich in den Luftangriffen des vergangenen Monats gipfelte. Wir sind eindeutig an einem kritischen Punkt angelangt – wir stehen vor der Entscheidung zwischen dem Einsatz von Gewalt und einer friedlichen Regelung, die ich immer angestrebt habe, zwischen der Gewährleistung der Abrüstung des Irak und der Bedrohung, die er sonst für die Region darstellen würde, zwischen einer Zukunft, in der die schon lange leidenden Menschen des Iraks frei und ungehindert leben können, und einer weiteren Isolierung und Verarmung der Zivilbevölkerung, die keine Verantwortung für die Not ihres Landes trägt.

Während wir heute Abend hier versammelt sind, sind die Mitglieder des Sicherheitsrates aktiv damit befasst, einen Ausweg zu finden, einen Weg, der die Einheit des Rates wiederherstellen und gleichzeitig die Abrüstung des Irak voranbringen und das Leid der irakischen Bevölkerung mildern kann. Für diejenigen, die sich noch an die Tage des Kalten Krieges erinnern, wäre die Einheit des Sicherheitsrates in so einer wichtigen Frage ein Erfolg mit Signalwirkung.

Das macht den Irak auch für mich als Generalsekretär zu einer vordringlichen Angelegenheit. Ein gespaltener Sicherheitsrat kann, wie er es in der Vergangenheit getan hat, die Vereinten Nationen lähmen. Ich muss und werde alles in meiner Macht Stehende tun, um das in dieser oder jeder anderen Angelegenheit zu verhindern.

Welche Mittel ich auch immer in meinen Bemühungen um die Irakfrage eingesetzt habe, meine Ziele standen immer außer Frage: die volle Befolgung aller einschlägigen Sicherheitsratsresolutionen durch den Irak, die Abrüstung des Irak, die Wiedereingliederung seiner Bevölkerung in die internationale Gemeinschaft, die Sicherung der Stabilität der Golfregion und die Gewährleistung der Wirksamkeit der Vereinten Nationen als Garant für internationalen Frieden und Sicherheit.

Aufgrund unserer bisherigen Arbeit, unserer Grundsätze, der Charta und meiner Amtspflichten bin ich dazu verpflichtet, diese Ziele auf dem Wege friedlicher Diplomatie anzustreben.

Letztendlich jedoch spiegelt der Frieden, den wir im Irak und überall erreichen wollen, nur die Lektionen unseres schrecklichen Jahrhunderts wider: dass Friede nicht echt und von Dauer sein kann, wenn er um jeden Preis erkauft wird; dass nur ein Friede in Gerechtigkeit die Opfer von Krieg und Gewalt ehren kann und dass ohne Demokratie, Toleranz und Menschenrechte für alle kein Frieden wirklich sicher ist.

Diese Lektionen wo immer und wann immer möglich anzuwenden, ist höchste Berufung und erste Pflicht eines Generalsekretärs – gegenüber sich selbst, gegenüber seinem Amt und gegenüber den Vereinten Nationen. Mein großer Vorgänger Dag Hammarskjöld sagte einmal, dass es „nicht um einen Mann, sondern um eine Institution" ginge. Deshalb müssen wir, um der Vereinten Nationen und der Hoffnungen und Sehnsüchte willen, die sie seit über einem Jahrhundert verkörpern, Erfolg haben.

[5] Die Rolle Deutschlands

Rede vor dem Deutschen Bundestag
Berlin, 28. Februar 2002

Es ist mir eine außerordentliche Ehre, vor diesem Hohen Haus zu sprechen – um so mehr, als mir bewusst ist, dass ich einer der wenigen Nichtdeutschen bin, die dazu eingeladen wurden, und erst der dritte, seitdem Sie dieses großartig restaurierte Domizil in der historischen Hauptstadt Deutschlands bezogen haben.

Gleichzeitig ist es mir auch eine große Freude, zu Ihnen sprechen zu können, denn als Bürger der Weltgemeinschaft und Mitglied der Vereinten Nationen ist Deutschland ein bewundernswertes Vorbild. Während meiner gesamten Amtszeit als Generalsekretär, aber auch schon davor, bin ich in den Genuss einer engen Arbeitsbeziehung mit der deutschen Regierung und dem deutschen Volk gekommen.

Ihre konstruktive und großzügige Haltung gegenüber den Vereinten Nationen ist um so verdienstvoller, wenn man sich vor Augen hält, dass Deutschland einmal als „Feindstaat" betrachtet wurde und dass aufgrund der Teilung Deutschlands im Kalten Krieg die Bundesrepublik mehr als 20 Jahre warten musste, bis sie Mitglied der Vereinten Nationen werden konnte.

In dieser Stadt und vor allem auch an diesem Gebäude sind als Warnung für künftige Generationen mit Bedacht einige Spuren der schrecklichen Verheerungen des Krieges erhalten worden. Es gibt, wie ich meine, wenige Völker, die sich so stark für die Sache des Friedens engagieren wie das deutsche Volk heute, und es gibt, wenn überhaupt, nur wenige, die bessere historische Gründe dafür haben.

Eines, was mich in den zwölf Jahren, seitdem Sie durch Selbstbestimmung zur Einheit gelangt sind, tief beeindruckt hat, ist die Art und Weise, wie Sie über historisch bedingte Beschränkungen bezüglich Ihrer Rolle in der Welt, so auch bezüglich der Entsendung von Truppen, hinaus gewachsen sind und Ihren Teil der Verantwortung für die Wahrung des Weltfriedens und der internationalen Sicherheit übernommen haben.

Ich weiß, dass dieser Wandel nicht einfach war. Er verlangte von der politischen Führung und von den hier versammelten gewählten Volksvertretern Mut und Taktgefühl zugleich.

Aber dies ist natürlich nur eine von vielen Möglichkeiten, durch die die Bundesrepublik zu Frieden und Stabilität in Europa und in entfernteren Weltgegenden beigetragen hat. Ihr Engagement für den Aufbau der Europäischen Union, Ihr Einsatz für die Verbindung von politischer Stabilität und Zusammenarbeit mit wirtschaftlichem Fortschritt und der Schaffung einer Währungsunion und das große Gewicht, das Sie auf die Stärkung demokratischer Institutionen gelegt haben, sind Ausdruck Ihrer Erkenntnis, dass Frieden eine äußerst komplexe Struktur ist, die auf vielen Fundamenten zugleich aufgebaut werden muss.

Ihre Rolle bei der Festigung des Friedens auf dem Balkan war besonders wichtig – und ich freue mich sehr darüber, dass Michael Steiner jetzt als mein Sonderbeauftragter im Kosovo tätig ist.

Doch bin ich auch froh, feststellen zu können, dass Ihre Tätigkeit nicht auf Europa oder seine unmittelbare Nachbarschaft beschränkt ist. Deutschland war eines der wenigen Länder, das sich schon vor den Ereignissen des 11. Septembers ernsthaft mit den Problemen Afghanistans auseinandergesetzt hat. Seither haben Sie Ihren Beitrag zur Sicherheit in Afghanistan erhöht – vor allem durch die Übernahme der Führungsrolle bei der Koordinierung der internationalen Bemühungen, Afghanistan beim Aufbau oder Wiederaufbau einer effektiven und professionellen Polizei behilflich zu sein.

Es kann gar keinen wichtigeren Beitrag zur Schaffung dauerhaften Friedens in diesem Land geben, auf das sich heute – nach einer langen, bedauerlichen Periode der Vernachlässigung – das Augenmerk der ganzen Welt richtet.

Die Friedenskonsolidierung im weitesten Sinn ist das Thema, über das ich heute zu Ihnen sprechen möchte. Afghanistan ist nicht das erste Land, in dem die Vereinten Nationen ersucht wurden, in Partnerschaft mit anderen Organisationen bei diesem Prozess mitzuhelfen, und es wird wahrscheinlich nicht das letzte sein.

In zunehmendem Maße scheint dies eine der Schlüsselaufgaben zu sein, die uns von der internationalen Gemeinschaft übertragen werden. In vielen Nachkriegsländern wird von uns auch erwartet, dass wir den Frieden erhalten, indem wir unter der Führung der Vereinten Nationen Truppen entsenden, die die berühmten blauen Helme tragen.

In anderen Fällen – wie beispielsweise im Kosovo und jetzt in Afghanistan – wird davon ausgegangen, dass diese militärische Aufgabe schwer bewaffnete Streitkräfte mit sehr robusten Einsatzrichtlinien erfordert. Dann ziehen die Mitgliedstaaten es vor, diese Aufgabe selbst zu übernehmen – in so genannten „Koalitionen der Willigen", die vom Sicherheitsrat genehmigt werden – während es den Vereinten Nationen überlassen bleibt, die zahlreichen zivilen Aufgaben zu koordinieren, die die internationale Gemeinschaft wahrnimmt, um einem Land in einer solchen Situation zu helfen.

Aber selbst dort, wo Streitkräfte unter UN-Befehl im Einsatz stehen, sind sie heute häufig zusammen mit zivilen Elementen der Vereinten Nationen Teil einer größeren Mission, deren Mandat über die traditionelle Friedenssicherung hinausgeht. Dieses Mandat besteht im Wesentlichen darin, die Grundlagen für einen dauerhafteren Frieden zu legen.

In der Vergangenheit wurden Friedenssicherungskräfte der Vereinten Nationen entsandt, um eine Waffenruhe aufrechtzuerhalten, während die Parteien an einer politischen Regelung arbeiteten. Nur zu oft wurde daraus ein jahrelanger Aufenthalt, weil eine Einigung nicht zustande kam. Seit dem Ende des Kalten Krieges werden sie sehr viel häufiger erst entsandt, wenn eine politische Einigung bereits ausgehandelt worden ist, mit dem Ziel, den Parteien bei deren Durchführung zu helfen.

Sie sind heute kein statisches Element mehr, dessen Entfernung das prekäre militärische Gleichgewicht zerstören und den Konflikt wieder aufflammen lassen würde. Vielmehr wird von ihnen erwartet, dass sie eine dynamische Rolle spielen, als Teil einer komplexen Operation unter Beteiligung zahlreicher Akteure, die danach streben, einen Frieden zu stärken und zu konsolidieren, der auch dann noch hält, wenn sie abgezogen wurden.

Die Friedenskonsolidierung ist ein wichtiger, notwendiger Auftrag. Dennoch können die Vereinten Nationen nur dann auf eine erfolgreiche Durchführung hoffen, wenn zwei Dinge von vornherein klar verstanden werden:

Erstens: Friedenskonsolidierung ist ein äußerst komplexer Prozess, der viele verschiedene Einzelaufgaben miteinander verbindet. Erfolg oder Fehlschlag bei einer davon hat unausweichliche Auswirkungen auf alle anderen.

Zweitens: Es handelt sich um einen langen und schwierigen Prozess, bei dem es keine schnellen Patentlösungen gibt. Wer immer sich auf diesen Weg begibt, muss darauf vorbereitet sein, dass er ihn über lange Strecken wird gehen müssen.

Beispielhaft für den ersten Punkt steht die Ausbildung und Überwachung lokaler Polizeikräfte – ein Beispiel, das angesichts der Rolle, die Sie jetzt in Afghanistan übernehmen, für Sie von Interesse sein dürfte.

Eine solche Tätigkeit hat wenig Wert ohne unbestechliche und wirksame Gerichte, menschenwürdige Haftanstalten und zumindest einige Institutionen zur Förderung der Menschenrechte.

Denn was nützt es, eine effiziente Polizei aufzubauen, wenn es für die verhafteten Straftäter keine Gefängnisse gibt, oder nur solche, die auf eine Weise geführt werden, die allen Vorstellungen von Menschenwürde zuwiderlaufen?

Was nützt es überhaupt, Straftäter zu verhaften, wenn sie nicht binnen angemessener Frist vor ein Gericht gestellt werden können, das internationale Mindeststandards einhält, oder wenn es an den Mitteln fehlt, um genügend Beweise zu erheben, die eine Verurteilung ermöglichen?

Um ein anderes Beispiel zu nennen: Was nützen Wahlen, selbst bei absolut einwandfreien Abstimmungsverfahren, wenn die Kandidaten nicht die Freiheit haben, einen Wahlkampf zu führen, beziehungsweise die Medien nicht darüber berichten können; wenn die Verlierer nicht bereit sind, das Ergebnis zu akzeptieren oder die Gewinner ihren Sieg so auslegen, dass sie nun alle anders lautenden Ansichten ignorieren können? Wir können nicht einem Land durch Wahlen Frieden bringen, wenn wir ihm nicht auch helfen, demokratische Institutionen zu schaffen und seiner Bevölkerung die Lösung ihrer sozialen Probleme zumindest in Aussicht zu stellen.

Oder was nützt es wiederum, die Häuser von Flüchtlingen wieder aufzubauen, wenn wir sie nicht davon überzeugen können, dass nach ihrer Rückkehr ihre Sicherheit gewährleistet ist?

Ebenso fraglich ist, was es nützt, Gruppen zu entwaffnen und zu demobilisieren, wenn es für die dadurch freigesetzten Jugendlichen und jungen Männer keine ordentlichen Schulen oder zivilen Arbeitsplätze gibt.

Alle diese humanitären, militärischen, politischen, sozialen und wirtschaftlichen Aufgaben greifen ineinander, und die daran beteiligten Menschen müssen eng zusammenarbeiten. Keine davon lässt dauerhaften Erfolg erwarten, wenn wir sie nicht alle als Teil einer einzigen, zusammenhängenden Strategie gleichzeitig wahrnehmen. Sollten für eine davon die Mittel fehlen, mag sich die Arbeit an allen anderen als vergeblich erweisen.

Die unbequeme Wahrheit ist, dass nach Lage der Dinge die Vereinten Nationen und andere Institutionen nach wie vor schlecht dafür gerüstet sind, eine solche umfassende Strategie zu entwickeln, und noch weniger, sie durchzuführen. Dennoch wird beides häufig von den Vereinten Nationen verlangt.

Zurzeit ist unser System zu stark in Kompetenzbereiche untergliedert. Ich glaube, dass es uns im UN-Sekretariat zum Teil gelungen ist, dies zu überwinden, und ich habe mich mit Nachdruck darum bemüht, die Arbeit unserer Fonds und Programme wie etwa des UN-Kinderhilfswerks (UNICEF), des Entwicklungsprogramms der Vereinten Nationen, des Welternährungsprogramms und der Hohen

Kommissare für Flüchtlinge und Menschenrechte zu koordinieren. Wir sind außerdem bemüht, in der Arbeit des Systems der Vereinten Nationen insgesamt, das natürlich auch die Weltbank und den Internationalen Währungsfonds umfasst, eine stärkere gegenseitige Abstimmung herbeizuführen.

Doch die Schlüsselentscheidungen werden von den Regierungen der einzelnen Staaten getroffen, entweder einzeln oder in zwischenstaatlichen Organen wie dem Sicherheitsrat, der Generalversammlung und ihren verschiedenen Ausschüssen, und auch – da die Vereinten Nationen Einsätze selten allein durchführen – in den entsprechenden Gremien anderer Organisationen wie etwa der NATO und der OSZE.

Die Sache wird dadurch noch weiter kompliziert, dass die verschiedenen Stellen des UN-Systems unterschiedlichen Verantwortungsbereichen innerhalb der nationalen Regierungen zugeordnet sind, weswegen in den Hauptstädten Prioritätenkonflikte entstehen und am anderen Ende widersprüchliche Signale gesetzt werden können. So wird beispielsweise UNICEF in einem jeweiligen Mitgliedstaat einen ganz anderen Sektor als Ansprech- und Kooperationspartner haben als die Hauptabteilung Friedenssicherungseinsätze.

Zu oft führt dies zu einer fragmentierten Vorgehensweise, genau das Gegenteil von dem, was wir eigentlich brauchen. Die Mandate, die den Vereinten Nationen und anderen Organisationen übertragen werden, übersteigen häufig deren Kapazität. Und vielfach haben wir entweder zu wenig Geld oder wir haben Geld, das nicht für die vordringlichsten Prioritäten bereitsteht, weil es an andere Zwecke gebunden ist, oder es entsteht eine zu große zeitliche Lücke zwischen der Zusage von Mitteln und ihrer Auszahlung.

Diese Lücke zwischen Zusage und Auszahlung bereitet mir im Falle Afghanistans bereits jetzt große Sorgen. Obwohl erhebliche Beträge versprochen wurden, ist dort bisher noch nicht genügend Geld angekommen. Die Friedenskonsolidierung in Afghanistan ist auf die Dynamik eines möglichst schnellen Wiederaufbaus angewiesen. Im jetzigen Stadium ist es vorrangig, Lehrern ihre Gehälter auszuzahlen, Saatgut für die neue Anbausaison bereitzustellen und in den Städten wie auf dem Land Arbeitsplätze zu schaffen. Solche schnell wirkenden Projekte können in den frühen Phasen einer Friedenskonsolidierungsoperation Entscheidendes bewirken – vor allem wenn es um deren Glaubwürdigkeit in den Augen der örtlichen Bevölkerung geht.

Und dies bringt mich zu meinem zweiten Punkt – der Notwendigkeit eines langfristigen Engagements.

Ich habe zu Beginn gesagt, dass Afghanistan heute im Mittelpunkt des Weltinteresses steht, nachdem es lange Zeit in beschämender Weise vernachlässigt wurde. Leider ist diese Vernachlässigung typisch für kriegszerstörte Länder, die sich nicht mehr in den Schlagzeilen befinden. Dabei sind wir uns sicher alle einig, dass es nicht nur für Afghanistan, sondern für die ganze Welt viel besser gewesen wäre, wenn Afghanistan nach dem sowjetischen Rückzug 1989 anhaltende Aufmerksamkeit erhalten hätte, anstatt dass man es ungehindert in Anarchie versinken ließ.

Auch in anderen Fällen – so zum Beispiel in Angola – wurden Friedensvereinbarungen missachtet, hielten Krieg und Anarchie wieder Einzug, verlängerten sich die Qualen eines gepeinigten Volkes und zerstörten sich die geweckten Hoffnungen. In Ruanda glaubte die internationale Gemeinschaft, ein Friedensabkommen werde umgesetzt, während in Wirklichkeit Vorbereitungen zu einem breit angelegten Völkermord im Gange waren.

Zweifellos tragen in solchen Fällen die Parteien, die Verabredungen nicht eingehalten und Gewalt angewendet haben, die schwerste Verantwortung. Aber häufig entfällt ein Teil der Verantwortung auch auf die internationale Gemeinschaft, die das Erbe des Misstrauens und des Hasses, das von einem Konflikt hinterlassen werden kann, ebenso unterschätzte wie die Stärke des Anreizes für junge Männer und Jugendliche, weiter zu kämpfen, weil kein anderes Ventil für ihre Energie vorhanden ist.

Die Vereinten Nationen haben aus diesen Erfahrungen gelernt, das ebenso wie ein Konflikt nie in einem Vakuum entsteht, auch der Frieden nicht nur eine Frage der Unterzeichnung von Abkommen oder Verträgen ist. Er muss immer von Grund auf neu geschaffen werden – wie dies heute in Afghanistan der Fall ist.

Ich will damit nicht sagen, dass die Friedenssicherungseinsätze auf unbegrenzte Zeit in Ländern bleiben sollten, die gerade einen Konflikt überwunden haben. Im Gegenteil, es ist sehr wichtig, dass wir die Länder dazu bewegen, sich aus der Abhängigkeit zu befreien. Die Friedenssicherungs- und Friedenskonsolidierungskräfte sollten stets die Eigenanstrengungen der Länder unterstützen und ihre Eigenständigkeit fördern, nicht hingegen der lokalen Führung und Verwaltung ihre Aufgaben abnehmen. Und die Friedenssicherungskräfte sollten so bald wie möglich wieder abziehen, nachdem sie an der Schaffung von Bedingungen mitgewirkt haben, unter denen ein Land seine Stabilität aufrechterhalten kann.

Allerdings sollten sie niemals abrupt oder verfrüht abgezogen werden. Darum hoffe ich sehr, dass die derzeitige Internationale Sicherheitsbeistandstruppe (I-SAF) in Afghanistan über ihre derzeitige Mandatsperiode hinaus verlängert werden kann.

Erforderlich ist ein nahtloser Übergang, der sorgfältig zu terminieren und zu planen ist, in enger Zusammenarbeit mit den anderen Organisationen – bilateralen und multilateralen, staatlichen und nichtstaatlichen, humanitären und Entwicklungshilfeorganisationen –, deren Arbeit weiter gehen muss, lange nachdem die Friedenssicherungskräfte abgezogen sind. Je engere Beziehungen zwischen allen diesen Partnern und für die Dauer seiner Präsenz mit dem Friedenssicherungseinsatz bestehen, desto größer sind die Aussichten, dass diese Partner auch nach Beendigung des Friedenseinsatzes den Friedenskonsolidierungsprozess weiter voranbringen können.

Dies ist auch der Grund, aus dem ich mich immer häufiger bemühe, den Residierenden Koordinator der Vereinten Nationen in einem Land zum stellvertretenden Leiter der Friedenssicherungsmission zu ernennen. Auf diese Weise kann er sicherstellen, dass im Rahmen des Friedenskonsolidierungsprozesses frühzeitig Entwicklungsprogramme eingeleitet werden und dass beim Abzug der Mission eine reibungslose Übergabe an das reguläre Landesteam der Vereinten Nationen erfolgt. Ferner bin ich bestrebt, am Amtssitz ähnlich enge Verbindungen zwischen den mit Entwicklung befassten und den für Frieden und Sicherheit zuständigen Stellen des Hauses zu gewährleisten.

Aber dies kann nur funktionieren, wenn die Mitgliedstaaten, die die Mittel und das Personal für alle diese Einsätze bereitstellen, gewillt sind, die Arbeit ihrer eigenen Ministerien und Dienststellen in gleicher Weise zu koordinieren.

Mitgliedstaaten, die Truppen für einen Friedenssicherungseinsatz stellen, wollen immer und zu Recht wissen, wie die „Ausstiegsstrategie" aussieht. Kein Staat will seine Soldaten auf unbegrenzte Zeit in einem fremden Land stationiert wissen, ohne dass ein politisches Ergebnis in Sicht wäre.

In Antwort auf diese Frage haben wir bei den Vereinten Nationen, was den Übergang zu einer neuen Phase angeht, unseren eigenen Slogan geprägt: „Kein Ausstieg ohne Strategie". Wenn wir uns einmal dazu verpflichtet haben, Völkern beim Wiederaufbau des Friedens behilflich zu sein, nachdem ein Krieg ihr Land verwüstet und tiefes Misstrauen unter ihnen gesät hat, müssen wir meiner Auffassung nach dazu bereit sein, diesen Kurs zu halten und Strukturen zu hinterlassen, die ihnen die Weiterführung dieses Prozesses erlauben. Denn sonst wird unsere gesamte Arbeit vergeblich gewesen sein, und diejenigen, die häufig unter Gefahr für Leib und Leben hart gearbeitet haben, um den Frieden zu erhalten, werden die niederschmetternde Erfahrung machen müssen, dass nach ihrem Weggang ihre Arbeit zunichte gemacht wird.

Ich plädiere dafür, meine Damen und Herren, dass unser Ziel immer die Schaffung eines dauerhaften Friedens sein sollte, genauso wie wir uns um die Verwirklichung einer nachhaltigen Entwicklung bemühen müssen – wobei diese ihrerseits eine der Voraussetzungen für einen dauerhaften Frieden ist.

Sie als Deutsche, die Ihr eigenes Land nach dem Zweiten Weltkrieg so großartig wieder aufgebaut haben, mit Hilfe Ihrer Freunde und Verbündeten in der internationalen Gemeinschaft, können vielleicht besser als jedes andere Volk verstehen, was ich meine.

Die deutsche Geschichte hätte ganz anders ausgehen können, wenn die westlichen Verbündeten sich zwei oder drei Jahre nach 1945 wieder zurückgezogen hätten, oder wenn sie Sie nicht dabei unterstützt hätten, diese Ihre Bundesrepublik zu schaffen und darüber hinaus auch Ihre Wirtschaft wieder aufzubauen.

Niemand bestreitet, dass dies vor allem deutsche Leistungen sind, auf die Sie zu Recht stolz sein können. Aber ich glaube, dass sie auch ein leuchtendes Vorbild dafür sind, was erreicht werden kann, wenn einer friedlichen Zukunft verpflichtete Außenstehende mit dem Volk eines Landes zusammenarbeiten, um ihm bei der Überwindung der bitteren Hinterlassenschaft eines Krieges behilflich zu sein.

Ich weiß, dass die Deutschen diese Ansicht teilen und dass dies der Grund ist, aus dem Deutschland eine immer prominentere Rolle bei den Bemühungen übernimmt, in Ländern, die in jüngerer Zeit unter Kriegen gelitten haben, die Wunden zu heilen und wieder Frieden zu schaffen.

In diesem Zusammenhang darf ich Ihnen meine Anerkennung dafür aussprechen, dass Sie in absoluten Zahlen weltweit zu den größten Gebern öffentlicher Entwicklungshilfe gehören. Gleichzeitig hege ich die Hoffnung, dass Sie noch mehr tun können, indem Sie auch einen höheren prozentualen Anteil ihres Bruttosozialprodukts für diesen Zweck bereitstellen.

Ferner darf ich den großzügigen Beitrag würdigen, den Sie für weit entfernte, vom Krieg verwüstete Länder leisten, die keine unmittelbaren Verbindungen zu Ihnen haben, wie jetzt Afghanistan und zuvor schon Sierra Leone. Damit stellen Sie sicher, dass es keine Zonen der Gleichgültigkeit gibt, wie Ihr Bundespräsident es so treffend ausgedrückt hat.

Gestatten Sie mir, Ihnen zur Ratifizierung des Statuts des Internationalen Strafgerichtshofs zu gratulieren. Innerhalb der nächsten Wochen könnten wir die Anzahl von 60 Ratifikationen erreichen, die zum Inkrafttreten des Statuts erforderlich ist. Wir haben aus bitterer Erfahrung gelernt, dass wahrer Frieden nicht auf Straflosigkeit aufgebaut werden kann. Er erfordert Gerechtigkeit und Abschreckung ebenso wie Großmut und Versöhnungsbereitschaft.

Meine Damen und Herren, in den kommenden Monaten und Jahren wird Deutschland zweifellos aufgerufen werden, noch mehr für dauerhaften Frieden und nachhaltige Entwicklung zu tun. Ihnen als Parlamentariern kommt dabei eine entscheidende Rolle zu. Sie bilden die institutionelle Brücke zwischen Staat und Zivilgesellschaft und das unverzichtbare Bindeglied zwischen der lokalen und der globalen Ebene. Sie sind daher in der einzigartigen Position, sich für eine Weltorganisation einzusetzen, die wirksamer arbeitet und den Bedürfnissen und Bestrebungen der Menschen, die Sie vertreten, besser gerecht wird.

Ich zolle Ihnen Beifall für das, was Sie bereits getan haben, und sehe einer noch engeren künftigen Zusammenarbeit mit der Regierung und dem Volk Deutschlands erwartungsvoll entgegen.

Meine Freunde, vielen Dank.

(Quelle: UNIC Bonn, Pressemitteilung 456/Korr. 1 v. 28.02.2002.)

[6] Der Dialog der Zivilisationen

Rede vor dem Zentrum für Islamische Studien
Oxford, 28. Juni 1999

Ich freue mich besonders, heute vor dem Zentrum für Islamische Studien sprechen zu können. Der Islam ist nicht nur eine der großen Weltreligionen. Im Verlauf der Geschichte war er auch die treibende Kraft für mehr als eine große Zivilisation. Es gab die große Ära des Abbasidenkalifats, als Arabisch die wichtigste Gelehrtensprache von Spanien bis Zentralasien war. Später gab es die großen Kulturen des Mogulreiches in Indien, das safawidische Reich des Iran und das osmanische Reich.

Niemand zweifelt daran, dass es in der Vergangenheit verschiedene menschliche „Zivilisationen" gab. Diese Zivilisationen stiegen auf und versanken wieder; sie durchliefen Phasen der Blütezeit und des Niedergangs. Einer der ersten großen Schriftsteller, der diese Entwicklung verstand, war der Historiker und Philosoph Ibn Khaldun.

Einige Zivilisationen existierten zur gleichen Zeit, in verschiedenen Teilen der Welt. Sie hatten kaum oder gar keinen Kontakt zueinander. Andere jedoch kamen in Kontakt und gerieten oft genug in Konflikt miteinander, wenn sie versuchten, sich gegenseitig zu dominieren oder zu erobern. Letzteres – die gegenseitige Beeinflussung und die Konkurrenz zwischen den Zivilisationen – kam in den letzten zwei Jahrtausenden häufiger vor. Das vielleicht deutlichste Beispiel hierfür war die Konkurrenz zwischen der christlichen und der islamischen Kultur. Schließlich standen sich diese Kulturen ja ziemlich nahe, gingen sie doch beide aus der alten monotheistischen Überlieferung aus dem Nahen Osten hervor, die von den Muslimen Din al-Ibrahim genannt wird, die Religion Abrahams.

In den mittelalterlichen Kreuzzügen kämpften Christen und Muslime miteinander um die Vorherrschaft über Jerusalem, um die Stadt und das Land, welche beiden Religionen wie auch den Juden heilig waren. Zu anderen Zeiten wirkte sich ihre Rivalität in vielen anderen Teilen der Welt aus, von Spanien bis Indonesien, von Russland bis zum Afrika südlich der Sahara, von wo ich stamme. Aber ihre gegenseitige Beeinflussung war nicht immer nur von Konflikten geprägt. Es gab auch „Dialog", wenn unterschiedliche Kulturen voneinander lernten. Im Mittelalter konnten die Christen viel von den Muslimen lernen: auf dem Gebiet der Medizin, der Naturwissenschaften und der Mathematik. Sogar die Werke der antiken griechischen Philosophen, die im Dunkel des europäischen Mittelalters verloren gegangen waren, wurden durch muslimische Gelehrte bewahrt und ins Arabische übersetzt. Später entwickelte die christliche Welt überlegene Organisationen und Technologien und setzte diese Mittel ein, um alle anderen Zivilisationen dieser Welt zu erobern oder zu dominieren. Der Dialog der Zivilisationen wurde damit praktisch zum Monolog.

Als Ergebnis dieser westlichen Expansion und der daran anschließenden spektakulären Fortschritte im Transport- und Kommunikationswesen, stehen die Menschen heute in sehr viel engerer Verbindung miteinander als je zuvor. In mancher Hinsicht – ob uns das gefällt oder nicht – leben wir heute alle in einer einzigen, weltweiten Zivilisation. Trotzdem hören wir in den letzten Jahren immer mehr von „Zivilisationen". Und dabei ist nicht von der Vergangenheit sondern von der Gegenwart die Rede. Samuel Huntingtons Prognose vom „Zusammenstoß der Zivilisationen" hat, seit sein Buch 1993 erschien, große Wellen geschlagen. Alle vernünftigen Menschen müssen den Wunsch haben, einen solchen Zusammenstoß zu verhindern. Mit Sicherheit hegen die meisten muslimischen Führer diesen Wunsch.

Im vergangenen September hat ein weit blickender Führer eines muslimischen Landes, Präsident Muhammad Khatami aus dem Iran, in der Generalversammlung der Vereinten Nationen eine bemerkenswerte Rede zu diesem Thema gehalten. Er sagte: „Die Islamische Revolution des iranischen Volkes (...) ruft zum Dialog der Zivilisationen und Kulturen auf, nicht zu ihrem Kampf." Auf seinen Vorschlag hin hat die Generalversammlung das Jahr 2001 zum Jahr des Dialogs der Kulturen ausgerufen.

Welche unterschiedlichen Zivilisationen gibt es also heute in der Welt, und wie kann ihr Dialog aussehen?

Professor Huntington hatte mit seiner Aussage Recht, dass wir uns nach dem Ende des Kalten Krieges in einer Phase befinden, in der es keinen klar definierten globalen Konflikt zwischen Ideologien, wie dem Kommunismus und dem Liberalismus, mehr gibt. Stattdessen gibt es Konflikte zwischen Identitäten, wo es nicht so sehr darum geht, was man glaubt, sondern wer man ist. Aber ist es richtig, dass sich diese Konflikte zwischen unterschiedlichen „Zivilisationen" abspielen? Ich bin mir nicht so sicher. Manchmal gehören Gruppen, die Konflikte austragen, sehr ähnlichen Zivilisationen an; manchmal sprechen sie sogar dieselbe Sprache, wie die Serben, Kroaten und bosnischen Muslime im ehemaligen Jugoslawien oder die Hutus und Tutsis in Ruanda.

Auf der anderen Seite ist es richtig, dass Außenseiter sich oft mit der einen oder der anderen Seite eines Konfliktes aufgrund von Religion oder Kultur identifizieren. Es gibt ein Zusammengehörigkeitsgefühl unter Muslimen, aber auch unter Juden oder Angelsachsen auf der ganzen Welt, wenn sie sehen, dass Menschen ihrer Gruppe von Menschen aus anderen Gruppen angegriffen werden. Auf diese Weise werden Menschen durch historische Traditionen, Werte und Stereotypen zusammengebracht und andere auseinander getrieben.

„Zivilisationen" existieren nicht mehr als getrennte Einheiten, wie dies früher einmal der Fall war. Aber auch moderne Gesellschaften sind noch immer von der Geschichte geprägt und identifizieren sich entlang der Bruchlinien der Kulturen. Von all diesen Bruchlinien wird heute jene zwischen der islamischen und der westlichen Gesellschaftsordnung am meisten diskutiert. Objektiv betrachtet verläuft diese Linie vielleicht etwas künstlich – besonders für ein Publikum wie dieses, wo schwer zu sagen ist, wer Muslim und wer westlich ist, und ich bin mir sicher, viele sind beides. Aber aus subjektiver Sicht kann diese Linie sehr real sein. Vielleicht gilt das insbesondere für die islamischen Völker, deren Sichtweise von sich selbst durch die Geschichte des vergangenen Jahrtausends stark beeinflusst wurde.

Die meisten Muslime sind sich der Tatsache bewusst, dass ihre Religion und ihre Zivilisation einst große Teile Europas, Afrikas und Asiens dominiert haben. Sie wissen, dass dieses Reich nach und nach verloren ging und dass fast jedes muslimische Land unter direkte oder indirekte westliche Kontrolle geriet. Heute ist der Kolonialismus vorüber, aber viele Muslime lehnen sich gegen ihre offensichtliche Ungleichheit gegenüber dem Westen im Bereich der Machtpolitik auf.

Viele verspüren ein Gefühl der Niederlage und der Benachteiligung. Ihr Groll wurde durch die ungerechte Behandlung der Palästinenser oder – in jüngster Zeit – durch die an Muslimen im ehemaligen Jugoslawien begangenen Gräueltaten noch verstärkt. Die Muslime wollen heute, dass ihre Kultur und ihre Zivilisation von ihresgleichen und anderen entsprechend geachtet werden, so wie dies in der Vergangenheit der Fall war. Diese Erwartung sollten wir doch sicherlich alle teilen, vorausgesetzt, wir gehen davon aus, dass Achtung heute nicht mehr durch militärische Eroberungszüge erworben wird.

Moderne Gesellschaften sind zu eng miteinander verbunden und moderne Waffen sind zu schrecklich in ihrer Vernichtungskraft, als dass das aufeinander bezogene Handeln moderner „Zivilisationen" in Form von bewaffneten Konflikten erfolgen könnte, wie das bei früheren Zivilisationen der Fall war. Heute muss der Dialog ein friedlicher sein. Dies ist einer der Gründe dafür, weshalb ich glaube, dass der Dialog auf der Basis gemeinsamer Werte erfolgen muss.

Selbst der extremste moralische Relativist muss in diesem Sinn zum Universalisten werden. Die Doktrin des „Leben und leben lassen" kann nur funktionieren, wenn alle Kulturen und Gesellschaften sie als Norm akzeptieren. Persönlich glaube ich jedoch nicht, dass „Leben und leben lassen" eine ausreichende Grundnorm für die heutige Weltgesellschaft ist. Und hier vertrete ich vielleicht eine etwas andere Auffassung als Samuel Huntington. Ich halte es für ganz entscheidend, die Vielfalt zu bewahren und zu pflegen, wo immer wir können. Aber nicht, wie er vorschlägt, durch die Festlegung von Zivilisationen auf geographisch klar abgegrenzte kulturelle Blöcke. Damit könnte vielleicht der Schein kultureller Vielfalt im globalen Bereich bewahrt werden. Im lokalen Bereich hätte jeder Block aber nur eine deprimierende, geschlossene und monolithische Kultur.

Professor Huntington selbst scheint eine solche Welt zu befürworten, wenn er – am Schluss seines Buches – vor der Gefahr für Amerika warnt, eine multizivilisatorische Gesellschaft zu werden, oder – wie er sagt – eine „zerrissene" Gesellschaft. Ich meine, die meisten von uns würden dem nicht zustimmen, denn für uns sind gerade die Offenheit und Vielseitigkeit Amerikas seine besten Qualitäten. Wenn Amerika versuchen würde, sich eine kulturelle Gleichförmigkeit aufzuerlegen, dann würden die USA, so wie andere Großmächte vor ihr, ihren eigenen Abstieg einleiten.

Es entspricht der konventionellen Ansicht, dass Zivilisationen durch innere Konflikte zerstört werden, die ihre Verteidigungskraft schwächen und den Barbaren Tür und Tor öffnen. Das mag richtig sein, doch ich glaube, dass Herrscher und Führer zu oft versucht haben, innere Konflikte auf eine Weise zu lösen, die alles nur noch schlimmer machte. Sie haben abweichende Meinungen unterdrückt, echte Nöte ignoriert, und damit immer mehr Menschen dazu getrieben, zu rebellieren, oder sich sogar mit den gefürchteten „Barbaren" zu verbünden. Ja schon die Vorstellung, dass Ausländer Barbaren ohne eigene Zivilisation oder eigene Ideen sind, die es wert wären, sich mit ihnen auseinanderzusetzen, könnte einer der Umstände sein, die der vermeintlich überlegenen Zivilisation ihre Kraft entziehen und schließlich zu ihrem Fall beitragen.

Die Geschichte der islamischen Zivilisation macht diesen Punkt deutlich. Über hunderte von Jahren stand die islamische Welt an der Spitze des wissenschaftlichen und technischen Fortschritts und der Errungenschaften der Künste. Gleichzeitig brachten muslimische Gelehrte griechische Philosophien und indische Mathematik zusammen, während muslimische Staatsmänner die persische und byzantinische Institution des Königtums weiter entwickelten.

Ein großer jüdischer Gelehrter wie Maimonides konnte sich im Dienst muslimischer Herrscher voll entwickeln. Später gab das osmanische Reich Juden und Christen Asyl, die vor den Verfolgungen durch die christlichen Staaten flohen. Und die Osmanen brachten über mehrere Jahrhunderte lang Regionen wie dem südlichen und östlichen Mittelmeerraum und dem Balkan eine gute Verwaltung, die sie seither zu oft vermissen mussten. Das osmanische Reich war lange Zeit ein gutes Beispiel für kulturelle und ethnische Vielfalt, von dem wir immer noch viel lernen können. Leider ließ aber dasselbe Reich zu, dass islamisches Denken von konservativen Theologen dominiert wurde, die alle Innovationen – vom Kaffee bis zur Druckerpresse – als Ketzerei ablehnten. Während der Westen durch Aufklärung und Wissenschaft voranschritt, wurde im führenden islamischen Staat der Epoche die Religion zu einem Hindernis für Reformen und Modernisierung, die schon als solche als anti-religiös angesehen wurden.

Ich fürchte, dass einige der jüngsten Versuche, die Größe des Islam wiederherzustellen, zum Scheitern verurteilt sind, da sie, anstatt die Fesseln des Obskurantismus abzustreifen, diese immer stärker anzuziehen versuchen. Dies trifft insbesondere auf jene Bewegungen zu, die zu Gewalt als Mittel der Durchsetzung ihrer Ziele greifen und dabei die klare Botschaft des Koran vergessen, dass es „keinen Zwang in der Religion" gibt. Ich fürchte daher, dass diese Entwicklung zu noch größerer Entfremdung führen wird.

Dennoch glaube ich, dass es keinen zwingenden Konflikt zwischen Glaube und Moderne geben muss, im Islam ebenso wenig wie in anderen Religionen. Die Herausforderung der muslimischen Gelehrten, hier in Oxford und anderswo, muss darin liegen, den besten islamischen Traditionen gerecht zu werden, einschließlich der Tradition des „Ijtihad", der freien Interpretation, und dies nicht nur in Theologie und Recht sondern auch in allen Künsten und Wissenschaften. Sie sollten ihre Glaubensbrüder ermutigen, frei darüber nachzudenken, was in anderen Kulturen wie in ihrer eigenen gut und was schlecht ist.

Wir alle, die wir aus Entwicklungsländern stammen, müssen erkennen, dass die größte Kluft zwischen der entwickelten und der sich entwickelnden Welt die „Wissenskluft" ist. Diese Kluft kann nur durch weltoffene Forschung und freie, mutige Gedanken überbrückt werden. Den Weg nach vorne finden heißt – bei aller Bewahrung der Fundamente der Traditionen in unserem Glauben und unseren Sitten –, unseren Kopf frei zu machen, um eine Welt zu begreifen und zu verstehen, die sich ständig verändert.

Würde Ibn Khaldun heute leben, bin ich sicher, dass dies seine Botschaft an die muslimischen Völker wäre: Seid Euch der besten Traditionen Eurer Vergangenheit bewusst und nehmt Euren vollen Platz ein in einer Zukunft der Koexistenz und der ständigen gegenseitigen Beeinflussung unterschiedlicher Traditionen. Zumindest ein Muslim der Gegenwart hat diese Botschaft gepredigt: Iqbal Ahmed, dessen Tod im vergangenen Monat wir alle beklagen. Vor vier Jahren gab er seine glänzende Karriere in den Vereinigten Staaten auf und ging nach Pakistan zurück. Es ist tragisch, dass er keine Zeit mehr fand, um in seinem Land eine Universität von Weltniveau aufzubauen, die nach Ibn Khaldun benannt werden sollte, wie er es sich erträumt hatte. Aber ich bin sicher: Sein Beispiel wird andere dazu inspirieren, sein Werk fortzusetzen.

Lassen Sie mich zusammenfassen: Unsere Weltethik kann nicht nur eine Frage des „Leben und leben lassen" sein, in dem Sinn, dass jeder Staat all seinen Bürgern seine Wertvorstellungen aufzwingen kann. Noch weniger kann diese Weltethik darin bestehen, ein oder zwei machtvollen „Kernstaaten" zu erlauben, anderen ihren Willen zu oktroyieren, um ihre Kultur zu spalten. Im Gegenteil: wir müssen die Existenz unterschiedlicher Traditionen innerhalb jeder Region und sogar innerhalb jeder Gesellschaft nicht nur hinnehmen, sondern auch pflegen!

Deshalb freue ich mich, heute nicht nur an irgendeinem Zentrum für Islamische Studien zu sprechen, sondern am Zentrum für Islamische Studien in Großbritannien – einem der führenden westlichen Länder – und hier in Oxford, einer historischen Stätte westlichen Lernens. Es ist gut, dass ein solches Zentrum mit dieser großen Universität in Verbindung steht. Ich hoffe, dass diese Verbindung mit dem weiteren Ausbau von Forschung und Lehre an diesem Zentrum in Zukunft noch enger wird.

Ich freue mich auch ganz besonders darüber, an dieser Stelle in die Fußstapfen des Prince of Wales treten zu können, der genau von diesem Pult aus vor sechs Jahren öffentlich darüber gesprochen hat, was die westliche Zivilisation der islamischen Welt alles verdankt. Viele von Ihnen werden sich daran erinnern, dass Seine Königliche Hoheit nicht nur über die muslimischen Beiträge zur Kultur Europas im Mittelalter und in der Renaissance sprach, sondern auch über die Millionen Muslime, die heute im Westen leben – darunter eine Million oder vielleicht mehr hier in Großbritannien. Er sagte damals: „Diese Menschen stellen einen Wert für Großbritannien dar." Natürlich tun sie das. Ich würde sogar noch weiter gehen und sagen, dass die muslimischen Gemeinden einen wesentlichen Teil der heutigen westlichen Gesellschaft bilden. Ihre Präsenz macht den Dialog der Zivilisationen oder zumindest der Traditionen innerhalb des Westens erst möglich. Sie bringen ihre eigenen Traditionen in diesen Dialog ein und sie befinden sich an einem guten Ort, um sich mit den Traditionen anderer auseinanderzusetzen, von denen einige schon eine längere Geschichte in der westlichen Gesellschaft aufweisen können.

Sie können das übernehmen, was ihnen in diesen Traditionen wertvoll erscheint, und das Übernommene in ihre eigene Lebensanschauung und Lebensart integrieren und an ihre Glaubensbrüder in anderen Ländern, vor allem in jene, mit denen sie enge familiäre Beziehungen verbindet, weitergeben. Ich denke, dass die westlichen muslimischen Gemeinden von künftigen Generationen als eine wichtige Quelle der Erneuerung und der Inspiration des islamischen Denkens angesehen werden.

Deshalb muss der Dialog unter den Zivilisationen auch ein Dialog innerhalb der Gesellschaften sein. Präsident Khatami hat selbst darauf Bezug genommen, als er sagte, dass dieser Dialog für die „Erweiterung des zivilisierten Lebens, sei es auf nationaler oder internationaler Ebene" notwendig ist. Außerdem muss der Dialog von gegenseitigem Respekt getragen sein. Es geht nicht darum, die Unterschiede zwischen den Menschen zu beseitigen, sondern diese zu bewahren und sie als eine Quelle von Freude und Stärke zu begreifen.

So sieht die Weltethik aus, die wir brauchen: Ein Rahmen geteilter Werte, ein Gefühl für unsere Gemeinsamkeiten als Menschen, in dem unterschiedliche Traditionen nebeneinander bestehen können. Menschen sollen ihre verschiedenen Traditionen leben können, ohne Krieg gegeneinander zu führen. Sie müssen ausreichenden Freiraum besitzen, um ihre Ideen auszutauschen. Und sie müssen in der Lage sein, voneinander zu lernen.

Wie der Koran an einer Stelle sagt, die, wie ich weiß, eine Ihrer Lieblingspassagen ist, Herr Dr. Nizami: „Oh ihr Menschen. Wir haben Euch aus einem einzigen Paar von Mann und Frau erschaffen und Euch zu Völkern und Stämmen gemacht, damit Ihr einander erkennen möget" – „und nicht, damit Ihr einander verachtet", wie ein führender Kommentator hinzufügte. (Abschnitt 49, Sure 13)

Das heißt, dass jede Nation nicht nur die Kultur und Traditionen der anderen achten sondern auch ihren Bürgern – Männern wie Frauen – die Freiheit zum eigenen Denken einräumen muss. Wie Präsident Khatami vor der Generalversammlung sagte: „Wir sollten erkennen, dass sowohl Männer als auch Frauen wertvolle Bestandteile der Menschheit sind, die gleichermaßen über die Anlagen zu einer intellektuellen, sozialen, kulturellen und politischen Entwicklung verfügen. Eine umfassende und nachhaltige Entwicklung ist nur dann möglich, wenn Männer und Frauen aktiv am gesellschaftlichen Leben teilnehmen."

Alle großen Religionen und Traditionen stimmen überein, wenn es um die fundamentalen Grundsätze menschlichen Verhaltens geht, wie Nächstenliebe, Gerechtigkeit, Mitgefühl, gegenseitige Achtung und die Gleichheit der Menschen vor Gott. Daher konnten auch Staaten aus aller Welt mit den unterschiedlichsten religiösen und kulturellen Traditionen die Allgemeine Erklärung der Menschenrechte und andere daraus hervorgegangene, weiterreichende Abkommen verkünden.

Es mag vielleicht anmaßend klingen, aus diesen Rechten eines besonders herauszugreifen, aber in diesem Zusammenhang kann es kein wichtigeres geben als das Recht auf Gedanken- und Meinungsfreiheit. Diese Freiheiten machen es möglich, dass Menschen einander zuhören, ihre jeweiligen Traditionen respektieren und voneinander lernen. Was immer man sonst für eine bestimmte Gesellschaft oder Kultur als spezifisch ansehen mag: Diese Freiheiten sind für uns alle lebensnotwendig, und wir dürfen sie nie aufgeben.

In Oxford und im Oxforder Zentrum für Islamische Studien weiß ich, dass dieser wichtige Satz verstanden wird. Sie sind auch in der Lage, für eine weite Verbreitung dieser Sicht zu sorgen, und ich bin sicher, Sie werden das auch tun.

(Quelle: UNIC Bonn, Pressemitteilung UNIC 187 v. 29.06.1999.)

[7] Demokratie und Frieden

Cyril-Foster-Gedächtnisvorlesung
Oxford, 19. Juni 2001

Vielen Dank für diese äußerst freundliche Einleitung, Herr Vizekanzler.
Es ist mir eine sehr große Freude, wieder zurück in Oxford zu sein und dazu eine
noch größere Ehre, gebeten worden zu sein, diese Vorlesung als offizieller Gast
der Universität zu halten.

Die Geschichte von Cyril Foster und seinem Vermächtnis ist zugleich beschä-
mend und inspirierend für uns alle, die wir in internationalen Angelegenheiten
tätig sind. Da war ein Mann, der in einem Wohnwagen lebte und starb, unter so
obskuren Bedingungen, dass praktisch nichts über ihn bekannt ist, außer dass er
mehrere kleine Geschäfte im Raum London besaß. Selbst sein exaktes Todesda-
tum ist unsicher. Und doch war die Sache des internationalen Friedens so wichtig
für ihn, dass er fast sein ganzes Geld dieser Universität – zu der er zuvor keine
bekannte Verbindung hatte – vermachte und es Ihnen überließ, zu entscheiden,
wie es am besten genutzt werden kann, um die Sache des Friedens zu fördern.

Seine alleinige Auflage war, dass Sie für „einen prominenten und aufrichtigen
Redner" sorgen, der einmal jährlich diesen Vortrag hält, „der sich mit der Beseitigung des Krieges und dem besseren Verständnis der Nationen der Welt" beschäftigen soll.

Seit 1960 haben Sie viele prominente Redner gehabt, und ich möchte annehmen,
dass sie alle aufrichtig waren – besonders natürlich meine unmittelbaren Vorgänger als Generalsekretär, die die Vorträge 1986 beziehungsweise 1996 gehalten haben.

Aber es gibt eine auffällige Auslassung auf der Liste: sie enthält nicht eine einzige Frau. Möglicherweise hätte das Cyril Foster, der 1956 starb, nicht überrascht.
Aber es erscheint heute überraschend – und ich bezweifle, dass selbst Oxford,
die legendäre Heimstatt hoffnungsloser Fälle, viel länger darum herumkommen
wird.

Ich habe zur Kenntnis genommen, dass Javier Pérez de Cuéllar und Boutros
Boutros-Ghali über die Rolle des Generalsekretärs zu Ihnen gesprochen haben.
Ich bezweifle, dass ich zu diesem Thema viel zu ihrer Weisheit hinzufügen

könnte, also habe ich ein anderes Thema gewählt. Es ist ein Thema, das mir am Herzen liegt – aber in der Tat auch Dr. Boutros-Ghali am Herzen gelegen hat, dessen letzter bedeutender Bericht an die Generalversammlung, wie viele von Ihnen sich wahrscheinlich erinnern können, den Titel „Eine Agenda für Demokratisierung" trug. Es wurde mir von ihrem Vorsitzenden Professor O'Neill vorgeschlagen, obgleich in einer etwas anderen Form. Er schlug das Thema „Demokratie und internationaler Frieden" vor.

Eigentlich glaube ich, dass die Bedeutung der Demokratie als internationale Aufgabe weit über ihre direkte Verbindung zum internationalen Frieden hinausgeht. Ich werde einen Großteil dieses Vortrags darauf verwenden, zu erklären, dass ein Hauptinteresse der internationalen Gemeinschaft in der heutigen Welt in der Wiederherstellung des inneren Friedens besteht, in den Gesellschaften, in denen er zerstört wurde, und dass demokratische Regierungsführung und die Einhaltung der Menschenrechte wesentliche Bestandteile dieser Arbeit sind. Ohne sie wird der Frieden keinen Bestand haben.

Aber lassen Sie mich Professor O'Neills Thema als Ausgangspunkt nehmen. Die Idee eines Zusammenhangs von Demokratie und internationalem Frieden ist mindestens zwei Jahrhunderte alt. Viele würden sie mit dem Werk Immanuel Kants verbinden, dessen Aufsatz „Zum ewigen Frieden" 1795 veröffentlicht wurde. Kant argumentierte, dass „Republiken" – womit er im Wesentlichen das meinte, was wir heute liberale und pluralistische Demokratien nennen – mit geringerer Wahrscheinlichkeit Krieg gegeneinander führen würden als andere Staatsformen. Ganz allgemein gesprochen hat die Geschichte der letzten 200 Jahre ihm Recht gegeben.

Während dieser Zeit hat es viele schreckliche Kriege gegeben, die die Technologie noch zerstörerischer werden ließ als die Kriege früherer Epochen. Und die liberalen Demokratien haben eine große Rolle in diesen Kriegen gespielt. Aber sie haben beinahe immer auf der gleichen Seite gekämpft, nicht gegeneinander.

Dynastische Staaten haben sich über die gesamte Geschichte hindurch bekämpft – wie es auch religiöse Staaten, totalitäre Staaten und Militärdiktaturen getan haben. Aber die liberalen Demokratien haben im Allgemeinen andere Wege gefunden, ihre Streitigkeiten beizulegen. Ich sollte allerdings diese Beobachtung gleich wieder einschränken, bevor wir versucht sind, zu viele Hoffnungen darauf zu setzen. Bis vor kurzem gab es nur wenige Demokratien in der Welt. Also haben wir wirklich noch nicht genug historische Fälle, um pauschale Verallgemeinerungen und zuversichtliche Vorhersagen zu rechtfertigen.

Außerdem zeigt die Geschichte, dass junge Demokratien oder die, die gerade als Großmächte in Erscheinung treten, sich durchaus aggressiv verhalten können.

Sie mögen argumentieren, dass ihre Gegner undemokratisch seien oder jedenfalls weniger demokratisch als sie selbst, aber für Dritte ist dieser Unterschied nicht immer so offensichtlich. Also sollten wir uns vielleicht darauf beschränken, zu sagen, dass Krieg zwischen gereiften Demokratien weniger wahrscheinlich ist.

Warum sollte das so sein? Die Erklärung, die mir am überzeugendsten erscheint oder als höchstwahrscheinlich entscheidend, ist die, dass eine liberale Demokratie im Wesentlichen ein offenes und transparentes System ist, mit einem eingebauten Schutz gegen militärisches Abenteurertum.

Demokratische Regierungen können ihre Länder nicht für einen Krieg mobilisieren, ohne die Mehrheit ihrer Bürger davon zu überzeugen, dass der Krieg sowohl gerechtfertigt als auch notwendig ist – das bedeutet, dass sie davon zu überzeugen sind, dass lebenswichtige nationale Interessen oder Prinzipien betroffen sind und dass es keinen friedlichen Weg gibt, das gleiche Ziel zu erreichen.

Das ist viel leichter, wenn man die Regierung der anderen Seite als böse, aggressiv und rationalen Argumenten oder einem vernünftigen Kompromiss nicht zugänglich darstellen kann. Und den Menschen in einer Demokratie fällt es leicht, das Schlechteste über ein anderes Land zu glauben, das ein geschlossenes politisches System hat – weil man, wenn Entscheidungen hinter geschlossenen Türen getroffen werden, nicht sagen kann, ob die Gründe, die angeführt wurden, die wirklichen sind, oder ob nicht etwas ganz anderes als das, was angekündigt worden ist, geplant wird.

Seinerseits wird es einem Regime, das keine Rechenschaft schuldig ist, das die Massenmedien mehr oder weniger nach Belieben kontrollieren und manipulieren kann, auch leichter fallen, die Gesellschaft für einen Krieg zu mobilisieren, sei es nun gegen ein anderes ähnliches Regime oder gegen eine Demokratie.

Im Gegensatz dazu ist es viel schwerer, Menschen in einer Demokratie davon zu überzeugen, dass ein Krieg gegen ein Land notwendig ist, das mit einem offenen und transparenten System dem eigenen mehr oder weniger gleicht. In solchen Fällen können sich die beiden Völker miteinander auseinandersetzen, nicht nur durch Krieg und Diplomatie, sondern auf einer viel breiteren Front. Sie können beide die politischen Prozesse des jeweils anderen einsehen und sie auch beeinflussen. Es ist also im Allgemeinen zutreffend, dass je offener und verantwortlicher Regierungen ihren Mitbürgern gegenüber sind, sie desto weniger wahrscheinlich zu Gewalt greifen; zumindest gegen Staaten, deren Systeme ähnlich offen sind.

Daraus folgt, dass Demokratien sich selbst gegenüber am wenigsten ehrlich sind, wenn ihre Regierungen eine verschleierte oder geheime Politik verfolgen, für die sie nicht voll Rechenschaft ablegen. Es sind Fälle ans Licht gekommen, wo selbst die größten Demokratien daran gearbeitet haben, die Stabilität anderer gewählter Regierungen zu untergraben, mit Mitteln, die zu nutzen sie sich wahrscheinlich nicht getraut hätten, wenn ihre Entscheidungen einer öffentlichen Prüfung zugänglich gewesen wären. Kant selbst hat diese Gefahr erkannt und deshalb hielt er „Publizität" für ein grundlegendes Prinzip des Rechts.

Nachdem wir nun diese Einschränkungen gemacht haben, können wir seine Ansicht teilen, dass eine Welt, die sich vollständig aus „Republiken" zusammensetzt – oder lassen sie uns sagen: aus Staaten mit offenen und verantwortlichen Regierungssystemen – eine friedlichere Welt wäre, als die, in der wir im Moment leben. Das ist ein wichtiger Zusammenhang zwischen Demokratie und internationalem Frieden. Aber da wir noch nicht in einer friedlichen Welt leben, sollten wir auch zur Kenntnis nehmen, dass die Abneigung der Demokratien zu kämpfen oder Risiken einzugehen manchmal auch ein Handicap sein kann, wenn ein Handeln in einer gerechten Sache wirklich nötig ist.

Ein Großteil des Blutvergießens im Zweiten Weltkrieg hätte vielleicht vermieden werden können, wenn sich die Demokratien Nazideutschland in einem früheren Stadium entschlossener entgegengestellt hätten.

Und sogar heute besteht ein schreckliches Paradox in der Tatsache, dass die Vereinten Nationen bei ihren Anstrengungen, Frieden und Sicherheit zu erhalten gewahr werden müssen, dass die reifen Demokratien nicht gewillt sind, Truppen für Friedenssicherungsoperationen zu stellen. Das Paradox ist umso größer, wenn man bedenkt, wie viele unserer friedenssichernden Missionen der letzten 15 Jahre in den verschiedenen Teilen der Welt mit Anstrengungen verbunden waren, die darauf abzielten, Demokratie zum Funktionieren zu bringen.

Die Wahrheit ist, dass das aus Gründen geschehen ist, die – in den meisten Fällen – nicht direkt mit dem internationalen Frieden zusammenhängen. Sie haben viel mehr mit der Innenpolitik der Staaten zu tun, insbesondere mit der Lösung oder Prävention von inneren Konflikten.

In den späten achtziger Jahren und den frühen Neunzigern sahen wir uns vor die Aufgabe gestellt, in einer ganzen Reihe von Ländern – von El Salvador über Mosambik bis hin zu Kambodscha – dabei zu helfen, Wahlen zu organisieren und zu überwachen. Das waren keine Friedenssicherungsmissionen des klassischen Typs, wo leicht bewaffnete Truppen zwischen zwei reguläre Armeen gestellt werden, um die Waffenruhe aufrechtzuerhalten, während die Suche nach einer politischen Lösung anderswo weitergeht. Es waren sehr viel komplexere Operationen, in Ländern, die aus langen und erbitterten Bürgerkriegen hervorgingen.

Unsere Aufgabe in diesen Ländern war es nicht so sehr, den Frieden zu sichern, sondern zu helfen, ihn aufzubauen, indem wir Menschen, die einander bekämpft hatten, halfen, Wege zu finden, wieder als Mitbürger zusammenzuleben, in einer friedlichen und geordneten Gesellschaft.

In einigen Fällen – der Kosovo und Ost-Timor sind die aktuellen Beispiele – hat sich, wie Sie wissen, unser Mandat auf die Bereitstellung einer Übergangsverwaltung ausgedehnt, die den gesamten politischen Prozess zu überwachen hat.

In den meisten Fällen fällt die Aufgabe bescheidener aus, aber trotzdem beinhaltet die Mission in einem breiten Aufgabenspektrum die Bereitstellung von Unterstützung für die lokalen Behörden. Gewöhnlich umfasst das humanitäre Hilfe, Minenräumung, die Entwaffnung, die Demobilisierung und Wiedereingliederung von Soldaten, die Ausbildung von Polizei und Justiz, das Menschenrechts-Monitoring und den Wiederaufbau der medizinischen Infrastruktur, aber auch der Institutionen, mit deren Hilfe eine Gesellschaft ihr kollektives Leben organisiert und regelt.

Zwangsläufig schließt das politische Institutionen mit ein. Im Zentrum praktisch jeden Bürgerkriegs steht die Frage nach dem Staat und seiner Macht – wer sie kontrolliert, und wie sie genutzt wird. Kein Konflikt kann gelöst werden ohne diese Fragen zu beantworten und heute müssen die Antworten fast immer demokratische Antworten sein, zumindest ihrer Form nach.

Natürlich gibt es andere, traditionellere, Quellen der Legitimität für die politische Macht: der göttliche Wille, die dynastische Erbfolge, die charismatische Autorität eines starken Führers oder die Macht der Geschichte, in Form einer durchorganisierten herrschenden Partei. Nur wenige Staaten leiten ihren Erfolg und ihre Stabilität noch von der Berufung auf die eine oder andere dieser Quellen oder einer Kombination von diesen ab. Aber sie können das nur so lange mit Gewissheit tun, wie sie mit der Zustimmung ihres Volkes regieren.

Ist die Zustimmung erst einmal weggebrochen oder ein Konflikt ausgebrochen, so dass die Stabilität durch Verhandlungen wiederhergestellt werden muss, zeigt sich fast immer, dass die einzige Quelle von Legitimität, die alle Parteien akzeptieren können, zumindest dem Prinzip nach, der Wille des Volkes ist. Ein Großteil der Aufgabe des Friedensstifters besteht daher darin, dabei zu helfen, einen Konsens über die Mechanismen zu finden, durch die der Wille des Volkes ermittelt werden kann – und durch die er, einmal ermittelt, umgesetzt werden kann.

Wir sehen uns deshalb vor die Aufgabe gestellt, Wahlen zu organisieren oder zumindest sicherzustellen, dass sie in einer Art organisiert werden, die alle als glaubwürdig anerkennen. Oft müssen wir auch dabei helfen, einen konstitutionellen Rahmen zu entwerfen, innerhalb dessen diejenigen, die gewählt worden sind, ihre Macht ausüben werden. Dieser zweite Punkt ist sehr wichtig. Eine Wahl allein kann selten, wenn überhaupt, einen Konflikt beenden, den Menschen für so ernst gehalten haben, dass sie bereit waren, dafür Blut zu vergießen.

Wir haben das auf schmerzliche Art und Weise 1992 in Angola gelernt. Wir haben Wahlen abgehalten, die allgemein als frei und fair angesehen wurden – aber der Konflikt brach erneut aus, weil die Verlierer nicht gewillt waren die Autorität einer Regierung anzuerkennen, die vollständig durch die Sieger kontrolliert wurde. Ich weiß, dass Sie diese Lektion hier im Vereinigten Königreich auch gelernt haben.

In Ihren nationalen Wahlen wenden Sie ein Mehrheitswahlrecht an. Das mag umstritten sein, aber es gefährdet den Frieden des Vereinigten Königreiches nicht, weil sich die verschiedenen Parteien gegenseitig akzeptieren und diejenigen, die die Wahl verlieren, nicht fürchten müssen, eingesperrt oder hingerichtet zu werden.

Aber in Nordirland, wo Sie eine Spaltung der Gesellschaft bewältigen müssen, die oft Gewalt verursacht hat – und wo Vertrauen zwischen den Menschen der verschiedenen Gemeinschaften nicht für selbstverständlich erachtet werden kann – haben Sie ein ganz anderes System entwickelt, dass proportionale Repräsentation und eine institutionalisierte Machtteilung beinhaltet.

Vereinbarungen dieser Art, die die Rechte von Minderheiten garantieren und sie davor schützen von der Mehrheit überrannt zu werden, waren fast in jedem Fall ein Teil der Lösung, in dem ein Bürgerkrieg durch Verhandlungen beendet worden ist.

Sie sind Bestandteil eines breiteren Verständnisses, das jetzt, wie ich denke, allgemein geteilt wird: Demokratie bedeutet nicht, der Mehrheit zu erlauben, die Minderheit zu unterdrücken. Demokratie meint ein System, in dem alle Bürger spüren, dass ihre Rechte und Ansichten respektiert werden und dass sie bei den Entscheidungen, die ihr Leben betreffen, etwas zu sagen haben. Mit anderen Worten, das, was zwischen den Wahlen geschieht, ist für die Demokratie mindestens genauso wichtig wie das, was während dieser passiert.

Oppositionsparteien müssen die Möglichkeit haben, Koalitionen zu bilden und jederzeit ihren Standpunkt darlegen zu können – so dass die Wähler, wenn Wahlen stattfinden, ihre Wahl überlegt und informiert treffen können.

Wir müssen uns vor dem hüten, was ich „Feigenblatt-Demokratie" nenne, die dann auftritt, wenn Regierende ihre Macht zu legitimieren oder zu bewahren versuchen, indem sie fehlerhafte Wahlen abhalten, die nicht wirklich frei sind.

Wahlen können nur dann wirklich frei und fair sein, wenn sie in einer friedlichen Atmosphäre abgehalten werden, in der alle Parteien unter den gleichen Voraussetzungen miteinander konkurrieren, mit der Möglichkeit, ihre Argumente über die Massenmedien zu verbreiten, natürlich einschließlich der staatlichen Medien. Es muss eine Atmosphäre sein, in der unpopuläre Meinungen geäußert werden können, in der Tatsachen, die den Machthabern unangenehm sind, aufgedeckt werden können und in der friedlicher Wahlkampf und politische Versammlungen nicht nur erlaubt, sondern auch vor Gewalt geschützt sind.

Mit anderen Worten, Demokratie erfordert Rechtsstaatlichkeit, die ohne Angst oder einseitige Begünstigungen, durch unabhängige Gerichte und eine unparteiliche Polizei verwirklicht wird. All diese Dinge sind notwendig, wenn Konflikte von dauerhaftem Frieden abgelöst werden sollen – oder besser noch, wenn diese von vornherein nicht auftreten sollen. Wenn man sie einführt, ohne zu warten, bis ein gewaltsamer Konflikt ausgebrochen ist, hat man viel bessere Chancen ihn zu verhindern oder – um es anders auszudrücken – sicherzustellen, dass die unvermeidbaren Konflikte, die in jeder Gesellschaft entstehen, ohne Gewalt bewältigt werden.

Ich zitiere oft eine Studie der Universität der Vereinten Nationen, die zeigt, dass Konflikte mit größerer Wahrscheinlichkeit in Ländern ausbrechen, in denen soziale Ungleichheiten mit der Kluft zwischen ethnischen und religiösen Gemeinschaften zusammenfallen. Und ich freue mich besonders das heute hier in Anwesenheit einer Autorin der Studie, Professor Frances Stewart, zu tun.

Passenderweise ist sie die Leiterin einer Institution, des Queen Elizabeth House, das eines von verschiedenen hervorragenden Beispielen innerhalb dieser Universität darstellt, ein Beispiel für das Miteinander und die fruchtbare Zusammenarbeit von Menschen mit verschiedenen ethnischen und kulturellen Hintergründen. Wenn nur mehr in der Welt, mit der ich mich zu befassen habe, so wäre.

In vielen Teilen der Welt, etwa über die letzten zehn Jahre hinweg, mussten die Vereinten Nationen mit Konflikten fertig werden, bei denen die Angst einer Gruppe vor der anderen durch politische Führer für ihre egoistischen Ziele gepflegt und benutzt und zur Grundlage entsetzlicher Akte ethnischen und rassistischen Hasses gemacht wurde. Aus diesem Grund vor allem messe ich der Weltkonferenz gegen Rassismus, Rassendiskriminierung, Fremdenfeindlichkeit und damit zusammenhängender Intoleranz, die in zwei Monaten in Südafrika abgehalten werden soll, solche Bedeutung bei.

Ich hoffe, sie wird uns dabei helfen, eine globale Strategie zu entwerfen, die jeder von uns nutzen kann, um diese abscheulichen Phänomene in unseren Gesellschaften zu bekämpfen. Sie sind in jedem Teil der Welt die Ursachen von

Konflikten, und wir müssen dringend gegen sie angehen, in jeder Gesellschaft, wenn wir weitere und schlimmere Konflikte in Zukunft verhindern wollen. Ohne Zweifel ist das ein Grund dafür, warum die Vereinten Nationen sich zunehmend für Demokratisierung engagieren, selbst außerhalb des Friedenssicherungs- und Friedenskonsolidierungskontextes. Eine wachsende Zahl von Ländern wendet sich an uns, nicht nur wegen Wahlhilfe sondern wegen eines viel breiteren Aufgabenspektrums in dem allgemeinen Bereich des Regierens und der Menschenrechte. Ich glaube, dass diese Arbeit hilft, Konflikte zu verhindern. Aber natürlich liefert sie auch einen breiteren Beitrag zur Entwicklung.

Staaten, die die Rechte all ihrer Bürger respektieren und allen ein Mitspracherecht bei Entscheidungen, die ihr Leben betreffen, zubilligen, werden wahrscheinlich auch aus deren kreativen Energien Nutzen ziehen und ein solches wirtschaftliches und soziales Umfeld zur Verfügung stellen, das Investoren anzieht. So ist es, wie ich denke, legitim zu sagen, dass Demokratie eine Aufgabe von großer Bedeutung ist, nicht nur für den internationalen Frieden sondern auch für Entwicklung und deshalb für die Agenda der Vereinten Nationen insgesamt – in der Tat, für die Hoffnungen der ganzen Menschheit auf eine bessere Zukunft.

Demokratie wird auf viele verschiedene Arten praktiziert und keine davon ist perfekt. Aber im besten Fall liefert sie Methoden für die friedliche Bewältigung und Lösung von Streitigkeiten in einer Atmosphäre gegenseitigen Vertrauens. Und nichts zerstört diese Atmosphäre mehr als Angst und Intoleranz zusammen mit Ungerechtigkeit und Diskriminierung.

Es ist wahr, dass in der Vergangenheit viele Gesellschaften ein gewisses Maß an Demokratie mit rassistischer Diskriminierung verbunden haben. Aber heute erkennen wir, dass die Diskriminierung einer der schlimmsten Feinde der Demokratie ist. Warum? Weil die Menschen das Vertrauen in die demokratischen Institutionen verlieren – und zwar in jede Art von Institution – sobald sie spüren, dass sie nicht fair behandelt werden und besonders, wenn sie spüren, dass sie bedroht oder ausgeschlossen werden, weil sie einfach zu einer bestimmten Gruppe oder Kategorie gehören.

In Europa ist es heute die Fremdenfeindlichkeit und die politische Manipulation der Angst vor Fremden, die die größte Bedrohung für die Demokratie darstellt oder zumindest für die Qualität der Demokratie. Da morgen Weltflüchtlingstag ist, kann ich sie vielleicht an das berühmte UNHCR-Poster erinnern, das Einstein mit einem Kleiderbündel auf dem Rücken abgebildet hat. Die Bildunterschrift lautet: „Ein Bündel mit Habseligkeiten ist nicht das einzige, was ein Flüchtling in sein neues Land bringt." Einstein war ein Flüchtling.

Europa scheint diese Botschaft heute fast vergessen zu haben. Immigranten werden, statt dass man sie wegen ihres Beitrags zu einer produktiven Wirtschaft und einer vielfältigen Gesellschaft willkommen heißt, zu oft als Bedrohung dargestellt und die Verfahren, die darauf zielen, „Schein"-Asylsuchende ausfindig zu machen, führen zur Schikanierung oder Verhaftung echter Flüchtlinge. Manchmal schrecken sie Flüchtlinge sogar davon ab, sich überhaupt an ein Land zu wenden, in dem sie sicher wären. Diese unerfreulichen Phänomene haben Auswirkungen auf die Außenpolitik und die Innenpolitik – was wiederum ein Grund dafür ist, warum die Demokratie eine internationale Angelegenheit und nicht nur eine nationale ist.

Ich habe meine Hauptargumentation heute Nachmittag der Bedeutung der Demokratie innerhalb von Staaten gewidmet – erstens der Frage, wie sie sich auf ihre Beziehungen untereinander auswirkt, und zweitens, wie sie ihre innere Harmonie und Entwicklung berührt.

Aber es gibt auch ein Bedürfnis nach mehr Demokratie auf der globalen Ebene, was etwas ist, dass die Vereinten Nationen von Anfang an gewollt haben. Sie gründen sich, wie die Charta uns sagt, auf das demokratische Prinzip der „souveränen Gleichheit all ihrer Mitglieder". In unserem Fall jedoch sind die Mitglieder nicht einzelne Bürger sondern souveräne Staaten – und natürlich sind diese Staaten in Wirklichkeit sehr ungleich – ungleich in ihrer Größe, ihrem Reichtum und in ihrer Macht. Es ist nicht wahrscheinlich, dass sich das in naher Zukunft ändern wird, aber es ist keine Situation mit der wir zufrieden sein sollten.

Stabilität kann in dieser Welt kaum als selbstverständlich erachtet werden, in der der Mehrheit der Menschen diejenigen wirtschaftlichen Chancen verweigert werden, die wenige Privilegierte genießen und in der die Mehrheit größtenteils ignoriert wird, wenn Entscheidungen über die Weltwirtschaft getroffen werden. Meiner Ansicht nach haben die Staaten, die sich des Reichtums und der Macht erfreuen, eine moralische Verpflichtung, die Ansichten derer zu berücksichtigen, die das nicht tun, und auch ein starkes Interesse daran, sich so zu verhalten – ein aufgeklärtes Selbstinteresse, wenn Sie so wollen.

Die Vereinten Nationen tun ihr Bestes um die Kluft zu überbrücken. Ihr Tun ist ein fortwährender, manchmal unbequemer Kompromiss zwischen der Notwendigkeit, diese Ungleichheiten schlicht anzuerkennen, um des Realismus willen, und dem Streben Abhilfe zu schaffen oder sie zumindest auszugleichen, indem man den Kleinen, Armen und Schwachen eine Stimme gibt.

Wir können nicht behaupten, dass es eine perfekte Gleichheit zwischen den Mitgliedstaaten gibt, aber die Kleinen und Schwachen fühlen sich in den Vereinten Nationen insgesamt weniger ungleich als in anderen internationalen Organen.

Viele von ihnen glauben, wie Dag Hammarskjöld, dass die wichtigste Aufgabe der Vereinten Nationen tatsächlich die ist, die Schwachen vor den Starken zu beschützen.

Auf lange Sicht wird die Lebenskraft und die Lebensfähigkeit der Organisation von der Fähigkeit abhängen, diese Aufgabe zu erfüllen, indem sie sich selbst veränderten Realitäten anpasst. Das ist, wie ich glaube, die größte Prüfung, der sie im neuen Jahrhundert gegenübersteht.

Die meisten Mitgliedstaaten – und wahrscheinlich die meisten Menschen im Allgemeinen – glauben, dass die Vereinten Nationen demokratischer wären, wenn der Sicherheitsrat reformiert werden und er dadurch die Mitglieder insgesamt besser repräsentieren würde. Ich teile diese Meinung, wobei ich anerkenne, dass das vor allem eine Angelegenheit ist, über die die Mitgliedstaaten selbst zu entscheiden haben – und ich nehme mit Betrübnis zur Kenntnis, dass eine Vereinbarung über die Details, obwohl sich fast alle Mitglieder über die Notwendigkeit einer Reform einig sind, weiterhin schwer zu erreichen sein wird.

Aber ich schlage vor, dass wir uns nicht nur auf den Sicherheitsrat konzentrieren sollten. Viele Entscheidungen mit tiefgreifenden Auswirkungen auf das Leben von Milliarden Menschen werden in anderen Institutionen getroffen – in der Weltbank, dem Internationalen Währungsfonds, der Welthandelsorganisation, der Gruppe der Acht und in den Vorstandsetagen der multinationalen Unternehmen.

Ich unterstelle, dass wir in einer besseren und faireren Welt leben würden – in der Tat in einer demokratischeren Welt –, wenn an diesen Orten den Ansichten und Interessen der Armen größere Bedeutung zugemessen würde. Sie bilden leider immer noch eine substanzielle Mehrheit der Menschen.

Ein Argument, das manchmal gebraucht wird, um sich dagegen zu wehren, ist, dass diejenigen, die behaupten, die Armen zu vertreten, wegen des Demokratiedefizits in den armen Ländern nicht wirklich repräsentativ sind. Dieses Argument wird nicht immer in guter Absicht gebraucht, aber es kann nicht einfach abgetan werden. Ich bin froh, sagen zu können, dass seine Gültigkeit abnimmt, je weiter sich die Demokratie in den Entwicklungsländern ausbreitet.

Die Organisation für Afrikanische Einheit hat bereits mutig Stellung bezogen, indem sie erklärt hat, dass sie Staatsführer, die durch verfassungswidrige Mittel an die Macht gekommen sind, nicht länger zu ihren Gipfeltreffen zulässt.

Ich freue mich auf den Tag, an dem die Generalversammlung der Vereinten Nationen diesem hervorragenden Beispiel folgt. Denn ich zweifle nicht daran, dass ihre Autorität außerordentlich gestärkt werden wird, wenn alle in ihr repräsentierten Regierungen selbst klar und unverkennbar Repräsentanten der Völker der Welt sind, in deren Namen die Vereinten Nationen gegründet wurden. In der nächsten Woche ist das 56 Jahre her.

Ja, meine Damen und Herren, die Demokratie ist eine internationale Angelegenheit.

II. Probleme und Herausforderungen

[8] Die politischen Konsequenzen der Globalisierung

Rede an der Harvard University
Boston, 17. September 1998

Danke, Präsident Rudenstine, für diese freundliche und nette Einführung. Ich bin mir der Redensart bewusst, die besagt, dass man einem Harvard-Mann (oder einer -Frau) immer etwas – aber nicht viel – erzählen kann. Dennoch hoffe ich, heute mit Ihnen einige Gedanken über die Politik der Globalisierung teilen zu können, die vielleicht zum Nachdenken anregen und vielleicht sogar einige Taten bewirken mögen.

Harvard ist eine dieser seltenen Institutionen in der Welt, die tatsächlich die Werte des Wissens, der Toleranz und des allgemeinen Fortschritts voranbringen – die Werte, die all dem zugrunde liegen, was die Vereinten Nationen durch die Förderung des Friedens und die Linderung von Armut erreichen wollen. Erlauben Sie mir deshalb, heute zweien von acht Mitgliedern der UN-Familie, die bei dem Absturz des Swissair-Flugs 111 umgekommenen sind, meine besondere Anerkennung zu zollen. Dr. Jonathan Mann und Pierce Gerety, Graduierte des Harvard College beziehungsweise der Harvard Law School, dienten den Vereinten Nationen jahrzehntelang – Dr. Mann als Pionier im Kampf gegen AIDS und Mr. Gerety als mutiger Leiter unserer Bemühungen um die Flüchtlingshilfe, zuletzt in Zentralafrika. In ihrer Arbeit und ihrem Leben ehrten sie die Ideale der Vereinten Nationen und, wenn ich das sagen darf, auch die Harvards.

Ich spreche zu Ihnen in einer Zeit globaler Unruhen, ökonomischer Krisen, politischer Herausforderungen und Konflikten in großen Teilen der Welt. Ein Blick auf die Karte der Welt macht uns nicht nur besorgt sondern auch demütig. Besorgt, natürlich, weil sich die lange schwelenden innerstaatlichen Konflikte in den letzten Monaten verschärft haben und zwischenstaatliche Spannungen von Asien bis Afrika hinzugekommen sind.

Demütig, weil wir vielleicht alle von der Schnelligkeit überrascht worden sind, mit der diese Krisen in einem Zeitraum von nur zwölf Monaten angewachsen sind. Der Glaube, dass entweder das Ende des großen ideologischen Konkurrenzkampfs oder der revolutionäre Prozess der wirtschaftlichen Globalisierung Konflikte verhindern würden, hat sich als reines Wunschdenken entpuppt.

Dennoch bin ich überzeugt, dass diese Krisen und Konflikte, da sie das Produkt der Torheit und Boshaftigkeit des Menschen sind, auch durch seine Klugheit und sein Bemühen bewältigt werden können. Aber wenn wir sie bewältigen wollen, müssen wir uns wieder der Bekämpfung der politischen und ökonomischen Wurzeln der Probleme widmen, die jetzt viele Teile der Welt erfassen. Deshalb habe ich mich entschlossen, heute zu Ihnen über die Politik der Globalisierung zu sprechen.

Für viele ist es das Phänomen der Globalisierung, das unser Zeitalter von jedem anderen unterscheidet. Die Globalisierung hat, sagt man uns, nicht nur die Art, in der wir mit der Welt umgehen, neu definiert, sondern auch die Art, wie wir miteinander kommunizieren. Wir sprechen und hören oft von den wirtschaftlichen Aspekten der Globalisierung – von ihren Verheißungen und Gefahren.

Selten jedoch werden die politischen Wurzeln der Globalisierung so zur Sprache gebracht, dass es uns helfen würde, ihre politischen Konsequenzen – in Zeiten des Fortschritts und in Zeiten der Krise – zu verstehen. Selten sind die politischen Aspekte tatsächlich erkannt worden, weder von ihren Freunden noch von ihren Feinden.

Heute verliert die Globalisierung in Teilen der Welt rasch an Glanz. Was in Thailand vor 14 Monaten als Währungskrise begann, führte bisher zu einer unheilvollen Kette von wirtschaftlichen Insolvenzen und politischer Lähmung. Die Globalisierung wird von immer mehr Menschen nicht als Freund des Wohlstandes angesehen, sondern als dessen Feind, nicht als Instrument der Entwicklung, sondern als ein sich immer fester anziehender Schraubstock, der die Forderung an die Staaten, für soziale Sicherung zu sorgen, erhöht, und gleichzeitig ihre Fähigkeit dazu begrenzt.

In einer Zeit, in der der Nutzen der Globalisierung in Frage gestellt wird, mag es vernünftig sein, die Rolle von Politik und guter Regierungsführung bei der Sicherstellung eines erfolgreichen Globalisierungsprozesses zu überprüfen. Lassen Sie mich zuvor jedoch sagen, dass überall in der Welt große Anstrengungen unternommen werden, um die negativen Folgen der Globalisierung einzudämmen und umzukehren.

Die grundsätzliche Anerkennung, dass sich dauerhafter Wohlstand auf legitimierte Politik gründet, geht mit einem wachsenden Verständnis dafür einher, dass die Maximierung der Marktgewinne mit einer Minimierung der Nachteile im Bezug auf soziale Gerechtigkeit und menschliche Armut verbunden sein muss. Um das zu erreichen, müssen die Kontrollsysteme überall auf der Welt verbessert werden, zuverlässige und nachhaltige soziale Sicherungssysteme müssen geschaffen werden, um die Ärmsten und Schwächsten zu schützen, Transparenz muss auf allen Seiten gefördert werden.

Unter Globalisierung werden gemeinhin die Fortschritte im Technologie- und Kommunikationsbereich verstanden, die den noch nie da gewesenen Grad an finanzieller und ökonomischer Interdependenz und an Wachstum möglich gemacht haben. Wenn die Märkte integriert sind, fließen die Investitionen leichter, der Wettbewerb wird verstärkt, die Preise sinken und überall verbessert sich der Lebensstandard.

Für lange Zeit wurde diese Logik durch die Realität bestätigt. Tatsächlich funktionierte es so gut, dass die tiefer liegenden politischen Spaltungen in vielen Fällen ignoriert wurden – im Glauben daran, dass die Flut materiellen Wachstums die Bedeutung politischer Unterschiede aufheben würde.

Heute blicken wir auf die frühen neunziger Jahre als eine Zeit grausamer Kriege des Völkermords in Bosnien und Ruanda zurück, die erbarmungslos der politischen Hybris spottet, die das Ende des Kommunismus begleitete. Bald könnten wir mit gutem Grund auf die späten neunziger Jahre als eine Zeit wirtschaftlicher Krise und politischen Konflikts zurückblicken, die mit gleicher Erbarmungslosigkeit der politischen Hybris spottet, die die Glanzzeit der Globalisierung begleitete.

Mit der Zeit könnte dieses zweifache Erwachen – so böse es auch gewesen sein mag – als eine Art verborgener Segen in Erinnerung bleiben, denn es wird uns daran erinnern, dass Frieden und Wohlstand von gesetzmäßiger und verantwortlicher Regierung abhängen.

Es wird sich zweifellos zeigen, dass der Glaube an die Fähigkeit des Marktes, alle Grenzen auflösen zu können, die Existenz unterschiedlicher Interessen und Erwartungen vernachlässigt hat – Unterschiede, die friedlich ausgeräumt werden können, aber politisch ausgeräumt werden müssen.

In gewisser Hinsicht könnte man sagen, dass die Politik und die politische Entwicklung insgesamt während der Hochphase der Globalisierung eine Art wohlwollende Vernachlässigung erfahren haben. Außerordentliche Wachstumsraten schienen politisches Handeln zu rechtfertigen, das sonst Widerspruch herausgefordert hätte. Autokratische Herrschaft, die elementare bürgerliche und politische Rechte verweigerte, wurde dadurch legitimiert, dass es ihr gelang, Menschen aus Jahrhunderten der Armut herauszuhelfen. Was im Überfluss materiellen Reichtums verloren ging, war der Wert von Politik. Und nicht nur irgendeiner Politik: der Politik der guten Regierungsführung, der Freiheit, der Gleichheit und sozialen Gerechtigkeit.

Die Entwicklung einer Gesellschaft, die sich auf Rechtstaatlichkeit gründet, die Etablierung einer legitimen, verantwortlichen und nicht korrupten Regierung, die Achtung der Menschen- und Minderheitenrechte, der Meinungsfreiheit, des Rechtes auf ein faires Gerichtsverfahren – diese essenziellen, universellen Säulen des demokratischen Pluralismus wurden in zu vielen Fällen nicht beachtet. Und an jenem Tag, an dem die Gelder aufhörten zu fließen und die Banken zusammenzubrechen begannen, wurde die Rechnung für die Vernachlässigung der Politik präsentiert.

In vielen Entwicklungsländern ist die Erkenntnis über die Schattenseiten der Globalisierung mit Widerstand und Resignation verbunden gewesen, und mit dem Gefühl, dass die Globalisierung ein falscher Gott ist, der den schwächeren Staaten von den kapitalistischen Zentren des Westens aufgedrängt wurde. Globalisierung wird nicht als Begriff gesehen, der die objektive Realität beschreibt, sondern als eine Ideologie des räuberischen Kapitalismus.

Wie die Wirklichkeit auch aussehen mag, in dieser Sichtweise ist das Gefühl, einer Belagerung ausgesetzt zu sein, unverkennbar. Millionen von Menschen leiden, die Ersparnisse sind dezimiert worden und Jahrzehnte des schwer errungenen Fortschritts im Kampf gegen die Armut sind gefährdet. Wenn nicht die elementaren Grundsätze der Gerechtigkeit und Freiheit in der politische Arena verteidigt und als entscheidende Bedingungen wirtschaftlichen Wachstums gefördert werden, könnten sie auf Ablehnung stoßen. Der wirtschaftlichen Verzweiflung wird politische Unruhe folgen und viele der im letzten halben Jahrhundert erzielten Fortschritte im Bezug auf Freiheit könnten verloren gehen.

Innerhalb dieser wachsenden Gegenbewegung zur Globalisierung kann man drei verschiedene Kategorien von Reaktionen ausmachen. Alle drei drohen die Zukunftsaussichten der Globalisierung zu untergraben. Alle drei reflektieren die Vernachlässigung politischer Werte durch die Globalisierung. Alle drei verlangen nach einer Antwort auf globaler Ebene, auf das, was im Kern eine globale Herausforderung ist.

Die erste, vielleicht gefährlichste Reaktion ist eine des Nationalismus gewesen. Von den zerstörten Volkswirtschaften Asiens bis zu den verschuldeten Gesellschaften Afrikas beginnen führende Politiker, auf der Suche nach Legitimität, die Globalisierung und ihre Nachteile als einen Prozess zu betrachten, der sie gegenüber ihren Rivalen schwächt und in den Augen ihrer Verbündeten herabsetzt. Die Globalisierung wird als ein Eingriff von außen dargestellt, der lokale Kulturen, regionale Vorlieben und nationale Traditionen zerstört.

Noch beunruhigender ist, dass die politischen Führer die Unterstützung des Volkes inmitten der wirtschaftlichen Schwierigkeiten zunehmend aufrechtzuerhalten versuchen, indem sie historische Feindschaften benutzen und grenzüberschreitende Konflikte schüren. Dass diese Schritte in keiner Weise das Schicksal ihrer Nationen verbessern – sondern genau das Gegenteil bewirken –, muss selbst ihnen klar sein. Aber die Nachteile der Globalisierung haben ihnen ein rhetorisches Instrument gegeben, mit dem sie die Aufmerksamkeit ihrer Völker von der morgigen Armut auf den heutigen Stolz lenken.

Die Ironie besteht natürlich darin, dass die Hoffnung der Globalisierung auf der Vorstellung gründete, dass Handelspartner politische Partner werden und dass wirtschaftliche Interdependenz das Potenzial für politische und militärische Konflikte beseitigen würde. Die Vorstellung ist nicht neu. In den frühen Jahren dieses Jahrhunderts brachte die rasche Expansion des Handels- und Geschäftsverkehrs einige sogar dazu, ein Ende aller Konflikte vorherzusagen. Doch auch das Ausmaß an wirtschaftlicher Interdependenz zwischen Deutschland und dem Vereinigten Königreich konnte den Ersten Weltkrieg nicht verhindern. Aber diese Lektion war bald vergessen.

Es wurde angenommen, dass die politische Natur zwischenstaatlicher Beziehungen sich durch einen Quantensprung verwandelt hätte, ähnlich dem, der die Technologie im Informationszeitalter revolutioniert hat.

Der Irrtum dieser Doktrin – dass Handel Konflikt ausschließt – liegt nicht nur darin, dass Nationen und Völker oftmals aus einem komplexen Interessengeflecht heraus handeln, das den wirtschaftlichen Prozess begünstigen mag oder auch nicht. Machtpolitik, hegemoniale Interessen, Misstrauen, Rivalität, Gier und Korruption sind in Staatsangelegenheiten nicht weniger entscheidend als rationale wirtschaftliche Interessen. Die Doktrin unterschätzt jedoch auch das Ausmaß, in dem sich Regierungen oftmals durch das erbarmungslose Tempo der Globalisierung in ihrer Fähigkeit, ihre Bürger zu schützen, bedroht sehen. Ohne sich dieser Sorge anzunehmen, kann Globalisierung nicht erfolgreich sein.

Die zweite Reaktion bestand darin, zu intoleranten Lösungen Zuflucht zu nehmen – der Ruf nach dem Retter, dem starken Führer, der in Krisenzeiten entschlossen im Interesse der Nation handeln kann. Die starke, unmittelbare Anziehungskraft dieser Idee scheint am deutlichsten in den erst seit kurzem unabhängig gewordenen Nationen mit schwachen politischen Systemen zu sein, die angesichts der wirtschaftlichen Krise nicht im Stande sind, effizient und rechtmäßig zu reagieren.

Wo die Zentralgewalt sich auflöst und die Armut zunimmt, wächst die Versuchung, zu vergessen, dass Demokratie eine Bedingung für Entwicklung ist – und nicht ihr Lohn. Wieder wird Demokratie, und wiederum fälschlicherweise, als

Luxus betrachtet und nicht als Notwendigkeit, als ein Segen, den man sich wünscht, nicht als ein Recht, für das man kämpft.

Auch hier gibt es eine Ironie: die Befürworter der Globalisierung haben immer behauptet, dass größerer Handel von alleine zu größerem Wohlstand führen würde, der wiederum einen breiten Mittelstand erhalten würde. Infolgedessen würde demokratische Herrschaft dauerhaft stabile Wurzeln schlagen können und die Achtung vor den Freiheiten des Einzelnen und den Menschenrechten sichern. Das erwies sich ebenfalls als allzu optimistisch.

Einige Befürworter der Globalisierung glaubten zu sehr an die demokratiefördernde Fähigkeit und Auswirkung von Handel und wirtschaftlichem Wachstum. Andere sahen zu wenig die Bedeutung demokratischer Werte, wie Rede- und Informationsfreiheit, für stabiles und dauerndes wirtschaftliches Wachstum. Kaufleute können Handel treiben, ob es politische Rechte gibt oder nicht. Ihr Wohlstand allein wird demokratische Herrschaft jedoch nicht sichern können.

In all den Debatten der Jahre nach dem Kalten Krieg darüber, ob politische Liberalisierung der wirtschaftlichen Liberalisierung vorausgehen soll oder umgekehrt, wurde eine Frage ausgelassen. Was ist, wenn – ungeachtet dessen, was zuerst kommt – die andere nicht folgt? Was, wenn die wirtschaftliche Liberalisierung, so gewinnbringend sie auf kurze Sicht auch immer sein mag, nie eine politische Liberalisierung nach sich ziehen wird, die nicht bereits im wirtschaftlichen Prozess enthalten ist? Was, wenn die politische Liberalisierung, so wünschenswert sie an sich auch immer sein mag, keine Garantie für wirtschaftliches Wachstum ist, zumindest nicht auf kurze Sicht?

Das sind die Fragen, denen sich die Globalisierungsbefürworter stellen müssen und die sie politisch beantworten müssen, wenn sie die Auseinandersetzung gegen die gewinnen wollen, die nach tyrannischen Lösungen streben. Die Freiheit selbst ist zu kostbar, ihr Geist zu wichtig für den Fortschritt, um im Ringen um Wohlstand verspielt zu werden.

Die dritte Reaktion auf die Zwänge der Globalisierung war die Politik des Populismus. Bedrängte politische Führer könnten anfangen, Formen des Protektionismus als einen Weg anzuregen, um Verluste auszugleichen, die angeblich durch zu viel Wettbewerb und ein zu freies System politischen Wandels entstanden seien. Ihre Lösung für ein ausgezehrtes Land ist es, sich abzuwenden, sich nach innen zu wenden, sich um sich selbst zu kümmern, was immer es kosten mag, und sich erst wieder der globalen Gemeinschaft anzuschließen, wenn das aus einer Position der Stärke heraus möglich ist.

Mit dieser Reaktion wird die Globalisierung zum Sündenbock für Missstände gemacht, deren Wurzeln öfter in hausgemachten Problemen liegen. Globalisierung, die von Reformern, die Sparprogramme durchführen wollten, als Vorwand benutzt worden ist, wird von denjenigen, die zu den idealisierten Gemeinschaften früherer Zeiten zurückkehren würden, zunehmend als eine Kraft des Bösen gesehen.

Trotz ihrer Fehler und ihren falschen Annahmen ist diese Reaktion eine reale Herausforderung mit realer Wirkungskraft. Diejenigen, die die Politik der Offenheit, Transparenz und der guten Regierungsführung verteidigen wollen, müssen Wege finden, dieser Kritik auf zwei Ebenen zu antworten: auf einer grundsätzlichen Ebene und auf der Ebene praktischer Lösungen, die eine Art wirtschaftliche Versicherung gegen soziale Hoffnungslosigkeit und Instabilität liefern können.

Die Lektion aus dieser Reaktion ist, dass wirtschaftliche Integration in einer interdependenten Welt weder allmächtig noch politisch neutral ist. Sie wird ausschließlich politisch verstanden, besonders in schwierigen Zeiten, und muss daher auch politisch verteidigt werden. Sonst werden die Populisten und Protektionisten die Auseinandersetzung zwischen Isolation und Offenheit, zwischen dem Partikularen und dem Universellen, zwischen einer idealisierten Vergangenheit und einer erfolgreichen Zukunft gewinnen. Doch sie dürfen nicht gewinnen.

Wenn die Globalisierung erfolgreich sein soll, muss sie für die Armen und Reichen erfolgreich sein. Sie darf nicht weniger Rechte bringen, als sie Reichtümer bringt. Sie darf nicht weniger für soziale Gerechtigkeit sorgen als für wirtschaftlichen Wohlstand und bessere Kommunikation. Sie darf nicht allein den Anliegen des Kapitals Nutzen bringen, sondern auch der Entwicklung und dem Wohlstand der Ärmsten in der Welt. Sie muss den Reaktionen des Nationalismus, der Intoleranz und des Populismus mit politischen Antworten begegnen.

Politische Freiheit muss ein für alle mal als notwendige Bedingung für dauerhaftes wirtschaftliches Wachstum begriffen werden, wenn nicht gar als hinreichende. Demokratie muss als die Geburtshelferin der Entwicklung akzeptiert und politische Rechte und Menschenrechte müssen als die wichtigsten Säulen jeder Architektur wirtschaftlichen Fortschritts anerkannt werden.

Das ist ohne Zweifel ein großer Auftrag. Aber einer, der erfüllt werden muss, wenn die Globalisierung nicht nach Jahren als ein Blendwerk der Macht des Handels über die Politik und der menschlichen Reichtümer über die Rechte der Menschen in Erinnerung bleiben soll. Als einzige internationale Organisation mit universeller Legitimität und Reichweite sind die Vereinten Nationen daran interessiert – vielmehr dazu verpflichtet –, einen gerechten und dauerhaften Erfolg der Globalisierung sichern zu helfen.

Wir haben keine Patentrezepte, mit denen wir dieses Ziel sicher erreichen können, keine einfachen Antworten, mit denen wir in unseren gemeinsamen Anstrengungen der Herausforderung begegnen können. Aber wir wissen, dass die beschränkten Fähigkeiten jedes Staates oder jeder Organisation, die Prozesse der Globalisierung zu beeinflussen, gemeinsame globale Anstrengungen erfordern.

Es ist klar, dass, wenn diese Anstrengungen wirklich etwas bewirken sollen, die Schaffung langlebiger politischer Institutionen die erste Antwort sein muss. Solche Schritte müssen jedoch mit einer klaren und ausgewogenen Anerkennung der Wurzeln des jähen Zusammenbruchs so vieler Volkswirtschaften verbunden sein. Bis zu einem gewissen Grad entsprang der Zusammenbruch den Mängeln und dem Versagen der bereits existierenden Volkswirtschaften, die durch unvernünftige, illiberale Politik und Korruption gekennzeichnet waren.

Wir dürfen jedoch nicht blind gegenüber der Tatsache sein, dass unverantwortliche Kreditvergabepraktiken und von Außenstehenden verfolgte aggressive Investitionspolitiken auch eine Rolle spielen. Ohne eine Verbesserung dieses Verhaltens können wir nicht erwarten, dass politische Reformen im Hinblick auf die Schaffung von Grundlagen für dauerhaftes wirtschaftliches Wachstum erfolgreich sein werden. Es kommt auf alle an, alle Beteiligten müssen einen Beitrag leisten.

Ich habe heute ausgeführt, dass die Politik die Wurzel für die Schwierigkeiten der Globalisierung ist und dass die Politik allen Lösungen zugrunde liegt. Aber wo werden diese Lösungen gefunden werden? In der Glanzzeit der Globalisierung wurde angenommen, dass alle Nationen, sobald sie gesicherten Wohlstand erreicht hätten, sich aufgrund ihrer Reife multilateralen Institutionen zuwenden würden; heute glaube ich, könnten sie sich denselben aus der Notwendigkeit heraus zuwenden.

Die Herausforderung, mit der die Vereinten Nationen sich konfrontiert sehen, besteht darin sicherzustellen, dass die mit der Globalisierung verbundenen Schwierigkeiten kein Hindernis für die globale Kooperation werden, sondern dieser Kooperation im Gegenteil neues Leben und neue Hoffnung geben.

Wir werden das hauptsächlich auf zwei Wegen tun: indem wir in unserer Entwicklungsarbeit die Bedeutung der Zivilgesellschaft und institutionalisierter Demokratie auf nationaler Ebene betonen, und indem wir versuchen, die Effektivität des Multilateralismus so zu stärken, dass freie Volkswirtschaften erhalten bleiben und gleichzeitig auch ein wirklicher Schutz für die Ärmsten und Schwächsten in der Welt gewährleistet wird.

Nach dem Zweiten Weltkrieg wurde erkannt, dass wirtschaftliche Probleme letztlich auch politische und Sicherheitsprobleme sind. Es wurde erkannt, dass Wohlstand und Frieden politische Errungenschaften sind, nicht einfach natürliche Folgen des Handels oder technischen Fortschritts.

Wir verdanken die Weisheit dieser Einsicht und die Folgen ihrer Umsetzung vor allem einem Mann, Franklin D. Roosevelt. In seiner vierten Antrittsrede rief Präsident Roosevelt – der Gründer der Vereinten Nationen und sicherlich der größte „Havard-Mann" dieses Jahrhunderts – leidenschaftlich zu globalem Engagement auf:

„Wir haben gelernt, dass wir nicht allein leben können, in Frieden, dass unser eigenes Wohl vom Wohl anderer, weit entfernter, Nationen abhängt. Wir haben gelernt, dass wir wie Menschen leben müssen – nicht wie ein Vogel Strauß, der den Kopf in den Sand steckt und auch nicht wie ein Neidhammel, der keinem was gönnt. Wir haben gelernt, Weltbürger zu sein, Mitglieder der menschlichen Gemeinschaft."

In unserer Zeit haben auch wir unsere Lektionen gelernt: dass Demokratie, die Voraussetzung für wahre, dauerhafte und gerechte Entwicklung ist, dass der Lohn der Globalisierung nicht nur im Zentrum sondern auch an der Peripherie sichtbar werden muss, und dass ohne freie, rechtmäßige und demokratische Politik kein Wohlstand, wie groß er auch immer sein mag, die Bedürfnisse der Menschheit befriedigen noch dauerhaften Frieden garantieren kann – auch nicht im Zeitalter der Globalisierung.

Danke.

[9] Entwicklungshilfe im Kontext weltweiten Wirtschaftswandels

Rede an der Universität Uppsala
Uppsala, 11. August 1997

Es ist mir eine Freude, in diese schöne Stadt und an diese hervorragende Universität zurückzukehren. Ich bin mir bewusst, dass ich hier in den Spuren eines großartigen ehemaligen Generalsekretärs wandele, Dag Hammarskjöld. Sein inspirierender Führungsstil umfasste alle Betätigungsfelder der Organisation. Aber sein Beitrag zur Entwicklungszusammenarbeit – dem Thema meiner heutigen Rede – war besonders ertragreich. Er half, viele Initiativen in Gang zu setzen, die Entwicklungsländern in der kritischen post-kolonialen Phase zugute kamen. So möchte ich zunächst einem großen Schweden und einem großen internationalen Beamten meine Anerkennung zollen.

Wenn ich über Entwicklung rede, spreche ich ein Thema an, das Schweden am Herzen liegt. Schweden ist seit Jahrzehnten nicht nur für seine Unterstützung der internationalen Entwicklungshilfe bekannt, sondern auch für seine starke Führung auf diesem Gebiet. Es ist eine außergewöhnliche Tatsache, dass Schweden, Finnland, Norwegen und Dänemark im Jahr 1995 zusammen 20 Prozent der Mittel für die operativen Entwicklungsaktivitäten des Systems der Vereinten Nationen bereitstellten.

Was die Friedenssicherung oder die Friedensschaffung angeht, steht die Arbeit der Vereinten Nationen oft im Blickpunkt der Öffentlichkeit, im Fernsehen und in unseren Zeitungen. Das gilt nicht für den Bereich der Entwicklung. Dabei betrifft sie direkt das Leben von viel mehr Menschen als unsere friedenssichernden Maßnahmen. Die konzeptionelle Arbeit der Vereinten Nationen auf dem Entwicklungssektor hat überall die Politik der Regierungen beeinflusst. Doch gelangt die Entwicklungsarbeit fast nie in die Schlagzeilen. Heute hoffe ich damit beginnen zu können, diese falsche Vorstellung zu korrigieren.

Die Weltwirtschaft und die weltpolitische Situation hat sich im letzten Jahrzehnt radikal verändert. Es hat eine Revolution in der Weltwirtschaft stattgefunden. Sie ist jetzt global. Die Rolle des privaten Kapitals im Entwicklungssektor und von zivilgesellschaftlichen Organisationen in politischen Angelegenheiten hat das Gesamtbild verwandelt. Innerhalb und zwischen den Nationen nimmt die Ungleichheit zu. Im Verlaufe des letzten Jahrzehnts hat sich die Kluft zwischen Arm und Reich, den Ausgebildeten und nicht Ausgebildeten, den Mächtigen und den Schwachen vergrößert. Allzu oft setzt dann ein Kreislauf der Verarmung ein. Die benachteiligten Bevölkerungsgruppen sind wütend und ohne Hoffnung. Da sie fühlen, dass sie keinen Anteil an der Gesellschaft haben, verlegen sie sich auf kriminelle oder andere Formen sozialen Fehlverhaltens. Marginalisierung, soziale Exklusion und Entfremdung sind die bedeutenden Herausforderungen unserer Zeit.

Die unmittelbare Herausforderung ist die Unterentwicklung selbst. Über 60 Prozent der Weltbevölkerung müssen von zwei Dollar pro Tag oder weniger leben. Fast eine Milliarde Menschen sind Analphabeten. Weit über einer Milliarde fehlt der Zugang zu Trinkwasser. Jeden Tag sind etwa 840 Millionen Menschen von Hunger oder einer unsicheren Ernährungslage betroffen. Von fast einem Drittel der Menschen in den am wenigsten entwickelten Ländern wird nicht erwartet, dass sie ein Alter von über 40 Jahren erreichen werden.

Armut und Entbehrung führen zu mangelndem Zugang zu Bildung und Wohnung sowie zu Arbeitslosigkeit. In vielen Ländern ist die Jugendarbeitslosigkeit mittlerweile allgemein verbreitet. Wenn Männer und Frauen in ihren Zwanzigern und frühen Dreißigern keine Aussicht auf Arbeit haben, können die Folgen verheerend sein. Chronische Arbeitslosigkeit führt zu Arbeitsunfähigkeit, weil Fertigkeiten verloren gehen und weil man, wenn man einmal für lange Zeit arbeitslos gewesen ist, das regelmäßige Arbeiten nicht mehr gewohnt ist.

Trotz bedeutender Fortschritte in den letzten zwei Jahrzehnten, gibt es weiterhin strukturelle Ungleichheiten zwischen Frauen und Männern. Sie zeigen sich in der anhaltenden Kluft, die zwischen Männern und Frauen im Bezug auf ihre Lese- und Schreibfähigkeit besteht. Der Anteil der Frauen, die lesen und schreiben können, ist um ein Drittel geringer als der von Männern. Insgesamt haben Frauen deshalb weniger Zugang zu Rechten, Chancen und Ressourcen.

Das sind die Entwicklungsherausforderungen. Aber sie sind nicht unüberwindbar. Der letzte Bericht über die menschliche Entwicklung, den das Entwicklungsprogramm der Vereinten Nationen erstellt hat, zeigt, dass die extreme Armut mit nachhaltigen Bemühungen innerhalb eines Jahrzehnts gebannt werden könnte. Wir brauchen mutige und gemeinsame Unternehmungen an vielen Fronten, im Geiste globaler Solidarität. Und wir müssen unsere Kräfte mehr denn je konzentrieren, um sicherzustellen, dass die knappen Mittel bestmöglich eingesetzt werden.

Für die Vereinten Nationen bedeutet das im Zeitalter der wirtschaftlichen Globalisierung, Ländern dabei zu helfen, aus den Investitionen und den Chancen, die

die Globalisierung bringt, den vollen Nutzen zu ziehen. Es bedeutet auch, Ländern dabei zu helfen, Marginalisierung zu vermeiden – die dunkle Seite der Global Economy. Um das zu tun, stellen die Vereinten Nationen den am wenigsten entwickelten Ländern, besonders in Afrika, direkte Unterstützung zur Verfügung.

Aber obwohl die Vereinten Nationen Ressourcen und andere Entwicklungshilfe vergeben, die für viele Länder entscheidend sein kann, ist jetzt ohne Zweifel das private Kapital der Motor für Entwicklung. Die meisten Entwicklungsländer sind, wie auch die früheren sozialistischen Blockstaaten, entschieden von einer zentral geplanten Wirtschaft abgerückt.

Anstelle einer auf das Ersetzen von Importen zielenden Politik und Handelsschranken wird eine exportorientierte Politik verfolgt. Dazu gehört die Beseitigung von Zöllen, Subventionen und anderen handelsverzerrenden Maßnahmen. Eine dramatische Steigerung privater Kapitalströme in Entwicklungsländer in den letzten fünf Jahren war die Folge. Bis in die frühen Neunziger bestanden die Finanzströme in Entwicklungsländern aus offizieller Entwicklungshilfe. Jetzt nimmt die offizielle Entwicklungshilfe ab: die Kapitalströme des privaten Sektors haben enorm zugenommen. Es wird geschätzt, dass sich die ausländischen Direktinvestitionen in Entwicklungsländern 1996 auf 244 Milliarden Dollar beliefen, während die öffentlich finanzierten Kapitalströme 42 Milliarden Dollar betrugen.

Die privaten Investitionen fließen jedoch nicht gleichmäßig in alle Entwicklungsländer. Es gibt eine Tendenz, einige Länder zu begünstigen und andere außen vor zu lassen. 1996 betrugen die ausländischen Direktinvestitionen in Asien 48 Milliarden Dollar, im Afrika südlich der Sahara betrugen sie gerade einmal 2,6 Milliarden Dollar. Nur ein Prozent der ausländischen Direktinvestitionen ging in die 48 am wenigsten entwickelten Länder.

Diese Situation wirft wichtige Fragen für die Entwicklungspolitik auf. Geber müssen die offiziellen Entwicklungshilfeströme viel sorgfältiger auf das jeweilige Ziel ausrichten. Da weniger Geld da ist, wird sehr viel mehr Aufmerksamkeit darauf verwendet, sicherzustellen, dass es sinnvoll genutzt wird. Die Entwicklungsländer nehmen politische und institutionelle Veränderungen vor, um privates Kapital anzuziehen. Sie müssen der Schaffung eines günstigen Umfelds Priorität einräumen. Das heißt nicht nur, sicherzustellen, dass der private Sektor florieren kann, obwohl das einen entscheidenden Faktor darstellt. Es bedeutet in vielen Fällen, die Rolle des Staates neu zu definieren, weg von einem kontrollierenden Staat zu einem Staat, der als Partner, Katalysator und Moderator agiert.

Entwicklungshilfe kann oftmals für die Schaffung eines solchen günstigen Umfeldes entscheidend sein. Mit anderen Worten: die sorgfältige Ausrichtung offizieller Unterstützung kann dazu beitragen, Investitionskapital anzuziehen. Im Hinblick auf die regionale Verteilung geht der größte Anteil der Hilfsmittel der Vereinten Nationen nach Afrika – 1995 waren es 1,7 Milliarden der Gesamtsumme von 4,8 Milliarden Dollar. Das Ziel dieser Unterstützung ist es, die Fähigkeit schwächerer Länder zu einer effektiven Teilnahme an der wirtschaftlichen Globalisierung zu stärken. Das erfordert, den Ländern dabei zu helfen, die negativen Folgen ihrer Strukturanpassungsprogramme und anderer ökonomischer Reformprogramme zu überwinden, indem ihre Teilnahme an den internationalen Märkten unterstützt, ihr Zugang zu neuer Technologie verbessert und ihre Kapazitäten in Wissenschaft und Technologie generell aufgebaut werden.

Die Vereinten Nationen und die internationale Gemeinschaft richten ihre Aufmerksamkeit zunehmend auf die Frage der Regierungsführung. Regierungsführung meint einen effektiven und effizienten Staat. Es bedeutet, der Erfüllung von Dienstleistungen mehr Aufmerksamkeit zu schenken. Es heißt sicherzustellen, dass der Staat offen für die Bedürfnisse seiner Bürger ist. Es heißt, öffentliche Institutionen wieder zu stärken, die Verantwortlichkeit von öffentlichen Beamten zu verbessern und Korruption und Klientelismus zu beseitigen.

Die Neudefinition der Rolle des Staates sollte nicht mit der Reduzierung des Staates auf eine minimalistische Rolle gleichgesetzt werden. Teil der Rolle des Staates als Katalysator und Moderator ist es, Vorkehrungen für ein gutes Gesundheitswesen und Bildungschancen für seine Bürger zu fördern, entweder direkt oder indem er die Vorkehrungen seitens des privaten Sektors beziehungsweise von Institutionen der Zivilgesellschaft koordiniert.

Bildung ist von großer Bedeutung. Kenntnisse und Fähigkeiten werden im 21. Jahrhundert die treibende Kraft der Entwicklung sein. Es wird klar, dass Kenntnisse und Fähigkeiten in der heutigen Welt die entscheidenden Faktoren sind, die den Ländern und Unternehmen ihren Wettbewerbsvorteil bringen.

Eine neuere Studie der Weltbank fand heraus, dass beinahe 65 Prozent des Wachstums nicht den natürlichen Ressourcen, Finanzen oder der Infrastruktur zugeschrieben werden können, sondern dem Human- und Sozialkapital. In zunehmenden Maße investieren die großen Unternehmen in das menschliche und soziale Kapital ihrer Organisationen. Sie denken über Strukturen und Politiken nach, durch die hochkarätiges Personal angezogen, gehalten, entwickelt, motiviert und effektiv genutzt werden kann. Topmanager entdecken die Bedeutung der Wissensbasis ihrer Organisation. Zentralisierte Managementstile alter Prägung weichen kollegialeren Managementformen.

Die Revolution in der Informationstechnologie ist Teil dieses Wandels. Sie wird einen enormen Einfluss auf die Entwicklung haben. Aber ihr Nutzen wird nicht gerecht verteilt. Die Informationsexplosion vergrößert die Kluft zwischen den Besitzenden und den Besitzlosen – die Kluft zwischen den technologisch Reichen und den Armen. In ganz Afrika gibt es zum Beispiel weniger Telefone als in Tokio.

Es bleiben große Ungleichheiten und deshalb große entwicklungspolitische Herausforderungen in einer Welt, in der der private Sektor die wichtigste Quelle der Produktion, von Jobs und nachhaltiger Entwicklung ist, und in der die Rolle des Staates als Moderator und Katalysator neu definiert wird. Aber es gibt jetzt einen breiten Konsens über die Voraussetzungen von Entwicklung. Es besteht Einigkeit darüber, dass es ein großes Bedürfnis nach Frieden, politischer Stabilität und gegenseitigem Vertrauen gibt, nach demokratischer Regierung und einem System des freien Marktes. Andere Voraussetzungen umfassen eine intakte Staatsführung, gute Gesetze, Dezentralisierung, einen kompetenten, effizienten, gut ausgebildeten und engagierten öffentlichen Dienst, finanzpolitische Verantwortlichkeit, ein gerechtes und effizientes Steuersystem und die Fähigkeit der Regierung, ein freundliches und günstiges Umfeld für die Wirtschaft, für Nichtregierungsorganisationen und Einzelne zu steuern und zu erhalten – ein Umfeld, das die notwendigen Kräfte freisetzt.

Die Förderung von Entwicklungshilfe ist ein Ziel der Vereinten Nationen. Dabei bleibt es. Aber so wie die wirtschaftlichen und politischen Bedingen sich ändern, so wie neue Akteure auftauchen, so muss unser Entwicklungsansatz diese Veränderungen miteinbeziehen.

Eine meiner Hauptprioritäten als Generalsekretär ist es gewesen, eine neue Partnerschaft für Entwicklung zwischen den Vereinten Nationen und dem privaten Sektor ins Leben zu rufen. Ich stelle mir eine solche Partnerschaft so vor, dass sie ein gemeinsames Kooperationsprogramm mit Regierungs- und Nichtregierungsorganisationen, sowohl in Entwicklungsländern als auch in Transformationsländern, mit einbezieht. Das Ziel wird sein, mehr von den Armen der Welt an den wachsenden Chancen teilhaben zu lassen, indem die Bedingungen für nationale und internationale Investitionen, für die Schaffung von Arbeitsplätzen und für eine von Menschen für Menschen gelenkte Entwicklung verbessert werden.

Ich stelle mir eine Partnerschaft vor, die auf folgenden Gebieten tätig sein wird:

- der Partnerschaft von Unternehmen in entwickelten Ländern und Entwicklungsländern (Die Partnerschaftsabkommen würden Angelegenheiten öffentlichen Interesses wie Ausbildung, technologische Entwicklung und Umweltschutz umfassen.)

- der Hilfe bei der Entwicklung der Finanzmärkte, einschließlich geeigneter regulatorischer Rahmen
- der Stärkung der nationalen und regionalen Industrie- und Handelskammern, Patentämter, Technologieparks, Gründerzentren und anderer Fördereinrichtungen für den privaten Sektor
- der Entwicklung von marktgestützten Anreizen für Umweltmanagement
- der Unterstützung von internationalen und regionalen Institutionen zur Wirtschaftsförderung
- der Unterstützung von Nichtregierungsorganisationen und anderer lokaler gemeinnütziger Organisationen
- der Bereitstellung von Infrastruktur.

Einige werden sagen, dass die Betonung der Bedeutung des privaten Sektors heißt, Millionen in den Entwicklungsländern, denen das Kapital fehlt, zu vernachlässigen. Es stimmt, für Millionen von Menschen mit spärlichen Mitteln ist es entweder gefährlich oder sogar unmöglich, Kredite zu erhalten – die Geldverleiher mit ihren exorbitanten Gebühren wirken abschreckend.

Aber es werden neue Möglichkeiten für normale, arme Leute geschaffen, damit sie Zugang zu Krediten haben, die sie sich leisten können. Die Mikro-Kredit-Bewegung ist ein neuer Weg, um Frauen, besonders Bäuerinnen, zu unterstützen. Es ist eine Antwort auf die Herausforderung, Leuten ohne Sicherheiten und ohne Kreditvergangenheit, Kleinkredite zu gewähren. Die Grameen Bank von Bangladesch ist ein oft zitiertes Beispiel für das, was besonders in diesem Fall erreicht werden kann, wenn von Frauen geführten Kleinstunternehmen Kredite zur Verfügung gestellt werden. Es gibt viele andere Beispiele.

An dem kürzlich in Washington D.C. abgehaltenen Mikro-Kredit-Gipfel haben über 2000 Menschen aus 137 Ländern teilgenommen. Der Gipfel hat das ehrenwerte Ziel aufgestellt, bis zum Jahr 2005 die Reichweite von Mikrokrediten für Selbständigkeit und Kleinunternehmertum auf 100 Millionen der ärmsten Familien der Welt auszudehnen, besonders auf die mit weiblichen Familienoberhäuptern. Es ist ein Ziel, das wir bei den Vereinten Nationen mit Enthusiasmus unterstützen.

Ich habe einige der neuen Ansätze in der Entwicklung, an denen wir bei den Vereinten Nationen arbeiten, und einige der Wege, mit denen wir auf die neuen Herausforderungen antworten, skizziert. Wir müssen den Abenteuer- und Unternehmungsgeist, den Geist des Optimismus und der Solidarität wieder aufleben lassen, der die globalen Partnerschaften – und die Vereinten Nationen – vor 50 Jahren aufgebaut hat. Die Gründer der Vereinten Nationen haben das verstanden.

Deshalb ist das Engagement für Entwicklung eines der Leitprinzipien der Vereinten Nationen. Die Völker der Welt verlangen nicht weniger.

[10] Die Herausforderung der Konfliktprävention

Rede an der Rice University
Houston, 23. April 1998

Danke, Jim [der frühere US-Außenminister James A. Baker III.], für diese sehr freundlichen und netten Worte. Es gehörte zu den großen Privilegien meines Amtes als Generalsekretär, mit James Baker an einer der hartnäckigsten Streitfragen gearbeitet zu haben, mit denen die Vereinten Nationen konfrontiert sind: dem Westsahara-Konflikt. Ich hatte mir jedoch nicht vorgestellt, dass wir so viel Fortschritt sehen würden, wie wir es in der kurzen Zeit konnten, nachdem ich Jim zu meinem persönlichen Gesandten ernannt hatte.

Innerhalb weniger Monate, in vier in Lissabon, London und Houston abgehaltenen Gesprächsrunden, sicherte Jim die Vereinbarung der zwei Seiten – der Regierung von Marokko und der POLISARIO-Front – über die ausstehenden Fragen der Umsetzung des Friedensplanes der Vereinten Nationen. Dieser bemerkenswerte Durchbruch belebte den gesamten Prozess und gab allen Seiten neue Hoffnung, dass eine abschließende Regelung einschließlich eines Referendums über die Selbstbestimmung der Menschen der Westsahara in unserer Reichweite ist. Wir stehen in Deiner Schuld, Jim. Danke.

Ich werde heute zu Ihnen über die Herausforderung der Konfliktprävention sprechen, weil ich glaube, dass sie zu den Hauptaufgaben der Vereinten Nationen im nächsten Jahrhundert gehören wird.

In einer Ära, in der gewaltsame Konflikte zu oft ignoriert oder zu bereitwillig akzeptiert werden, in einer Zeit, in der Menschen lieber wegschauen als nach vorne schauen, müssen und werden die Vereinten Nationen ein globales Zentrum präventiven Handelns werden.

Für die Vereinten Nationen gibt es kein höheres Ziel, keine größere Verpflichtung und keinen größeren Wunsch als die Verhinderung bewaffneten Konflikts.

Die Konfliktprävention beginnt und endet mit dem Schutz menschlichen Lebens und der Förderung menschlicher Entwicklung. Die Sicherstellung menschlicher Sicherheit ist im weitesten Sinn der Hauptauftrag der Vereinten Nationen. Eine ernsthafte und dauerhafte Prävention ist das Mittel, um diesen Auftrag zu erfüllen.

Heute prägen innerstaatliche Kriege weltweit, aber insbesondere in Afrika und anderen Teilen des Südens, das Gesicht des modernen Konflikts. In diesen Kriegen ist nicht nur die Vernichtung von Armeen, sondern von Zivilisten und ganzen ethnischen Gruppen in zunehmendem Maße das Hauptziel. Diese Kriege zu verhindern ist nicht länger nur eine Angelegenheit der Verteidigung von Interessen oder der Unterstützung von Verbündeten. Es ist eine Angelegenheit der Verteidigung der Menschheit selbst.

Und doch scheinen wir nie zu lernen. Immer wieder wird zugelassen, dass sich Differenzen zu Streitigkeiten entwickeln und Streitigkeiten zu tödlichen Konflikten. Immer wieder werden Warnzeichen ignoriert und Bitten um Hilfe übersehen. Erst nach Todesfällen und Zerstörung greifen wir ein, verbunden mit weit höheren menschlichen und materiellen Kosten und weit weniger Leben, die gerettet werden können.

Erst wenn es zu spät ist, lernen wir Prävention zu schätzen.

Es gibt meiner Ansicht nach drei Hauptgründe für das Scheitern von Prävention, wenn Prävention doch so eindeutig möglich ist. Erstens, den Unwillen einer oder mehrerer Konfliktparteien, externe Intervention in irgendeiner Form zuzulassen. Zweitens, den Mangel an politischem Willen auf den höchsten Ebenen der internationalen Gemeinschaft. Drittens, den Mangel an einheitlichen Konfliktpräventionsstrategien innerhalb des Systems der Vereinten Nationen und der internationalen Gemeinschaft.

Davon ist der Wille zu handeln der wichtigste. Ohne den politischen Willen zu handeln, wenn ein Handeln notwendig ist, wird keine noch so verbesserte Koordination und Frühwarnung das Bewusstsein in Taten umsetzen.

Alle Mitgliedstaaten, die Konfliktsituationen gegenüberstehen, müssen erkennen, dass Frühwarnung und präventive Diplomatie – weit davon entfernt ihre Souveränität zu verletzen – versuchen, die rechtmäßige Autorität und die globale Ordnung zu fördern und wiederherzustellen. Um das zu garantieren, müssen die Mitglieder der Vereinten Nationen insgesamt das Mandat und die verfügbaren Ressourcen für präventive Aktionen sicherstellen. Glücklicherweise ist die Präventionsarbeit der Vereinten Nationen so alt wie die Charta selbst.

In jeder diplomatischen Mission und mit jedem Entwicklungsprojekt, das wir verfolgen, leisten die Vereinten Nationen Präventionsarbeit. Die guten Dienste in der präventiven Diplomatie des Generalsekretärs sind über Jahre mit Erfolg ausgeübt worden. Aber obwohl diese Praxis lange besteht, ist ihr Potenzial für den Fortschritt noch immer unausgeschöpft.

Während meines ersten Jahres als Generalsekretär habe ich unsere friedensstiftenden Bemühungen in Zypern, Osttimor, der Westsahara, in Afghanistan und der Region der großen Seen in Afrika verstärkt. Dabei handelt es sich um seit langem bestehende Streitigkeiten mit harten und tiefreichenden Wurzeln. Wir werden weiterhin nach neuen Wegen suchen, die Kluft in jedem Fall zu verringern und einen dauerhaften Frieden zu fördern, der allen Seiten Sicherheit und Wohlstand bringt.

Die operative Präventionsstrategie der Vereinten Nationen umfasst vier grundlegende Tätigkeiten – Frühwarnung, präventive Diplomatie, präventive Stationierung und frühzeitige humanitäre Aktion. Die operative Präventionsstrategie der Vereinten Nationen umfasst drei zusätzliche Tätigkeiten – die präventive Entwaffnung, Entwicklung und Friedenskonsolidierung.

Leitziele all dieser Bemühungen sind die Förderung der Menschenrechte, der Demokratisierung und guter Regierungsführung als den Grundlagen des Friedens. Die präventive Stationierung hat in einem besonderen Beispiel, in der explosiven Balkanregion, bereits eine bemerkenswerte Wirkung gehabt. So eine Truppe ist nur eine „dünne blaue Linie". Aber die Rolle der Präventiveinsatztruppe der Vereinten Nationen (UNPREDEP) in der ehemaligen jugoslawischen Republik Mazedonien legt bis jetzt nahe, dass eine präventive Stationierung von Truppen, ausreichend mandatiert und unterstützt, über Krieg und Frieden entscheiden kann.

Die präventive Entwaffnung ist eine weitere Maßnahme, deren Bedeutung erkannt und erhöht werden muss. Die Vereinten Nationen haben im Kontext der Friedenssicherungseinsätze von Nicaragua bis Mozambik Kombattanten entwaffnet.

Dringendes Handeln ist auch nötig, um die Ströme konventioneller Waffen zu kappen. Insbesondere müssen wir mehr tun, um die Verbreitung von Kleinwaffen, mit denen heute die meisten Kriege geführt werden, aufzuhalten. Als Teil meiner Reformagenda habe ich deshalb eine neue Hauptabteilung für Abrüstungsfragen mit einer Reihe neuer Aufgaben eingerichtet. Oben auf der Agenda wird die Herausforderung der „Mikro-Abrüstung" stehen, wobei mit den Regierungen im Hinblick auf den illegalen Handel mit Kleinwaffen zusammengearbeitet werden soll.

In anderen Fällen verhindert die Zerstörung der Waffen von gestern, dass sie morgen genutzt werden. Das ist es auch, was die Vereinten Nationen im Irak zu tun versucht haben, wo es durch Inspektionen der Sonderkommission der Vereinten Nationen gelungen ist, mehr Massenvernichtungswaffen zu vernichten als es der gesamte Golfkrieg getan hat.

Zur Unterstützung der Sonderkommission der Vereinten Nationen (UNSCOM) ging ich nach Bagdad, um die Erfüllung der Forderungen der internationalen Gemeinschaft durch den Irak sicherzustellen. Ich ging mit der vollen Autorisierung durch die Mitglieder des Sicherheitsrates nach Bagdad, auf der Suche nach einer friedlichen Lösung für die Krise. Die Krise ist, zumindest vorläufig, abgewendet.

Das Mandat des Sicherheitsrates ist erneut bekräftigt worden. Der Zugang der Inspektoren der Vereinten Nationen ist nicht nur wiederhergestellt, sondern auf jeden Ort ausgedehnt worden. Die Autorität des Vorsitzenden der Sonderkommission der Vereinten Nationen ist anerkannt und gestärkt worden.

Die vollständige Erfüllung der Verpflichtungen durch den Irak ist das eine und einzige Ziel dieser Vereinbarung. Nicht mehr und nicht weniger wird die Beendigung des von den Vereinten Nationen mandatierten Abrüstungsprozesses ermöglichen und folglich die Aufhebung der Sanktionen in Übereinstimmung mit den Resolutionen des Sicherheitsrates beschleunigen.

Die in Bagdad erreichte Vereinbarung war weder ein „Sieg" noch eine „Niederlage" für irgendeine Person, Nation oder Gruppe von Nationen. Zweifellos haben die Vereinten Nationen und die Weltgemeinschaft nichts verloren, nichts weggegeben und nichts Substantielles zugestanden. Aber indem der Wiederaufnahme militärischer Feindseligkeiten am Persischen Golf zumindest vorläufig Einhalt geboten wurde, war sie ein Sieg für den Frieden, für die Vernunft und für die Konfliktlösung durch Diplomatie.

Sie unterstreicht jedoch, dass die Diplomatie, wenn sie erfolgreich sein soll, durch Macht und Fairness unterstützt sein muss.

Die Vereinbarung hat auch die ganze Welt daran erinnert, wofür diese Organisation in erster Linie gegründet worden war: um den Ausbruch unnötiger Konflikte zu verhindern, wenn auf dem Wege der Diplomatie ein gemeinsamer Wille der Weltgemeinschaft erzielt werden kann; um internationale Lösungen für internationale Probleme zu suchen und zu finden; um die Einhaltung des Völkerrechts und internationaler Abkommen von einem widerspenstigen Mitgliedstaat einzufordern, ohne das Ansehen und die Kooperationsbereitschaft dieses Staates für immer zu zerstören; um in einem Fall wie Irak durch Vor-Ort-Inspektionen und

Verhandlungen eine Zerstörung der Massenvernichtungswaffen sicherzustellen, die Bombardierungen aus der Luft nie erreichen können.

Wenn diese Vereinbarung vollständig umgesetzt ist und allmählich neue Zeiten am Persischen Golf anbrechen, wenn diese Anwendung von Diplomatie, gestützt auf Fairness, Entschlossenheit und Stärke, den Prüfungen der Zeit standhält, wird sie als ein beständiger und unschätzbarer Präzedenzfall für die Vereinten Nationen und die Weltgemeinschaft dienen.

Die Vereinbarung zeigt schließlich, dass die Präventionsarbeit – wenn sie dauerhaft sein soll – von allen Seiten unterstützt und durch die Völker und Beteiligten selbst zum Erfolg gebracht werden muss. Ihre Rolle und Verantwortung ist grundlegend.

Langfristige Prävention kann jedoch durch viele Elemente der internationalen Gemeinschaft erleichtert werden. Es gibt Fälle, in denen die Vereinten Nationen, die mit einer einzigartigen universellen Legitimität ausgestattet sind, die Führung übernehmen müssen.

Es wird andere Fälle geben, in denen die Nähe einer regionalen oder subregionalen Organisation zu einem Konflikt und die historische Erfahrung diese dazu prädestinieren, tödliche Gewalt zu verhindern. In allen Fällen sind die Vereinten Nationen bereit, diese Bemühungen zu unterstützen und multilaterale Hilfsprogramme zu koordinieren.

Die Politik der Prävention, die ich bislang skizziert habe – Frühwarnung, präventive Diplomatie, präventive Stationierung und präventive Entwaffnung –, kann nur erfolgreich sein, wenn die Wurzeln des Konflikts mit dem gleichen Willen und Wissen angegangen werden. Die Ursachen sind oft wirtschaftlicher und sozialer Natur. Armut, Unterentwicklung und schwache oder nichtexistente Institutionen verhindern den Dialog und fordern eine Anwendung von Gewalt heraus.

Ein langer, ruhiger Prozess nachhaltiger Entwicklung, gegründet auf der Achtung der Menschenrechte und einer rechtmäßigen Regierung, ist wesentlich, um Konflikte zu verhindern.

Die Vereinten Nationen des 21. Jahrhunderts müssen ein Zentrum für visionäre und effektive präventive Aktion werden. Diesem Ziel werde ich all meine Bemühungen widmen, und ich bin dankbar, dass eine Anzahl von Mitgliedstaaten den Weg weisen. Die Geberländer haben ebenso wie die Nationen, die durch einen Konflikt zerrissen werden, erkannt, was es kostet, Prävention zu ignorieren und welche Hoffnung damit verbunden ist, wenn man auf Prävention setzt.

Ein chinesisches Sprichwort besagt, dass es schwierig ist, Geld für Medizin zu beschaffen, aber leicht, es für einen Sarg zu finden. Die innerstaatlichen und ethnischen Kriege des letzten Jahrzehnts haben dieses Sprichwort für unsere Zeit nur zu wahr werden lassen.

Haben wir nicht genug Särge gesehen – von Ruanda bis Bosnien-Herzegowina und Kambodscha – um den Preis für Prävention zu zahlen. Haben wir nicht zu schmerzhaft und zu oft durch Erfahrungen gelernt, dass wir, wenn wir es wollen, tödlichen Konflikt verhindern können? Haben wir nicht General [Romeo] Dallaire sagen hören, dass 5000 Blauhelme 500.000 Leben in Ruanda hätten retten können? In der Tat, wir haben keine Entschuldigungen mehr. Wir haben keine Entschuldigungen für die Untätigkeit und keine Alibis für Ignoranz. Oft wissen wir sogar vor den Opfern des Konflikts, dass sie zu leiden haben werden. Wir wissen es, weil unsere Welt jetzt eins ist – im Leid und im Wohlstand. Das Versprechen der Prävention darf nicht länger aufgeschoben werden. Zu viel steht auf dem Spiel, zu viel ist möglich, zu viel ist notwendig.

Die Gründer der Vereinten Nationen entwarfen unsere Charta mit einem nüchternen Blick für die menschliche Natur. Sie waren Zeugen der Fähigkeit der Menschheit, einen Krieg mit beispielloser Brutalität und beispielloser Grausamkeit zu führen. Sie waren vor allem Zeugen eines Scheiterns der Prävention, als Prävention noch immer möglich war und jedes Zeichen auf Krieg hindeutete.

Zu Beginn des neuen Jahrhunderts müssen wir dem leidenschaftlichen Glauben der Gründer, dass Prävention tatsächlich möglich ist und die Menschheit aus der Vergangenheit lernen kann, wieder neue Hoffnung geben.

In der Tat, meine Vision von dieser großen Organisation sind Vereinte Nationen, die die Prävention in den Dienst universeller Sicherheit stellen. Die Errungenschaft menschlicher Sicherheit in all ihren Aspekten – wirtschaftlichen, politischen und sozialen – wird die Errungenschaft effektiver Prävention sein.

Dies wird ein Vermächtnis an die nachfolgenden Generationen sein, dass unsere den Willen hatte, sie vor der Geißel des Krieges zu bewahren.

[11] Die Universalität der Menschenrechte

Rede an der Universität von Teheran
Teheran, 10. Dezember 1997

Es ist mir eine besondere Freude, heute das Wort an Sie zu richten – an dieser angesehenen Universität, im Herzen dieses großartigen und altehrwürdigen Landes. Ich habe dem Besuch im Iran lange erwartungsvoll entgegengesehen und bin dankbar für den herzlichen Empfang, den ich hier gefunden habe. Der Iran durchlebt eine Zeit des Wandels und großer Erwartungen. Die Augen der Welt sind auf Sie gerichtet. Mit visionärer Kraft, Stolz und Mitgefühl erneuern Sie Ihr Land. Ich gratuliere Ihnen zu Ihrem Erfolg.

Ich spreche zu Ihnen an einem Tag des Feierns. Der 10. Dezember eröffnet das Jubiläumsjahr, mit dem wir den 50. Jahrestag der Allgemeinen Erklärung der Menschenrechte begehen. Deshalb freue ich mich sehr, heute zu Ihnen zu sprechen, und durch Sie zum Rest der Welt.

Sie, die Studierenden und zukünftige Elite – hier im Iran und in jedem Land –, sind die Hüter dieser Menschenrechte. Ihr Schicksal und ihre Zukunft liegt in Ihren Händen.

Heute werden sich überall auf der Welt Männer, Frauen und Kinder aller Sprachen, jeder Hautfarbe und jeden Glaubensbekenntnisses versammeln, um sich zu unseren gemeinsamen Menschenrechten zu bekennen.

Sie werden das in dem Wissen tun, dass die Menschenrechte das Fundament der menschlichen Existenz und Koexistenz sind, dass Menschenrechte allgemeingültig, unteilbar und interdependent sind und den Vereinten Nationen am Herzen liegen, bei allem, was sie in Frieden und Entwicklung zu erreichen suchen.

Es sind die Menschenrechte, die uns menschlich machen. Sie sind die Leitlinien, nach denen wir der Menschenwürde eine erhabene Stellung einräumen.

Im Artikel 1 der Allgemeinen Erklärung der Menschenrechte heißt es: „Alle Menschen sind frei und gleich an Würde und Rechten geboren. Sie sind mit Vernunft und Gewissen begabt und sollen einander im Geiste der Brüderlichkeit begegnen."

Die Menschenrechte sind das, was die Vernunft verlangt und das Gewissen gebietet. Sie gehören zu uns und wir gehören zu ihnen. Menschenrechte sind

Rechte, die jeder Person aufgrund ihres Menschseins zustehen. Wir sind alle Menschen, wir alle haben einen Anspruch auf Menschenrechte. Das eine kann nicht ohne das andere wahr sein.

Wer kann leugnen, dass wir alle den Schrecken der Gewalt kennen?

Wer kann leugnen, dass wir alle nach einem Leben streben, das frei ist von Angst, Folter und Diskriminierung? Wer kann bestreiten, dass wir uns alle ein Leben wünschen, in dem wir unsere Ziele frei verfolgen und uns frei entfalten können?

Wann haben Sie eine freie Stimme gehört, die ein Ende der Freiheit gefordert hätte? Wo haben Sie einen Sklaven für die Sklaverei streiten hören? Wann haben Sie ein Opfer von Folter gehört, das die Handlungen des Peinigers gebilligt hätte? Wo haben Sie den Toleranten nach Intoleranz rufen hören?

Das Fehlen von Toleranz und Menschenrechten ist nicht nur eine Verneinung der menschlichen Würde. Es ist auch die Wurzel des Leidens und des Hasses, der politische Gewalt erzeugt und die wirtschaftliche Entwicklung hemmt.

Wenn uns die blutige Geschichte dieses Jahrhunderts etwas gelehrt hat, dann ist es das.

Wenn wir von dem Recht auf Leben reden, dem Recht auf Entwicklung, von dem Recht auf Widerspruch und Vielfalt, dann reden wir von Toleranz. Toleranz, die gefördert, geschützt und bewahrt wird, wird alle Freiheiten sichern. Ohne sie kann uns nichts gewiss sein. Mit den Worten eines weisen Mannes: „Glaube bewirkt Respekt, Fanatismus aber erzeugt Hass."

Die Menschenrechte sind Ausdruck von Traditionen der Toleranz, die in allen Kulturen die Grundlage für Frieden und Fortschritt bilden. Die Menschenrechte sind, richtig verstanden und interpretiert, keiner Kultur fremd und in allen Völkern beheimatet.

Es ist die Allgemeingültigkeit, die den Menschenrechten ihre Kraft verleiht. Sie gibt ihnen die Stärke, jede Grenze zu überwinden, jede Mauer zu erklimmen, jeder Macht zu trotzen.

Menschenrechte sind nicht nur deshalb allgemeingültig, weil sich ihre Wurzeln in allen Kulturen und Traditionen finden. Ihre moderne Universalität gründet sich auf die Unterstützung aller 185 Mitglieder der Vereinten Nationen. Die Allgemeine Erklärung selbst war das Ergebnis von Debatten innerhalb einer repräsentativen Gruppe von Gelehrten, deren Mehrheit aus der nicht-westlichen Welt stammt.

Bei der Arbeit an dieser historischen Aufgabe brachten sie die alten Lehren von einem universellen Frieden und die Erinnerung an den letzten Weltkrieg ein. Die Grundsätze, die in der Allgemeinen Erklärung der Menschenrechte bewahrt werden, sind tief in der Geschichte der Menschheit verwurzelt. Sie finden sich in den Lehren aller großen kulturellen und religiösen Traditionen der Welt.

Imam Ali, der vierte Kalif nach dem Propheten Mohammed, wies den Statthalter von Ägypten an, seine Untertanen mit Gnade und Toleranz zu regieren: „Lass den liebsten Deiner Schätze, den des gerechten Handelns sein (...) Erfülle Dein Herz mit Barmherzigkeit, Freundlichkeit und Liebe zu Deinen Untertanen. Verhalte Dich ihnen gegenüber nicht wie ein gieriges Tier, das sie nur als leichte Beute betrachtet, denn sie sind von zweierlei Art: entweder sind sie Deine Brüder im Glauben oder sie sind Dir in der Schöpfung gleich."

Auch Sa'adi, der großartige Dichter des 13. Jahrhunderts, brachte auf bewegende Art seine Achtung vor den alle Völker verbindenden Werten der Toleranz und der Gleichheit zum Ausdruck: „Die Kinder Adams sind Glieder voneinander und entstammen einem Ursprung. Wenn die Welt einem Schmerz zufügt, können die anderen keine Ruhe finden. Derjenige, der dem Leiden anderer gleichgültig gegenübersteht, verdient es nicht, Mensch genannt zu werden."

Beinahe 2000 Jahre früher sprach Konfuzius von der Würde des Individuums und der Toleranz des Staates gegenüber der Meinungsfreiheit seiner Bürger: „Wenn der gute Weg im Staat vorherrscht, dann sprich entschlossen und handle entschlossen. Wenn der Staat den Weg verloren hat, dann handle entschlossen und sprich mit Bedacht."

Viel näher an unserer Zeit, in der Amerikanischen Unabhängigkeitserklärung von 1776, kennzeichnete schließlich Thomas Jefferson die Menschenrechte als universelle Rechte auf Freiheit und Würde. Er schrieb: „Wir erachten diese Wahrheiten als selbstverständlich: dass alle Menschen gleich geschaffen sind; dass sie von ihrem Schöpfer mit gewissen unveräußerlichen Rechten ausgestattet sind; dass dazu Leben, Freiheit und das Streben nach Glück gehören."

Ich habe diese aus allen Zeiten und weit entfernten Ländern stammenden Beispiele wiedergegeben, weil sie von einer bleibenden und tief inspirierenden Wahrheit über das Menschsein zeugen.

Toleranz und Barmherzigkeit sind in allen Kulturen Ideale des Regierens und des menschlichen Verhaltens gewesen. Heute bezeichnen wir diese Werte als Menschenrechte.

Die wachsende Unterstützung für die Menschenrechtserklärung innerhalb der letzten 50 Jahre, hat sie immer wieder neu belebt und ihre Universalität bekräftigt. Länder aller kulturellen Traditionen haben die grundlegenden Prinzipien der Erklärung in ihre nationalen Gesetze aufgenommen.

Es gibt kein einziges weltumspannendes Modell für Demokratie oder für Menschenrechte oder Kultur. Aber in aller Welt muss es Demokratie, Menschenrechte und die Möglichkeit zu freier kultureller Entfaltung geben.

Jede Gesellschaft wird dank der menschlichen Schöpferkraft in ihrer eigenen Tradition und Geschichte diese Werte sichern und fördern können. Davon bin ich überzeugt.

Deshalb spreche ich, wenn ich in Afrika über Menschenrechte rede, von „afrikanischen Rechten", von Rechten, die in der Sprache der Menschen, die sie schützen, Ausdruck finden müssen. Das ist es, was mich darauf vertrauen lässt, dass sich diese Rechte eines Tages durchsetzen werden.

Die Allgemeine Erklärung der Menschenrechte ist, ohne auf Einheitlichkeit zu bestehen, die Grundvoraussetzung für globale Vielfalt. Das ist ihre größte Stärke. Das ist ihr bleibender Wert.

Die Allgemeine Erklärung der Menschenrechte betont und sichert Pluralismus und globale Vielfalt. Sie ist der Maßstab für eine beginnende Ära, in der Erfolg und Überleben entscheidend von der Verständigung und Zusammenarbeit zwischen den Staaten und Völkern abhängen werden.

Der Kampf für die allgemeinen Menschenrechte war immer und überall ein Kampf gegen alle Formen von Tyrannei und Ungerechtigkeit: gegen Sklaverei, gegen Kolonialismus, gegen Apartheid. Das ist heute nicht anders.

In jedem Teil der Welt setzen sich die Vereinten Nationen dafür ein, die Grundbedingungen für die menschliche Existenz zu sichern: Frieden, Entwicklung, ein sicheres Umfeld, Nahrung, angemessene Unterkunft, bessere Chancen.

Wir streben danach, dies alles zu gewährleisten – nicht weil wir glauben, dass alle Menschen gleich sind, sondern weil wir wissen, dass alle Menschen Nahrung, Freiheit und eine gesicherte Zukunft brauchen. Dies sind Menschenrechte.

Die Geschichte der Menschenrechte ist die Geschichte der Vereinten Nationen. Die Prinzipien und moralischen Grundsätze der Allgemeinen Erklärung der Menschenrechte leiten und prägen jede Handlung der Vereinten Nationen.

Sie spornen uns an, mehr zu tun. Sie lassen uns glauben, einer gerechten Sache zu dienen und dass ihr Schicksal der Maßstab für uns Menschen sein muss.

Die allererste Weltmenschenrechtskonferenz der Vereinten Nationen fand vor 30 Jahren hier in Teheran statt. Die Konferenz bekräftigte die Grundsätze der Allgemeinen Erklärung der Menschenrechte und entwarf die Agenda, die wir heute zu erfüllen suchen.

Sie verlangte die Beseitigung aller Formen von Diskriminierung gegenüber Frauen. Sie betonte die Unteilbarkeit aller Menschenrechte und Grundfreiheiten. Sie unterstrich, dass die volle Verwirklichung der bürgerlichen und politischen Rechte nicht ohne die Gewährleistung wirtschaftlicher, sozialer und kultureller Rechte möglich ist.

Die Arbeit der Vereinten Nationen im Bereich Frieden und Entwicklung hat die Menschenrechte in zunehmenden Maße in den Vordergrund gerückt.

Dies umfasst alle Menschenrechte, von bürgerlichen und politischen Rechten bis hin zu sozialen und wirtschaftlichen Rechten. Das Recht auf Entwicklung ist ein universelles und unveräußerliches Recht; es ist untrennbar mit allen anderen Rechten verbunden. Tatsächlich bildet es den Maßstab für die Achtung aller anderen Menschenrechte.

Man kann sich Menschenrechte nicht aussuchen, auf einigen bestehen und andere nicht beachten. Menschenrechte können nur dann allgemein akzeptiert werden, wenn sie alle gleich angewendet werden. Sie können weder selektiv noch relativ angewendet werden und auch nicht als Waffe, um andere zu strafen. Ihre Reinheit ist ihre ewige Stärke.

Wenn, wie manche meinen, dieses Jahrhundert das schrecklichste in der Menschheitsgeschichte gewesen ist, dann ist es aber auch das hoffnungsvollste. Die unbedingte Würde des Menschen steht außer Zweifel, wenn wir in ein neues Jahrtausend eintreten.

Wir feiern heute das Jubiläum einer Erklärung, die diese Würde bezeugt.

Wir feiern den Sieg der Toleranz, der Vielfalt und des Pluralismus. Die Allgemeine Erklärung der Menschenrechte ist ein globales Bollwerk gegen alle Systeme und Ideologien, die unsere Individualität und Menschlichkeit unterdrücken. Vielfalt ist nicht weniger als die Würde ein essenzieller Bestandteil des Menschseins.

Meine lieben jungen Freunde, hier in diesem Saal und in aller Welt, die Ideale der Menschenrechte sind Ideale der Hoffnung und der Menschlichkeit. Ihr Idealismus gibt Ihnen Vertrauen in unsere gemeinsame Zukunft und Entschlossenheit, diese gerechter und barmherziger zu machen als die Vergangenheit.

Es ist Ihre Aufgabe, diese Rechte zu verwirklichen, jetzt und für immer.

Die Menschenrechte sind Ihre Rechte. Nutzen Sie sie. Verteidigen Sie sie. Fördern Sie sie. Verstehen Sie sie und beharren Sie auf Ihnen. Nähren und bereichern Sie sie.

Sie spiegeln das höchste Bestreben der Menschheit wieder. Sie sind das Beste in uns. Erfüllen Sie sie mit Leben.

[12] Die Herausforderung der Verschiedenheit

Rabbi-Marc-H.-Tanenbaum-Gedächtnisvorlesung am Zentrum für interreligiöse Verständigung
New York, 27. April 1998

Es ist mir eine außerordentliche Ehre heute Abend mit Ihnen in diesem berühmten Gotteshaus zu dieser Preisverleihung zusammenzukommen und mit Ihnen meine Gedanken zu teilen. Es freut mich besonders, unter so vielen guten Freunden zu sein und festzustellen, dass das heutige Präsidium, die Geehrten und andere ehrenwerte Gäste auch große Förderer der Vereinten Nationen sind. Erlauben Sie mir zunächst einige der Anwesenden zu grüßen:

- den ehrenwerten David Dinkens, den früheren Bürgermeister dieser großartigen Stadt und einen guten Freund;
- Seine Eminenz John Kardinal O`Connor, der die Vereinten Nationen immer wieder mit seinen Gebeten für den Erfolg unserer Arbeit, einschließlich meiner letzten Mission im Irak, geehrt hat;
- Dan Rather von CBS und Edward Lewis von Essence Communications, die den Vereinten Nationen helfen, die demokratisierende Kraft des Wissens und der Information zum Vorteil der globalen Öffentlichkeit nutzbar zu machen;
- Omar Ashmawy, dessen Vater, Seif Ashmawy, in diesem Jahr nach einem ganz dem interreligiösen Dialog gewidmeten Leben gestorben ist;
- Vater Ivo Markovic aus Sarajevo, einer Stadt, in der die Vereinten Nationen viele Jahre verbracht haben; der bemerkenswerte Gewinner des ersten Friedensaktivistenpreises des Tanenbaum Centers, der solch einen Mut und Geschick bei der Förderung des interreligiösen Friedens und der interreligiösen Zusammenarbeit in schwierigen Zeiten gezeigt hat;
- Percy Sutton, einen dynamischen und führenden Akteur der Zivilgesellschaft;

- Liv Ullman, eine Schauspielerin mit sozialem Gewissen, die ihren Ruhm für weniger Glückliche nutzt
- und schließlich wende ich mich Dir zu, meinem guten persönlichen Freund und Nobelpreisträger Elie Wiesel, der einer der in der Welt führenden Verteidiger der Menschenrechte ist: eine Stimme für die, die keine Stimme in einer Welt haben, in der sowohl das Schweigen als auch das Erheben der Stimme große Gefahr mit sich bringen kann. Erst im letzten Monat waren Elie und ich in Genf bei der Menschenrechtskommission, wo wir über Menschenrechte und die Notwendigkeit, die Rechte anderer zu verteidigen, gesprochen haben.

Nicht jede Organisation könnte so eine angesehene Gruppe zusammenbringen. Das Tanenbaum Zentrum für interreligiöse Verständigung hat sich durch die Förderung von Toleranz und Harmonie zwischen Menschen unterschiedlichen Glaubens weltweit einen Namen gemacht. Der Namenspatron des Centers, Rabbi Marc Tanenbaum, war eine bemerkenswerte Person: ein wegweisender jüdischer ökumenischer Führer, dessen Hauptanliegen soziale Gerechtigkeit und Flüchtlinge waren. Wie Elie Wiesel heute kämpfte Rabbi Tanenbaum für die Rechte und das Wohlergehen aller.

Dieses Zentrum setzt diese stolze Tradition des Aktivismus fort. Ich danke Dr. Georgette Bennet, der Präsidentin des Zentrums, dafür, dass sie das Lebenswerk ihres verstorbenen Mannes Richard A. Smith fortsetzt, der diese Gedächtnisvorlesung jährlich sponsert, und allen anderen, die dazu beitrugen, mir die Gelegenheit zu geben, heute ein Teil Ihrer einzigartigen Gemeinschaft zu sein.

Sie mögen sich fragen, was ein Generalsekretär der Vereinten Nationen in einer Synagoge macht, warum er über Religion spricht. Sie denken vielleicht, dass die Vereinten Nationen, eine intergouvernementale Organisation, der Trennung von Kirche und Staat treu bleiben müssen, die in den Vereinigten Staaten und vielen anderen Ländern zu finden ist. Sie versuchen vielleicht sich vorzustellen, wie Spiritualität mit der Welt der Diplomatie, der nationalen Sicherheit und kompromissloser Verhandlungen zusammengehen kann.

Ich möchte Sie bitten, in anderen Bahnen zu denken; ich möchte Sie bitten, eine andere Warte einzunehmen. Die Vereinten Nationen sind ein Flickenteppich, sie bewegen sich nicht nur in der Welt der Anzüge und Saris sondern auch in der der Kollare, der Nonnentrachten und der Gewänder der Lamas, der Mitras, der Scheitelkäppchen und Yarmulkes.

Ich treffe mich regelmäßig mit vielen interreligiösen Gruppen und religiösen Persönlichkeiten vieler Bekenntnisse.

Seine Heiligkeit Papst Johannes Paul II. ist einer der vielen religiösen Führer, die den Vereinten Nationen denkwürdige Besuche abgestattet haben, in seinem Fall 1995 während des 50. Jahrestages der Vereinten Nationen. „Die Politik der Nationen", sagte er bei dieser Gelegenheit, „kann die transzendente, spirituelle Dimension der menschlichen Erfahrung niemals ignorieren."

Das ist eine Botschaft, die ich mir zu Herzen nehme. Es besteht eine grundsätzliche Verwandtschaft zwischen den Lehren der großen Religionen der Welt und den Werten, die in der Charta der Vereinten Nationen verankert sind.

Ich bin in diesem Glauben nicht allein. Mein Vorgänger Dag Hammarskjöld, der gleichermaßen wegen seines Glaubens und seiner Leistungen als Generalsekretär in Erinnerung geblieben ist, trug zwei Dokumente bei sich, wohin er auch reiste: das Neue Testament und die Charta der Vereinten Nationen: seine zwei Bibeln, wenn Sie so wollen.

Denken Sie an die zehn Gebote, die im Alten Testament im Buch Exodus geschrieben stehen: Du sollst nicht morden; du sollst nicht stehlen, du sollst nicht falsch Zeugnis ablegen wider deinen Nächsten. Denken Sie an den Hindu-Grundsatz des Dharma: Lebe rechtschaffen, tue deine Pflicht. Denken sie daran, dass eine der fünf Säulen des Islams das Geben von Almosen ist. Oder dass der Weg des Buddhismus beinhaltet, Böswilligkeit und eine Verletzung lebender Dinge zu vermeiden.

Denken Sie nun an einige Worte der Charta der Vereinten Nationen: „Wir die Völker der Vereinten Nationen – fest entschlossen (...) unseren Glauben an die Grundrechte der Menschen, an Würde und Wert der menschlichen Persönlichkeit, an die Gleichberechtigung von Mann und Frau sowie von allen Nationen, ob groß oder klein, erneut zu bekräftigen".

Die Allgemeine Erklärung der Menschenrechte ist ebenfalls tief in der Geschichte der Menschheit verwurzelt: angefangen bei den Weisheiten des Konfuzius über die von Sa'adi, dem persischen Dichter aus dem 13. Jahrhundert bis zu Thomas Jefferson.

Die Religionen mögen sich in sehr verschiedenen Bräuchen und Glaubenssystemen manifestieren, die Vereinten Nationen mögen die äußeren Zeichen säkularer Bestrebungen zeigen, aber im Grunde genommen haben wir uns universellen Werten verschrieben. Darin sind die Vereinten Nationen stark. Freundlich zu sein, barmherzig zu sein: keine Religion kann ein Monopol auf solche Lehren beanspruchen. Das Problem, wie ich es sehe, liegt nicht im Glauben; es liegt bei den Gläubigen.

„Da Kriege in den Köpfen der Menschen entstehen", sagt eine andere berühmte Charta, die der Organisation der Vereinten Nationen für Bildung, Wissenschaft und Kultur (UNESCO), „muss auch der Frieden in den Köpfen der Menschen verankert werden."

Vom Krieg zu Diskriminierung und anderen Menschenrechtsverletzungen – was wir all zu häufig sehen, ist ein Mangel an Toleranz und Verständnis zwischen religiösen Traditionen. Es gibt einen Hang dazu, in Begriffen von „uns" und „denen" zu denken. Menschen fürchten das, was anders ist, und sie dämonisieren den „Anderen". So wie der italienisch-jüdische Schriftsteller und Holocaust-Überlebende Primo Levi einmal schrieb:

„Viele Menschen – viele Nationen – können entdecken, dass sie, mehr oder weniger wissentlich, glauben, dass 'jeder Fremde ein Feind ist'. Der größte Teil dieser Überzeugung liegt tief in unserem Innern wie eine latente Infektion; sie verrät sich nur in willkürlichen, unzusammenhängenden Handlungen und liegt nicht auf dem Fundament eines Systems der Vernunft. Aber wenn es passiert, wenn das unausgesprochene Dogma zur Hauptprämisse eines Syllogismus wird, dann steht am Ende der Kette das Lager."

Einige sagen, das ist die menschliche Natur. So genannte realistische politische Theorien bauen auf dieser Annahme auf. Andere führen die Armut und wirtschaftliche Hoffnungslosigkeit an; oder die Unsicherheiten, die durch grundlegenden Wandel hervorgerufen werden, wie durch das Ende des Kalten Krieges oder die Globalisierung, die indigene kulturelle und religiöse Werte untergraben kann.

Welche Rolle diese Faktoren auch spielen, letztendlich glaube ich, dass Konflikt und Hass, so verbreitet sie auch sind, nicht unvermeidlich sind. Menschen beschließen zu hassen. Menschen werden gelehrt, grausam zu anderen zu sein.

Die Religion ist in der Geschichte traurigerweise immer wieder zu Spaltung, Diskriminierung und Tod missbraucht worden. Vom Altertum über die Kreuzzüge bis zum heutigen Tag ist die Religion verzerrt worden, aus einer persönlichen Angelegenheit des Glaubens und der Stärke wurde sie zu einer Waffe der Macht und der Gewalt gemacht. Der Ruf der Seele nach Sinn und nach Gott wurde durch den Schlachtruf derer übertönt, die behaupten, Gott auf ihrer Seite zu haben.

Überall auf der Welt ist die Politik der Identität, die sich auf Religion, Ethnizität und andere Charakteristika gründet, in den letzten Jahren innerhalb und zwischen Ländern stärker geworden.

In Afghanistan quälen die Erlasse der Taliban die ganze Gesellschaft, aber besonders die Frauen, durch Beschränkungen in Bezug auf Bildung und Beschäftigung. In Uganda führt eine Gruppe, die sich Gottes Widerstandsarmee nennt, einen Aufstand, der die Entführung von Kindern, die Vergewaltigung kleiner Mädchen und den Mord an Frauen mit einschließt, alles im Namen ihres Messias. Aus Nordirland erfahren wir erst jetzt gute Nachrichten nach Jahrzehnten konfessionellen Streits.

Aus meiner eigenen Erfahrung gab es in den letzten Jahren keinen herzzerreißenderen Anblick, als den der Minarette der großartigen Moscheen in Bosnien-Herzegowina, die in Trümmern am Boden lagen, und der Muslime, die hinter Stacheldraht in Lagern eingesperrt und Gewalt ausgesetzt waren – etwas, wovon wir geschworen hatten, das es nie wieder passieren dürfe.

Intoleranz muss nicht zu offener Gewalt oder direktem Konflikt führen, um Narben zu hinterlassen. Heimtückische Diskriminierung kann ebenso verletzend sein. Religiösen Minderheiten wird zum Beispiel oft die Staatsbürgerschaft verweigert oder ihnen wird die Ausübung ihrer Religion verboten. Lehrbücher spiegeln die Verschiedenheit einer Gesellschaft nicht wider und predigen eine Botschaft der Intoleranz gegenüber einigen Religionen.

Es ist wichtig, sich daran zu erinnern, dass Intoleranz und Extremismus nicht nur zwischen Religionen sondern auch innerhalb einer Religion auftreten können. Ich denke an das Schisma zwischen sunnitischen und schiitischen Muslimen und an die innerhalb des Judentums geführte Debatte darüber, „wer ein Jude ist". Ich denke, sie werden mir zustimmen, dass Familienstreitigkeiten manchmal zu den schmerzlichsten und spaltendsten gehören.

Wir haben also alle Hände voll zu tun. Wie können wir Diskriminierung bekämpfen? Wie können wir Vielfalt fördern? Wie können wir weitergehen und sicherstellen, dass der Glaube eine erleuchtende und einigende Realität wird? Lassen Sie uns an das denken, was Elie Wiesel mir einmal gesagt hat: „Glaube bewirkt Respekt, Fanatismus aber erzeugt Hass."

Die Arbeit der Vereinten Nationen beginnt damit, Normen und Standards für internationales Verhalten aufzustellen. Die Allgemeine Erklärung der Menschenrechte macht geltend, dass „jeder Mensch Anspruch auf Gedanken-, Gewissens- und Religionsfreiheit hat." Der Internationale Pakt über bürgerliche und politische Rechte macht dieses Recht für die 140 Vertragsstaaten verbindlich. Eine Erklärung, die 1981 von der Generalversammlung angenommen wurde, untermauert die Natur und Bedeutung dieser grundlegendsten Freiheit noch weiter.

So wertvoll diese Dokumente sind, es sind nur Gesetze. Die Situation diesbezüglich ist so, dass die Menschenrechtskommission 1986 mit der Unterstützung der Regierung der Vereinigten Staaten beschlossen hat, einen unabhängigen Sonderberichterstatter zu ernennen, der in allen Teilen der Welt Vorfälle und Regierungsaktivitäten untersuchen soll, die mit den Bestimmungen der Erklärung von 1981 im Widerspruch stehen.

Durch Besuche in Ländern und andere Formen der Informationsbeschaffung dokumentiert der Berichterstatter Verletzungen und Trends. Er betont die Notwendigkeit, Diskriminierung nicht nur zu kontrollieren, sondern sie durch interreligiösen Dialog und insbesondere Bildung zu verhindern.

In einem verwandten Bereich trägt der Internationale Strafgerichtshof für das ehemalige Jugoslawien seinen Teil dazu bei, Anschuldigungen des Völkermords oder der Verbrechen gegen die Menschlichkeit zu verfolgen – Verbrechen, die manchmal im Namen der Religion verübt werden. Aber wir können noch weiter gehen. In weniger als zwei Wochen werden sich Delegierte zum Abschluss der Verhandlungen über die Errichtung eines internationalen Strafgerichtshofs in Rom versammeln. Das 50. Jubiläumsjahr der Allgemeinen Erklärung der Menschenrechte und der Völkermordkonvention ist eine passende Gelegenheit, um einen Gerichtshof zu schaffen, der als das fehlende Glied im internationalen Rechtssystem bezeichnet worden ist.

Aber selbst das sind nur die ersten Schritte, und sie sind nicht immer wirkungsvoll. Die internationale Gemeinschaft braucht neue und innovative Instrumente. Es gibt genügend Raum für religiöse Persönlichkeiten und Organisationen wie dem Tanenbaum-Zentrum, eine noch größere Rolle bei dieser Arbeit zu übernehmen, als sie es bereits tun.

Sie können zum Beispiel an Weltkonferenzen und in anderen Foren der Vereinten Nationen teilnehmen. Ich möchte Ihre Aufmerksamkeit auf ein paar bevorstehende Ereignisse lenken. Erstens wird die Generalversammlung im Juni eine Sondersitzung über illegale Drogen abhalten, die globale Geißel, die besonders auf junge Menschen zielt. Sicherlich verbindet religiöse Gruppen und Gemeinden ein besonderes Band mit der Jugend der Welt – und eine besondere Verantwortung.

Zweitens habe ich vorgeschlagen, dass die Generalversammlung eine Millenniumsversammlung abhält, nicht nur, um das Jahr 2000 zu feiern, sondern um die Vision der Vereinten Nationen für das neue Jahrhundert zu entwerfen. Ich habe außerdem angeregt, dass ein Millenniumsforum der Nichtregierungsorganisationen in Verbindung mit der Millenniumsversammlung abgehalten wird, in Anerkennung der Rolle der Zivilgesellschaft und ihres rechtmäßigen Platzes in der heutigen Welt.

Religiöse Gruppen können auch interreligiöse Gruppen des Dialogs bilden und Fürsprache einlegen sowie öffentliche Bildungskampagnen umsetzen. Sie mögen auch ihre guten Dienste anbieten. Die Gemeinschaft von Sankt Egidio zum Beispiel, eine römisch-katholische Laienorganisation, die sich sozialen Belangen widmet und Verbindungen zu einem mosambikanischen Priester besitzt, half bei der Entwicklung erfolgreicher Verhandlungen, die den Frieden nach Mosambik brachten. Heute leistet Sankt Egidio im Hinblick auf die Situation im Kosovo unschätzbare Arbeit.

Ich weiß, dass das Tanenbaum Center ein besonderes Interesse daran hat, die Religion als ein Mittel der Staatskunst zu sehen, und ich begrüße das Programm zu Religion und Konfliktlösung, das Sie zusammen mit der Columbia-Universität mit diesem Ziel durchführen.

Wir können eine Kultur der Vielfalt haben. So wie die Feder mächtiger ist als das Schwert, kann auch die Berufung auf Werte – religiöse Werte, die Werte der Charta der Vereinten Nationen – stärker sein als jeder Ruf nach Waffen.

Wir müssen das betonen, was wir gemeinsam haben: die Universalität der menschlichen Wünsche und der Menschenrechte. Genauso wichtig ist es, dass wir zu unserer festen Überzeugung stehen.

Letzten Monat hatte ich die Ehre, Israel und den Nahen Osten zu besuchen. Während meines Besuches in Yad Vashem legte ich an der Gedenkstätte für die Opfer einen Kranz nieder und hielt inne, um vor den drei Bäumen, die in Erinnerung an den Onkel meiner Frau, Raoul Wallenberg, gepflanzt worden waren, nachzudenken.

Raoul nahm außerordentliche Gefahren auf sich. Er hatte keine Angst vor der brutalen und unmenschlichen Gewalt, die Millionen von Menschen tötete und Europa zerstörte. Der japanische Diplomat Chiune Sugihara war ebenfalls heldenhaft in seinem Bemühen, während dieser furchtbaren Zeit Leben zu retten.

Aber warum wandten sich so viele Menschen ab? Warum gab es so wenige Raoul Wallenbergs? Warum scheint das Böse so alltäglich, und die Güte so rätselhaft? Wir müssen auf die unvergessliche Warnung des deutschen Theologen Martin Niemöller hören. Elie Wiesel sprach davon, für die Toten zu beten und für die Millionen, die in Kambodscha getötet wurden. Niemöller erinnert uns an das, was wir für die Lebenden tun müssen bevor sie in Schwierigkeiten geraten.

„In Deutschland kamen sie zuerst, um die Kommunisten zu holen, und ich sagte nichts, denn ich war ja kein Kommunist. Dann holten sie die Juden, und ich sagte nichts, denn ich war kein Jude. Dann holten sie die Gewerkschaftler, und ich sagte nichts, denn ich war kein Gewerkschaftler. Dann holten sie die Katholiken, und ich sagte nichts, denn ich war Protestant. Dann kamen sie auch um mich zu holen – und da war niemand mehr da, um für mich zu sprechen."

Ich bin heute Abend gekommen, um für etwas zu sprechen: für die Vielfalt. Und ich bin gekommen, um für die religiöse und spirituelle Dimension unserer Arbeit bei den Vereinten Nationen zu sprechen.

Ich sagte nach meiner Rückkehr aus dem Irak, dass wir die Kraft des Gebets nie unterschätzen sollten. Wenn wir sprechen, wenn wir beten, einzeln und gemeinsam, mit einer Stimme oder einer Vielzahl von Stimmen, können wir die Laute des Krieges verstummen lassen. Wenn wir die Saat der Intoleranz bezwingen, können wir dem Frieden und der Gerechtigkeit, dem Geburtsrecht jedes Menschen, den Weg ebnen.

Für Ihre aufgeklärte Führung bei dieser wichtigen Anstrengung, danke ich Ihnen.

III. Krisen und Konflikte

[13] Intervention und Souveränität

Ditchley Foundation Vorlesung
Ditchley Park, 26. Juni 1998

Es ist mir eine große Ehre, dass Sie mich gebeten haben, die 35. jährliche Vorlesung der Ditchley Foundation zu halten. Ich habe die Liste Ihrer früheren Redner sorgfältig gelesen und ich kann sagen, dass ich ziemlich eingeschüchtert war, mich in der Folge einer so langen Reihe von Präsidenten, Premierministern, Kardinälen ... und selbst Zentralbankern wiederzufinden. Aber ich schöpfte Mut, als ich sah, dass der Redner des letzten Jahres mein Freund Bill Richardson war. Es ist in der Tat beruhigend, dass Sie, nachdem Sie ein so wichtiges und ehrenwertes Mitglied des Sicherheitsrates der Vereinten Nationen gehört haben, das auf dem Wege ist, sogar noch wichtiger und ehrenwerter zu werden, noch immer denken, dass ein Generalsekretär etwas von Interesse hinzufügen könnte.

Dennoch nehme ich an, dass Sie von dem Titel, den ich für meine Rede ausgesucht habe, überrascht sind. Oder dass Sie, wenn nicht, doch denken mögen, dass ich gekommen bin, um eine Predigt gegen Intervention zu halten. Ich nehme an, dass das die traditionelle Linie wäre, die ein Bürger einer ehemaligen britischen Kolonie in einer Rede vor leitenden politischen Vordenkern und Diplomaten einer ehemaligen kolonialen Macht verfolgen würde. Und einige Leute würden eine Predigt auf dieser Linie auch von einem Generalsekretär erwarten, aus welchem Herkunftsland er auch immer kommen mag.

Die Vereinten Nationen sind schließlich immer noch eine Vereinigung souveräner Staaten, und souveräne Staaten neigen dazu, extrem eifersüchtig über ihre Souveränität zu wachen. Vor allem kleine Staaten haben Angst vor einem Eingriff in ihre inneren Angelegenheiten durch die Großmächte. Und tatsächlich hat unser Jahrhundert viele Beispiele gesehen, bei denen die Starken in die Angelegenheiten der Schwachen „eingegriffen" – oder sich eingemischt – haben, von der alliierten Intervention im russischen Bürgerkrieg 1918 bis zu den sowjetischen „Interventionen" in Ungarn, der Tschechoslowakei und Afghanistan.

Andere könnten sich auf die amerikanische Intervention in Vietnam beziehen oder sogar auf die türkische Intervention in Zypern 1974. Die Motive und die juristische Rechtfertigung mögen in manchen Fällen besser sein als in anderen, aber das Wort „Intervention" ist beinahe zu einem Synonym für „Invasion" geworden.

Die Charta der Vereinten Nationen überträgt den Großmächten große Verpflichtungen in ihrer Eigenschaft als ständige Mitglieder des Sicherheitsrates. Aber als Absicherung gegen einen Missbrauch dieser Befugnisse schützt Artikel 2 Ziffer 7 der Charta die nationale Souveränität sogar vor einer Intervention der Vereinten Nationen selbst. Ich bin sicher, dass jeder in diesem Publikum ihn auswendig kennt. Aber lassen Sie mich – nur für den Fall – daran erinnern, dass dieser Artikel es den Vereinten Nationen verbietet, in Angelegenheiten einzugreifen, „die ihrem Wesen nach zur inneren Zuständigkeit eines Staates gehören."

Dieses Verbot ist heute genauso relevant wie 1945: Verletzungen der Souveränität bleiben Verletzungen der globalen Ordnung. Doch in anderen Zusammenhängen hat das Wort „Intervention" eine positivere Bedeutung. Wir alle schätzen den Polizisten, der eingreift, um einen Kampf zu beenden, oder den Lehrer, der große Jungen daran hindert, einen kleineren zu schikanieren. Und die Medizin benutzt das Wort „Eingriff" um das Vorgehen eines Chirurgen zu beschreiben, der Leben rettet, indem er „eingreift", um bösartige Wucherungen zu entfernen oder beschädigte Organe zu reparieren. Natürlich ist die aggressivste Behandlungsmethode nicht immer zu empfehlen. Ein weiser Arzt weiß, wann er der Natur ihren Lauf lassen muss. Aber ein Arzt, der nie eingreift, hätte wenige Bewunderer und wahrscheinlich noch weniger Patienten.

Gleiches gilt für die internationalen Beziehungen. Warum wurden die Vereinten Nationen geschaffen, wenn nicht, um als freundlicher Polizist oder Arzt zu handeln? Es ist unser Job einzugreifen: einen Konflikt zu verhindern, wo wir können, ihn zu beenden, wenn er ausgebrochen ist oder – wenn nichts dergleichen möglich ist – ihn zumindest einzudämmen und seine Ausweitung zu verhindern. Das ist es, was die Welt von uns erwartet, auch wenn die Vereinten Nationen – leider – keineswegs immer diesen Erwartungen gerecht werden. Das ist es auch, was die Charta von uns verlangt, besonders in Kapitel VI, das sich mit der friedlichen Beilegung von Streitigkeiten befasst, und Kapitel VII, das die Maßnahmen beschreibt, die die Vereinten Nationen ergreifen müssen, wenn der Frieden bedroht ist oder sogar gebrochen wurde.

Der Zweck von Artikel 2 Ziffer 7, den ich gerade zitiert habe, war es, solche Interventionen auf Fälle zu beschränken, in denen der internationale Frieden bedroht oder gebrochen ist, und die Vereinten Nationen davon abzuhalten, sich in rein innerstaatliche Streitigkeiten einzumischen. Aber selbst dieser Artikel enthält den wichtigen Zusatz, dass „dieser Grundsatz die Anwendung von Zwangsmaßnahmen nach Kapitel VII nicht berührt". Mit anderen Worten, selbst die nationale Souveränität kann außer Kraft gesetzt werden, wenn sie der vorrangigen Pflicht des Sicherheitsrates, Frieden und Sicherheit zu bewahren, im Wege steht. Dem Anschein nach gibt es einen einfachen Unterschied zwischen einem internationalen Konflikt, der eindeutig eine Angelegenheit der Vereinten Nationen ist, und innerstaatlichen Streitigkeiten, die es nicht sind. Der Ausdruck „innerstaatliche Streitigkeit" klingt beruhigend. Er suggeriert, dass es sich nur um einen kleinen lokalen Streit handelt, den der fragliche Staat leicht allein regeln kann, wenn man es ihm überlässt, das zu tun.

Wir alle wissen, dass das in den letzten Jahren nicht so war. Die meisten Kriege sind heute Bürgerkriege. Oder zumindest haben sie als solche angefangen. Und diese Kriege sind alles andere als harmlos. Tatsächlich sind sie nur insofern „bürgerlich", als dass Zivilisten – das heißt Nichtkombattanten – zu den Hauptopfern geworden sind.

Im Ersten Weltkrieg waren rund 90 Prozent der Getöteten Soldaten und nur zehn Prozent Zivilisten. Im Zweiten Weltkrieg machten Zivilisten, selbst wenn wir die Opfer der Nazi-Todeslager als Kriegsopfer zählen, nur die Hälfte oder etwas über die Hälfte aller Getöteten aus. Aber in vielen der heutigen Konflikte sind Zivilisten zu den Hauptzielen der Gewalt geworden. Es ist jetzt üblich, den Anteil ziviler Opfer irgendwo in der Region von 75 Prozent anzusetzen. Ich sage „üblich", weil es in Wahrheit keiner wirklich weiß. Hilfsorganisationen wie das Amt des Hohen Kommissars der Vereinten Nationen für Flüchtlinge (UNHCR) und das Rote Kreuz verwenden ihre Ressourcen zu Recht dazu, den Lebenden zu helfen anstatt die Toten zu zählen.

Die Armeen zählen ihre Verluste, und manchmal rühmen sie sich der Zahl der von ihnen getöteten Feinde. Aber es gibt keine Organisation, deren Aufgabe es ist, über die getöteten Zivilisten Buch zu führen. Die Opfer heutiger brutaler Konflikte sind nicht bloß anonym sondern buchstäblich zahllos. Doch solange der Konflikt innerhalb der Grenzen eines einzelnen Staates wütet, würde die alte Orthodoxie von uns verlangen, dass wir ihn wüten lassen. Wir sollten ihn, „sich selbst ausbluten" oder „auffressen" lassen. (Sie können ihren eigenen Euphemismus wählen.) Wir sollten ihn sogar eskalieren lassen, ungeachtet der Konsequenzen für die Menschen, zumindest bis zu dem Punkt, an dem seine Auswirkungen auf benachbarte Staaten übergreifen, so dass er, mit den Worten so vieler Sicherheitsratsresolutionen, „eine Bedrohung für den Weltfrieden und die internationale Sicherheit" wird.

In Wirklichkeit war diese „alte Orthodoxie" nie absolut. Die Charta wurde schließlich im Namen der „Völker" der Vereinten Nationen ausgefertigt, nicht der Regierungen. Ihre Aufgabe ist es, nicht nur den internationalen Frieden zu bewahren – so außerordentlich wichtig das ist –, sondern auch, „den Glauben an

die Grundrechte des Menschen, an Würde und Wert der menschlichen Persönlichkeit erneut zu bekräftigen". Die Charta schützt die Souveränität der Völker.
Dies war nie als Lizenz für Regierungen gedacht, auf den Menschenrechten und
der Menschenwürde herumzutrampeln. Souveränität impliziert Verantwortung,
nicht nur Macht.

In diesem Jahr feiern wir das 50. Jubiläum der Allgemeinen Erklärung der Men-
schenrechte. Diese Erklärung war nicht als rein rhetorische Feststellung gemeint.
Die Generalversammlung, die sie angenommen hat, beschloss auch im gleichen
Monat, dass sie das Recht hat, ihrer Besorgnis über das Apartheidssystem in
Südafrika Ausdruck zu verleihen. Der Grundsatz der internationalen Sorge um
Menschenrechte hat Vorrang vor dem Anspruch der Nichteinmischung in innere
Angelegenheiten.

An dem Tag bevor sie die Allgemeine Erklärung annahm, hatte die Generalversammlung die Konvention über die Verhütung und Bestrafung des Völkermordes
angenommen, die alle Staaten verpflichtet, dieses schändlichste aller Verbrechen
zu „verhüten und zu bestrafen". Sie erlaubt ihnen zudem „die zuständigen Organe der Vereinten Nationen damit zu befassen", Maßnahmen zu diesem Zwecke
zu ergreifen.

Da Völkermord fast immer mit der stillschweigenden Duldung, wenn nicht der
direkten Beteiligung, staatlicher Autoritäten verübt wird, ist es schwer, sich vorzustellen, wie die Vereinten Nationen ihn verhindern können, ohne in die inneren
Angelegenheiten eines Staates einzugreifen.

Was die Bestrafung betrifft, wird jetzt ein sehr wichtiger Versuch unternommen,
diese Verpflichtung durch die Internationalen Strafgerichtshöfe für das ehemalige Jugoslawien und Ruanda zu erfüllen. Und vor zehn Tagen hatte ich die Ehre,
in Rom die Konferenz zu eröffnen, die einen ständigen Internationalen Strafgerichtshof schaffen soll. Innerhalb eines Jahres oder zwei wird dieser Gerichtshof,
wie ich aufrichtig hoffe, arbeitsbereit sein, mit der Zuständigkeit, Fälle von
Kriegsverbrechen und Verbrechen gegen die Menschlichkeit zu behandeln, wo
auch immer und durch wen auch immer sie verübt werden.

Staatsgrenzen, meine Damen und Herren, sollten nicht länger als wasserdichter
Schutz für Kriegsverbrecher und Massenmörder betrachtet werden. Die Tatsache, dass ein Konflikt „innerstaatlich" ist, gibt den Parteien kein Recht, die
grundlegendsten Regeln menschlichen Verhaltens zu missachten. Außerdem
bleiben die meisten „innerstaatlichen" Konflikte nicht sehr lange innerstaatlich.
Sie greifen bald auf benachbarte Länder über.

Die offensichtlichste und tragischste Form, in der das geschieht, sind die Flüchtlingsströme. Aber es gibt andere Formen, eine davon ist die Verbreitung von Wissen. Nachrichten reisen heute schneller um die Welt, als wir es uns noch vor ein paar Jahren vorstellen konnten. Menschliches Leiden großen Ausmaßes ist mittlerweile nicht mehr geheim zu halten. Menschen in weit entfernten Ländern hören nicht nur davon, sie sehen es oft im Fernsehen.

Das wiederum führt zu öffentlicher Empörung und setzt die Regierungen unter Druck, „etwas zu tun", mit anderen Worten, einzugreifen. Zudem breiten sich die Konflikte von heute nicht nur über bestehende Grenzen aus. Manchmal lassen sie neue Staaten entstehen, was natürlich neue Grenzen bedeutet. In solchen Fällen wird das, was als innerer Konflikt begann, zu einem internationalen. Das geschieht, wenn Völker, die früher zusammen in einem Staat gelebt haben, das Verhalten des anderen so bedrohlich, so verletzend finden, dass das nicht länger möglich ist.

Solche Abspaltungen sind selten so reibungslos und problemlos wie die „samtene Scheidung" zwischen Tschechen und Slowaken. Allzu oft finden sie in der Mitte oder am Ende langer und bitterer Konflikte statt, wie es mit Pakistan und Bangladesch der Fall war, mit den ehemaligen jugoslawischen Republiken und mit Äthiopien und Eritrea. In anderen Fällen, wie dem der ehemaligen Sowjetunion, mag die anfängliche Abspaltung weitgehend gewaltfrei sein, und doch gibt sie schnell Anlass zu neuen Konflikten, die neue Probleme für die internationale Gemeinschaft aufwerfen. In vielen Fällen wird der Konflikt schließlich so gefährlich, dass die internationale Gemeinschaft sich gezwungen sieht einzugreifen. Das kann sie dann nur auf die aufdringlichste und teuerste Weise tun: mit militärischer Intervention.

Und doch sind die effektivsten Interventionen nicht militärisch. Es ist viel besser – egal von welchem Standpunkt aus gesehen –, wenn Maßnahmen zur Lösung oder Bewältigung eines Konflikts ergriffen werden können, bevor er das militärische Stadium erreicht. Manchmal sind es Maßnahmen in Form wirtschaftlicher Beratung und Hilfe.

In so vielen Fällen werden ethnische Spannungen durch Armut und Hungersnot verschärft oder durch ungleiche wirtschaftliche Entwicklung, die einem Teil der Gemeinschaft Reichtum bringt, während Heim und Lebensunterhalt eines anderen zerstört werden. Wenn Außenstehende durch gezielt ausgerichtete Hilfe und Investitionen, durch Information und Schulung lokaler Unternehmer oder durch das Anregen geeigneter staatlicher Maßnahmen dabei helfen können, das zu verhüten, sollte ihre „Intervention" sicherlich von allen Betroffenen begrüßt werden.

Deshalb betrachte ich die Arbeit des Entwicklungsprogramms der Vereinten Nationen und unserer „Bretton Woods"-Schwesterinstitutionen in Washington als organisch mit der Arbeit der Vereinten Nationen für Frieden und Sicherheit verbunden. In anderen Fällen ist geschickte und rechtzeitige Diplomatie das, was nötig ist.

Hier in Europa möchte ich das Beispiel des Hohen Kommissars für nationale Minderheiten der Organisation für Sicherheit und Zusammenarbeit in Europa (OSZE), Max van der Stoel, anführen. Sie sehen ihn fast nie im Fernsehen, noch lesen Sie viel von ihm in den Zeitungen, aber das ist sicher ein Zeichen für seinen Erfolg. Es ist seine Aufgabe, den europäischen Staaten zu helfen, ruhig und friedlich mit ihren Minderheitenproblemen umzugehen, so dass sie nie in das Stadium geraten, in dem sie unweigerlich in die Schlagzeilen oder in die Fernsehnachrichten überall auf der Welt kommen.

Auch die Vereinten Nationen tun ihr Bestes, um auf wirksame, aber nichtmilitärische Weise „einzugreifen". Als ich im Februar dieses Jahres nach Bagdad ging, tat ich das auf der Suche nach einer friedlichen Lösung für die Krise, die uns an den Rand eines neuen Krieges am Golf gebracht hat. Ich kam mit einer Vereinbarung zurück, die die Krise abgewendet hat, zumindest vorläufig.

Die Vereinbarung war weder ein Sieg noch eine Niederlage für irgendeine Person, Nation oder Gruppe von Nationen. Zweifellos haben die Vereinten Nationen und die Weltgemeinschaft nichts verloren, nichts weggegeben und nichts Substanzielles zugestanden. Aber indem die Wiederaufnahme militärischer Feindseligkeiten aufgehalten wurde, wurde ein Sieg für den Frieden, für die Vernunft und für die Konfliktlösung durch Diplomatie erreicht.

Das unterstreicht jedoch, dass die Diplomatie, wenn sie erfolgreich sein soll, durch Macht und Fairness unterfüttert sein muss. Die Vereinbarung war für die ganze Welt auch eine Erinnerung daran, wofür diese Organisation in erster Linie gegründet worden ist: um den Ausbruch unnötiger Konflikte zu verhindern, um internationale Lösungen für internationale Probleme zu suchen, um die Einhaltung des Völkerrechts und internationaler Abkommen von einer widerspenstigen Partei zu erhalten, ohne das Ansehen und die Kooperationsbereitschaft dieses Staates für immer zu zerstören.

Der Irak ist nur ein Beispiel dafür, wie Diplomatie durch die Vereinten Nationen den Willen der internationalen Gemeinschaft umsetzen kann, wenn die Zeit reif ist. Wir sehen es viel lieber, dass Streitigkeiten unter Kapitel VI beigelegt werden, als dass auf drastischere und teurere Mittel unter Kapitel VII zurückgegriffen werden muss.

Viele Jahre haben die Vereinten Nationen erfolgreiche friedenssichernde Operationen durchgeführt – sowohl Operationen traditioneller Art, wie die Überwachung von Waffenruhen und Pufferzonen, als auch komplexere, mehrdimensionale Operationen, die geholfen haben, den Frieden nach Namibia, Mosambik und El Salvador zu bringen.

Und in den letzten Jahren kam es zu einer zunehmenden Betonung der politischen Arbeit der Vereinten Nationen, da die Größe – doch nicht die Zahl – der friedenssichernden Operationen seit ihrem Höhepunkt in den frühen neunziger Jahren abgenommen hat. Frühe diplomatische Intervention in ihrer besten Form kann Blutvergießen ganz verhindern. Aber wie Sie wissen, sind unsere Ressourcen begrenzt. Und wir glauben fest an das Prinzip der „Subsidiarität", das Sie Europäer so schätzen. Mit anderen Worten, wir sind mehr als froh, wenn Streitigkeiten auf regionaler Ebene friedlich geregelt werden können, ohne dass die Vereinten Nationen involviert werden müssen.

Wir müssen jedoch davon ausgehen, dass es immer einige tragische Fälle geben wird, in denen friedliche Mittel versagen: wo extreme Gewalt eingesetzt wird und nur gewaltsame Intervention sie eindämmen kann. Selbst während des Kalten Krieges, als die eigene Durchsetzungsfähigkeit der Vereinten Nationen weitgehend durch die Unstimmigkeiten im Sicherheitsrat gelähmt war, gab es Fälle, in denen extreme Verletzungen der Menschenrechte in einem Land zu militärischer Intervention eines seiner Nachbarn führten. 1971 beendete die indische Intervention den Bürgerkrieg in Ostpakistan und gestattete Bangladesch, unabhängig zu werden. 1978 intervenierte Vietnam in Kambodscha und setzte der völkermörderischen Herrschaft der Roten Khmer ein Ende. 1979 intervenierte Tansania, um Idi Amins unberechenbare Diktatur in Uganda zu stürzen.

In allen drei Fällen gaben die intervenierenden Staaten die Flüchtlingsströme über die Grenze als Grund dafür an, warum sie handeln mussten. Aber was ihr Handeln in den Augen der Welt rechtfertigte, war der Charakter der Regime, gegen die sie vorgingen. Und die Geschichte hat dieses Urteil im Großen und Ganzen bestätigt. Wenige würden heute bestreiten, dass die Intervention in diesen Fällen das kleinere Übel war, anstatt zuzulassen, dass Massaker und extreme Unterdrückung fortdauern. Damals war die internationale Gemeinschaft in allen drei Fällen gespalten und beunruhigt. Warum? Weil diese Interventionen unilateral waren. Die fraglichen Staaten hatten kein Mandat von irgendeinem anderen, so zu handeln, wie sie es taten. Und das setzt einen beunruhigenden Präzedenzfall.

Können wir es uns wirklichen leisten, jedem Staat zu erlauben, sein eigener Richter zu sein, was sein eigenes Recht oder seine eigene Pflicht betrifft, in den inneren Konflikt eines anderen Staates einzugreifen? Wenn wir das tun, wären wir nicht gezwungen, Hitlers Eintreten für die Sudetendeutschen als gerechtfertigt anzusehen, oder die sowjetische Intervention in Afghanistan?

Die meisten von uns würden es, wie ich denke, lieber sehen – besonders jetzt, da der Kalte Krieg vorbei ist –, dass solche Entscheidungen gemeinschaftlich getroffen werden, durch eine internationale Institution, deren Autorität allgemein respektiert wird. Und sicher ist der Sicherheitsrat der Vereinten Nationen die einzige Institution, die qualifiziert ist, diese Rolle zu übernehmen. Die Charta weist dem Rat eindeutig die Verantwortung für die Wahrung des Weltfriedens und der internationalen Sicherheit zu. Ich würde deshalb behaupten, dass nur der Rat die Befugnis hat, zu entscheiden, ob die innere Situation in einem Staat so besorgniserregend ist, dass eine gewaltsame Intervention zu rechtfertigen ist.

Wie Sie wissen, meinen viele Mitgliedstaaten, dass die Autorität des Rates jetzt durch die Erhöhung seiner Mitgliederzahl gestärkt werden muss, indem neue ständige Mitglieder zugelassen werden oder möglicherweise eine neue Mitgliederkategorie hinzugefügt wird. Unglücklicherweise muss noch ein Konsens über die Details einer solchen Reform erreicht werden.

Das ist eine Angelegenheit der Mitgliedstaaten. Als Generalsekretär möchte ich nur drei Dinge sagen. Erstens, der Sicherheitsrat muss repräsentativer werden, damit er die aktuellen Realitäten widerspiegelt, anstatt die von 1945. Zweitens, die Autorität des Rates hängt nicht nur vom repräsentativen Charakter der Mitgliedschaft ab, sondern auch von der Qualität und Schnelligkeit seiner Entscheidungen. Der Menschheit ist schlecht gedient, wenn der Rat nicht in der Lage ist, in einer Krise schnell und entschlossen zu handeln. Drittens, die Verzögerung beim Erreichen einer Einigung über die Reform, so bedauerlich sie ist, darf nicht dazu führen, dass die Autorität und Verantwortung des Rates unterdessen geschmälert wird.

Der Rat in seiner gegenwärtigen Form leitet seine Autorität aus der Charta ab. Diese gibt ihm eine einzigartige Legitimität als Angelpunkt der Weltordnung, die alle Mitgliedstaaten anerkennen und respektieren sollten. Sie überträgt den Ratsmitgliedern zudem eine einzigartige Verantwortung, den ständigen ebenso wie den nichtständigen – eine Verantwortung, derer sich ihre Regierungen und in der Tat auch ihre Bürger voll bewusst sein sollten.

Natürlich bedeutet die Tatsache, dass der Rat diese einzigartige Verantwortung hat, nicht, dass die Intervention selbst immer direkt von den Vereinten Nationen durchgeführt werden soll, im Sinne von Blauhelmtruppen, die durch das Sekretariat der Vereinten Nationen kontrolliert werden. Keiner weiß besser als ich, als ehemaliger für die Friedenssicherung zuständiger Untergeneralsekretär, dass den

Vereinten Nationen die Fähigkeit fehlt, groß angelegte militärische Durchsetzungsoperationen zu leiten.

Zumindest in absehbarer Zeit werden solche Operationen durch die Mitgliedstaaten durchgeführt werden müssen, oder durch Regionalorganisationen. Aber sie müssen die Autorität des Sicherheitsrates hinter sich haben, die in einer autorisierenden Resolution Ausdruck findet. Diese Formel, die 1990 entwickelt wurde, um mit der irakischen Aggression gegen Kuwait fertig zu werden, hat ihren Nutzen bewiesen und wird ohne Zweifel in zukünftigen Krisen wieder gebraucht werden. Aber wir sollten nicht annehmen, dass eine Intervention immer groß angelegt sein muss.

Es gibt Fälle, in denen die Schnelligkeit von Aktionen sehr viel entscheidender sein mag als die Größe der Truppe. Ich persönlich werde von der Erfahrung von Ruanda 1994 verfolgt: eine schreckliche Demonstration dessen, was geschehen kann, wenn es keine Intervention gibt, oder zumindest keine in den entscheidenden ersten Wochen der Krise. General Dallaire, der Kommandeur der Mission der Vereinten Nationen, hat darauf hingewiesen, dass mit einer Truppe selbst bescheidener Größe und Mittel das Töten zu einem großen Teil hätte verhindert werden können. Tatsächlich sagte er, dass 5.000 Blauhelme 500.000 Leben hätten retten können. Wie tragisch ist es, dass im entscheidenden Moment der entgegengesetzte Kurs gewählt und die Größe der Truppe verringert wurde.

Sicher hätten die Dinge anders ausgesehen, wenn dem Sicherheitsrat eine schnelle Eingreiftruppe zur Verfügung gestanden hätte, die innerhalb weniger Tage einsatzbereit gewesen wäre. Ich glaube, dass wir, wenn wir solchen Katastrophen in der Zukunft abwenden wollen, eine solche Kapazität brauchen, dass die Mitgliedstaaten entsprechend ausgebildete Bereitschaftstruppen unmittelbar verfügbar haben müssen und gewillt sein müssen, sie schnell zu entsenden, wenn der Sicherheitsrat sie darum ersucht.

Einige haben angeregt, dass private Sicherheitsfirmen, wie jene, die kürzlich geholfen hat, den gewählten Präsidenten in Sierra Leone wieder an die Macht zu bringen, eine Rolle spielen könnten, um die Vereinten Nationen mit der schnellen Reaktionsfähigkeit auszustatten, die sie brauchen. Als wir geübte Soldaten brauchten, um Kämpfer von den Flüchtlingen in den ruandischen Flüchtlingslagern in Goma zu trennen, habe ich sogar an die Möglichkeit gedacht, eine private Firma zu beauftragen. Aber die Welt mag vielleicht nicht dazu bereit sein, den Frieden zu privatisieren.

Lassen Sie mich jedenfalls betonen, dass ich nicht eine stehende Armee verlange, die dem Generalsekretär zur Verfügung steht. Die Entscheidung einzugreifen, – ich wiederhole – kann nur durch den Sicherheitsrat getroffen werden. Aber ge-

genwärtig hat sich die Autorität des Rates verringert, weil ihm die Mittel fehlen, um wirkungsvoll zu intervenieren, selbst wenn er das tun will.

Lassen Sie mich schließen, indem ich auf das zurückkomme, womit ich begonnen habe. Die Vereinten Nationen sind eine Vereinigung souveräner Staaten, aber die Rechte, zu deren Wahrung sie bestehen, gehören den Völkern, nicht den Regierungen. Ebenso ist es falsch, zu denken, dass die Verpflichtungen der Vereinten Nationen nur den Staaten zufallen. Jeder einzelne von uns – ob als Mitarbeiter von Regierungen, intergouvernementalen oder Nichtregierungsorganisationen, in Unternehmen, in den Medien oder einfach nur als menschliches Wesen – hat die Verpflichtung, alles zu tun, was er kann, um Ungerechtigkeit zu beseitigen. Jeder von uns hat die Pflicht, dem Leiden ein Ende zu setzen – oder besser, es zu verhindern.

Viel ist über die „Pflicht zur Einmischung" (le devoir d'ingérence) geschrieben worden. Wir sollten uns daran erinnern, dass der Erfinder dieses Ausdrucks, Bernard Kouchner, ihn nicht als Minister in der französischen Regierung prägte, sondern als er noch die karitative Organisation Médicins du Monde leitete. Er vertrat die Ansicht, dass Nichtregierungsorganisationen die Pflicht hätten, nationale Grenzen zu überschreiten, mit oder ohne die Zustimmung der Regierenden, um die Opfer von Naturkatastrophen und anderer Notlagen zu erreichen. Und ihr Recht, das zu tun, ist seither durch zwei Resolutionen der Generalversammlung der Vereinten Nationen anerkannt worden – 1988 (nach dem Erdbeben in Armenien) und erneut 1991.

Beide Resolutionen machen, obgleich sie die staatliche Souveränität respektieren, das vorrangige Recht der Menschen geltend, in hoffnungslosen Situationen Hilfe zu erhalten und das Recht internationaler Organe, diese zur Verfügung zu stellen.

Wenn wir uns also der tragischen Ereignisse wie der in Bosnien oder Ruanda erinnern und fragen „Warum hat niemand eingegriffen?", sollte die Frage nicht nur an die Vereinten Nationen gerichtet sein oder ihre Mitgliedstaaten. Jeder von uns als Person muss seinen Teil der Verantwortung tragen. Keiner kann sich auf eine Unkenntnis des Geschehenen berufen. Wir alle sollten uns erinnern, wie wir reagiert haben und fragen: Was habe ich getan? Hätte ich mehr tun können? Habe ich zugelassen, dass meine Voreingenommenheit, meine Gleichgültigkeit oder meine Angst mein logisches Denken überwältigen. Vor allem, wie würde ich das nächste Mal reagieren?

Und „das nächste Mal" kann schon bald sein. Die Ereignisse der letzten Monate im Kosovo stellen die internationale Gemeinschaft vor ihre vielleicht schwerste

Herausforderung in Europa seit dem Abkommen von Dayton, das 1995 geschlossen wurde.

Wie in Bosnien sind wir Zeugen des Beschusses von Städten und Dörfern geworden, von wahllosen Angriffen auf Zivilisten im Namen der Sicherheit, der Trennung von Männern von Frauen und Kindern und ihrer Massenexekution, der Flucht von Tausenden aus ihren Heimen und der Flucht vieler von ihnen über eine internationale Grenze. Kurz, die Ereignisse erinnern wieder an das ganze schreckliche Szenario der „ethnischen Säuberungen" – wenn auch in geringerem Ausmaß als in Bosnien, aber für wie lange noch?

Natürlich gibt es Unterschiede – der entscheidendste besteht genau darin, dass dieser Konflikt bis jetzt innerhalb der Grenzen eines einzigen Staates ausgetragen wird und als solcher von der gesamten internationalen Gemeinschaft anerkannt wird. Ich wiederhole „bis jetzt". Aber wenn wir die Flüchtlingsströme in Richtung Albanien mit ansehen, wenn wir hören, dass die kosovo-albanischen Wortführer darauf beharren, dass sie nicht mit weniger als der vollen Unabhängigkeit zufrieden sein werden, und wenn wir uns der ethnischen Spannungen in zumindest einem der benachbarten Staaten erinnern, wie können wir nicht zu dem Ergebnis kommen, dass diese Krise tatsächlich eine Bedrohung für den Weltfrieden und die internationale Sicherheit ist?

Diesmal, meine Damen und Herren, wird keiner sagen können, wir wären überrascht worden – weder von den angewandten Mitteln, noch von den damit verfolgten Zielen. Diesmal muss ethnisch motivierte Gewalt als das angesehen werden, was sie ist, und wir wissen nur zu gut, was wir erwarten müssen, wenn zugelassen wird, dass sie andauert.

Kürzlich habe ich empfohlen, dass das Mandat der Präventiveinsatztruppe der Vereinten Nationen ausgedehnt wird, um ihren Erfolg an der Grenze der ehemaligen jugoslawischen Republik Mazedonien nachhaltig zu gewährleisten und die Stabilität aufrechtzuerhalten. Ich habe mich außerdem über die klare Entschlossenheit gefreut, die seitens der Organisation des Nordatlantikvertrages (NATO) und den Regierungen ihrer Mitglieder zum Ausdruck gebracht worden ist, eine weitere Eskalation der Kämpfe zu verhindern, und ich unterstütze alle Schritte, die einer weiteren ethnisch motivierten Unterdrückung und Gewaltanwendung durch beide Seiten im Kosovo entgegenwirken mögen.

Natürlich hoffen wir alle auf eine friedliche Lösung. Und ich begrüße insbesondere die Bemühungen Präsident Jelzins, diese zu erreichen. Aber das macht es umso wichtiger, dass wir die Gewalt jetzt beenden. Und ich bin zuversichtlich, dass der Sicherheitsrat diesmal, wenn friedliche Mittel erfolglos bleiben, seine ernste Verantwortung schnell übernehmen wird.

Viel steht heute im Kosovo auf dem Spiel – für die Menschen des Kosovo selbst, für die Gesamtstabilität des Balkans und für die Glaubwürdigkeit und Legitimität all unserer Worte und Taten im Streben nach kollektiver Sicherheit. All unsere Bekundungen des Bedauerns, all unsere Äußerungen der Entschlossenheit, nie wieder ein weiteres Bosnien zuzulassen, all unsere Hoffnungen auf eine friedliche Zukunft für den Balkan werden grausam ad absurdum geführt, wenn wir zulassen, dass der Kosovo zu einem weiteren Schlachtfeld wird.

Es ist ein weites Thema, aber es ist schon spät. Lassen sie mich zum Schluss daran erinnern, dass es im französischen Recht eine Straftat gibt, die sich „unterlassene Hilfeleistung" nennt (non-assistance à personne en danger).

Ich bin sicher, dass der verstorbene François Mitterand im April 1991 daran dachte, als er dem Sicherheitsrat zu seiner Entscheidung, zur Rettung der Kurden in die inneren Angelegenheiten des Irak einzugreifen, gratuliert hat. „Zum ersten Mal", erklärte Präsident Mitterand, „hörte die Nichteinmischung an dem Punkt auf, an dem sie unterlassene Hilfeleistung wäre". Darum, meine Damen und Herren, geht es bei „Intervention".

Wenn Menschen in Gefahr sind, hat jeder die Pflicht für sie einzutreten. Keiner hat das Recht stillschweigend vorbeizugehen. Wenn wir versucht sind, das zu tun, sollten wir uns die unvergessliche Warnung Martin Niemöllers ins Gedächtnis rufen, des deutschen protestantischen Theologen, der die Verfolgung durch die Nazis überlebt hat:

„In Deutschland kamen sie zuerst, um die Kommunisten zu holen, und ich sagte nichts, denn ich war ja kein Kommunist. Dann holten sie die Juden, und ich sagte nichts, denn ich war kein Jude. Dann holten sie die Gewerkschaftler, und ich sagte nichts, denn ich war kein Gewerkschaftler. Dann holten sie die Katholiken, und ich sagte nichts, denn ich war Protestant. Dann kamen sie auch um mich zu holen – und da war niemand mehr da, um für mich zu sprechen."

[14] Mit Saddam verhandeln

Pressekonferenz nach der Bagdad-Mission
New York, 24. Februar 1998

Guten Tag, meine Damen und Herren. Ich habe gerade eben das Briefing des Sicherheitsrates beendet und ich freue mich, Ihnen mitteilen zu können, dass die Mitglieder grundsätzlich Zustimmung signalisiert haben, was die Vereinbarung betrifft, die ich in Bagdad abgeschlossen habe. Natürlich gibt es noch Details, die ausgearbeitet, und Erklärungen, die abgegeben werden müssen, aber nichts davon bereitet mir oder meinem Team Kopfschmerzen. Und ich bin überzeugt, dass wir, sobald die Erklärungen abgegeben worden sind, die einhellige und starke Unterstützung des Rates haben werden.

Ich denke, Sie haben gehört, dass ich heute morgen allen gedankt habe, die dazu beigetragen haben, das möglich zu machen, und dass ich von all dem gesprochen habe, was mich inspiriert hat. In der Tat erinnere ich mich, dass mich in der Nacht vor meiner Abreise ein Freund anrief, um mir auf Wiedersehen zu sagen, und er erzählte mir eine Geschichte. Er sagte, dass er mit diesem kleinen behinderten elfjährigen Mädchen zusammengewesen war, das Abby hieß. Abby sah fern und anscheinend erschien ich auf dem Bildschirm. Und sie sagte: „Sie schicken diesen netten Mann nach Bagdad. Ich werde jeden Tag für ihn beten." Und ich danke Abby und all denen, die für mich gebetet haben, als ich weg war.

Was meines Erachtens wichtig ist, ist dass diese Vereinbarung funktionieren kann und soll. Es gibt einen qualitativen Unterschied, was diese Vereinbarung angeht, etwas, das die anderen nicht aufwiesen. Zuerst müssen wir uns daran erinnern, dass in den Jahren, in denen die Vereinten Nationen in Bagdad präsent waren, viele Vereinbarungen unterzeichnet worden sind, aber keine ist mit Saddam Hussein ausgehandelt und durch ihn gebilligt worden. Diese wurde mit dem Präsidenten selbst ausgehandelt und der Führung ist signalisiert worden, dass er die Kooperation will, dass er will, dass sie erfolgt. Es sind sehr disziplinierte und hart arbeitende Leute, und ich denke, dass wir bei dieser Führung einen Unterschied in ihrer Haltung sehen werden.

Wir von Seiten der Vereinten Nationen, wie auch die Mitglieder der Sonderkommission der Vereinten Nationen (UNSCOM) müssen den Irak und die Iraker mit einem gewissen Respekt und mit Würde behandeln, wir dürfen unser Machtpotenzial nicht zu sehr in den Vordergrund drängen und Spannungen verursachen. Und ich denke, dass wir weitere Vorbereitungen treffen und Schritte unternehmen müssen, um sicherzustellen, dass die Beziehungen weiterhin reibungslos bleiben. Wir sollten einen Mechanismus zur Lösung von Konflikten haben, bevor diese zu Dilemmata werden und uns fast an den Rand eines Krieges bringen. Ich denke, dass es für jeden etwas zu lernen gibt. Aber das hätte alles nicht passieren können, wenn nicht alle Beteiligten – einschließlich der irakischen Führung – das gezeigt hätten, worum ich sie gebeten hatte: Mut, Klugheit, Flexibilität. Und ich danke allen Beteiligten dafür, dass sie uns eine Chance gegeben haben.

Aber es ist kein Sieg für mich, wenn wir es einen Sieg nennen, sondern ein Sieg für die Vereinten Nationen, für diese Organisation, die mich als ihren Bediensteten dorthin geschickt hat. Und ich hoffe, dass dieses neue Phänomen, dass Völker aus der ganzen Welt zusammenkommen und sich auf etwas konzentrieren und es lösen können, etwas ist, dass wir mehr und mehr sehen werden, ob es nun um das Landminenverbot geht oder um die allgemeine, breite Unterstützung für eine friedliche Lösung.

Es werden andere Aufgaben auf uns zukommen, im Verlauf dieses Jahres, in dem uns die Öffentlichkeit und die Völker der Welt, wie ich hoffe, anspornen werden. Wir sollten die Allgemeine Erklärung der Menschenrechte erneut bekräftigen und der Öffentlichkeit und den Einzelnen zu verstehen geben, dass diese Rechte die ihren sind. Sie sind nicht etwas, das ihnen durch die Regierung gegeben wird, wie eine Hilfe, die wieder weggenommen werden kann. Sie sind dem Menschen innewohnend; und wenn wir diesen 50. Jahrestag wirklich nutzen können, diese Botschaft verständlich zu machen – ich hoffe, die Völker der Welt, die Regierungen der Welt – ich habe jedem Führer, jedem Regierungschef geschrieben und sie gebeten, mit uns den 50. Jahrestag der Menschenrechte zu feiern. Und ich hoffe, dass sie dabei sein werden.

Im Juni haben wir eine Konferenz über Drogen, zur Bekämpfung von Drogen. Pino Arlacchi [Leiter des Büros für Drogenbekämpfung und Verbrechensprävention] hat in einer verhältnismäßig kurzen Zeit sehr gute Arbeit geleistet. Die Welt sollte wieder zusammenkommen und sich im Kampf gegen Drogen zusammentun, die unsere Jugend umbringen – das heißt: unsere Zukunft. Die internationale Gemeinschaft sollte noch einmal zusammenkommen, wie sie es in der Irak-Krise getan hat.

Ich werde einige Fragen annehmen und dann, wenn sie es mir gestatten, ich bin müde, werde ich nach Hause gehen und schlafen.

FRAGE: Im Namen der Korrespondentenvereinigung der Vereinten Nationen schließen wir uns dem stürmischen und hochverdientem Willkommensgruß Ihres Stabes an.

DER GENERALSEKRETÄR: Ich war froh, so viele von Ihnen in Bagdad zu sehen.

FRAGE: Die Frage ist, Sie haben bei mehr als einer Gelegenheit davon gesprochen, die Diplomatie mit einer Vorbereitung zur Anwendung von Gewalt zu verbinden, wenn das nötig sein sollte. Sie haben gerade darüber geredet, Ihr Machtpotenzial nicht in den Vordergrund zu drängen. In diesem Zusammenhang frage ich mich, ob Sie glauben, dass die militärische Präsenz in der Region vorzeitig oder in jeden Fall sehr bald zurückgefahren werden sollte.

DER GENERALSEKRETÄR: Sie versuchen, mich in schwieriges Fahrwasser zu bringen. Lassen Sie mich sagen, dass der Punkt, den ich dargelegt habe, der ist, dass Diplomatie wirkungsvoll sein kann, aber es hilft, eine militärische Präsenz in der Region zu haben. Wie ich gesagt habe, wenn man tatsächlich nicht in eine Lage gerät, in der man sie nutzen muss, ist es umso besser. Man demonstriert die Macht nicht, um sie zu nutzen. Sie können mit Diplomatie viel tun, aber mit Diplomatie, die durch Macht unterstützt wird, können sie viel mehr erreichen.

FRAGE: Sie haben ihre Gespräche mit Saddam Hussein als schwierig beschrieben, und die Hürde seien Zeitbeschränkungen für die Inspektionen gewesen. An dem Punkt, an dem Sie erkannten, dass sie im Begriff waren, eine Vereinbarung zu bekommen, wie fühlten Sie sich an diesem Punkt? Und zweitens, Sie haben an diesem Punkt ein Verhältnis zu Saddam Hussein entwickelt. Wie würden Sie dieses Verhältnis beschreiben und das Verhältnis, das Sie zukünftig mit ihm haben möchten?

DER GENERALSEKRETÄR: Als ich spürte, dass ich ein Abkommen bekommen würde, war ich natürlich stolz und habe mich für die Welt und die Menschen in der Region und die armen irakischen Menschen gefreut. Ich war froh, dass ihr Führer den Augenblick nutzte und wirklich das Richtige tun wollte, um seine Leute, die Region zu schützen, und dass er sich rechtzeitig versöhnen und aus der Isolierung herauskommen wollte. Aber selbstverständlich zeigen sie in den Verhandlungen nicht all ihre Gefühle, also habe ich mir wie immer nichts anmerken lassen.

Aber lassen Sie mich sagen, dass wir ein gutes menschliches Verhältnis zueinander hatten. Er sagte mehrmals, „Ich weiß, ich kann mit Ihnen geschäfte machen kann. Ich weiß, Sie sind mutig und ich weiß, ich kann Ihnen vertrauen." Und am nächsten Morgen wiederholten seine Minister das uns gegenüber. Ich vertraue darauf, dass wir, wenn wir es wirklich schaffen, die Hindernisse und Konflikte auszuräumen, wenn sie beginnen, anstatt zuzulassen, dass sie wachsen bis wir einen Sturm haben, der fast zum Krieg führt, dass wir dann in Zukunft einigermaßen gut miteinander auskommen werden.

FRAGE: Was lässt Sie glauben, dass Saddam Hussein sein Wort dieses Mal halten wird? Sie haben ihn getroffen, ein Verhältnis zu ihm entwickelt.

DER GENERALSEKRETÄR: Wie ich schon sagte, haben wir viele Vereinbarungen mit den Irakern abgeschlossen, aber dieses ist das erste Mal, dass die Vereinbarungen mit dem Präsidenten selbst ausgehandelt wurden. Es ist ein sehr diszipliniertes, fleißiges Volk. Sobald sie wissen, dass sich der Präsident selbst für etwas einsetzt, werden sie sich auf die Arbeit konzentrieren, sie werden kooperieren. Aber wir müssen unseren Teil genauso beitragen. Wir müssen uns angemessen verhalten.

FRAGE: Die Vereinbarung stellt fest, dass die Aufhebung der Sanktionen von größter Wichtigkeit für den Irak ist. Die Vereinigten Staaten scheinen darüber anderer Ansicht zu sein. Welche Bedingungen müssen Ihrer Meinung nach erfüllt sein, damit mit einer Aufhebung der Sanktionen begonnen werden kann?

DER GENERALSEKRETÄR: Das ist sehr einfach für mich: die Bedingungen, die in den Sicherheitsratsresolutionen aufgeführt sind.

FRAGE: Welche Resolutionen, Sir? Die Resolutionen, die im Bezug auf Massenvernichtungswaffen relevant sind oder alle Resolutionen?

DER GENERALSEKRETÄR: Die relevanten Sicherheitsratsresolutionen.

FRAGE: Sie haben gesagt, dass Sie hofften, dass es irgendeinen Weg geben würde sich von Konflikten zu befreien und sie regten an, dass man in würdiger Weise an die Inspektionen herangehen müsse. Wollen Sie damit sagen, dass Sie denken, dass es in der Vergangenheit nicht so war? Und es gibt einige Verwirrung darüber, ob Mr. Butler [Richard Butler, UNSCOM-Leiter] noch verantwortlich ist. Ist UNSCOM noch verantwortlich oder ist dieser neue Beauftragte, dieses neue Verfahren verantwortlich? Zweitens, Sie sagten, dass Saddam Hussein gesagt hat, dass er glaubt, Ihnen vertrauen zu können. Glauben Sie, dass Sie ihm vertrauen können?

DER GENERALSEKRETÄR: Lassen Sie mich zunächst sagen, dass, was die Frage von UNSCOM betrifft, Mr. Butler bleibt. Er bleibt der Chef von UNSCOM. Ich habe die irakischen Behörden informiert und sie wissen das. Tatsächlich wird Mr. Butler planmäßig, es sei denn er hat seine Pläne geändert, nächsten

Monat in Bagdad sein, und Tarik Azis [Stellvertretender Ministerpräsident des Irak] erklärte mir: „Ich warte auf ihn und wir werden mit ihm arbeiten, seien Sie dessen versichert." Also denke ich, dass es kein Problem gibt. Butler wird weitermachen.

FRAGE: Muss er dem neuen Beauftragten Bericht erstatten?

DER GENERALSEKRETÄR: Nein. Es tut mir leid, ich bin so müde, ich habe Ihre zweite Frage vergessen. Sie haben so viele Fragen.

Kann ich Saddam Hussein vertrauen? Ich denke, dass ich mit ihm geschäfte machen kann. Ich denke, dass er es ernst meinte, als er die Verpflichtung übernahm. Ich bin vielleicht nicht so pessimistisch, wie einige von Ihnen. Ich denke, er meinte es ernst, als er die Verpflichtung übernahm. Ich denke, er erkennt, was es für sein Volk bedeutet. Er erkennt, dass, wenn er Licht am Ende des Tunnels sehen will, der Irak kooperieren und mit UNSCOM arbeiten muss, und UNSCOM sollte darauf antworten, indem sie den Prozess der Abrüstung beschleunigt und die Resolutionen umsetzt, um das möglich zu machen. Also ich denke, dass er es ernst meint.

FRAGE: Nun da Sie eine Vereinbarung haben, wie schnell gedenken Sie, sie auf die Probe zu stellen?

DER GENERALSEKRETÄR: Schnellstmöglich. Tatsächlich wird mein Rechtsberater, der mich begleitet hat, heute Nachmittag einige der Details mit einigen unserer Kollegen ausarbeiten.

FRAGE: Können Sie uns Ihre persönliche Sicht in Bezug auf die Persönlichkeit von Saddam Hussein mitteilen? Und auch, um was er Sie im Hinblick auf die Aufhebung der Sanktionen gebeten hat?

DER GENERALSEKRETÄR: Nun, er ist sehr ruhig – sehr, sehr ruhig. Hebt nie die Stimme. Ist gut informiert, ganz im Gegensatz zu dem Eindruck, den man von außen hat, dass er schlecht informiert und isoliert sei. Und entschlossen. In den Verhandlungen war ich von seiner Entschlossenheit beeindruckt. Und das ist es auch, was die Vereinbarung möglich gemacht hat.

FRAGE: Was ist mit den Sanktionen? Worum hat er Sie gebeten?

DER GENERALSEKRETÄR: Die Sanktionen schaden seinem Volk und es hat durchaus eine Menge Arbeit geleistet. Sie haben, ihrer Ansicht nach, alle Bedingungen erfüllt und wissen wirklich nicht, was dort sonst noch gefunden werden soll. Aber sie würden gerne sehen, dass die Sanktionen enden. Die Menschen leiden und er hofft, dass die internationale Gemeinschaft das versteht. Und in der

Tat, sie haben den letzten Paragraphen der Vereinbarung gesehen, der mich beauftragt, das dem Rat gegenüber zu erwähnen, was ich getan habe.

FRAGE: Genau zu dem letzten Punkt, den Sie gerade angesprochen haben, der siebte Paragraph der Vereinbarung und der vorhergehende sechste, erstens wie werden Sie die volle Aufmerksamkeit des Sicherheitsrates auf die Frage der Sanktionen lenken? Zweitens, in Paragraph 6, sprechen Sie über Paragraph 22 der Resolution 678 (1991), der von manchen so gelesen wird, dass das Ölembargo vollständig aufgehoben werden soll, sobald der Irak mit UNSCOM zusammenarbeitet. Nun haben Sie das wieder ein bisschen vernebelt, als Sie bei der Beantwortung der Frage meines Kollegen sagten „alle anderen Resolutionen". Können Sie sich diesbezüglich deutlicher werden?

DER GENERALSEKRETÄR: Lassen Sie es für den Moment vernebelt, es wird sehr, sehr bald klar werden, wenn wir uns nächstens damit befassen.

FRAGE: Ich frage Sie nach einer Klarstellung Ihrer Position –

DER GENERALSEKRETÄR: Nein. Ich habe ziemlich klar darauf hingewiesen, dass die Verpflichtungen des Irak erfüllt sein müssen, bevor die Sanktionen aufgehoben werden. Und nicht nur das, er versteht es. Aber er bat mich, das Leiden seines Volkes dem Sicherheitsrat nahe zu bringen, wie lange das nun schon andauert und wie viel länger es noch andauern wird. Und ich habe das dem Rat heute Morgen mitgeteilt.

FRAGE: Angesichts des Fehlens einer Sicherheitsratsresolution, die Konsequenzen androhen würde, falls die Vereinbarung gebrochen werden würde, scheinen die Vereinigten Staaten dazu bereit zu sein, unilateral ein Urteil zu fällen und unilateral im Golf militärisch vorzugehen, wenn sie glauben, dass die Vereinbarung gebrochen wurde. Ist Ihnen wohl bei dieser Situation, oder würden Sie es lieber sehen, wenn sich der Sicherheitsrat dessen annehmen würde?

DER GENERALSEKRETÄR: Lassen Sie es mich deutlich sagen. Meine Damen und Herren, ich habe meine Arbeit getan. Ich vertraue darauf, dass der Rat seine Pflicht erfüllen wird und dem Kaiser belässt, was des Kaisers ist. Danke.

[15] Ein Angriff auf die Menschheit

Rede vor der UN-Generalversammlung zum Terrorismus
New York, 1. Oktober 2001

Freitagnacht hat der Sicherheitsrat einstimmig eine klare Resolution angenommen, die sich gezielt gegen Terroristen und diejenigen richtet, die Terroristen Unterschlupf gewähren, ihnen helfen oder sie unterstützen. Diese Resolution verlangt von den Mitgliedstaaten, dass sie in verschiedenen Bereichen zusammenarbeiten – angefangen bei der Bekämpfung der Finanzierung des Terrorismus bis hin zur Gewährleistung von Frühwarnung, der Kooperation bei der kriminalistischen Aufklärung und dem Austausch von Informationen zu möglichen terroristischen Akten. Ich begrüße es, dass der Rat so schnell gehandelt hat, um die ersten Schritte rechtlich zu verankern, die nötig sind, um diesen Kampf mit neuer Kraft und Entschlossenheit fortzuführen.

Jetzt müssen die Mitgliedstaaten größere Anstrengungen unternehmen, um Informationen über Verfahrensweisen, die sich als wirkungsvoll erwiesen haben, auszutauschen wie auch über Erfahrungen, die im Kampf gegen den Terrorismus gemacht worden sind, damit ein globaler Standard hoher Leistungsfähigkeit erreicht werden kann. Die Umsetzung dieser Resolution erfordert fachliche Sachkenntnis auf nationaler Ebene. Ich ermutige alle Staaten, die in dieser Hinsicht Unterstützung anbieten können, dies in großzügiger Form und unverzüglich zu tun.

Bis jetzt ist die internationale Gemeinschaft in der Lage gewesen, mit beispielloser Schnelligkeit und Einigkeit zu handeln. Am 12. September hat die Generalversammlung wie auch der Sicherheitsrat starke Resolutionen angenommen, die die Angriffe verurteilen und die Staaten ersuchen, zusammenzuarbeiten, um die Täter der Gerechtigkeit zuzuführen. Jetzt ist eine zweite und detailliertere Resolution durch den Sicherheitsrat angenommen worden, die auf der ersten aufbaut. Heute kommt diese erhabene Versammlung zusammen, um über eine eigene Antwort auf die Ereignisse des 11. September zu beraten.

Der Grund für diese Antwort und die beispiellose Einigkeit ist klar. Die terroristischen Angriffe gegen die Vereinigten Staaten – die zum Tod von etwa 6000 Menschen aus 80 Ländern führten – waren Akte schrecklichen Übels, die das Gewissen der gesamten Welt erschüttert haben.

Aber aus dem Bösen kann Gutes hervorgehen. Paradoxerweise haben diese schändlichen Angriffe auf unser aller Menschsein die Wirkung gehabt, unsere gemeinsame Humanität erneut zu bekräftigen. Die äußerste Herzlosigkeit und gefühllose Gleichgültigkeit gegenüber dem Leiden und dem Kummer, der Tausenden unschuldiger Familien zugefügt worden ist, hat zu einer tief empfundenen Antwort von Millionen normaler Menschen überall auf der Welt, in vielen verschiedenen Gesellschaften, geführt.

Die Aufgabe besteht jetzt darin, diese Woge der menschlichen Solidarität zu nutzen, – um sicherzustellen, dass dieser Impuls nicht verloren geht, um eine breite, umfassende und vor allem nachhaltige Strategie zu entwickeln, um den Terrorismus zu bekämpfen und aus unserer Welt auszumerzen.

Diese bedeutende Zusammenkunft der Generalversammlung spielt dabei eine entscheidende Rolle. Sie darf nicht bloß symbolisch sein. Sie muss den Beginn unmittelbarer, praktischer und weitreichender Veränderungen in der Art des Vorgehens dieser Organisation und ihrer Mitgliedstaaten gegen den Terrorismus signalisieren.

Heute hat der Schock dieses Verbrechens die Welt vereint. Aber, meine lieben Freunde, wenn wir verhindern wollen, dass solche Verbrechen verübt werden, wenn wir danach streben, den Terrorismus zu beseitigen, müssen wir vereint bleiben. In diesem Kampf gibt es einfach keine Alternative zur internationalen Zusammenarbeit. Der Terrorismus wird besiegt werden, wenn die internationale Gemeinschaft den Willen aufbringt, sich in einer breiten Koalition zu vereinigen, oder er wird überhaupt nicht besiegt werden. Die Vereinten Nationen sind auf einzigartige Weise in der Position, als Forum für diese Koalition und für die Entwicklung der Schritte zu dienen, die die Regierungen jetzt unternehmen müssen – allein oder zusammen –, um den Terrorismus auf globaler Ebene zu bekämpfen.

Die Reaktion auf die Angriffe sollte uns Mut und die Hoffnung geben, dass wir in diesem Kampf erfolgreich sein können. Der Anblick der Menschen, die allen Religionen angehören und sich in den Städten in jedem Teil der Welt versammeln, um zu trauern – und um ihre Solidarität mit den Menschen der Vereinigten Staaten auszudrücken –, beweist beredsamer als alle Worte, dass Terrorismus kein Problem ist, das die Menschheit trennt, sondern sie vereint. Wir befinden uns in einem moralischen Kampf gegen ein Übel, das jedem Glauben ein Gräuel ist. Jeder Staat und jedes Volk hat dabei eine Rolle zu spielen. Das war ein Angriff auf die Menschheit und die Menschheit muss einig darauf antworten.

Die dringende Aufgabe der Vereinten Nationen muss es jetzt sein, eine langfristige Strategie zu entwickeln, um die globale Legitimität für den vor uns liegenden Kampf sicherzustellen. Die Legitimität, die die Vereinten Nationen vermitteln, kann sicherstellen, dass die größte Zahl der Staaten dazu in der Lage und willens ist, die notwendigen und schwierigen Schritte zu unternehmen – diplomatische, rechtliche und politische –, die erforderlich sind, um den Terrorismus zu besiegen.

Die Mitgliedstaaten, die Sie repräsentieren, haben eine klare Agenda vor sich. Sie beginnt damit, sicherzustellen, dass die zwölf Konventionen und Protokolle zum internationalen Terrorismus, die bereits unter der Federführung der Vereinten Nationen entworfen und angenommen worden sind, unverzüglich von allen Staaten unterzeichnet, ratifiziert und umgesetzt werden.

Insbesondere zwei dieser Konventionen können den Kampf gegen den Terrorismus stärken. Erstens, das Internationale Übereinkommen zur Bekämpfung terroristischer Bombenanschläge, das am 23. Mai diesen Jahres in Kraft getreten ist, und zweitens das Übereinkommen zur Bekämpfung der Finanzierung des Terrorismus von 1999, das bis jetzt 44mal unterzeichnet und viermal ratifiziert worden ist. Es bedarf 18 weiterer Ratifizierungen, damit es in Kraft tritt, und ich hoffe, dass es jetzt für Mitgliedstaaten als Ehrensache angesehen wird, diese wichtige Konvention so schnell wie möglich zu unterzeichnen und zu ratifizieren.

Auch wenn niemand sich vorstellt, dass diese Konventionen – selbst wenn sie umgesetzt sind – den Terrorismus von selbst beenden werden, sind sie doch Teil des rechtlichen Rahmens, der für diese Anstrengung benötigt wird. Ich möchte allen Mitgliedstaaten vorschlagen, dass sie es zu ihrem ersten Tagesordnungspunkt während dieser Generaldebatte machen, alle Konventionen zum Terrorismus zu unterzeichnen und sich zu verpflichten, unverzüglich für deren Ratifizierung und Implementierung zu arbeiten.

Es wird außerdem wichtig sein, eine Vereinbarung über eine umfassende Konvention zum internationalen Terrorismus zu erzielen. In der Ära nach dem 11. September kann niemand die Natur der terroristischen Bedrohung bestreiten, noch die Notwendigkeit, ihr mit einer globalen Antwort zu begegnen. Ich sehe ein, dass es noch offene Fragen gibt, die bis jetzt eine Vereinbarung über diese Konvention verhindert haben. Eine der schwierigsten Fragen betrifft die Definition des Terrorismus. Ich verstehe und akzeptiere die Notwendigkeit rechtlicher Präzision. Aber lassen Sie mich offen sagen, dass auch eine Notwendigkeit für moralische Klarheit besteht. Es kann keine Duldung derjenigen geben, die die bewusste Vernichtung unschuldigen zivilen Lebens zu rechtfertigen suchen, ungeachtet eines Anlasses oder Missstands. Wenn es ein universelles Prinzip gibt, dem alle Völker zustimmen können, ist es sicher dieses.

Selbst in Situationen bewaffneten Konflikts ist gezielte Gewalt gegen unschuldige Zivilisten illegal und moralisch inakzeptabel. Und doch wird die Zivilbevölkerung, wie ich in meinen zwei Berichten über den Schutz von Zivilpersonen in
bewaffneten Konflikten festgestellt habe, immer öfter zum beabsichtigten Ziel.
Tatsächlich sind Zivilisten zu den Hauptopfern von Konflikten geworden, sie
machen geschätzte 75 Prozent aller Opfer aus.

Das verlangt von uns allen eine erhöhte Aufmerksamkeit für die zivilen Kosten
eines Konflikts. Es verlangt von den Mitgliedstaaten, dass sie ihren Verpflichtungen nach dem Völkerrecht nachkommen werden. Sie müssen gegenüber der
Realität bewaffneter Gruppen und anderer nichtstaatlicher Akteure, die es ableh-
nen, die allgemeinen Grundsätze menschlicher Würde zu respektieren, entschlossen auftreten.

Es ist schwer, sich vorzustellen, dass die Tragödie des 11. September hätte
schlimmer sein können. Doch die Wahrheit ist, dass ein einzelner Angriff mit
einer nuklearen oder biologischen Waffe Millionen hätte töten können. Während
die Welt nicht imstande war, die Angriffe des 11. September zu verhindern, gibt
es viel, was wir tun können, um dazu beizutragen, dass zukünftige, mit Massenvernichtungswaffen ausgeführte terroristische Akte verhindert werden. Die
größte Gefahr geht von nichtstaatlichen Gruppen – oder sogar von Einzelnen –
aus, die nukleare, biologische oder chemische Waffen erwerben und anwenden.
So eine Waffe kann, ohne dass eine Rakete oder ein anderes hoch entwickeltes
Trägersystem notwendig wäre, zum Ziel transportiert werden.

Zusätzlich zu den Maßnahmen, die von einzelnen Mitgliedstaaten ergriffen werden, müssen wir jetzt die globale Norm gegen die Verbreitung von Massenvernichtungswaffen stärken. Das bedeutet, neben anderen Aktionen:

- verstärkte Bemühungen zur Sicherstellung der Universalität, der Kontrolle
  und vollen Umsetzung der entscheidenden Verträge in Bezug auf Massenvernichtungswaffen, einschließlich derer, die chemische und biologische Waffen
  ächten, und des Vertrags über die Nichtverbreitung von Kernwaffen;
- die Förderung der Zusammenarbeit zwischen den internationalen Organisationen, die sich mit diesen Waffen befassen;
- eine Verschärfung der nationalen Gesetzgebung über Exporte von Gütern
  und Technologien, die notwendig sind, um Massenvernichtungswaffen und
  ihre Trägermittel herzustellen, und
- die Entwicklung neuer Anstrengungen, um den Erwerb oder Gebrauch von
  Massenvernichtungswaffen durch nichtstaatliche Gruppen strafbar zu machen.

Zusätzlich müssen wir die Kontrollen über andere Waffenarten verstärken, die durch terroristischen Gebrauch zu ernsten Bedrohungen werden. Das heißt, dass mehr getan werden muss, um ein Verkaufsverbot von Kleinwaffen an nichtstaatliche Gruppen sicherzustellen, dass Fortschritte bei der Beseitigung von Landminen erreicht werden müssen, dass der physische Schutz sensibler industrieller Anlagen, einschließlich nuklearer und chemischer Anlagen verbessert werden und eine größere Wachsamkeit gegenüber cyberterroristischen Bedrohungen vorhanden sein muss.

Da wir den Willen und die Ressourcen aufbringen, um im Kampf gegen den Terrorismus erfolgreich zu sein, müssen wir uns auch um alle Opfer des Terrorismus kümmern, ob sie nun die direkten Ziele sind oder zu anderen Bevölkerungsgruppen gehören, die durch unsere gemeinsamen Anstrengungen betroffen sein werden. Deshalb habe ich alle Geber wegen des möglichen Bedarfs an weitaus großzügigerer humanitärer Hilfe für die Menschen in Afghanistan alarmiert.

Dieser Aufruf ist nur der dringendste Teil unserer Entschlossenheit, weiterhin für die zu sorgen, die überall auf der Welt unter Armut, Krankheit und Konflikten leiden. Die Arbeit der Vereinten Nationen bei der Förderung von Entwicklung, der Lösung anhaltender Streitigkeiten und der Bekämpfung von Unwissenheit und Vorurteilen ist heute noch wichtiger als vor dem 11. September.

Die Opfer der Angriffe des 11. September waren in erster Linie unschuldige Zivilisten, die ihr Leben verloren haben und deren Familien nun um sie trauern. Aber Frieden, Toleranz und gegenseitiger Respekt, Menschenrechte, Rechtsstaatlichkeit und die globale Wirtschaft gehören auch zu den Opfern der Taten der Terroristen.

Lassen Sie mich zum Schluss sagen, dass die Ausbesserung des Schadens, der dem Gewebe der internationalen Gemeinschaft zugefügt worden ist – das Wiederherstellen des Vertrauens zwischen Völkern und Kulturen – nicht leicht sein wird. Aber nur eine gemeinsame internationale Antwort kann es Terroristen viel schwerer machen, ihr Werk zu vollenden, deshalb sollte die aus dieser Tragödie geborene Einigkeit alle Nationen in der Verteidigung des fundamentalen Rechtes – des Rechts aller Völker, in Frieden und Sicherheit zu leben – zusammenbringen. Das ist die Herausforderung, die vor uns liegt, da wir versuchen das Übel des Terrorismus zu beseitigen.

Vielen Dank.

[16] „Der Krieg gegen AIDS"

*Princess-of-Wales-Gedächtnisvorlesung
in der Bank von England*
London, 25. Juni 1999

Vielen Dank, Herr Professor Adler [Vorsitzender des AIDS-Kuratoriums des Vereinigten Königreiches] für Ihre überaus herzlichen Worte zur Einleitung. Lassen Sie mich auch dem Nationalen AIDS-Kuratorium für die Organisation dieser Veranstaltung und für die Gelegenheit danken, heute vor Ihnen sprechen zu können. Es ist eine große Ehre für mich. Natürlich hat es mich tief bewegt, dass ich gebeten wurde, als erster einen Vortrag im Gedenken an Prinzessin Diana zu halten. Heute verneigen wir uns vor dem Namen Diana. Aber darüber hinaus danken wir für ihr Lebenswerk und für das, was sie getan hat, um das Leben so vieler Menschen zu verbessern.

Es ist auch eine große Ehre für mich, in diesen ehrwürdigen Hallen der Bank von England sprechen zu dürfen. Nicht vielen Außenstehenden wird dieser Zugang zur ehrwürdigen „Alten Dame" zuteil. Aber vor allem bin ich dankbar dafür, dass ich über die globalen Herausforderungen von HIV-AIDS sprechen darf, die zu den wichtigsten Anliegen der Vereinten Nationen zählen. Tatsächlich hat es noch niemals zuvor eine derart internationale Krankheit gegeben.

Ich möchte vor allem über die katastrophalen Auswirkungen sprechen, die AIDS auf die Entwicklungsländer hat, besonders auf Afrika. Aber ich möchte Ihnen auch einige positive Nachrichten übermitteln und Ihnen von neuen grenz- und sektorübergreifenden Partnerschaften erzählen, die die Welt zu einem besseren, sichereren Ort machen. Und ich möchte darüber reden, wie insbesondere die Wirtschaft verstärkt und auf unterschiedliche Weise der Herausforderung dieser Krankheit entgegentreten kann und muss.

Einige von Ihnen denken vielleicht, dass mit der Entwicklung besserer Medikamente die AIDS-Gefahr schon gebannt sei. Leider ist das nicht der Fall. Es gibt noch immer keine Heilung für AIDS. Der Vormarsch der Immunschwächekrankheit konnte noch in keinem Land aufgehalten werden. Sogar in den Industrieländern ist die Infektionsrate in den vergangenen zehn Jahren gleich geblieben. Kurz gesagt, die AIDS-Gefahr ist weiterhin vorhanden – und sie nimmt weiterhin zu.

Aber wir sind ihr nicht ganz hilflos ausgeliefert. Gemeinsam können wir die Krankheit bekämpfen. Aber dazu müssen wir zuallererst die Verschwörung aus Stillschweigen und Vorurteilen bekämpfen, die diese Krankheit schon viel zu lange umgibt. Für alle, die mit HIV und AIDS leben, ist diese Verschwörung ein Feind, der nicht minder tödlich ist als die Krankheit selbst.

Beginnen wir damit, uns diesen harten Tatsachen zu stellen:

- AIDS ist weit mehr als nur ein medizinisches Problem.
- AIDS ist weit mehr als nur ein nationales Problem.
- AIDS ist noch lange nicht vorüber.

Heute sind mehr als 33 Millionen Menschen infiziert. Mehr als 14 Millionen Menschen sind an dieser Krankheit bereits gestorben. Schon Ende 1997 hatten mehr als acht Millionen Kinder ihre Mütter durch diese Krankheit verloren. Und die Seuche breitet sich in andere Richtungen aus – so z.B. in Osteuropa, wo das Virus noch vor fünf Jahren fast unbekannt war. In Indien sitzt HIV nun tief in der Bevölkerung und breitet sich dort auch in den ländlichen Gebieten aus, die man bisher von der Infektion verschont glaubte. Im südlichen Bundesstaat Tamil Nadu, wo 45 Millionen Menschen leben, ergab eine Untersuchung, dass bereits eine halbe Million Menschen infiziert ist und dass die Infektionsrate jetzt in den Dörfern dreimal so hoch ist wie in den Städten. In Indien leben heute mehr HIV-infizierte Menschen als in irgendeinem anderen Land der Welt. In Ostasien und im Pazifik stieg die Infektionsrate zwischen 1996 und 1998 um 70 Prozent.

Wenn wir nicht rasch handeln, könnten diese Regionen schon bald so schlimm betroffen sein wie viele Teile Afrikas, wo jetzt ganze Nationen unter dem Damoklesschwert AIDS leben. Ein Kind, das in den nächsten sechs Jahren in Botswana zur Welt kommt, sollte eigentlich eine Lebenserwartung von 70 Jahren haben. Infolge von AIDS ist es jedoch recht wahrscheinlich, dass das Kind bereits mit 41 Jahren stirbt.

In jeder Minute, in der Sie und ich unseren Alltagsaufgaben nachgehen, werden vier oder mehr junge Afrikaner infiziert. Und jeden Tag begräbt Afrika 5500 Söhne und Töchter seines Kontinents, die an AIDS gestorben sind. Das ist nicht nur eine unaussprechliche Tragödie für die unmittelbar Betroffenen und ihre Familien. AIDS hat auch katastrophale ökonomische Auswirkungen auf diese Länder. AIDS macht die schwer erkämpften Erfolge in allen Entwicklungsländern zunichte. Die Krankheit fordert nicht nur Opfer unter den Brotverdienern sondern auch unter jenen, die sich um die Kindererziehung, die Altenpflege und die Behindertenhilfe kümmern. Sie zerstört die Grundsubstanz der Gesellschaft.

Schon 1997 warnte Nelson Mandela vor dem Weltwirtschaftsforum in Davos: „AIDS tötet jene, die die Gesellschaft braucht, um die Ernte einzufahren, um in den Bergwerken und Fabriken zu arbeiten, um Schulen zu leiten und Länder zu regieren." In seinem Land – dem gleichen Südafrika, das vor fünf Jahren für alle Afrikaner ein leuchtender Stern der Hoffnung war – ist heute jede fünfte schwangere Frau mit AIDS infiziert. Afrikas Gesundheitswesen ist praktisch zur Gänze durch die Hilfe für AIDS-Infizierte ausgelastet, auf Kosten anderer Aufgaben im Gesundheitsbereich. In einigen Ländern werden die für die AIDS-Hilfe aufgewandten Kosten bald die Hälfte der Gesundheitsetats ausmachen.

In der Elfenbeinküste stirbt jeden zweiten Tag ein Lehrer. Im gesamten südlichen Afrika verlassen Mädchen die Schule, um ihre sterbenden Eltern zu pflegen. Jungen verlassen die Schule, um auf ihre verwaisten Geschwister aufzupassen.

Die besondere Anfälligkeit der Frauen führt bei ihnen zu einem Anstieg der Infektionen und damit auch zu vermehrten Infektionen unter den Neugeborenen. Daraus resultiert oft eine doppelte, ja dreifache Belastung der Frauen, die sich gleichzeitig um ihre kranken Männer und Kinder kümmern müssen. Und so kommt eines zum anderen. Von der Armut beschleunigt, macht AIDS die Gesellschaft noch ärmer und daher noch anfälliger für Infektionen. In der Folge kommt es zu Diskriminierungen, Vorurteilen und oft auch zu Menschenrechtsverletzungen. Auf diese Weise wird Afrika nicht nur seiner Gegenwart, sondern auch seiner Zukunft beraubt.

Die wirtschaftlichen Auswirkungen von AIDS zeigen sich auf globaler wie auf lokaler Ebene, bei der Finanzplanung wie in den Fabriken. Eine Wirtschaftsstudie in Kenia fand heraus, dass HIV/AIDS die Firmen fast vier Prozent ihrer jährlichen Gewinne kostet. Kenias Bruttosozialprodukt wird im Jahre 2005 aufgrund dieser Krankheit um 15 Prozent geringer sein als ohne AIDS. Die Folgen für einzelne Unternehmen können verheerend sein. Afrikas Wirtschaft muss höhere Ausfallraten unter den Beschäftigten verkraften, kann auf immer weniger ausgebildete Arbeiter zurückgreifen und muss höhere Kosten für Krankheit, Arbeitsunfähigkeit und Ableben veranschlagen. Diese mikro-ökonomischen Auswirkungen machen sich bis zu einem gewissen Grad schon bei allen Unternehmen in Entwicklungsländern bemerkbar. Zusammengenommen zeitigen sie schwer wiegende makro-ökonomische Folgen, die auch schon in den Industrieländern spürbar sind.

Afrika, das einst als viel versprechender Markt für potenzielle Handelspartner galt, wird diese Rolle in den nächsten Jahren wohl kaum spielen können, da AIDS an seinen Ressourcen zehrt. Wenn sich die Krankheit in Asien weiter ausbreitet, wird auch dort der Handel leiden, wenn Millionen Menschen an AIDS erkranken und sterben. Bewegen wir uns in einer unendlichen Abwärtsspirale von Tod und Verzweiflung?

Mein Kollege Dr. Peter Piot, der Leiter von UNAIDS, meinte dazu: „AIDS ist zu einer permanenten Herausforderung an menschliche Solidarität und Einfallsreichtum geworden." Diese Herausforderung kann man ohne finanzielle Mittel nicht bewältigen. Es ist klar, dass die 150 Millionen Dollar, die momentan für die AIDS-Hilfe in Afrika ausgegeben werden, nicht annähernd ausreichen. Um auch nur ein Minimum an wirksamer Hilfe zu leisten, müssten die Mittel mindestens versechsfacht werden.

In diesem Land, wie in anderen Teilen des im Wohlstand lebenden Westens haben wirksame „Medikamenten-Cocktails" große Erleichterung gebracht – obgleich das HIV-Virus so schnell und effektiv mutiert, dass die medizinische Forschung und die Ärzteschaft alle Hände voll zu tun haben, um hier Schritt zu halten. Aber selbst wenn diese „Cocktails" die medizinische Antwort auf AIDS wären, sind diese Medikamente für jene Länder, die von der Krankheit am stärksten betroffen sind, praktisch unerreichbar. Für die meisten Menschen, die heute mit HIV/AIDS leben sind jährliche Therapiekosten von zehn- bis sechzigtausend Dollar utopisch. Eine unserer wichtigsten Aufgaben besteht daher darin, auch diesen Menschen die erforderlichen Medikamente zugänglich zu machen. Wir müssen kostengünstige, wirksame Therapieformen entwickeln, die sich auch Entwicklungsländer leisten können – z.B. um die Übertragung der Krankheit von der Mutter auf das Kind oder in Verbindung mit AIDS stehende Krankheiten wie Tuberkulose zu bekämpfen. Wir müssen die Gesundheitssysteme verbessern, um dem gestiegenen Bedarf Rechnung zu tragen.

Dies ist besonders in Afrika südlich der Sahara dringend notwendig, wo die meisten AIDS-Patienten leben, die Gesundheitssysteme schwach und die finanziellen Ressourcen gering sind. Die Erfahrung in einigen Ländern zeigt, dass dieses Ziel erreicht werden kann. Aber wie groß auch immer die Erfolge bei der Verbesserung der Behandlungsmöglichkeiten sein mögen, unsere größte Hoffnung und unser vordringlichstes Ziel muss es sein, zu verhindern, dass Menschen überhaupt infiziert werden. Die ersehnte Hilfe, die Geheimwaffe, auf die wir hoffen, bleibt ein wirksamer Impfstoff. Um ihn zu finden, brauchen wir Geduld, Engagement und Geld. Aber wir müssen es weiter versuchen.

Die vielen wissenschaftlichen und ethischen Herausforderungen können nur in weltweiter Zusammenarbeit von Regierungen, Wissenschaft und Industrie gemeistert werden. UNAIDS und seine Mitstreiter arbeiten an vielen Fronten, um die Entwicklung neuer Impfstoffe voranzutreiben und nach wissenschaftlich und ethisch vertretbaren Wegen zu suchen, um sie zum Nutzen der Entwicklungsländer zu testen. So trägt das UNAIDS-Sekretariat dazu bei, sicherzustellen, dass die Pharmakonzerne HIV-Viren aus Entwicklungsländern als Ausgangsmaterial für die Entwicklung von Impfstoffen verwenden. Jahrelange gemeinsame Vorarbeiten von WHO und UNAIDS machten den ersten Test eines HIV-Impfstoffes in Uganda in diesem Februar möglich.

Die Weltbank, die ebenfalls mit UNAIDS zusammenarbeitet, untersucht die Schwächen des Marktes, die zur geringen Investitionsbereitschaft für die Entwicklung von AIDS-Impfstoffen geführt haben, und nach Möglichkeiten, wie mehr private Gelder für diesen Zweck aufgetrieben werden können. Mit Hilfe des Internationalen Beirats für Impfstoffe stellt UNAIDS ein Forum für die globale Planung und Koordinierung zur Verfügung. Zu den Forschungspartnern zählen der Medizinische Forschungsrat des Vereinten Königreiches und die Internationale AIDS-Impfstoff-Initiative – eine wirklich universale Partnerschaft, in der das Nationale AIDS-Kuratorium der Partner im Vereinigten Königreich ist. Dieser Initiative gelang es – beginnend im vergangenen Jahr mit Großbritannien – finanzielle Zusagen von Regierungen zu erhalten. Auch prominente Persönlichkeiten aus der Wirtschaft – wie Bill Gates, der 25 Millionen Dollar gespendet hat – und aus der Zivilgesellschaft haben sich beteiligt.

Immer mehr Menschen erkennen, dass „AIDS jeden angeht". Das ist auch das Motto von UNAIDS, der Partnerschaft, in der sieben Sponsoren aus verschiedenen Bereichen der Vereinten Nationen mitwirken. Das Kinderhilfswerk (UNICEF), das UNO-Entwicklungsprogramm (UNDP), der Bevölkerungsfonds (UNFPA) und das Drogenkontrollprogramm der Vereinten Nationen (UNDCP), die UNO-Organisation für Erziehung, Wissenschaft und Kultur (UNESCO), die Weltgesundheitsorganisation (WHO) und die Weltbank arbeiten Hand in Hand mit dem UNAIDS-Sekretariat, um den Ländern ihr gebündeltes Know-how und ihre Hilfe zur Verfügung zu stellen.

Immer mehr Unterstützung erhält UNAIDS aber auch von außerhalb des UNO-Systems – von Aktivisten an der Basis über private und öffentliche Unternehmen bis hin zu Staatsoberhäuptern. In den vergangenen beiden Jahrzehnten haben wir sowohl aus den Erfolgen als auch aus den Rückschlägen in Afrika und anderen Teilen der Welt gelernt. Wir wissen heute viel besser darüber Bescheid, wie man neuen Infektionen vorbeugen kann, wie man mit AIDS-Infizierten umgehen muss und wie man die Folgen von AIDS für Familie und Gesellschaft verringern kann. Die Aufgabe besteht nun darin, die Erfolge in größerem Rahmen und in weit mehr Ländern zu wiederholen und anzupassen. Dazu bringt UNAIDS Regierungen mit Hilfsorganisationen, Lobbygruppen und – nicht zuletzt – mit dem privaten Sektor zusammen.

Wie ich zu Beginn sagte: Die erste Schlacht, die wir im Krieg gegen AIDS gewinnen müssen, besteht darin, die Mauer von Schweigen und Vorurteilen niederzureißen.

Nirgendwo ist dies notwendiger als in Afrika. In den vergangenen Jahren haben viele afrikanische Regierungen zumindest verstanden, dass das öffentliche Eingeständnis der AIDS-Problematik ein erster Schritt dazu ist, die Krankheit in den Griff zu bekommen und potenzielle Investoren anzuziehen und nicht abzuschrecken. Viele afrikanische Politiker sprechen nun die AIDS-Frage offen an und bemühen sich, alle Teile der Gesellschaft im Kampf gegen die Krankheit zu mobilisieren.

In Botswana wurde im vergangenen September ein landesweiter Plan zum Kampf gegen AIDS von Präsident Mogae ins Leben gerufen. 80 Prozent der finanziellen Mittel dafür kommen aus dem Land selbst. In Lesotho wurde das AIDS-Budget verdoppelt. In Swasiland hat die Regierung AIDS den Kampf angesagt und zwar nicht nur mit Worten, sondern mit Taten. In Namibia hat die Regierung ein neues nationales AIDS-Programm vorgelegt, und in Südafrika wurde im vergangenen Oktober ein Plan verabschiedet, der alle Teile von Gesellschaft und Regierung einbindet.

Die Menschen erkennen immer öfter, dass eine Antwort auf AIDS auch den Menschenrechten Rechnung tragen muss. In aller Welt müssen Menschen mit AIDS erleben, dass ihre Rechte verletzt und ihre Grundfreiheiten eingeschränkt werden. Das wird sich nur ändern, wenn Regierungen und Arbeitgeber mit den Betroffenen zusammenarbeiten, um das zu ändern. Daher haben die Vereinten Nationen im Vorjahr internationale Richtlinien zu AIDS und zu den Menschenrechten veröffentlicht, in denen die Verantwortung der Regierungen wie der Wirtschaft dargestellt werden. Insbesondere der private Sektor wurde dazu aufgerufen, professionelle Verhaltensnormen zu entwickeln, die die Menschenrechte für alle von AIDS und HIV Betroffenen in vollem Umfang garantieren sollen.

Kein Unternehmen und keine Regierung kann sich der Herausforderung von AIDS alleine stellen. Was wir brauchen, ist ein neuer Ansatz im Gesundheitswesen, der alle verfügbaren Mittel, öffentliche wie private, und alle Möglichkeiten, lokale wie globale, miteinander verknüpft. Wenn das Geld gefunden ist, wird es nicht verschwendet. Erfahrungen in Uganda und Thailand – um nur zwei Entwicklungsländer zu nennen – haben gezeigt, dass die Zahl der Neuinfektionen erfolgreich reduziert werden kann, wenn die Größe des Problems bekannt ist und es gut durchdachte und ausreichend finanzierte präventive Antworten gibt. Unternehmen können eine wichtige Rolle spielen, wenn sie ein Forum zur Aufklärung über HIV schaffen und innerhalb der Wirtschaftswelt eine Vorbildfunktion übernehmen.

Ein großes britisches Unternehmen, Glaxo Welcome, hat eine Stiftung mit dem Namen „Positive Action" ins Leben gerufen, die bereits mehr als 25 Millionen Pfund in Gemeinschafts- und Partnerschaftsprojekte investiert hat. Um nur ein Beispiel zu nennen: Die Stiftung hat mit einem Vierjahres-Präventions- und Therapieprogramm ausgewählte Patientengruppen in der Elfenbeinküste unterstützt, mit dem Schwerpunkt zur Verhinderung der Infektion von Neugeborenen durch ihre Mütter.

Das ist nur ein Unternehmen, das erkannt hat, dass AIDS „jeden angeht". Glücklicherweise gibt es noch andere Beispiele. So hat etwa das nepalesische Unternehmen „Get Paper" bei der Gründung einer Organisation zur Gesundheitsförderung geholfen. Vor sechs Jahren hatte es das noch nicht gegeben. Mit Hilfe seines britischen Kunden „The Body Shop" wurde ein AIDS-Informationsstand für Bus- und Lastwagenfahrer aufgebaut. Damit konnten 12 Prozent der Bevölkerung angesprochen werden, eine Präventivmaßnahme, die regelmäßig Unterstützung aus dem Ausland erhält. In Nigeria hat der Ölkonzern „Chevron" einen ebenso phantasievollen wie hartnäckigen Versuch zur AIDS-Prävention unternommen und damit sowohl die Gesellschaft als auch seine eigenen Angestellten geschützt. In Südafrika hat „Eskom", eine Elektrizitätsgesellschaft mit 37.000 Beschäftigten, vor sechs Jahren HIV/AIDS zur strategischen Priorität erklärt. Als Ergebnis können nun Zuschüsse an AIDS-infizierte Beschäftigte und deren Familien ausgezahlt werden. Außerdem werden eigene Krankenhäuser finanziell unterstützt, um Tests durchzuführen, das Immunsystem der Betroffenen zu überwachen und allgemeine medizinische Unterstützung zu leisten.

In Simbabwe hat „Rio Tinto" Schritte unternommen, um seine Facharbeiter zu schützen. Freiwillige Aktionsgruppen der Beschäftigten wurden ins Leben gerufen, die als Ansprechpartner fungieren und Aufklärungskampagnen durchführen. So verteilt das Unternehmen unter der vorwiegend männlichen Arbeitnehmerschaft seiner Bergwerke Kondome. Viele der Beschäftigten sind lange Zeit von ihren Frauen getrennt. Im vergangenen Monat hat UNAIDS mitgeholfen, eine Initiative eines neuen Partners in Afrika ins Leben zu rufen: „Bristol-Myers Squibb". Das Unternehmen hat 100 Millionen Dollar für fünf Jahre für eine neue öffentlich-private Partnerschaft zur Verfügung gestellt. Unter dem Motto „Sicherung der Zukunft" unterstützt diese Partnerschaft Forschungsprojekte, Erziehungs- und soziale Maßnahmen im gesamten südlichen Afrika.

Dies sind ermutigende Beispiele, die zeigen, dass gemeinsame Anstrengungen Großes bewirken können. In diesem Zusammenhang muss ich die Pionierarbeit loben, die vom Wirtschaftsführerforum der Prinzessin von Wales geleistet wird, das eng mit UNAIDS, WHO und dem Globalen Wirtschaftsrat zusammenarbeitet. Diese Aktivitäten wurzeln nicht in einer altmodischen Philanthropie, oder sind aus Selbstinteresse entstanden, sondern sie fußen auf tiefen Überzeugungen und starkem Realitätssinn.

Immer mehr Wirtschaftsführer erkennen, dass ihre Verantwortung – und ihr Interesse – nicht nur in den Ergebnissen ihrer Tätigkeit für ihre Aktionäre liegt, sondern auch darin, welche Auswirkungen ihre Tätigkeit auf die Gesellschaft und die Welt insgesamt hat. Die Ausbreitung von AIDS ist zum Teil ein trauriges Nebenprodukt der Globalisierung, aber zumindest erkennen wir jetzt die Anfänge einer weltweiten Reaktion.

So möchte ich heute drei Forderungen an die Wirtschaft richten, ob hier im Vereinigten Königreich, in anderen Industriestaaten oder in den Entwicklungsländern:

Erstens, setzen Sie sich im Interesse Ihrer Beschäftigten und deren Familien dafür ein, die Vorurteile gegenüber AIDS-Patienten abzubauen und den Diskriminierungen, denen sie ausgesetzt sind, entgegenzuwirken. Erlauben Sie HIV-Infizierten, weiter bei Ihnen zu arbeiten und damit ein nützliches Mitglied der Gesellschaft zu bleiben.

Zweitens, tun Sie alles, um die Beschäftigten an ihrem Arbeitsplatz zu schützen und die Ausbreitung von AIDS zu verhindern. Durch Aufklärungsarbeit und durch die Verteilung von Kondomen können Sie dazu beitragen.

Und drittens, verlieren Sie auch den globalen Aspekt nicht aus dem Auge. Erkennen Sie die Tragweite dieser weltweiten Krankheit und schließen Sie sich dem weltweiten Kampf gegen AIDS an. Arbeiten Sie mit den vielen Regierungs- und Nichtregierungsorganisationen zusammen, die an vorderster Front um das Überleben kämpfen.

Wer könnte leugnen, dass der Kampf gegen AIDS eine moralische Pflicht ist? Aber er ist auch ein wirtschaftliches Gebot. Er macht auch aus wirtschaftlicher Sicht Sinn. Viele von Ihnen, die heute hier anwesend sind, vertreten wichtige Akteure, die bereits in wirksamen Partnerschaften zur Bekämpfung von HIV und AIDS tätig sind. Mit ihren Bemühungen, das Scheinwerferlicht der Öffentlichkeit weiter auf dem AIDS-Problem zu halten, sind das Nationale AIDS-Kuratorium und seine Mitstreiter beispielgebend für andere Industrieländer. Ich weiß, dass Sie auch hier im Vereinigten Königreich vor großen Herausforderungen stehen. Aber Sie haben damit begonnen, auch in anderen Ländern, in denen die Lage besonders schlimm ist, etwas Entscheidendes zu unternehmen.

Gemeinsam verfügen Regierungen, Nichtregierungsorganisationen, Wirtschaft und Medien über immenses Wissen und Know-how, über großen Einfluss und große Mittel. Der Globale Wirtschaftsrat für HIV/AIDS, in dem „Glaxo Welcome" eine führende Rolle einnimmt, hilft bei der Mobilisierung dieser Ressourcen, vor allem zur Unterstützung der nationalen Räte in Botswana, Brasilien, Mexiko, Südafrika und Thailand. Das Nationale AIDS-Kuratorium hat jetzt die Initiative ergriffen, im Rahmen dieses Netzwerkes auch im Vereinigten Königreich einen Wirtschaftsrat für HIV und AIDS zu gründen. Ich hoffe, dass andere Länder diesem Beispiel bald folgen.

Lassen Sie mich zum Abschluss noch einmal meine wichtigste Botschaft wiederholen:

AIDS ist nicht gebannt. Die Krankheit geht nicht nur ein paar weit entfernte Länder an. Sie ist eine Gefahr für eine ganze Generation, ja für die gesamte menschliche Zivilisation. Die Frage ist nicht, ob noch mehr Menschen sterben müssen. Viele Menschen werden an dieser Krankheit noch sterben. Die Frage ist: Wird AIDS nur von dieser Generation Opfer fordern oder auch von der nächsten und der übernächsten?

An die Adresse von Prinzessin Diana, wäre sie heute bei uns, möchte ich schließlich noch sagen: Sie haben die Herzen von Millionen gewonnen, indem Sie Ihre eigene menschliche Verletzlichkeit zugegeben haben. Und Sie haben als eine der ersten in diesem Land den Kampf gegen das Schweigen und die Vorurteile gegenüber AIDS aufgenommen. Vielleicht war es gerade Ihre Verletzlichkeit, die Ihnen die Kraft für Ihr leidenschaftliches Engagement gegeben hat. Vielleicht war es gerade das, was Ihnen Ihre einzigartige Gabe des Zuhörens, Ihren Wunsch zu hören und zu helfen und Ihren Mut gegeben hat, sich für die besonders Schwachen dieser Welt einzusetzen. Vielleicht war es das, was andere dazu bewegt, Ihnen nachzueifern.

Vermutlich bedarf es dieser besonderen Art von Sensibilität, um das zu tun, was Diana getan hat. Alle anderen können sich daran nur ein Beispiel nehmen. Mit diesem Vorbild vor Augen, können wir die Hilfsbedürftigen dieser Erde nicht einfach dem unnötigen Tod oder dem Verfall überlassen. Diana hat zuviel gegeben, hat sich zu sehr engagiert, als dass wir ihr Andenken nicht durch Taten ehren müssten.

In einigen Teilen Afrikas wird AIDS mit „Schande ist auf die Erde gefallen" übersetzt. Meine Freunde, die Schande wird in der Tat auf die Erde fallen, wenn wir jenen, die an AIDS leiden, den Rücken zukehren und sie links liegen lassen. Schande wird auf uns alle fallen, wenn wir nicht alles tun, um jede Spur von Vorurteil und Diskriminierung aufgrund dieser Krankheit zu beseitigen.

Heute haben wir die Chance, nüchternen Realitätssinn und tief empfundenen Idealismus auf einen Nenner zu bringen und Eigeninteresse mit Gemeinschaftsverantwortung zu verbinden. Eine Gelegenheit, die nicht häufig kommt.

Um Dianas und jener Millionen Menschen Willen, die heute mit AIDS leben oder schon morgen vom Schatten dieser Krankheit getroffen werden können, müssen wir diese Chance jetzt nutzen oder in ewiger Schande leben.

Fällt die Wahl wirklich so schwer?

(Quelle: UNIC Bonn, Pressemitteilung UNIC 185 v. 28.06.1999.)

IV. Veränderungen und Reformen

[17] Reform ist ein Prozess, kein Ereignis

Rede vor dem National Press Club
Washington, 24. Januar 1997

Es ist schön, heute hier zu sein, unter den Machern und Gestaltern der amerikanischen öffentlichen Meinung. Ich bin dankbar für diese frühe Gelegenheit, mit Ihnen meine Vision, meine Hoffnungen und meine Pläne für die Zukunft zu teilen.

Etwa drei Wochen sind vergangen, seitdem ich Generalsekretär der Vereinten Nationen geworden bin. Einer der ersten Ratschläge, die ich erhielt, lautete: „Gehen Sie den amerikanischen Journalisten aus dem Weg. Die Vereinten Nationen sind in den USA so schlecht gelitten, dass alles, was auch immer Sie sagen, kritisiert werden wird."

Jeder braucht ein paar Ratschläge, die er ignorieren kann. Wie Sie sich vorstellen können, habe ich absolut nicht die Absicht, so einem Rat zu folgen. Ganz im Gegenteil. Ich habe sehr bald, nachdem ich vor fast 40 Jahren in dieses Land gekommen bin, eine hohe Achtung für amerikanische Journalisten entwickelt. Ich kam, um zu lernen, um zu studieren und um mich mit dem Leben in einer Gesellschaft vertraut zu machen, die den freien Informations- und Ideenfluss schätzt und pflegt. Mitgenommen habe ich eine lebenslange Bindung an Demokratie, an Rechtstaatlichkeit und an Politik als eine Mischung von Realismus und Großmut.

Ich habe einen zweiten Grund dafür, den amerikanischen Journalisten nicht aus dem Weg zu gehen. Ich bin tief davon überzeugt, dass die Vereinigten Staaten die Vereinten Nationen ebenso brauchen wie die Vereinten Nationen die Vereinigten Staaten.

Über die letzten 50 Jahre hinweg haben die Vereinten Nationen und die Vereinigten Staaten gelernt, ihre Stärken gegenseitig zu nutzen. Eine der ersten politischen Lektionen Amerikas war diejenige, die Benjamin Franklin lehrte, als er den streitsüchtigen 13 Kolonien erklärte, dass sie, wenn sie nicht zusammenhielten, mit Sicherheit alle einzeln untergehen würden (*„if we don't hang together, we will surely hang separately"*). Das war die Einsicht, die nach den Schrecken des Zweiten Weltkriegs zur Schaffung der Vereinten Nationen führte, zu einem großen Teil durch die Bemühungen amerikanischer Staatsmänner.

Es ist eine Tatsache, dass sich die Vereinigten Staaten und die Vereinten Nationen einer langen und fruchtbaren Freundschaft erfreuen. Im letzten Jahr ist eine breite Koalition von Amerikanern – Republikanern und Demokraten, Liberalen und Konservativen – innerhalb einer Arbeitsgruppe, die vom Council on Foreign Relations unterstützt wurde, zu dem Schluss gekommen, dass die Vereinten Nationen den amerikanischen Interessen sehr dienlich waren.

Ich bin mir natürlich der zahlreichen und anhaltenden Missverständnisse zwischen uns bewusst. Ich glaube, dass die Zeit gekommen ist, die Atmosphäre zu reinigen und unter Freunden offen zu reden. Ein offener, aufrichtiger und konstruktiver Dialog ist immer nützlich.

Erlauben sie mir zunächst, meinen Glauben an die Werte der Weltorganisation erneut zu betonen. Es sind die Werte des Friedens, der Freiheit und Gerechtigkeit, des Fortschritts und der Entwicklung, der Großzügigkeit und der Solidarität sowie der Achtung der Menschenrechte. Es sind auch die Werte, die Amerika zu einer so große Nation gemacht haben. Es sind die Werte der Menschen, die vor 50 Jahren die Vereinten Nationen dazu eingeladen haben, den Amtssitz auf ihrem Territorium zu errichten.

Unter Amerikanern habe ich immer wohlwollende Einstellungen und Anerkennung für unsere Arbeit vorgefunden.

Ich werde durch die vielen Meinungsumfragen ermutigt, die eine starke Unterstützung seitens der amerikanischen Öffentlichkeit für die Vereinten Nationen zeigen: für unsere Friedenssicherungs- und humanitären Hilfsoperationen, für unsere Programme zur wirtschaftlichen Entwicklung und für unsere wichtige Arbeit auf den Gebieten der Menschenrechte und der Demokratisierung.

Diese Begeisterung und dieses Engagement für die Ideale der Vereinten Nationen zeigen Tausende Amerikaner, die im System der Vereinten Nationen arbeiten. In den leitenden Positionen innerhalb der Vereinten Nationen haben wir mehr Amerikaner als Angehörige jeder anderen Nation. Amerikaner fungieren als Chefs des Entwicklungsprogramms der Vereinten Nationen (UNDP), des Kinderhilfswerks (UNICEF) und des Welternährungsprogramms (WFP). Ein Amerikaner ist der Untergeneralsekretär für Verwaltung und Management. Sie werden bei der Durchführung unseres Reformprogramms weiterhin eine führende Rolle spielen. Außerdem ist ein weiterer Amerikaner der Chef einer bedeutenden Friedenssicherungsoperation der Vereinten Nationen im früheren Jugoslawien. Ich erwähne diese Frauen und Männer, um etwas sehr Einfaches zu zeigen: Sie sind wir.

Die Welt hat sich verändert. Sie ist in zunehmendem Maße interdependent. Diese Interdependenz, die den Vereinigten Staaten erheblichen Nutzen bringt, wird durch die Vereinten Nationen, durch Vereinbarungen unter ihren souveränen Mitgliedstaaten gefördert.

Die Vereinten Nationen fördern die Freiheit des Handels und der Märkte. Andere Organe der Vereinten Nationen bekämpfen Epidemien, Hunger, Armut, schützen Menschenrechte, fördern den Schutz der Umwelt, unterstützen die Förderung von Frauen und die Förderung der Rechte der Kinder.

Institutionen der Vereinten Nationen stellen auch die Richtlinien und Standards auf, die für einen sicheren und effizienten Transport auf dem Luft- und Seeweg unentbehrlich sind. Weil die Vereinten Nationen entsprechende Regelungen getroffen haben, müssen alle Piloten und Fluglotsen Englisch sprechen. Stellen sie sich vor, was geschehen würde, wenn es nicht so wäre. Eine andere Agentur der Vereinten Nationen arbeitet daran, die Achtung vor den Rechten geistigen Eigentums weltweit sicherzustellen. Ein weiteres Organ der Vereinten Nationen koordiniert die Verteilung der Hochfrequenzen; ohne diese Koordinierung würde der internationale Äther in misstönenden Geräuschen ertrinken.

Die Institutionen der Vereinten Nationen befördern die Achtung und Unterstützung des Völkerrechts und internationaler Normen. Das beinhaltet Maßnahmen gegen Terrorismus, Drogenhandel und transnationales Verbrechen. Diese Probleme überschreiten Grenzen, ihre Lösungen müssen das auch.

Das Amt des UN-Hochkommissars für Flüchtlinge (UNHCR) kümmert sich um weltweit 45 Millionen Flüchtlinge und Verschleppte. Ohne diese bedeutende Institution würden viele Länder durch chaotische Flüchtlingsströme destabilisiert werden.

Die Friedenssicherungskräfte der Vereinten Nationen haben in vielen Fällen die Eskalation von Konflikten verhindert und unzählige tausend Menschenleben gerettet. Sie helfen den Frieden in einem breiten Spektrum von Ländern zu konsolidieren, wie in Angola, Zypern, Haiti, dem Libanon, Liberia und dem ehemaligen Jugoslawien.

Diese verschiedenen Aktivitäten zeigen, wie vielfältig die Vereinten Nationen das Leben der gewöhnlichen Amerikaner berühren. Wir sind nicht irgendeine fremde, entfernte Organisation; die Vereinten Nationen sind Teil Ihres täglichen Lebens.

Ich habe konstruktive und positive Treffen mit Präsident Clinton, mit Mitgliedern seiner Administration und mit den Kongressführern beider Parteien gehabt.

Ich habe ihnen versichert, dass ich entschlossen bin, die Vereinten Nationen zu reformieren. Ich will die Reform nicht um ihrer selbst willen, sondern um die Kapazität der Organisation neu zu beleben, damit sie ihren Mitgliedern in unserer sich wandelnden Welt dienlich sein kann. Auch wir können es nicht riskieren, auf der Brücke zum 21. Jahrhundert ins Stocken zu geraten.

Wir haben unsere Reise über diese Brücke bereits begonnen. Der Bestand an Personal auf Führungsebene ist seit 1992 um ein Viertel verringert worden und die Gesamtzahl des Personals ist um 25 Prozent gesunken. Seit letztem Dezember hat die Organisation Schritte unternommen, für den Zwei-Jahreszeitraum 1996-1997 mit einem wachstumsneutralen Haushalt auszukommen, der bei 2,608 Milliarden Dollar gedeckelt ist. Während der letzten zwölf Monate hat das Sekretariat mehr als 400 Effizienz-Projekte mit bereits greifbaren Ergebnissen eingeleitet – zum Beispiel, die Ausweitung der Nutzung des Internets und der Homepage der Vereinten Nationen, um Informationen der Vereinten Nationen zu verbreiten, die Kostenreduzierung bei Dokumentations- und Tagungsdienstleistungen und die Verbesserung der Kassenhaltung.

Fonds und Programme der Vereinten Nationen sind ebenfalls mit Reformen befasst, die den Vereinten Nationen helfen, bessere Ergebnisse in den Einsatzgebieten zu erzielen, von Ruanda bis Haiti. Mit Reformen, die von den führenden Industriestaaten der G7 im letzten Juni begrüßt wurden, etablierte zum Beispiel die Handels- und Entwicklungskonferenz der Vereinten Nationen (UNCTAD) eine neue intergouvernementale Struktur, sie strukturierte das Sekretariat um und legte fünf Programme zu einem einzigen zusammen. Das Welternährungsprogramm (WFP) hat einen Haushalt mit negativem Nominalwachstum aufgestellt und gleichzeitig seine Ressourcen auf die Länder und Menschen mit dem größten Bedarf konzentriert. Das Kinderhilfswerk (UNICEF) hat die Struktur seines leitenden Managements verflacht, sein finanzielles Management verbessert und mit anderen Agenturen der Vereinten Nationen daran gearbeitet, seine Programmzyklen in 27 Ländern zu harmonisieren.

In der Friedenssicherung haben wir die Kapazität entwickelt, Operationen zu planen und eine bessere Logistik zur Verfügung zu stellen, um unsere Männer und Frauen im Einsatzgebiet zu unterstützen. Wir haben ein rund um die Uhr arbeitendes „Lagezentrum"; professionelles militärisches Personal, das größtenteils ohne Kosten von Regierungen ausgeliehen wird, und eine Gruppe für Erfahrungsauswertung, um die Erfahrungen der vergangenen, turbulenten Jahre zu erfassen.

Ich könnte fortfahren. Aber der Punkt ist, dass wir fortfahren werden. Reform ist ein Prozess, kein Ereignis. Ihr Resultat wird ein schlankeres und leistungsfähigeres Sekretariat sein. Wir werden unsere Strukturen und Verfahren im Licht unserer begrenzten finanziellen Ressourcen überprüfen. Wir werden uns entschlossen darum bemühen, Doppelungen und Überlappungen zu beseitigen. Wir werden danach streben, Vereinte Nationen zu schaffen, die relevant sind, die einen Unterschied bei den Herausforderungen machen, von denen die Welt will, dass wir sie anpacken. Und wir sollten alle Anstrengungen unternehmen, um die besten Talente anzuziehen, zu entwickeln und zu halten. Die Vereinten Nationen sollten nie nur ein Job wie jeder andere sein; sie sind eine Berufung. Wir müssen diesen Geist zurückholen, unsere Mission neu definieren und unsere Bemühungen neu orientieren, um diese Vision zu erfüllen.

Ich habe keine Bedenken und keine Vorbehalte, was die Stelle betrifft, die die Reform auf meiner Agenda als Generalsekretär einnimmt. Ich bin überzeugt, dass eine tief greifende Reform wichtig ist, um die ursprüngliche Vision der Charta der Vereinten Nationen voll zu verwirklichen und um die Organisation an die weitreichenden Veränderungen anzupassen, die im internationalen und wirtschaftlichen Umfeld auftreten. Ich trage diese Botschaft – und damit werde ich fortfahren – mit der gleichen Kraft zu all meinen Gesprächspartnern, nicht nur in Washington. Ich bin überzeugt davon, dass die Reform im Interesse aller Mitglieder der Organisation ist, für die entwickelten Ländern und die Entwicklungsländer gleichermaßen.

Um sicherzustellen, dass die Organisation ihre Relevanz wie auch ihre Wirksamkeit erneuert, muss die Reform in einem neuen Konsens zwischen den Regierungen verwurzelt sein, einem Konsens über die Rolle der Vereinten Nationen, ihre Kernfunktionen, ihre Prioritäten und darüber, was sie am besten kann, was sie mit anderen zusammen tun und was sie anderen überlassen sollte.

Ich bin mir der Komplexität der Aufgabe sehr wohl bewusst. Ihr Erfolg erfordert Änderungen in den Strukturen und Arbeitsmethoden. Sie muss mit gegenseitigen Aktionen der Unterstützung seitens der Regierungen und des Sekretariats einhergehen. Und sie erfordert es, dass sich viele Akteure um gemeinsame Ziele versammeln. Ich bin dennoch überzeugt, dass es geleistet werden kann und dass die Zeit dafür jetzt gekommen ist.

Drei grundlegende Komponenten sind in meiner Reformstrategie enthalten, sie werden jetzt alle parallel eingeleitet. Sie sollen im Verlauf dieses Jahres in unterschiedlichen Phasen zu konkreten Ergebnissen führen und werden, wie ich hoffe, die Annahme eines umfassenden Reformpakets in der Herbstsitzung der Generalversammlung zur Folge haben. Ich bin optimistisch, weil im Bezug auf jede dieser Komponenten bereits einige Grundlagen, auf die aufgebaut werden soll, gelegt worden sind, und weil ich bereits in den ersten wenigen Tagen meiner

Amtszeit in der Lage war, einige dieser Grundlagen auszuprobieren und, wie ich glaube, auch zu stärken.

Die erste Komponente umfasst die Ausweitung und Beschleunigung von Managementreformen und Effizienzüberprüfungsprozessen, die unter der Leitung des Untergeneralsekretärs für Verwaltung und Management, Joseph Connor, im Gang sind. Auf diese Arbeit aufbauend habe ich meine leitenden Programmanager und das gesamte Personal aufgefordert, mir dabei zu helfen, weitere Managementverbesserungen zu entwickeln, die kurzfristig umgesetzt werden können und die Effizienz und Kostenwirksamkeit des Sekretariats bedeutend stärken können. Ich erwarte, dass diese Maßnahmen das gesamte Spektrum des Managements abdecken werden: die Art, wie wir mit unseren finanziellen Ressourcen umgehen, die Art, mit der wir das Personal verwalten, und die Art, mit der wir unsere Operationen organisieren. Ich freue mich auf die weitreichende Rationalisierung und Vereinfachung unserer administrativen Prozesse und auf eine bedeutende Verschiebung der Ressourcen von der administrativen Routine zum Einsatz von Informationstechnologie und Managementtraining und von Verwaltung zu Programmen, die konkrete Resultate vor Ort erzielen können. Ich freue mich auf eine weitere Stärkung der internen Aufsichtsfunktion, die in der Organisation durch das Amt für interne Aufsichtsdienste wahrgenommen wird. Das sollte auch eine Stärkung der internen Kontrollstandards umfassen und effektivere Methoden der Kostenberechnung und der Evaluierung unserer Arbeitsergebnisse.

Ich vertraue darauf, dass es schon in den nächsten Monaten an all diesen Fronten einen sichtbaren Fortschritt geben wird. Das sollte den Grund bereiten für das Bestehen dieser Organisation und ihr effektives Funktionieren, innerhalb der Parameter des Haushalts für 1998-1999, der in der nächsten Sitzung der Generalversammlung gebilligt werden soll. Auf der Grundlage des Entwurfs, der von der Versammlung schon gebilligt worden ist, wird der Haushalt zum ersten Mal ein reales Negativwachstum ausweisen. Mit einem effektiven Funktionieren meine ich nicht nur Verwaltungseffizienz, sondern auch die Fähigkeit, innerhalb des Haushaltsrahmens für zugeschnittene Programme zu sorgen, indem Kapazitäten und Ressourcen um Ziele mit Priorität gebündelt werden.

Ich habe versucht, in meinem eigenem Exekutivbüro mit gutem Beispiel voranzugehen, mit der Rationalisierung seiner Funktionen und der erheblichen Reduzierung in Anzahl und Ausstattung des Personals. Ich habe auch die Praxis sehr häufiger Kabinettssitzungen mit den Chefs aller Hauptabteilungen und Programme eingeführt und damit die Verantwortlichkeit und Delegation von Autorität, die Notwendigkeit größerer Politik- und Programmkohärenz innerhalb des

Sekretariats betont wie auch die Bedeutung von Teamwork und kontinuierlicher Kommunikation, um Doppelungen zu vermeiden und größere Wirkung zu entfalten. Sektorale Gruppen (Unterkabinette) sind eingerichtet worden, um politische Führung und Koordination in den vier Schlüsselgebieten der Tätigkeit der Vereinten Nationen zu gewährleisten: Frieden und Sicherheit, humanitäre Hilfe, wirtschaftliche und soziale Angelegenheiten und Entwicklungsoperationen.

Diese umfassen nicht nur das zentrale Sekretariat, sondern auch verschiedene Programme und Fonds, die Teil der Organisation sind. Diese Gruppen werden sich wöchentlich treffen und, in gewisser Weise zum ersten Mal, einen regelmäßigen und systematischen Austausch zwischen verschiedenen Einheiten innerhalb der Organisation, die auf verwandte Ziele hinarbeiten, einplanen.

Die zweite Komponente meiner Reformstrategie baut auf diesen Maßnahmen auf und zielt auf eine bedeutende Vereinfachung und Rationalisierung der organisatorischen Strukturen. Ich habe bereits die Grundlagen für eine Serie von Überprüfungen in jedem der Haupttätigkeitsbereiche der Organisation geschaffen.

Die dritte Komponente spiegelt die Tatsache wider, dass ich die Reform nicht allein unternehmen werde. Ich werde in enger Partnerschaft mit den Mitgliedsstaaten arbeiten, die mit einem parallelen Prozess befasst sind. Einige der Doppelungen im System der Vereinten Nationen bestehen, weil die Regierungen überlappende Stellen geschaffen haben, und nur die Regierungen können diese beseitigen. Ich habe bereits begonnen, mit dem Präsidenten der Generalversammlung zusammenzuarbeiten, um sicherzustellen, dass wir denselben Weg gehen. Ich muss aufpassen, dass ich nicht in die Vorrechte der Regierungen eindringe. Aber ich werde nicht zögern, ihnen meine Ideen vorzuschlagen, wenn ich zu dem Urteil komme, dass das hilfreich sein kann, um die Durchführung zu erleichtern und den Prozess voranzubringen.

Mein Bericht zur Reform der Vereinten Nationen wird Ende Juli 1997 fertig gestellt sein, an diesem Punkt werde ich dann Konsultationen mit den Mitgliedstaaten einleiten und der Generalversammlung zu ihrer 52. Sitzung Vorschläge unterbreiten. Damit die Reform Erfolg hat, müssen wir einen breiten Konsens schaffen.

Ich habe Maurice Strong, einen bekannten Reformer mit Erfahrung in den Vereinten Nationen und der Privatwirtschaft, zum Exekutivkoordinator für die Reform der Vereinten Nationen ernannt. Unter meiner Führung wird er alle Aspekte des Reformprozesses koordinieren und dabei eng mit Untergeneralsekretär Connor, zusammenarbeiten, dem früheren Vorsitzenden und Geschäftsführer von Price Waterhouse, der jetzt für das Management des Sekretariats verantwortlich ist.

Wenn Amerikaner an die Reform der Vereinten Nationen denken, denken sie nicht nur an die Reformen, die der Generalsekretär selbst durchführen kann. Da gibt es zum Beispiel die Frage des Sicherheitsrates. Viele Regierungen glauben, dass Größe und Zusammensetzung des Rates die politischen Realitäten von 1945 widerspiegeln. Sie meinen, dass er erweitert werden sollte, um repräsentativer zu werden, und dass er andere Mitglieder aufnehmen sollte, um die heutigen geopolitischen Realitäten besser widerspiegeln zu können. Ich teile diese Ansicht. Aber es ist an den Mitgliedstaaten über das Wesen und Ausmaß der Sicherheitsratsreform zu entscheiden. Es ist meine Hoffnung, dass die lange Debatte über dieses Thema dieses Jahr zu Ende gebracht wird.

Ähnlich beunruhigt sind die Amerikaner darüber, dass der Beitragsschlüssel ihnen eine zu hohe Last aufbürdet. Dieser Schlüssel wurde mit dem Rest der Welt vereinbart. Er basiert hauptsächlich auf Ihrem Anteil an der Weltwirtschaft. Wenn Sie ein ärmeres Land wären, würden die Vereinten Nationen weniger verlangen. Aber die Formel ist nicht sakrosankt. Die Vereinigten Staaten können einen niedrigeren Schlüssel für sich aushandeln – aber sie müssen zuerst andere Mitgliedstaaten überzeugen. Aber das ist eine Herausforderung für die amerikanische Diplomatie, nicht für den Generalsekretär.

Ein anderes Problem, das wir angehen müssen, ist die finanzielle Krise der Vereinten Nationen und die amerikanische Schulden. Einige haben mich gedrängt, bei diesem Thema zurückhaltend zu sein. Aber ich weiß, dass die meisten Amerikaner es nicht mögen, dass an ihr Land als eines gedacht wird, das sein Wort nicht hält, und viele sind bemüht, dieses Problem zu einem Ende zu bringen. Lassen Sie es mich klar sagen: die Mitgliedsbeiträge der Vereinigten Staaten sind das Ergebnis eines offenen Prozesses zwischen allen Mitgliedstaaten, dem die Vereinigten Staaten frei zugestimmt haben. Die Vereinigten Staaten spielen eine bedeutende Rolle, wenn es um die Entscheidung geht, wie die Vereinten Nationen arbeiten. Aber die Vereinten Nationen können nicht ohne die Mitgliedsbeiträge ihrer Mitglieder arbeiten.

Wir müssen zuallererst begreifen, dass die Krise, der die Vereinten Nationen gegenüberstehen, nicht eine ist, die bewältigt werden kann, indem am Haushalt herumgebastelt wird oder bessere Techniken der Finanzverwaltung genutzt werden. Es ist vielmehr eine politische Krise – eine Krise des Vertrauens in die Organisation.

Als Generalsekretär der Vereinten Nationen habe ich mich dazu verpflichtet, dieses Vertrauen wiederherzustellen.

Die Welt muss eine effiziente und effektive Organisation der Vereinten Nationen haben. Eine den Bedürfnissen der internationalen Gemeinschaft besser angepasste Organisation, mit klaren Prioritäten und wirksamen Mitteln, mit denen auf die internationalen Krisen und Notfälle, mit denen wir konfrontiert sind, geantwortet werden kann. Eine Organisation, die gut verwaltet wird, die offener, transparenter ist, mit vereinfachten Strukturen und neuen Stufen der Verantwortlichkeit. Eine solche Organisation, die zielgerichteter arbeitet, kann mit weniger mehr erreichen.

Und diese Organisation muss den Mitgliedstaaten besser dienen. Nehmen Sie die Friedenssicherung. Die Mitgliedstaaten entscheiden über Friedenssicherungsoperationen, nicht der Generalsekretär. Meine Rolle ist es, dem Sicherheitsrat dabei zu helfen, zu seinen Entscheidungen zu kommen, diese Entscheidungen dann so effizient und wirksam wie möglich auszuführen und vollständig und ehrlich zu berichten sowie Empfehlungen zu geben, welche Aktionen zukünftig unternommen werden sollten.

Die amerikanischen Interessen sind direkt von der erfolgreichen Durchführung von Friedensoperationen betroffen. Über die letzten Jahre hinweg sind wir Zeugen von Barbarei und Ungerechtigkeit geworden, in einem Ausmaß, von dem wir nach dem Zweiten Weltkrieg gehofft hatten, dass wir es nie wieder sehen würden.

Wenn die Vereinten Nationen nicht existieren würden, würde sich die öffentliche Meinung der Welt aller Wahrscheinlichkeit nach an die einzige Supermacht wenden, um sie zu bitten zu intervenieren. Stattdessen bieten die Vereinten Nationen den Vereinigten Staaten und anderen Ländern eine Möglichkeit, die Verantwortung für Frieden und Ordnung auf dem Globus zu teilen und die politischen Kosten, die finanzielle Last und die damit verbundenen menschlichen Risiken gemeinschaftlich zu übernehmen.

Wenn Krieg das Versagen der Diplomatie ist, dann ist die Diplomatie, sowohl die bilaterale als auch multilaterale, sicherlich unsere erste Verteidigungslinie. Jeder erfahrene Kommandeur wird Ihnen sagen, dass man ohne eine starke Verteidigung keinen Angriff führen kann. Die Welt gibt heute Milliarden für die Vorbereitung des Krieges aus. Sollten wir nicht eine Milliarde oder zwei für die Vorbereitung des Friedens ausgeben? Es kostet nicht viel diese wichtige Verteidigungslinie zu stärken. Die Aktionen der Vereinten Nationen in der präventiven Diplomatie können die immensen Kosten des Krieges – an Leben und Ressourcen – abwenden.

Gleichzeitig müssen die Vereinten Nationen besser dazu in der Lage sein, den wirtschaftlichen und sozialen Entwicklungsherausforderungen von morgen zu begegnen. Das sind die grundlegenden Sorgen der Mehrheit der Mitglieder der Vereinten Nationen.

Die wirtschaftliche Globalisierung ist ohne Frage das Modell der Zukunft. Aber mit der Globalisierung kommt für ganze Teile der Welt auch das Risiko der Marginalisierung. Ich denke an Afrika und seine schweren Probleme, aber auch an sein großes Potenzial.

Als das eine Organ, das die Welt zusammenbringt – die Armen und die Reichen, die Großen und die Kleinen – können die Vereinten Nationen es nicht vermeiden, ein Hauptakteur in der wirtschaftlichen und sozialen Entwicklung zu sein. Die Vereinten Nationen werden nicht mit der Weltbank oder dem Internationalen Währungsfonds (IWF) wetteifern – aber unsere Bemühungen werden komplementär sein.

Die Globalisierung ist die Quelle neuer Herausforderungen für die Menschheit. Präsident Clinton hat betont, dass es notwendig ist, dass die Nationen zusammenarbeiten, um mit den neuen Realitäten der globalen Ära fertig zu werden. Ich stimme ihm zu: wenn wir zusammen handeln, sind wir stärker und in einzelnen Schicksalsschlägen weniger verwundbar. Aber wir müssen einander helfen. Um einen angesehenen Staatsmann zu zitieren, den ehemaligen französischen Präsidenten François Mitterand: „Wenn wir der Illusion verfallen, dass wir den Planeten nur für einige bewohnbar zu machen brauchen, wird er schließlich gänzlich unbewohnbar werden."

Nur eine globale Organisation ist fähig, diesen globalen Herausforderungen zu begegnen. Ich möchte den amerikanischen Menschen sagen: Sie haben so eine Organisation. Sie haben die Vereinten Nationen.

Die Herausforderungen, denen die internationale Gemeinschaft gegenübersteht, werden nicht geringer werden. Eher werden sie dringlicher und schwieriger. Die fortwährende Bedrohung des Terrorismus, des Bürgerkriegs, des gewaltsamen Konfliktes und der Umweltverschmutzung erinnern uns daran, dass die Welt ein zerbrechlicher, unsicherer und manchmal brutaler Ort ist.

Um diesen Herausforderungen zu begegnen bedarf es des Vertrauens, der Partnerschaft und des Engagements von uns allen: von den nationalen Regierungen, den Parlamentariern, den regionalen und internationalen Organisationen, von den Nichtregierungsorganisationen, den Medien, der Öffentlichkeit – kurz, von allen, die die Vereinten Nationen ausmachen.

Heute bitte ich um Partnerschaft. Ich bitte um eine erneute Hingabe und eine neuerliche Bekräftigung der Ideale der Charta der Vereinten Nationen. Die Vision, die Staatsmänner vor 50 Jahren dazu veranlasste, die Vereinten Nationen zu schaffen, bleibt heute genauso relevant, vielleicht ist sie es heute sogar noch mehr.

Wo wir Differenzen haben, lassen Sie sie uns offen und ehrlich ansprechen. Aber lassen Sie uns den Anschuldigungen, Gegenvorwürfen und Beschimpfungen ein Ende setzen.

Wir haben teil an der außergewöhnliche Gelegenheit, die Welt in ein neues Millennium zu bringen. Lassen wir die verpassten Gelegenheiten der vergangenen Jahre hinter uns. Lassen Sie uns zusammenarbeiten, um eine Welt aufzubauen, auf die wir alle stolz sein können.

[18] Erneuerung der Vereinten Nationen: Ein Programm für Reformen

Bericht des Generalsekretärs (Auszüge)
New York, 14. Juli 1997

[...] Die wichtigsten Punkte auf einen Blick

Gegenstand der in diesem Bericht beschriebenen Maßnahmen und Vorschläge ist das Reformprogramm, das der Generalsekretär während der ersten sechs Monate seiner Amtszeit in Gang gesetzt hat. Es handelt sich dabei um einen Katalog umfassender und weitreichender Änderungen, die die Organisation unverrückbar auf den Weg einer tief greifenden, grundlegenden Reform bringen wird, deren Ziel eine größere Geschlossenheit in der Zielverfolgung, ein kohärenteres Vorgehen und erhöhte Beweglichkeit und Handlungsfähigkeit ist. Einige der Maßnahmen sind bereits umgesetzt worden, andere werden mehr Zeit in Anspruch nehmen, viele schließlich bedürfen eines Beschlusses der Mitgliedstaaten. Reform ist letzten Endes ein Prozess und nicht ein einmaliges Ereignis.

Die Maßnahmen und Empfehlungen konzentrieren sich auf folgende Schwerpunktbereiche:

Schaffung einer neuen Führungs- und Managementstruktur, die den Generalsekretär besser in die Lage versetzt, die ihm obliegenden Führungsaufgaben wahrzunehmen, und die das erforderliche Maß an Verantwortlichkeit und Rechenschaftspflicht in der Organisation gewährleistet. Dies soll geschehen durch

- die Schaffung der Position eines Stellvertretenden Generalsekretärs;

- die Schaffung einer hochrangigen Managementgruppe;
- die Weiterentwicklung und Stärkung der Exekutivausschüsse für die vom Generalsekretär im Januar 1997 geschaffenen Sektorgruppen, zu denen alle Hauptabteilungen, VN-Fonds und Programme der Vereinten Nationen gehören;
- die Dezentralisierung der Entscheidungsprozesse auf die Landesebene
- und die Zusammenfassung der Präsenz der Vereinten Nationen „unter einer Flagge";
- die Schaffung einer Strategischen Planungseinheit.

Sicherstellung der Zahlungsfähigkeit durch die Einrichtung eines revolvierenden Kreditfonds, der aus freiwilligen Beiträgen oder auf eine andere von den Mitgliedstaaten vorgeschlagene Weise gespeist würde, mit einer Kapitalausstattung von bis zu 1 Milliarde Dollar, bis eine dauerhafte Lösung für die finanzielle Lage der Organisation gefunden wird.

Zusammenfassung von insgesamt 12 Sekretariatseinheiten zu nunmehr fünf und vorgeschlagene Zusammenlegung von fünf zwischenstaatlichen Organen zu künftig zweien.

Einführung einer neuen Managementkultur, flankiert von Management und Effizienzsteigerungsmaßnahmen, durch die mindestens 1.000 Dienstposten eliminiert, die Verwaltungskosten um ein Drittel gesenkt, die Leistungen erhöht und im Laufe der Zeit noch weitere Personal- und Kosteneinsparungen erzielt werden.

Grundlegende Überprüfung der Leitlinien und Verfahren im Bereich des Personalwesens, um sicherzustellen, dass alle Bediensteten über die erforderlichen Kenntnisse verfügen und die erforderlichen Bedingungen vorfinden, um gute Arbeit leisten zu können.

Förderung einer nachhaltigen und bestandfähigen Entwicklung als zentrale Priorität der Vereinten Nationen durch

- die Zusammenfassung der mit Entwicklungstätigkeiten befassten VN-Fonds und -Programme in einer VN-Gruppe für Entwicklung, welche die Konsolidierung und Zusammenarbeit zwischen den einzelnen Teilen erleichtern wird, ohne ihre Eigenständigkeit und ihr selbständiges Profil zu beeinträchtigen;
- den Vorschlag der Schaffung einer „Entwicklungsdividende" zur Umlenkung finanzieller Mittel aus dem Verwaltungsbereich zu den Entwicklungsaufgaben;

- Schaffung eines neuen Büros für Entwicklungsfinanzierung, in dem unter der Ägide des neuen Stellvertretenden Generalsekretärs innovative Methoden zur Mobilisierung neuer Finanzmittel für die Entwicklung ersonnen werden;
- Vorschläge, um durch mehrjährige ausgehandelte sowie freiwillige Beitragszusagen eine Lastenteilung und bessere Vorhersehbarkeit bei der Finanzierung der VN-Entwicklungstätigkeiten zu erreichen;
- die Stärkung der Umweltdimension der Tätigkeiten der Vereinten Nationen, insbesondere des VN-Umweltprogramms (UNEP).

Stärkung und zielgerichtete Wahrnehmung der normativen, grundsatzpolitischen und wissensbezogenen Funktionen des Sekretariats und seiner Kapazität zur Betreuung der zwischenstaatlichen Organe der Vereinten Nationen durch die Schaffung einer konsolidierten Gruppe für wirtschaftliche und soziale Angelegenheiten.

Verbesserung der Fähigkeit der Vereinten Nationen zur rascheren Dislozierung von Friedenssicherungs- und anderen Feldeinsätzen, unter anderem durch die Verbesserung der Schnelleingreifkapazität der Vereinten Nationen.

Stärkung der Fähigkeit der Vereinten Nationen zur Friedenskonsolidierung in der Konfliktfolgezeit durch Bestimmung der Hauptabteilung Politische Angelegenheiten zur Koordinierungsstelle auf diesem Gebiet.

Untermauerung der internationalen Anstrengungen zur Bekämpfung von Kriminalität, Drogenhandel und Terrorismus durch Zusammenfassung der diesbezüglichen Programme und Aktivitäten der Vereinten Nationen in Wien in einem Büro für Drogenbekämpfung und Verbrechensverhütung.

Ausweitung der Menschenrechtsaktivitäten durch die Neuorganisation und Neugliederung des Menschenrechtsbereichs und die feste Einbindung der Menschenrechte in alle Haupttätigkeiten und -programme der Vereinten Nationen.

Förderung der Abrüstungsagenda durch die Schaffung einer Hauptabteilung Abrüstung und Rüstungsregelung, die sich mit der Frage der Reduzierung der Rüstungen und Massenvernichtungswaffen und der Rüstungsregelung befassen soll.

Verbesserung der Reaktionsfähigkeit bei humanitären Notsituationen durch die Schaffung eines Amtes des Nothilfekoordinators, das die Hauptabteilung Humanitäre Angelegenheiten ersetzt und den Schwerpunkt seiner Tätigkeit auf die erfolgreichere Bewältigung komplexer Notstandssituationen legen wird.

Grundlegende Neuausrichtung der Öffentlichkeitsarbeit und der Kommunikationsstrategie und -aufgaben der Vereinten Nationen, um den geänderten Bedürfnissen der Organisation Rechnung zu tragen.

Aufzeigen des noch grundlegenderen Veränderungsbedarfs durch Abgabe von Empfehlungen des Generalsekretärs an die Mitgliedstaaten. Dabei ist folgendes zu prüfen:

- Neuausrichtung der Arbeit der Generalversammlung auf Fragen höchster Priorität sowie eine Verringerung der Tagungsdauer;
- die Schaffung einer Kommission auf Ministerebene zur Untersuchung der Notwendigkeit grundlegender Veränderungen im Wege einer Überprüfung der VN-Charta und der Rechtsdokumente, aus denen sich die Satzungen der VN-Sonderorganisationen ableiten;
- die Bestimmung der im Jahr 2000 stattfindenden Tagung der Generalversammlung zur „Millenniums-Generalversammlung", die die Vereinten Nationen auf die großen Anforderungen und Herausforderungen vorbereiten soll, welche die Weltgemeinschaft im 21. Jahrhundert erwarten und parallel dazu die Veranstaltung einer gesonderten Millenniums- „Volksversammlung".

Erster Teil: Überblick

I. Einleitung

1. Die Vereinten Nationen sind ein hehres Experiment der Zusammenarbeit zwischen den Völkern. In einer nach wie vor von vielen und vielfältigen Interessen und Merkmalen gespaltenen Welt ist die Weltorganisation bestrebt, einer allumfassenden Vision Ausdruck zu verleihen: der Gemeinschaft der Nationen, der Zugehörigkeit aller Völker zu der einen Menschheit, der Einzigartigkeit unserer einen Erde. In der Tat besteht der historische Auftrag der Vereinten Nationen darin, auf den Gemeinsamkeiten, die zwischen den Nationen und über den Raum hinweg bestehen, nicht nur aufzubauen, sondern diese auch zu erweitern, mehr Menschen in ihrem Leben zu berühren und ihre Lebensbedingungen zu verbessern und mit der Zeit künftigen Generationen das materielle und kulturelle Erbe zu vermitteln, das wir für sie nur treuhänderisch verwalten. Die Charta der Vereinten Nationen, deren Verfasser noch frisch unter dem Eindruck der beiden zerstörerischsten Kriege der Geschichte standen, machte diese Bestrebungen zu ihren eigenen und schuf das institutionelle Instrumentarium zur Verfolgung dieser Ziele.

2. Zweiundfünfzig Jahre nach der Unterzeichnung der Charta kann die Welt zahlreiche Fortschritte und Veränderungen feiern, an denen die Vereinten Nationen maßgeblichen Anteil hatten. Die Rolle der Vereinten Nationen bei der Ent-

kolonialisierung ist mit den ersten Anfängen der Weltorganisation verbunden und bleibt eine ihrer bedeutendsten Leistungen. Der fünfzigste Jahrestag der Allgemeinen Erklärung der Menschenrechte steht kurz bevor. Die Friedenssoldaten der Vereinten Nationen waren bei der Stabilisierung regionaler Streitigkeiten behilflich, und ihre humanitären Missionen haben in der ganzen Welt Leid gemildert. Die Herausforderungen, denen sich die Entwicklungsländer gegenübersehen, standen stets im Vordergrund der Tätigkeiten der Vereinten Nationen im wirtschaftlichen Bereich.

3. Die reibungslose Abwicklung internationaler Geschäfte wird durch Regeln ermöglicht, die von den Vereinten Nationen und ihren Organisationen ausgearbeitet wurden. Dank der Ausrottung von Krankheiten, der Verbesserung der Ernährungsstandards, der Förderung der landwirtschaftlichen Entwicklung, der Alphabetisierungskampagnen und des Eintretens für die Rechte der Frauen und Kinder – alles Bereiche, in denen Organisationen der Vereinten Nationen eine führende Rolle spielten –, sind die Menschen der Welt heute gesünder, leben länger und führen ein produktiveres Leben. Keine andere internationale Organisation kann sich mit den Vereinten Nationen messen, wenn es darum geht, neue Problemstellungen aufzuzeigen und Aktionspläne zur Auseinandersetzung mit ihnen auszuarbeiten, seien es Fragen aus dem Bereich der Umwelt oder der sozialen Entwicklung oder so „unzivilisierte" Erscheinungen der globalen Zivilgesellschaft wie der Drogenhandel, die staatenübergreifende Kriminalität oder der Terrorismus.

4. Gleichzeitig besteht nach wie vor eine beträchtliche Kluft zwischen den Aspirationen und dem tatsächlich Geleisteten. Obschon der technische Fortschritt und die Globalisierung der Produktion und des Finanzwesens vielen Ländern beispiellose Prosperität beschert haben, ist es weder Regierungen noch den Vereinten Nationen oder dem Privatsektor gelungen, den Schlüssel zur Ausrottung der hartnäckigen Armut zu finden, in die die Mehrheit der Weltbevölkerung verstrickt ist. Verschiedene Ungleichgewichte in der Weltwirtschaft stellen heute sogar eine ernste Bedrohung der künftigen internationalen Stabilität dar: die unausgewogene Verteilung des Reichtums, der Gegensatz zwischen den Kräften, die die wirtschaftliche Integration beschleunigen, und denen, die die politische Fragmentierung fördern, und das Spannungsverhältnis zwischen dem Einwirken des Menschen auf seine Umwelt und der Widerstandskraft der lebenserhaltenden Systeme unseres Planeten.

5. Darüber hinaus sind nach wie vor durch Ungerechtigkeit und Intoleranz genährte Kräfte der Desintegration am Werk, die Nationen und Völker spalten, während virulente Konflikte, angefacht durch Vorurteile, Elend und manchmal

Anarchie sich sowohl über Staatsgrenzen als auch über internationale Normen hinwegsetzen. Diese instabilen Verhältnisse haben zu einer enormen Proliferation immer tödlicherer Waffen und einer Zunahme humanitärer Krisen geführt. Nach wie vor werden massenhafte Menschenrechtsverletzungen begangen, und zahllose Menschen werden aus keinem anderen Grund als ihrer Identität oder allein wegen ihrer Anschauungen getötet. Das Heer der Flüchtlinge und Vertriebenen – meist unschuldige Opfer inmitten politischer Umwälzungen historischen Ausmaßes – ist auf mehr als 25 Millionen Menschen angestiegen.

6. Grundlegendes Ziel der gegenständlichen Reformmaßnahmen ist es, die Lücke zwischen Aspiration und Leistung zu verringern. Dies soll erreicht werden, indem in den Vereinten Nationen eine neue Führungskultur und eine neue Managementstruktur geschaffen werden, die größere Geschlossenheit in der Zielverfolgung, ein kohärenteres Vorgehen und mehr Beweglichkeit ermöglichen, wenn es darum geht, auf dringende Anforderungen der internationalen Gemeinschaft zu reagieren. Die Reform der Einrichtungen der Vereinten Nationen kann kein Ersatz für die Bereitschaft der Staaten sein, sich der Organisation auch tatsächlich zu bedienen, noch können dadurch die sehr reellen unterschiedlichen Interessen und Machtverhältnisse überbrückt werden, die zwischen den Mitgliedstaaten bestehen. Was durch die Reform erreicht werden kann, ist die Optimierung der institutionellen Leistungsfähigkeit der Vereinten Nationen, um sie so in die Lage zu versetzen, die an sie herangetragenen Aufgaben besser zu erfüllen und somit ihren umfassenderen Auftrag als Träger progressiver Veränderungen für die Nationen wie auch die Menschen der Welt zu propagieren und glaubwürdig wahrzunehmen.

7. Dieses Unterfangen bedarf zunächst einer freimütigen Bestandsaufnahme der wichtigsten institutionellen Stärken und Schwächen der Vereinten Nationen sowie eines klaren Verständnisses des institutionellen Kontexts, in dem die Vereinten Nationen in den kommenden Jahren tätig sein werden.

Institutionelle Stärken und Schwächen

8. Die größte Stärke der Vereinten Nationen leitet sich aus der Universalität ihrer Mitgliedschaft und dem umfassenden Charakter ihres Mandats ab. Am breitesten manifestiert sich diese Stärke auf dem Gebiet der Normsetzung. Normen, die im wesentlichen Allgemeingültigkeit beanspruchen können, bilden eine prinzipienfeste Basis, von der ausgehend das praktische Handeln innerhalb der Völkergemeinschaft beurteilt werden kann und die als Maßstab für dieses Handeln gilt.

Solche Normen verfügen nicht nur über moralische Wirkungskraft. Sie liefern auch den institutionellen Unterbau für das tägliche Leben innerhalb der internationalen Gemeinschaft: Erwartungen in Bezug auf Rechte und Pflichten, Berechenbarkeit des Verhaltens auf der Grundlage der Herrschaft des Rechts, Vorgabe der „besten Verfahrensweisen" und eine fast endlose Reihe von Standards, ohne die die Abwicklung routinemäßiger internationaler Geschäfte nicht vorstellbar wäre.

9. Aufgrund ihres universalen Charakters und ihres umfassenden Mandats sind die Vereinten Nationen für die Regierungen ein einzigartiges und unentbehrliches Forum, in dessen Rahmen neue Weltprobleme benannt, gemeinsame Lösungsansätze ausgehandelt und bestätigt und Energien und Mittel zur Durchführung gemeinsam vereinbarter Maßnahmen mobilisiert werden können. Dieses Mobilisierungspotential der Vereinten Nationen hat in einer ganzen Reihe von Bereichen zu eindrucksvollen Ergebnissen geführt, so insbesondere auf dem Gebiet des Handels und der Entwicklung, der Umwelt, der Menschenrechte, der fortschreitenden Entwicklung und Kodifizierung des Völkerrechts, der Gleichberechtigung der Geschlechter und der Bevölkerungsfragen sowie auf dem Gebiet des Friedens, der Sicherheit und der Abrüstung.

10. Darüber hinaus ist in einigen Schlüsselbereichen wie der Entwicklungszusammenarbeit die Fähigkeit der Vereinten Nationen, Normen zu setzen, direkt mit der Hilfeleistung bei der Gestaltung einzelstaatlicher Politiken verknüpft und wird noch flankierend durch die operativen Aktivitäten der Vereinten Nationen unterstützt. Nur die Vereinten Nationen verfügen über den erforderlichen Sachverstand nahezu im gesamten Spektrum der Entwicklungsfragen, einschließlich ihrer sozialen, wirtschaftlichen und politischen Dimension. Nur die Vereinten Nationen sind imstande, die gesamte Bandbreite von Unterstützungsmaßnahmen abzudecken, von der humanitären Hilfe oder der Friedenssicherung bis hin zu entwicklungsfördernden Tätigkeiten.

11. Gleichzeitig kann man jedoch nicht erwarten, dass die operativen Kapazitäten der Vereinten Nationen und die ambitionierten Ziele ihrer Programme mit der gewaltigen Spannbreite der auf ihrer Tagesordnung stehenden Themen in jeder Hinsicht Schritt halten. In einigen Bereichen gingen operative Mandate weit über die Ressourcen hinaus, die der Organisation von den Mitgliedstaaten zur Verfügung gestellt wurden, wodurch eine unüberbrückbare Kluft zwischen dem gegebenen Bedarf und den vorhandenen Erwartungen einerseits und der Leistungserbringung andererseits entstand. In anderen Fällen sind die Vereinten Nationen einfach nicht die kompetenteste Stelle für die Lösung des gerade anstehenden Problems.

12. Die bedeutendste institutionelle Schwäche der Vereinten Nationen ist der Umstand, dass es im Verlauf des vergangenen halben Jahrhunderts in bestimmten organisatorischen Aspekten zu einer gewissen Aufsplitterung, Doppelgleisigkeit und Verkrustung gekommen ist, wodurch manche Bereiche ineffektiv, andere überflüssig wurden. Der Kalte Krieg und die mit ihm einhergehende politische Blockbildung machten es für die Organisation äußerst schwierig und in manchen Fällen unmöglich, die zahlreichen Funktionen, die in der Charta für sie vorgesehen waren, namentlich im Bereich des Friedens und der Sicherheit, auch tatsächlich wahrzunehmen. Ja, die Auswirkungen betrafen das Funktionieren der gesamten Vereinten Nationen, von den Programmprioritäten über organisatorische Modalitäten bis zur Personalpolitik.

13. Zwar gelang es den Vereinten Nationen trotz dieses widrigen Umfelds, während all der Jahre des Kalten Krieges zahlreiche neue Initiativen in die Wege zu leiten, doch wurden diese allzu oft älteren Aktivitäten aufgesetzt, anstatt effektiv in sie integriert zu werden oder obsolet gewordene Aufgaben überhaupt einfach zu ersetzen. Auch frühere Versuche zur Reform der Vereinten Nationen waren dem Spannungsfeld dieser Kräfte ausgesetzt. In der Mehrzahl der Fälle kam es dann schließlich so, dass parallele Mechanismen oder zusätzliche Koordinierungsinstanzen geschaffen wurden anstatt leistungsfähiger Verwaltungsstrukturen.

14. Nach dem Ende des Kalten Krieges galt es für die Vereinten Nationen, und wurde von ihnen verlangt, rasch auf die enorm angestiegene Nachfrage nach ihren Diensten zu reagieren. Die Organisation begann, Ländern beim Übergang zur Demokratie, bei der nationalen Aussöhnung und bei marktwirtschaftlichen Reformen behilflich zu sein. Sie musste humanitäre Hilfe in bisher noch nie dagewesenen Umfang leisten. Eine Zeitlang erfüllte die Friedenssicherung durch die Vereinten Nationen für die internationale Gemeinschaft die Funktion der Katastrophenhilfe, der Feuerwehr, der Gendarmerie und der Abschreckung in einem, selbst wenn es gar keinen Frieden gab, den man hätte sichern können. Dabei wurden auch Fehler gemacht, doch in vielen Fällen geschah dies deshalb, weil die der Organisation zur Verfügung gestellten Mittel der gestellten Aufgabe nicht angemessen waren.

15. Nachdem sich die Hektik der ersten Jahre nach dem Ende des Kalten Krieges gelegt hat, können und müssen die Vereinten Nationen innehalten und von neuem analysieren, welches die wirksamsten Mittel sind, um ihre fortbestehenden Ziele zu verwirklichen. Die grundlegende Herausforderung besteht darin, eine Führungs- und Managementstruktur zu schaffen, die zu einer zielorientierteren, kohärenteren, reaktionsfähigeren und kostenwirksameren Weltorganisation führt.

Institutioneller Kontext

16. In der geopolitischen Landschaft, in der die Vereinten Nationen operieren, vollziehen sich nach wie vor große Umwälzungen. In Beschleunigung eines sich seit geraumer Zeit abzeichnenden Trends wird in der nächsten Generation eine Mehrheit der am raschesten wachsenden Volkswirtschaften in den heutigen Entwicklungsländern liegen. Gleichzeitig besteht die Gefahr, dass viele der am wenigsten entwickelten Länder, insbesondere in Afrika südlich der Sahara, in diesem Prozess der wirtschaftlichen Expansion und Transformation beiseite gelassen werden und in zunehmendem Umfang verschiedene Formen von Auslandshilfe benötigen. Die Vereinten Nationen müssen für eine Antwort auf die sich aus diesen Veränderungen ergebenden unterschiedlichen Bedürfnisse und Herausforderungen gerüstet sein.

17. Eine weitere langfristige Veränderung mit Auswirkungen auf die Funktionsweise der Vereinten Nationen ist das Maß, in dem Politikfragen heute immer mehr bereichsübergreifend miteinander verflochten sind und dies auch besser verstanden wird. Die Entwicklung war einer der ersten Hauptbereiche der Politik, der sich über traditionelle Abgrenzungen hinwegsetzte, gefolgt von der Umwelt. Für die Vereinten Nationen ist diese Herausforderung allgegenwärtig geworden: bestandfähige Entwicklung, Friedenskonsolidierung nach Konflikten, Nothilfeeinsätze, die Verbindung zwischen humanitärer Hilfe und Entwicklungszusammenarbeit – diese und viele andere neue Politikbereiche der Vereinten Nationen sind Querschnittsaufgaben, die sektorale und institutionelle Grenzen überschreiten.

18. Die Implikationen dieser Entwicklung für die Vereinten Nationen sind klar: Ihr künftiger Erfolg wird davon abhängen, inwieweit sie die geschlossene Verfolgung ihrer Ziele durch die verschiedenen Hauptabteilungen, Fonds und Programme erreichen und so kohärent vorgehen und ihre Ressourcen strategisch gezielt einsetzen können. Darüber hinaus müssen Bündnisse und Partnerschaften mit den Sonderorganisationen und anderen Organisationen für die Vereinten Nationen zur organisatorischen Routine werden.

19. Auch das Tempo, in dem Veränderungen stattfinden, hat sich beschleunigt. Wissenschaftliche Neuerungen finden viel rascher den Weg vom Labor in die Fabriken und landwirtschaftlichen Betriebe, in die Haushalte und in die Krankenhäuser. Mit beispielloser Geschwindigkeit werden die Landkarten der Wirtschaftsgeographie durch wachsende Mengen an Investitionskapital und die zunehmende Beweglichkeit des Kapitals neu gezeichnet. Die in der Informationstechnik aufeinanderfolgenden Innovationswellen lassen Produkte und Techniken,

die noch gestern dem Stand der Technik entsprachen, von einem Tag auf den anderen obsolet werden. Nachrichtensendungen rund um die Uhr und das Internet lassen in Echtzeit ein globales Bewusstsein entstehen. Als Folge der allgemeinen Wissensrevolution stehen den politischen Entscheidungsträgern und der engagierten Öffentlichkeit ungleich mehr Informationen darüber zur Verfügung, inwieweit ihre heutigen Handlungen oder Unterlassungen die Dinge künftig beeinflussen können, wodurch die Unterscheidung zwischen Gegenwart und Zukunft für die Zwecke der Politik in zunehmendem Maße gegenstandslos wird. Infolge dieses radikalen Wandels in der zeitlichen Dimension politischer Entscheidungen werden Agilität und Flexibilität für jede Organisation, die in diesem Umfeld operiert, immer unverzichtbarer. Dies gilt naturgemäß genauso für die Vereinten Nationen.

20. Schließlich ist in dem institutionellen Kontext, in dem internationale Organisationen heute operieren, die Vielfalt der anderen darin auftretenden Akteure, öffentlicher wie auch privater, weitaus größer als in der Vergangenheit. Was die Vereinten Nationen betrifft, so hatten die Bretton-Woods-Institutionen, als die 51 Mitglieder der ersten Generalversammlung 1946 in Lake Success zusammentraten, kaum ihre Arbeit aufgenommen. Das Allgemeine Zoll- und Handelsabkommen (GATT) existierte noch nicht. Es gab nur wenige Regionalorganisationen. Die meisten Regierungen verfolgten eine Politik der Devisenbewirtschaftung und der Handelsrestriktionen, wodurch der Strom internationaler Wirtschaftstransaktionen geringgehalten wurde. Abgesehen von einigen bemerkenswerten Ausnahmen wie dem Internationalen Komitee vom Roten Kreuz handelte es sich bei den internationalen nichtstaatlichen Organisationen in der Regel um Dachzusammenschlüsse nationaler Berufsverbände.

21. Heute haben die Vereinten Nationen 185 Mitglieder, und die Zahl der zwischenstaatlichen Organisationen auf allen Ebenen geht in die Tausende. Mehrere dieser Organisationen gebieten über Ressourcen, die diejenigen der Vereinten Nationen bei weitem übersteigen. Daneben deckt das ständig wachsende, staatenübergreifende Netz nichtstaatlicher Organisationen nahezu jeden Bereich des Spektrums öffentlicher Anliegen ab, von der Umwelt und den Menschenrechten bis hin zur Bereitstellung von Mikrokrediten, und ist praktisch auf jeder Ebene sozialer Organisation tätig, vom Dorf bis zur internationalen Gipfelkonferenz. Der Privatsektor expandiert weiter über die Staatsgrenzen hinaus. Die internationalen Finanzströme überragen die Welthandelsströme in einem Verhältnis von 60:1, während der Handel selbst die jährlichen Zuwächse des weltweiten Bruttoinlandsprodukts um annähernd 5 Prozent übertrifft. Die rasch zunehmenden privaten Auslandsinvestitionen in den Entwicklungsländern übersteigen inzwi-

schen die öffentlichen Transfers in diese Länder, die ständig zurückgehen, um etwa 200 Milliarden US-Dollar pro Jahr.

22. Aus diesen Entwicklungen lassen sich zweierlei Schlussfolgerungen für die Vereinten Nationen ableiten. Erstens wird es notwendig sein, dass die Vereinten Nationen, wenn sie auch künftig erfolgreich sein sollen, sich im Rahmen ihres umfassenden Auftrags aufgrund der Charta auf diejenigen Tätigkeiten beziehungsweise Aspekte von Tätigkeiten konzentrieren, die sie besser als andere durchführen können. Zweitens wird es dazu notwendig sein, dass die Vereinten Nationen wirksame Mittel und Wege zur Zusammenarbeit mit anderen internationalen Organisationen und den Institutionen der bürgerlichen Gesellschaft finden und dadurch ihren eigenen moralischen, institutionellen und materiellen Ressourcen noch mehr Wirkung verschaffen.

23. Alles in allem lässt sich feststellen, dass gerade diejenigen organisatorischen Identitätsmerkmale, deren die Vereinten Nationen im gegenwärtigen externen Umfeld am meisten bedürfen, in gewisser Hinsicht nur mangelhaft vorhanden sind: strategischer Einsatz der Ressourcen, Geschlossenheit in der Zielverfolgung, kohärentes Vorgehen, Beweglichkeit und Flexibilität. Die jetzige Reform hat zum Ziel, diesem Zustand abzuhelfen und die Vereinten Nationen für das 21. Jahrhundert auf einen Kurs der Neubelebung zu bringen.

Das Reformprogramm

24. Die in diesem Bericht skizzierten Reformen bestehen aus dreierlei Maßnahmen. Die ersten sind diejenigen, die der Generalsekretär von sich aus vornehmen kann und vornehmen wird; sie betreffen im Wesentlichen die Organisation und das Management des Sekretariats und der Programme und Fonds. Zweitens handelt es sich um entsprechende flankierende Maßnahmen, die in der Zuständigkeit der Mitgliedstaaten liegen, darunter die Struktur und Funktionsweise der zwischenstaatlichen Organe, wofür es ihrer Zustimmung bedarf. Schließlich werden noch einige Vorschläge grundlegenderer Art gemacht, die ernsthaft geprüft und erörtert werden müssen und die möglicherweise längerfristig Maßnahmen nach sich ziehen.

25. Reform ist kein einmaliges Ereignis; Reform ist ein Prozess. Dieser Prozess ist mit dem vorliegenden Bericht nicht abgeschlossen. Die darin enthaltenen Vorschläge sind daher nicht nur wegen der konkreten Art und Weise von Bedeutung, in der sie jetzt stärkere, anpassungsfähigere und flexiblere Vereinte Nationen schaffen, sondern auch deswegen, weil ihre Verwirklichung die allgemeine Richtung für

die künftige Entwicklung der Organisation vorgeben wird. Das bevorstehende
Jahrhundert verspricht eine Zeit noch tiefgreifenderer und noch rascherer weltweiter Veränderungen zu sein. Die Vereinten Nationen müssen dafür gerüstet sein.
(...)

III. Neue Vereinte Nationen für ein neues Jahrhundert

92. Die Geschichte des zwanzigsten Jahrhunderts führt uns unmissverständlich
die Nützlichkeit des Multilateralismus vor Augen. In der Zwischenkriegszeit
versuchten die Nationen der Welt, die Gestaltung der internationalen Beziehungen im Bereich der Wirtschaft durch die Bildung von Handels- und Währungs-
blöcken zu regeln, von denen andere Länder ausgeschlossen blieben, während
sie im Bereich der Sicherheit ihr Heil in rivalisierenden bilateralen Bündnissen
suchten. Als Folge davon war das Gefüge der internationalen Gesellschaft und
des ihr dienenden Völkerbunds zu brüchig und zu zersplittert, um den atavisti-
schen Kräften Einhalt zu gebieten, die die Welt zunächst in einen Wirtschafts-
krieg und dann in den militärischen Weltenbrand stürzten. Die Generation der
Staatsmänner, die die internationale Ordnung nach dem Zweiten Weltkrieg wieder aufbauten, stand unter dem lebhaften Eindruck dieser Ereignisse und der
daraus zu ziehenden Lehren. Die Vereinten Nationen sind auch heute noch ein
Monument für die Weitsicht, die ihrem Handeln zugrunde lag.

93. Was uns diese geschichtlichen Ereignisse noch zeigen ist, dass eine Ordnung
der internationalen Beziehungen auf der einzigen Grundlage einer ungehemmten
Machtprojektion, die keine gemeinsamen universellen Grundsätze und Rechte
und keine Legitimität anerkennt, auf Dauer nicht Wurzel fassen kann. Sie wird
nur so lange Bestand haben wie die Asymmetrie der materiellen Voraussetzungen, die diese Ordnung hervorgebracht und aufrechterhalten haben. Die Verfasser der Charta der Vereinten Nationen haben auch diese Lehre verstanden,
wenngleich sie der politische Realismus veranlasste, universalistische Grundsätze mit besonderen Rollen und Verantwortlichkeiten für diejenigen auszutarieren,
die am besten zu ihrer Verwirklichung beitragen konnten.

94. Schließlich zeigt uns die Geschichte des zwanzigsten Jahrhunderts die ein-
drucksvolle Elastizität eines Systems internationaler Beziehungen, die auf multilateralen Grundsätzen und Normen beruhen. Insbesondere die zweite Hälfte des
Jahrhunderts war Zeuge aufeinander folgender Wellen stürmischer Veränderungen, namentlich des Endes der Kolonialreiche, des Ausbruchs und der Beendigung des Kalten Krieges, des Auftretens neuer Wirtschaftsmächte in einem nie

dagewesenem Tempo und der ungeheuren Ausweitung der politischen Agenda, die die Nationen zu bewältigen haben. In der Vergangenheit waren grundlegende Veränderungen des Staatensystems häufig mit einem systemweiten Konflikt verbunden. Das nach dem Zweiten Weltkrieg errichtete Gebäude multilateraler Organisationen hat vielfach mit dazu beigetragen, geopolitische und wirtschaftliche Umbrüche auf globaler wie auch regionaler Ebene zu stabilisieren, ganz wie es sich die Generation, die diese Organisationen gründete, erhofft hatte.

95. Alles, was wir heute annähernd über das nächste Vierteljahrhundert wissen – sei es im Hinblick auf demographische Tendenzen, Verschiebungen in den weltweiten Produktionsstrukturen, die fortgesetzte finanzielle Integration, relative wirtschaftliche Wachstumsraten, vorhersehbare Erschütterungen in der Biosphäre –, deutet darauf hin, dass ebenso große, wenn nicht noch weitreichendere Veränderungen als in der Vergangenheit vor uns liegen. Die internationale Gemeinschaft ist es somit sich und den kommenden Generationen schuldig, leistungsfähige multilaterale Mechanismen zu schaffen, die in der Lage sind, aus den allseitigen Vorteilen, die solche Veränderungen mit sich bringen können, Nutzen zu ziehen, gleichzeitig aber auch ihre nachteiligen Auswirkungen in den Griff zu bekommen. Mit Hilfe der in diesem Bericht vorgeschlagenen Reformen werden die Vereinten Nationen besser dafür gerüstet sein, ihren Teil dazu beizutragen, wenn es darum geht, sich dieser Herausforderung zu stellen.

(Quelle: UN Doc. A/51/950; Deutscher Übersetzungsdienst der Vereinten Nationen)

[19] Wir, die Völker: Die Rolle der Vereinten Nationen im 21. Jahrhundert

Bericht des Generalsekretärs (Auszüge)
New York, 3. April 2000

I. Ein neues Jahrhundert – neue Herausforderungen

[...]

3. Der Millenniumsgipfel bietet Gelegenheit zur Reflexion. Die Generalversammlung hat diese Zusammenkunft der Staats- und Regierungschefs einberu-

fen, um sich mit der Rolle der Vereinten Nationen im 21. Jahrhundert zu befassen. Der Anlass und das Thema verlangen, dass wir zum aktuellen Tagesgeschehen auf Distanz gehen und die Dinge von einer breiteren und längerfristigen Perspektive aus sehen – nämlich der Lage der Welt und der sich für die Vereinten Nationen daraus ergebenden Herausforderungen.

4. Wir haben allen Grund zur Dankbarkeit. Die Lebenserwartung der meisten Menschen ist heute höher als die ihrer Eltern, ganz zu schweigen von den vorangegangenen Generationen. Die heutigen Menschen ernähren sich besser, sind gesünder, gebildeter und genießen ganz allgemein günstigere wirtschaftliche Aussichten.

5. Dennoch gibt es gleichzeitig auch viele beklagenswerte Erscheinungen, die nach Abhilfe verlangen. Das gerade zu Ende gegangene Jahrhundert wurde immer wieder von schrecklichen Konflikten erschüttert. Innerhalb einzelner Länder wie auch im Vergleich mit anderen herrschen nach wie vor erdrückende Armut und eklatante Ungleichheit, während daneben beispielloser Reichtum existiert. Alte und neue Krankheiten drohen die mühsam erzielten Fortschritte zunichte zu machen. Zu alledem werden die lebenserhaltenden Dienste, die die Natur uns leistet und von denen das Überleben der menschlichen Spezies abhängt, durch unsere täglichen Einwirkungen aus dem Gleichgewicht gebracht und immer mehr untergraben.

6. Die Augen der Welt sind auf ihre führenden Politiker gerichtet, wenn sich diese zum Millenniumsgipfel versammeln, um die großen Herausforderungen zu benennen und anzupacken, die vor uns liegen.

7. Die Vereinten Nationen können bei der Bewältigung dieser Herausforderungen nur dann erfolgreich helfen, wenn wir alle uns bei unseren gemeinsamen Bemühungen von einem neuen Sendungsbewusstsein inspirieren lassen. Wir müssen uns wieder vergegenwärtigen, warum es die Vereinten Nationen gibt – wofür und für wen. Wir müssen uns auch fragen, welche Art von Organisation die politischen Führer der Welt zu unterstützen bereit sind, in Taten wie auch in Worten. Es bedarf hier klarer Antworten, damit die Vereinten Nationen in den kommenden Jahrzehnten mit verstärkter Tatkraft und klarer Zielrichtung ihre Arbeit tun können. Diese Antworten muss der Millenniumsgipfel geben.

8. Natürlich existieren die Vereinten Nationen, um den Mitgliedstaaten zu dienen. Sie sind die einzige Organisation ihrer Art mit universaler Mitgliedschaft und einem umfassenden Tätigkeitsfeld, das so viele Gebiete menschlichen Wirkens einbezieht. Diese Merkmale machen die Vereinten Nationen zu einem singulär nützlichen Forum – für den Austausch von Informationen, die Abhaltung von Verhandlungen, die Erarbeitung von Normen, die Äußerung von Erwartun-

gen, die Koordinierung des Verhaltens von Staaten und anderen Akteuren und die Verfolgung gemeinsamer Aktionspläne. Wir müssen sicherstellen, dass die Vereinten Nationen diese Funktionen so effizient und wirksam wie möglich wahrnehmen.

9. Die Vereinten Nationen sind jedoch mehr als nur ein Mittel zum Zweck. Wie aus ihrer Charta klar hervorgeht, sollten mit den Vereinten Nationen neue Grundsätze in die internationalen Beziehungen eingebracht werden, die deren tägliche Ausgestaltung auf eine qualitativ neue Ebene stellen. Unsere Ziele sind gleich im ersten Artikel der Charta festgelegt: die Beilegung von Streitigkeiten durch friedliche Mittel; die Suche nach kooperativen Lösungen für Probleme wirtschaftlicher, sozialer, kultureller und humanitärer Art; und ganz allgemein die Förderung eines Verhaltens, das mit den Grundsätzen der Gerechtigkeit und des Völkerrechts in Übereinstimmung steht. Ganz abgesehen von den praktischen Aufgaben, um deren Wahrnehmung die Vereinten Nationen gebeten werden, hat die Organisation somit das erklärte Ziel, die Beziehungen zwischen den Staaten sowie die Art und Weise, in der die internationalen Angelegenheiten gesteuert werden, in ihrem Wesen zu verändern.

10. Mehr noch, die Vereinten Nationen sind zwar eine Organisation von Staaten, doch ihre Charta ist im Namen „der Völker" verfasst. Sie bekräftigt die Würde und den Wert der menschlichen Person, die Achtung vor den Menschenrechten und die Gleichberechtigung von Männern und Frauen sowie ein Bekenntnis zum sozialen Fortschritt, gemessen an einem besseren Lebensstandard sowie frei von Not und Furcht. Es sind also letztlich die Bedürfnisse und die Hoffnungen der Menschen überall auf der Welt, für die die Vereinten Nationen da sind und denen sie dienen müssen.

11. Während der ersten 45 Jahre ihres Bestehens standen die Vereinten Nationen unter dem Bann des Kalten Krieges, der sie daran hinderte, einige ihrer Kernaufgaben zu erfüllen, der aber auch dazu führte, dass sie im Schatten dieses Konflikts andere wesentliche Aufgaben entdeckten. Seit den letzten zehn Jahren stehen die Vereinten Nationen unter dem Druck der stürmischen Veränderungen der neuen Ära und leisten dabei in vielen Fällen gute Arbeit, während sie in anderen hinter den Erwartungen zurückbleiben. Jetzt gibt der Millenniumsgipfel den führenden Staatsmännern der Welt eine einzigartige Gelegenheit, die Vereinten Nationen bis weit in das 21. Jahrhundert hinein neu zu gestalten und sie zu befähigen, im Leben der Menschen tatsächliche, messbare Verbesserungen zu bewirken.

12. Ich erlaube mir, den Mitgliedstaaten diesen Bericht vorzulegen, um ihre Vorbereitungen für den Gipfel zu erleichtern und Denkanstöße für ihre anschlie-

ßenden Beratungen auf dem Gipfel zu geben. In dem Bericht werden einige der dringendsten Herausforderungen benannt, denen sich die Menschen der Welt gegenübersehen und die in die Wirkungssphäre der Vereinten Nationen fallen. Es werden darin eine Reihe von Prioritäten vorgeschlagen, die von den Mitgliedstaaten zu prüfen wären, sowie mehrere Sofortmaßnahmen empfohlen, die wir gleich auf dem Gipfel ergreifen können, um den Menschen Mut zu geben und ihr Dasein zu verbessern.

13. Der Rahmen für alle diese Vorschläge wird durch die Globalisierung vorgegeben, die unsere Welt zu Beginn des 21. Jahrhunderts grundlegend verändert. In dieser neuen Ära wirken sich die Handlungen der Menschen ständig – oft auch ohne dass es ihnen bewusst ist – auf das Leben anderer, weit entfernt lebender Menschen aus. Die Globalisierung eröffnet uns große Chancen, jedoch ist ihr Nutzen derzeit sehr ungleich verteilt, während ihre Kosten von allen Menschen getragen werden.

14. Die zentrale Herausforderung, vor der wir heute stehen, ist daher, sicherzustellen, dass die Globalisierung zu einer positiven Kraft für alle Menschen der Erde wird und nicht Milliarden von ihnen im Elend lässt. Eine niemanden ausschließende Globalisierung muss die große fördernde Kraft des Marktes zur Grundlage haben, doch werden die Marktkräfte allein sie nicht herbeiführen können. Dazu bedarf es umfassenderer Bemühungen, eine gemeinsame Zukunft zu schaffen, deren Fundament die ganze Vielfalt unserer einen Menschheit ist.

15. Dies wiederum erfordert, dass wir von neuem darüber nachdenken, wie wir an unsere gemeinsamen Aktivitäten und Interessen herangehen, denn viele Herausforderungen, denen wir uns heute stellen müssen, gehen über das hinaus, was ein Staat allein bewältigen kann. Auf nationaler Ebene muss jeder Staat seine Geschäfte besser lenken, und auf internationaler Ebene müssen wir lernen, die Weltgeschäfte gemeinsam besser zu lenken. Gut funktionierende Staaten sind für beide Aufgaben unerlässlich, und ihre Fähigkeit, beide Aufgaben wahrzunehmen, muss gestärkt werden. Auch müssen wir die internationalen Institutionen, über die die Staaten gemeinsam die Weltgeschäfte lenken, an die Realitäten der neuen Ära anpassen. Wir müssen Koalitionen für den Wandel bilden, oft mit Partnern, die den offiziellen Institutionen fern stehen.

16. Keiner Änderung unseres Denkens oder Handelns kommt wohl größere Bedeutung zu als der, dass wir bei allem, was wir tun, die Menschen in den Mittelpunkt stellen. Es gibt keine ehrenvollere Aufgabe und keine größere Verantwortung als die, Männer, Frauen und Kinder in den Städten und Dörfern überall auf der Welt in die Lage zu versetzen, selbst ihr Leben zu verbessern. Erst wenn das geschieht, wissen wir, dass wir auf dem Weg zu einer Globalisierung sind, die

tatsächlich alle Menschen einschließt und die jedem Menschen erlaubt, an ihren Chancen teilzuhaben.

17. Wir müssen jedoch mehr tun, als nur über unsere Zukunft zu reden. Wir müssen sie selbst schaffen, und zwar jetzt. Lassen wir den Millenniumsgipfel das Zeichen für die erneute Verpflichtung der Mitgliedstaaten auf ihre Vereinten Nationen sein, indem wir uns auf unsere gemeinsame Vision einigen. Lassen wir die politischen Führer der Welt ihr Engagement beweisen, indem sie, nachdem sie wieder in ihr Heimatland zurückgekehrt sind, sich sofort ans Werk machen. [...]

II. Globalisierung und Lenkungsprozesse

[...]

B. Die Herausforderung heute

31. Wie weit wir uns von einer streng internationalen Welt entfernt haben, ist an den veränderten Bedrohungen des Friedens und der Sicherheit zu erkennen, denen sich die Menschheit heute gegenübersieht. Die Charta geht davon aus, dass eine Aggression von außen, der Angriff eines Staates gegen einen anderen, die schwerwiegendste Bedrohung darstellen würde, doch kamen während der vergangenen Jahrzehnte weit mehr Menschen in Bürgerkriegen, bei ethnischen Säuberungen und durch Völkermordhandlungen ums Leben, ausgeführt mit Waffen, die auf dem globalen Waffenmarkt relativ leicht erhältlich sind. Massenvernichtungstechnologien kursieren in einer Unterwelt illegaler Märkte, und der Terrorismus wirft seinen Schatten auf stabile Herrschaftsstrukturen. Diesen neuen Gegebenheiten haben wir unsere Institutionen noch nicht angepasst.

32. Mehr oder weniger das Gleiche gilt auch für den Wirtschaftsbereich. Hier lag den institutionellen Mechanismen der Nachkriegszeit die Prämisse zugrunde, dass die Welt aus getrennten nationalen Volkswirtschaften besteht, die Außenhandelsbeziehungen miteinander unterhalten, ohne sich dabei allzu nahe zu kommen. Die Globalisierung widerspricht allen diesen Erwartungen. Daher mag es kaum überraschen, dass das Handelsregime solchen Belastungen ausgesetzt ist – es befasst sich heute mehr mit Angelegenheiten, die früher reinen Inlandscharakter hatten, als mit Grenzschranken. Auch überrascht es uns nicht, dass Forderungen nach einer neuen Finanzarchitektur mit solcher Beharrlichkeit gestellt werden.

33. Infolge der Globalisierung sind die Industrieländer weniger in der Lage, die schädlichen Auswirkungen einer weiteren Marktöffnung auf ihre eigenen Volkswirtschaften abzufangen. Die Entwicklungsländer hatten dieses Privileg von Anfang an nicht. Die Folge daraus ist, dass sich die Öffentlichkeit in beiden Ländergruppen jetzt angreifbar und verunsichert fühlt.

34. Darüber hinaus hat die Globalisierung eine neue Anfälligkeit für alte Bedrohungen mit sich gebracht. Kriminelle Zusammenschlüsse nutzen die neuesten Technologien, um weltweit mit Drogen, Waffen, Edelmetallen, Edelsteinen und sogar Menschen zu handeln. In der Tat schaffen diese Elemente der „unzivilen Gesellschaft" Weltkonzerne der Illegalität.

35. Von Handeltreibenden, Eroberern und natürlichen Trägern verbreitete Krankheiten prägen die Geschichte bereits seit Jahrtausenden. Die weltweite Übertragung von Krankheitserregern, vor allem HIV/AIDS, hat in letzter Zeit rapide zugenommen, und zwar in einem Tempo und einer Größenordnung, die nur durch offene Grenzen und eine nie zuvor gesehene Mobilität möglich wurde.

36. Auch gänzlich neue Dimensionen der Globalisierung haben sich herausgebildet. Die grenzüberschreitende Umweltverschmutzung steht zwar schon seit Jahrzehnten auf der internationalen Agenda, doch mit der Erkenntnis, dass die kumulativen Folgen der Industrialisierung sich auf den globalen Klimawandel auswirkten, trat die Welt in einen völlig neuen Kontext ein – bzw. sah sie sich nachgerade davon umschlossen –, in dem herkömmliche institutionelle Wege, Abhilfe zu schaffen, kaum einen Nutzen zeigten.

37. Die Revolution im weltweiten Kommunikationswesen weckte neue Erwartungen dahingehend, dass nunmehr humanitäres Leid gelindert und die Grundrechte verteidigt würden. Weder die Regierungen noch die internationalen Institutionen konnten sich bisher voll darüber klar werden, was alles mit diesen Erwartungen verbunden ist, noch wie sie sie erfüllen können.

38. Die Revolution des Kommunikationswesens wird auch auf andere Weise spürbar. Das Internet ist das am schnellsten wachsende Kommunikationsmedium in der Geschichte der Zivilisation und ist von allen je entwickelten Werkzeugen möglicherweise dasjenige, das die rascheste Verbreitung gefunden hat. Es ist nicht undenkbar, dass die zunehmende Integration von Informationstechnologie, Internet und elektronischem Geschäftsverkehr eine ähnlich einschneidende Transformation bewirken wird wie die industrielle Revolution. Diese Technologien werden auch künftig die weltweite wirtschaftliche Landschaft verändern und den Organisationsstrukturen eine neue Gestalt aufprägen. Sie werden die Arbeits- und Lebensweise vieler Menschen verändern. Wie Unternehmer von Bangalore bis Guadalajara und São Paulo bezeugen können, lassen sich mit ihrer

Hilfe schon heute bestehende Entwicklungsschranken überspringen. Dieses Chancenangebot kann noch um ein Vielfaches erweitert werden.

39. Am wichtigsten mag indessen sein, dass Menschen, die andernfalls durch räumliche Entfernung oder wegen ihrer Zuordnung zu kulturellen und wirtschaftlichen Schichten voneinander getrennt blieben, mittels dieser Technologien in direkter Verbindung miteinander stehen und so ein besseres Verständnis dessen herbeiführen können, wer wir, die Völker, eigentlich sind. Keine dieser Möglichkeiten bietet sich allerdings denjenigen, die keinen Technologiezugang besitzen, sei es, weil es an der notwendigen Infrastruktur oder am nötigen Kapital mangelt, oder weil das Regelungsumfeld dies verhindert.

40. Somit ist klar, worin die Herausforderung liegt: Wollen wir die Verheißungen der Globalisierung nützen und gleichzeitig ihre Nachteile überwinden, so müssen wir nicht nur lernen, die Welt besser zu lenken, sondern auch besser lernen, dies gemeinsam zu tun. Der Millenniumsgipfel findet daher zu einem höchst bedeutsamen Zeitpunkt statt, nicht allein in symbolischer, sondern auch in praktischer Hinsicht.

C. Die Welt gemeinsam besser lenken

41. Was verstehen wir unter dem Begriff „Lenkung", wenn er auf der internationalen Ebene verwendet wird? Welche Merkmale sollen sich damit möglichst verbinden, wenn wir den Übergang von einer internationalen zu einer globalen Welt erfolgreich bewältigen wollen?

42. In einigen Köpfen beschwört der Begriff noch immer die Vision einer „Weltregierung" herauf, gigantischer zentralisierter Bürokratieapparate, die sich über die Rechte der Völker und Staaten hinwegsetzen. Nichts ist weniger zu wünschen. Schwache Staaten gehören zu den bedeutendsten Hindernissen, die sich einer effektiven Lenkung auf nationaler wie auch auf internationaler Ebene heute entgegenstellen. Zum Wohle ihrer eigenen Völker und um unserer gemeinsamen Zielsetzungen willen müssen wir dazu beitragen, die Lenkungskapazität dieser Staaten zu stärken, anstatt sie weiter zu untergraben. Außerdem ist allein schon die Idee zentralisierter Hierarchien ein Anachronismus in unserer sich fortlaufend wandelnden, hochdynamischen und weitreichend vernetzten Welt, ein Relikt des Gedankenguts des 19. Jahrhunderts.

43. Gleichzeitig müssen die Staaten ein tieferes Verständnis der doppelten Aufgabe entwickeln, die ihnen in unserer globalen Welt zukommt. Neben der Verantwortung, die sie jeweils für ihre eigene Gesellschaft tragen, kommt ihnen

kollektiv auch die Rolle des Hüters unseres gemeinsamen Lebens auf diesem
Planeten zu, eines Lebens, an dem die Bürger aller Länder Anteil haben. Trotz
aller institutioneller Bedrängnis, in die die Globalisierung die Staaten häufig
bringen mag, ist doch kein anderes Gebilde in Sicht, das mit dem Staat konkurrieren oder ihn ersetzen kann. Die erfolgreiche Steuerung der Globalisierung
verlangt daher in erster Linie, dass die Staaten auf eine Art und Weise handeln,
die ihrer doppelten Aufgabe gerecht wird.

44. Dies wiederum heißt, dass die Entscheidungsfindungsstrukturen, über die die
Lenkung auf internationaler Ebene stattfindet, insgesamt gesehen die Realitäten
unserer heutigen Zeit widerspiegeln müssen. Der Sicherheitsrat der Vereinten
Nationen ist ein auf der Hand liegendes Beispiel. Die Zusammensetzung des
Rates, die auf der Machtverteilung und der Bündniskonstellation von 1945 beruht, trägt heute weder dem Charakter noch den Erfordernissen unserer globalisierten Welt richtig Rechnung. Das Gleiche gilt für einige wichtige Wirtschafts-
foren: alle Länder sind von den Auswirkungen der Globalisierung betroffen;
somit müssen alle Länder ein größeres Mitspracherecht an dem Prozess selbst
haben.

45. Die einzigartige Rolle, die die Vereinten Nationen in dem neuen globalen
Zeitalter spielen, ergibt sich aus ihrer weltumspannenden Mitgliedschaft und
ihrem universellen Tätigkeitsfeld sowie aus den in der Charta verankerten gemeinsamen Werten. Es ist unsere Aufgabe, dafür zu sorgen, dass die Globalisierung nicht nur einigen, sondern allen Vorteile bringt, dass Frieden und Sicherheit
nicht nur für einige wenige, sondern für alle erhalten bleiben und dass nicht
allein den Privilegierten Chancen offen stehen, sondern allen Menschen auf der
ganzen Welt. Mehr denn je bedarf es der Vereinten Nationen, um als Vermittler
bei macht-, kultur-, größen- und interessenbedingten Differenzen zwischen
Staaten und als das Forum zu dienen, in dem die Sache der Gemeinschaft der
Menschen formuliert und gefördert wird. Mehr denn je bedarf es einer starken
internationalen Rechtsordnung samt den Grundsätzen und Praktiken des Multilateralismus, um die Grundregeln einer sich abzeichnenden globalen Zivilisation
festzulegen, in der die reiche Vielfalt der Welt voll zum Ausdruck kommen
kann.

46. Bessere Lenkung bedeutet größere Teilhabe, verbunden mit Rechenschaftspflicht. Aus diesem Grund muss der internationale öffentliche Sektor, einschließlich der Vereinten Nationen, der Beteiligung der zahlreichen Akteure,
deren Beiträge zur Steuerung der Globalisierung unerlässlich sind, weiter geöffnet werden. Je nach anstehender Frage können zu diesen Akteuren Organisatio-

nen der Zivilgesellschaft, der private Sektor, Parlamentarier, örtliche Behörden, Wissenschaftsverbände, Bildungseinrichtungen und viele andere gehören.

47. Die globalen Unternehmen besetzen einen entscheidenden Platz in dieser neuen Konstellation. Mehr als alle anderen haben sie den gemeinsamen Wirtschaftsraum geschaffen, in dem wir leben. Ihre Entscheidungen sind von Tragweite für die wirtschaftlichen Aussichten der Menschen und selbst der Staaten auf der ganzen Welt. Ihre Rechte auf eine weltumspannende Unternehmenstätigkeit sind durch internationale Übereinkünfte und einzelstaatliche Politiken erheblich erweitert worden. Mit diesen Rechten muss aber auch größere Verantwortung einhergehen, die an dem konzeptionellen und praktischen Verständnis des Unternehmens als Weltbürger festmacht. Was ein guter Bürger ist, mag je nach den Umständen anders aussehen. Ein gemeinsames Merkmal wird jedoch immer gegeben sein: die Bereitschaft der Firmen, wo immer möglich und angemessen, von der breiteren Allgemeinheit definierte „gute Praktiken" zu verfolgen, anstatt die schwächeren ordnungspolitischen Systeme oder ungleichen Verhandlungspositionen der Gastländer auszunutzen.

48. Das stärker integrierte globale Umfeld verlangt auch nach einer kohärenteren Politik, wobei bedeutende Lücken geschlossen werden müssen. Die internationale Finanzarchitektur bedarf ebenso der Stärkung wie das multilaterale Handelsregime. Es gilt, für größere Konsistenz zwischen der makroökonomischen, Handels-, Entwicklungshilfe-, Finanz- und Umweltpolitik zu sorgen, damit sie alle zur Förderung unseres gemeinsamen Zieles beitragen, die Vorteile der Globalisierung breiteren Kreisen zugute kommen zu lassen. Die Politiken auf dem Gebiet der Konfliktverhütung, der Friedenskonsolidierung in der Konfliktfolgezeit, der humanitären Hilfe und der Entwicklung müssen wirksamer ineinander greifen. Kurz, es ist äußerst schwierig, mit lückenhaften und unvereinbaren Politikfragmenten den Übergang zu einer globaleren Welt erfolgreich zu bewältigen.

49. Formelle institutionelle Vorkehrungen besitzen mitunter nicht die gebotene Reichweite, Reaktionsgeschwindigkeit und Informationskapazität, um mit der sich rasch wandelnden globalen Agenda Schritt halten zu können. Die Mobilisierung der Fähigkeiten und sonstigen Ressourcen verschiedener globaler Akteure mag daher in zunehmendem Maße die Bildung loser, temporärer globaler Politiknetzwerke erfordern, die Staaten, Institutionen und Disziplinen übergreifen. Die Vereinten Nationen befinden sich in einer guten Position, um im Querschnitt durch ihre verschiedenen Aufgabenbereiche solche informellen „Koalitionen für den Wandel" zu fördern. Viele Netzwerke können virtuell sein und so die üblichen, durch Zeit und Raum auferlegten Beschränkungen überwinden. Die zentrale Rolle, die den formellen Lenkungsstrukturen auch weiterhin obliegt, ist

normativ: Festlegung der Ziele, Setzung der Normen und Überwachung ihrer Einhaltung.

50. Für die Vereinten Nationen definiert sich Erfolg bei der Bewältigung der Herausforderungen der Globalisierung letztlich daran, ob die Bedürfnisse der Völker gedeckt werden. In ihrem Namen wurde die Charta verfasst, und die Verwirklichung ihrer Bestrebungen bleibt unsere Vision für das 21. Jahrhundert. [...]

III. Freiheit von Not

[...]

73. Ich fordere die internationale Gemeinschaft auf höchster Ebene – auf der Ebene der auf dem Millenniumsgipfel zusammengetretenen Staats- und Regierungschefs – auf, sich das Ziel zu Eigen zu machen, bis 2015 den Anteil der in extremer Armut lebenden Menschen zu halbieren und so mehr als eine Milliarde Menschen aus dieser Armut zu befreien. Ferner fordere ich nachdrücklich, dass keine Mühe gescheut wird, um dieses Ziel bis zu dem genannten Zeitpunkt in allen Regionen und Ländern zu erreichen. [...]

105. Ich fordere den Millenniumsgipfel nachdrücklich auf, sich die Ziele zu Eigen zu machen, das Gefälle in der Primar- und Sekundarschulbildung von Jungen und Mädchen bis 2005 nachweislich zu verringern sowie allen Kindern bis 2015 eine abgeschlossene Primarschulbildung zu ermöglichen. [...]

110. Gemeinsam mit den Leitern der Weltbank und der Internationalen Arbeitsorganisation werde ich unter Beteiligung der kreativsten Führungskräfte aus der Privatindustrie, der Zivilgesellschaft und der Wirtschaftspolitik ein globales Politiknetzwerk auf hoher Ebene zur Frage der Jugendarbeitslosigkeit einrichten, mit dem Auftrag, unkonventionelle Ansätze zur Lösung dieses schwierigen Problems auszuloten. [...]

128. Darüber hinaus empfehle ich dem Millenniumsgipfel, sich konkret zum Ziel zu setzen, die HIV-Infektionsraten bei 15- bis 24-jährigen bis 2005 in den am stärksten betroffenen Ländern um 25 Prozent und bis 2010 weltweit um 25 Prozent zu senken. [...]

129. Zu diesem Zweck empfehle ich den Regierungen ferner, konkrete Verhütungsziele festzusetzen: bis 2005 müssen mindestens 90 Prozent und bis 2010 mindestens 95 Prozent aller jungen Männer und Frauen Zugang zu den Informa-

tionen, der Aufklärung und den Dienstleistungen haben, die sie zum Schutz vor einer HIV-Infektion benötigen. [...]

131. Ich fordere daher die entwickelten Länder auf, mit ihren pharmazeutischen Industrien und anderen Partnern zusammenzuarbeiten, um einen wirksamen und erschwinglichen Impfstoff gegen HIV zu entwickeln. [...]

138. Ich unterstütze die Initiative „Cities without Slums" mit allem Nachdruck und fordere alle Mitgliedstaaten auf, sich ihr anzuschließen und entsprechende Maßnahmen zu ergreifen. [...]

146. Ich fordere die führenden Experten in der ganzen Welt heraus, die Hürde der niedrigen Produktivität des Agrarsektors in Afrika durch ihre Ideen zu überwinden. Außerdem bitte ich die großen philanthropischen Stiftungen, die den Anstoß zu so vielen guten und praxisbezogenen Forschungsarbeiten auf dem Gebiet der Landwirtschaft gegeben haben, inständig, diese lebenswichtige Herausforderung anzunehmen. [...]

174. Ich fordere die Industrieländer nachdrücklich auf, zu erwägen, im Grunde allen Exporten aus den am wenigsten entwickelten Ländern zoll- und quotenfreien Marktzugang zu gewähren, und bereit zu sein, diese Verpflichtung auf der Dritten Konferenz der Vereinten Nationen über die am wenigsten entwickelten Länder im März 2001 einzugehen. [...]

181. Ich fordere die Geberländer und die internationalen Finanzinstitutionen auf, die Streichung aller öffentlichen Schulden der hoch verschuldeten armen Länder zu erwägen, wenn sich diese Länder im Gegenzug zur nachweislichen Verminderung der Armut verpflichten. [...]

IV. Freiheit von Furcht

[...]

191. Dank ihrer Befreiung von den Fesseln des Kalten Krieges konnten die Vereinten Nationen eine maßgeblichere Rolle übernehmen. In den neunziger Jahren nahm sowohl unsere Tätigkeit auf dem Gebiet der Friedenssicherung als auch auf dem Gebiet der Friedensschaffung sprunghaft zu: In diesem Jahrzehnt wurden dreimal so viele Friedensabkommen ausgehandelt und unterzeichnet wie in den drei vorangegangenen Jahrzehnten zusammen.

192. Seit einiger Zeit kommt es immer seltener zu Kriegen zwischen Staaten. Durch die wirtschaftliche Globalisierung fallen die Vorteile eines Gebietserwerbs weitgehend weg, während die Kosten der modernen Kriegführung in An-

betracht der entfalteten Zerstörungswirkung gestiegen sind. Ebenso bedeutsam ist die Tatsache, dass sich die Zahl der Demokratien seit 1990 fast verdoppelt hat, da etablierte demokratische Staaten einander aus verschiedenen Gründen nur selten mit militärischen Mitteln bekämpfen.

193. Die seit den neunziger Jahren geführten Kriege waren hauptsächlich interne Kriege. Sie waren brutal und haben mehr als 5 Millionen Menschenleben gefordert. Dabei wurden nicht so sehr Grenzen verletzt, als dass vielmehr Menschen Leid zugefügt wurde. Humanitäre Übereinkünfte wurden regelmäßig missachtet, Zivilpersonen und Mitarbeiter humanitärer Organisationen wurden zu strategischen Zielen gemacht, und Kinder wurden zum Töten gezwungen. In diesen vielfach durch politische Ambitionen und Habgier angeheizten Kriegen werden ethnische und religiöse Unterschiede ausgenutzt. Oftmals werden sie durch ausländische wirtschaftliche Interessen am Leben erhalten und von einem überaktiven, großenteils illegalen weltweiten Waffenmarkt mit Material versorgt.

194. Im Gefolge dieser Konflikte bildet sich ein neues Verständnis des Konzepts der Sicherheit heraus. War Sicherheit früher gleichbedeutend mit der Verteidigung des Hoheitsgebiets gegen Angriffe von außen, so gehört dazu heute auch der Schutz der Gemeinwesen und der einzelnen Menschen vor interner Gewalt.

195. Wie sehr es eines Sicherheitskonzepts bedarf, das den Menschen stärker in den Mittelpunkt stellt, wird unterstrichen durch die Gefahr, die der Menschheit nach wie vor durch Massenvernichtungswaffen, allen voran Kernwaffen, droht:: Schon ihr Name deutet auf ihre Reichweite und auf ihr beabsichtigtes Ziel hin, wenn es je zu ihrem Einsatz käme.

196. Wenn wir den Blick in die Zukunft richten, sehen wir die Gefahr auf uns zukommen, dass die Erschöpfung von Ressourcen, insbesondere die Wasserknappheit, sowie schwere Formen der Umweltschädigung auf nicht vorhersehbare, aber potenziell gefährliche Weise verschärfte soziale und politische Spannungen hervorrufen werden.

197. Kurz gesagt, zwingen uns diese neuen Sicherheitsherausforderungen, kreativ zu denken und die von uns traditionell verfolgten Ansätze so anzupassen, dass sie den Bedürfnissen unserer neuen Ära besser entsprechen. Eine alte Regel gilt heute mehr denn je: Es muss bei der Verhütung angesetzt werden.

A. Tödliche Konflikte verhüten

198. Es besteht zwar nahezu universelles Einvernehmen darüber, dass vorbeugen besser ist als heilen und dass Präventionsstrategien an den tieferen Ursachen von Konflikten ansetzen müssen und nicht lediglich an ihren gewaltsamen Symptomen. Die Maßnahmen, die tatsächlich ergriffen werden, decken sich jedoch nicht immer mit diesem Konsens. Die Politiker finden es schwierig, ihren Bürgern zu Hause eine Präventionspolitik im Ausland zu verkaufen, da die Kosten augenfällig sind und sofort anfallen, wohingegen sich der Nutzen – ein nicht erstrebenswertes oder tragisches künftiges Ereignis, das nicht eintritt – schwerer vermitteln lässt und von der Öffentlichkeit schwerer zu begreifen ist. Prävention ist somit in allererster Linie eine Frage der politischen Führungsstärke.

199. Wenn wir tödliche Konflikte mit Erfolg verhüten wollen, müssen wir eine genaue Vorstellung von ihren Ursachen haben. Nicht alle Kriege sind einander gleich; keine einzige Strategie ist daher immer und überall wirksam. Worin unterscheiden sich die Kriege, unter denen die Menschen seit Beginn der neunziger Jahre gelitten haben?

200. Etliche große Konflikte im vergangenen Jahrzehnt waren Kriege um die politische Nachfolge in der postkommunistischen Zeit, in denen rücksichtslose Politiker die primitivsten Formen ethnischen Nationalismus und religiösen Unterschiedsdenkens ausschlachteten, um an der Macht zu bleiben oder an die Macht zu kommen. Einige dieser Konflikte spielen bereits heute nur noch in Geschichtsbüchern eine Rolle – wie auch die betreffenden Politiker – und der Rest wird hoffentlich auch bald dorthin verwiesen werden. Bei der Mehrzahl der Kriege der heutigen Zeit handelt es sich stattdessen um Kriege zwischen den Armen. Wie kommt das?

201. Arme Länder verfügen über weniger wirtschaftliche und politische Ressourcen zur Konfliktbewältigung. Sie sind beispielsweise nicht in der Lage, umfassende Ausgleichszahlungen an Minderheitengruppen oder Regionen vorzunehmen, und mögen befürchten, dass ihr Staatsapparat eine Machtdezentralisierung nicht verkraften kann, beides Instrumente, die in den reicheren Ländern routinemäßig zum Einsatz gelangen.

202. Das bedeutet aber, dass jede Maßnahme, die ich im vorangehenden Abschnitt beschrieben habe – jeder Schritt in Richtung auf die Armutsverminderung und die Herbeiführung eines breit angelegten Wirtschaftswachstums – ein Schritt auf dem Weg zur Konfliktverhütung ist. Alle, die sich mit Konfliktverhütung und Entwicklung befassen – die Vereinten Nationen, die Bretton-Woods-

Institutionen, die Regierungen und die Organisationen der Zivilgesellschaft – sind daher gehalten, sich auf integriertere Weise mit diesen Herausforderungen auseinanderzusetzen.

203. Wir können mehr tun. In vielen armen Ländern, in denen Krieg herrscht, geht die Armut Hand in Hand mit krasser ethnischer oder religiöser Ausgrenzung. Fast immer werden die Rechte untergeordneter Gruppen nicht genügend geachtet, gewähren die staatlichen Institutionen nicht allen Bürgern angemessene Teilhabe und wird bei der Verteilung der Ressourcen der Gesellschaft die dominierende Partei gegenüber den anderen bevorteilt.

204. Es gibt eine augenfällige Lösung, selbst wenn sie sich in der Praxis schwer verwirklichen lässt: nämlich die Förderung der Menschenrechte, der Schutz der Minderheitenrechte und die Schaffung politischer Einrichtungen, in denen alle Gruppen repräsentiert sind. Seit langem offene Wunden werden nicht über Nacht verheilen. Es kann sich aber auch kein Vertrauen bilden und kein Dialog entwickeln, solange neue Wunden zugefügt werden. Es gibt kein Schnellheilmittel und keinen kürzeren Weg. Jede Gruppe muss das Gefühl haben, dass der Staat allen Bürgern gehört.

205. In einigen bewaffneten Konflikten der heutigen Zeit ist Habgier und nicht das Gefühl der Entrechtung die treibende Kraft. Krieg ist zwar für die Gesellschaft insgesamt kostspielig, aber einige können dennoch davon profitieren. In solchen Fällen geht es häufig um die Kontrolle über natürliche Ressourcen, sind oft Drogen mit im Spiel, werden die Konflikte von opportunistischen Nachbarn angeheizt und machen sich Akteure des privaten Sektors zu Komplizen, indem sie die unrechtmäßig erworbene Kriegsbeute aufkaufen, bei der Geldwäsche behilflich sind und für einen stetigen Zustrom von Waffen in die Konfliktzone sorgen.

206. In diesem Kontext ist Transparenz die beste Präventionsstrategie: „Namen nennen und anprangern". Den Akteuren der Zivilgesellschaft fällt dabei eine außerordentlich wichtige Rolle zu, und die Regierungen und der Sicherheitsrat müssen ihre Verantwortung wahrnehmen. Desgleichen ist größeres soziales Verantwortungsbewusstsein seitens der Weltfirmen, einschließlich der Banken, unverzichtbar.

207. Zuletzt werden Präventionsstrategien nur dann von Erfolg gekrönt sein, wenn wir dafür sorgen, dass die alten Konflikte nicht wieder aufbrechen und dass die für die Friedenskonsolidierung in der Konfliktfolgezeit erforderliche Unterstützung bereitgestellt wird. Bedauerlicherweise genießen wir bei den meisten unserer Missionen nicht das volle Maß an Unterstützung.

208. Wenn Verhütung auch das Kernelement unserer Bemühungen zur Förderung der menschlichen Sicherheit ist, so müssen wir doch einräumen, dass selbst die besten Verhütungs- und Abschreckungsstrategien fehlschlagen können. Unter Umständen bedarf es daher anderer Maßnahmen. Eine solche Maßnahme ist ein stärkeres Engagement zum Schutz der Schwachen. [...]

211. Um diesen Schutz zu verstärken, müssen wir dem humanitären Völkerrecht und den Menschenrechten wieder zu ihrer zentralen Bedeutung verhelfen. Wir müssen danach streben, der Kultur der Straflosigkeit ein Ende zu setzen, weswegen die Schaffung des Internationalen Strafgerichtshofs so wichtig ist. Darüber hinaus müssen wir neue Strategien finden, um den sich wandelnden Bedürfnissen Rechnung zu tragen. [...]

C. Sich mit dem Interventionsdilemma auseinander setzen

215. In meiner Rede vor der Generalversammlung im vergangenen September forderte ich die Mitgliedstaaten auf, gemeinsam wirksamere Maßnahmen zu ergreifen, um organisiertem Massenmord und ungeheuerlichen Menschenrechtsverletzungen Einhalt zu gebieten. Obwohl ich betonte, dass der Begriff der Intervention ein breites Spektrum von Antwortmaßnahmen beinhaltet, von der Diplomatie bis hin zum Einsatz von Waffengewalt, war es doch die letztere Möglichkeit, die in der anschließenden Debatte die hitzigste Kontroverse hervorrief.

216. Einigen Kritikern bereitete es Sorge, dass das Konzept der „humanitären Intervention" zu einem Deckmantel für die willkürliche Einmischung in die internen Angelegenheiten souveräner Staaten werden könnte. Andere waren der Auffassung, dass Sezessionsbewegungen dadurch ermutigt werden könnten, Regierungen vorsätzlich zu schwerwiegenden Menschenrechtsverletzungen zu provozieren, um so Interventionen von außen auszulösen, die ihren Zielen dienlich wären. Wieder andere merkten an, dass das Instrument der Intervention wegen der ihm eigenen Schwierigkeiten und Kosten sowie infolge subjektiver nationaler Interessen in der Praxis keineswegs einheitlich gehandhabt wird und dass sich darüber eigentlich nur sagen lässt, dass schwache Staaten mit weitaus größerer Wahrscheinlichkeit Ziel von Interventionsmaßnahmen sind als starke.

217. Ich erkenne durchaus an, wie stark und wichtig diese Argumente sind. Ich akzeptiere auch, dass die Grundsätze der Souveränität und der Nichteinmischung kleinen und schwachen Staaten einen unverzichtbaren Schutz bieten. Den Kritikern möchte ich jedoch folgende Frage entgegenhalten: Wenn eine humanitäre Intervention tatsächlich einen unannehmbaren Angriff auf die Souveränität dar-

stellt, wie sollen wir dann auf ein Ruanda, ein Srebrenica oder auf alle schwerwiegenden und systematischen Menschenrechtsverletzungen reagieren, die gegen jedes Gesetz verstoßen, das uns unser gemeinsames Menschsein vorschreibt?

218. Wir stehen vor einem echten Dilemma. Kaum jemand würde bestreiten, dass sowohl die Verteidigung der Menschlichkeit als auch die Verteidigung der Souveränität unterstützenswerte Grundsätze sind. Nur gibt uns das keinen Aufschluss darüber, welcher der beiden den Vorrang erhalten soll, wenn sie im Widerspruch zueinander stehen.

219. Humanitäre Interventionen sind ein heikles Thema, bei dem es viele politische Klippen zu umschiffen heißt und Antworten nicht leicht zu finden sind. Doch kann ganz sicher kein Rechtsgrundsatz – nicht einmal die Souveränität – je als Schutzschild für Verbrechen gegen die Menschlichkeit gelten. Wann immer solche Verbrechen begangen werden und alle friedlichen Versuche, ihnen Einhalt zu gebieten, ausgeschöpft sind, hat der Sicherheitsrat die moralische Pflicht, im Namen der internationalen Gemeinschaft zu handeln. Wenn wir auch nicht alle Menschen überall schützen können, so ist das doch kein Grund, dort, wo wir dies vermögen, tatenlos zu bleiben. Eine bewaffnete Intervention muss stets der letzte Ausweg bleiben, doch wenn es um Massenmord geht, können wir auf diese Option nicht verzichten.

D. Die Friedenseinsätze stärken

220. Nach dem Ende der durch den Kalten Krieg bedingten Konfrontation und der resultierenden Lähmung des Sicherheitsrats wurden die neunziger Jahre zu einer Zeit großen Aktivismus für die Vereinten Nationen. Während dieser zehn Jahre liefen mehr Friedenseinsätze an, als während der vorangegangenen 40 Jahre zusammen; ferner entwickelten wir neue Konzepte für die Friedenskonsolidierung in der Konfliktfolgezeit und legten einen neuen Schwerpunkt auf die Konfliktverhütung.

221. Während sich die traditionelle Friedenssicherung hauptsächlich auf die Überwachung von Waffenruhen konzentriert hat, sehen die komplexen Friedenseinsätze heute ganz anders aus. Ihr Ziel besteht im Wesentlichen darin, den Konfliktparteien zu helfen, ihre Interessen auf politischem Weg zu verfolgen. Zu diesem Zweck sind die Vereinten Nationen dabei behilflich, politische Institutionen zu schaffen und zu stärken und sie auf eine breitere Basis zu stellen. Wir arbeiten mit den Regierungen, den nichtstaatlichen Organisationen und örtlichen Bürgergruppen zusammen, um Nothilfe zu gewähren, ehemalige Kämpfer zu

demobilisieren und wieder in die Gesellschaft einzugliedern, Minen zu räumen, Wahlen zu organisieren und abzuhalten und nachhaltige Entwicklungspraktiken zu fördern.

222. Internationale Hilfe beim wirtschaftlichen Wiederaufbau ergänzt diese Arbeit in wesentlicher Hinsicht. Den Menschen vergeht rasch die Begeisterung für neu eingerichtete Institutionen, ja selbst für den Friedensprozess, wenn sie keinerlei Aussichten auf eine materielle Verbesserung ihrer Lebensbedingungen sehen. Die Friedenskonsolidierung in der Konfliktfolgezeit hat dazu beigetragen, den Zusammenbruch zahlreicher Friedensabkommen zu verhüten und die Grundlagen für einen dauerhaften Frieden aufzubauen.

223. Wir können signifikante Erfolge mit einigen unserer Friedenseinsätze im vergangenen Jahrzehnt für uns geltend machen, angefangen mit Namibia Ende der achtziger Jahre, über Mosambik, El Salvador, die Zentralafrikanische Republik, Ostslawonien und die ehemalige jugoslawische Republik Mazedonien bis hin zu Kambodscha, wo zumindest ein Teilerfolg erzielt wurde. Doch mussten wir auch tragische Fehlschläge hinnehmen, keiner davon tragischer als Ruanda sowie der Fall von Srebrenica und anderen Sicherheitszonen in Bosnien. Die vielen Gründe für diese Fehlschläge, einschließlich derer, die dem Sekretariat der Vereinten Nationen zuzuschreiben sind, werden offen und in beträchtlichem Detail in den beiden Berichten erörtert, die ich Ende letzten Jahres herausgegeben habe.

224. Die strukturbedingten Schwächen der Friedenseinsätze der Vereinten Nationen können jedoch allein von den Mitgliedstaaten behoben werden. Die Art und Weise, wie wir solche Einsätze einleiten, ist gelegentlich mit einer freiwilligen Feuerwehr verglichen worden, doch zeichnet dies ein allzu großzügiges Bild. Jedes Mal, wenn es brennt, müssen wir nämlich erst Löschfahrzeuge und Mittel für ihren Betrieb auftreiben, bevor wir zur Brandbekämpfung ausrücken können. Das derzeitige System stützt sich nahezu ausschließlich auf letztminütliche Ad-hoc-Vereinbarungen, mit denen Verzögerungen schon programmiert sind, in Bezug auf die Bereitstellung von Zivilpersonal noch mehr als von Militärpersonal.

225. Obschon Vereinbarungen über militärische Verfügungsbereitschaftsabkommen mit den Mitgliedstaaten vorhanden sind, ist die tatsächliche Verfügbarkeit der dadurch erfassten Kontingente nicht vorhersehbar, und nur ein kleiner Teil davon steht unter hoher Einsatzbereitschaft. Die Mittelknappheit hält uns sogar davon ab, Missionsstäbe rasch zu dislozieren.

226. Auf der zivilen Seite wurde uns im Kosovo und in Osttimor erneut deutlich vor Augen geführt, wie schwierig es ist, qualifiziertes Personal für Missionen

anzuwerben. Wo finden wir von heute auf morgen Polizisten, Richter oder Straf-vollzugsbeamte – um nur den Bereich der Rechtsdurchsetzung herauszugreifen? Auch hier bedarf es einer systematischeren Vorgehensweise.

227. Um größere Klarheit darüber herzustellen, wo wir eigentlich stehen und wie wir in Bezug auf Friedenseinsätze der Vereinten Nationen auf Fortschritte hoffen können, habe ich eine hochrangige Beratungsgruppe eingerichtet, welche sich unter allen Gesichtspunkten, von der Doktrin zur Logistik, mit der Frage der Friedenseinsätze auseinandersetzen wird. Sie wird Vorschläge für ein politisch akzeptables und operativ sinnvolles weiteres Vorgehen unterbreiten.

228. Ich gehe davon aus, dass der Bericht der Beratungsgruppe so rechtzeitig vorliegen wird, dass die Millenniumsversammlung die darin enthaltenen Emp-fehlungen behandeln kann.

E. Sanktionen zielgerichtet einsetzen

229. Während der neunziger Jahre haben die Vereinten Nationen mehr Sankti-onsregime eingerichtet als je zuvor. Sanktionen, ein fester Bestandteil der kol-lektiven Sicherheitsbestimmungen der Charta, geben dem Sicherheitsrat ein wichtiges Instrument zur Durchsetzung seiner Beschlüsse an die Hand, die auf einem Kontinuum von der verbalen Verurteilung bis hin zum Einsatz von Waf-fengewalt angesiedelt sind. Sanktionen können unter anderem Waffenembargos, die Verhängung von Handels- und Finanzrestriktionen, die Unterbrechung der Luft- und Seeverbindungen sowie die diplomatische Isolierung umfassen.

230. Sanktionen haben sich bislang als unterschiedlich wirkungsvoll dabei er-wiesen, die Befolgung der Resolutionen des Sicherheitsrats herbeizuführen. In einigen Fällen wurden bestenfalls nur geringfügige Anstrengungen unternom-men, um den Sanktionsvollzug zu überwachen und durchzusetzen. In vielen Fällen hat es die internationale Gemeinschaft versäumt, Nachbarländern Hilfe zu gewähren, die dadurch, dass sie den Sanktionsvollzug sicherstellen, den Löwen-anteil der Verluste hinnehmen müssen und daraufhin die Sanktionsordnung durchlässig werden ließen.

231. Richten sich massive und umfassende Wirtschaftssanktionen gegen autoritä-re Regime, entsteht wieder eine andere Problematik. In solchen Fällen leidet nämlich gewöhnlich das Volk unter den Sanktionen und nicht die politischen Eliten, deren Verhalten sie überhaupt ausgelöst hat. Oft ist es konträrerweise sogar so, dass die Machthaber Nutzen aus solchen Sanktionen ziehen, weil sie die Schwarzmarkttätigkeit kontrollieren und davon profitieren können und weil

sie die Sanktionen als Vorwand benutzen, um im Inland die politischen Oppositionsherde auszuschalten.

232. Da sich Wirtschaftssanktionen als ein so stumpfes und sogar kontraproduktives Werkzeug erwiesen haben, sind einige Regierungen, zahlreiche Organisationen der Zivilgesellschaft und Denkfabriken auf der ganzen Welt der Frage nachgegangen, wie diese Sanktionen gezielter und damit intelligenter eingesetzt werden können. Die Schweiz war federführend bei Bemühungen, gezielte Sanktionsinstrumente im Finanzbereich zu entwickeln und stellte im Zuge dessen auch den Entwurf eines einzelstaatlichen Modellgesetzes zu ihrer Durchführung auf. Deutschland unterstützt Arbeiten mit dem Ziel, Waffenembargos und andere Formen des gezielten Boykotts wirksamer zu gestalten. Das Vereinigte Königreich Großbritannien und Nordirland und Kanada haben ebenfalls zu der Debatte über eine wirksamere Zielausrichtung von Sanktionen beigetragen.

233. Diese Anstrengungen sind nunmehr so weit fortgeschritten, dass sie es verdienen, von den Mitgliedstaaten ernsthaft geprüft zu werden. Ich bitte insbesondere den Sicherheitsrat, sie bei der Konzipierung und der Anwendung von Sanktionsregimen zu berücksichtigen.

F. Eine weitere Rüstungsreduzierung anstreben

[...]

253. Um die Aufmerksamkeit stärker auf die uns gegenüberstehenden Risiken und die sich uns darbietenden Chancen zu ihrer Minderung zu lenken, schlage ich vor, die Veranstaltung einer großen internationalen Konferenz in Erwägung zu ziehen, die dazu beitragen könnte, Wege zur Beseitigung atomarer Gefahren aufzuzeigen.

V. Eine Zukunft für die kommenden Generationen

[...]

272. Ich fordere den Millenniumsgipfel auf, die Verabschiedung und Umsetzung des Protokolls von Kyoto zu fördern. Insbesondere bitte ich eindringlich diejenigen Staaten, deren Ratifikation des Protokolls für sein Inkrafttreten erforderlich ist, rechtzeitig die notwendigen Maßnahmen zu ergreifen, damit dies als würdige Begehung der seit Stockholm 1972 und Rio 1992 erzielten Fortschritte bis 2002 geschehen kann. [...]

281. Im Einzelnen fordere ich den Gipfel auf, sich das Ziel zu Eigen zu machen, zwischen heute und dem Jahr 2015 den Anteil der Menschen, die keinen dauerhaften Zugang zu geeigneten Quellen erschwinglichen und gesundheitlich unbedenklichen Wassers haben, um die Hälfte zu senken. [...]

289. Ich beabsichtige, ein globales Politiknetzwerk auf hoher Ebene einzurichten, das sich mit diesen und verwandten strittigen Fragen im Zusammenhang mit den Risiken und Chancen befassen soll, die mit dem verstärkten Einsatz der Biotechnologie und Ingenieurbiologie einhergehen. [...]

310. Ich fordere die Mitgliedstaaten auf, mit dafür zu sorgen, dass die für die Millenniumsbewertung der Ökosysteme erforderliche finanzielle Unterstützung bereitgestellt wird, und aktiv an diesem Unterfangen mitzuwirken. [...]

VI. Die Erneuerung der Vereinten Nationen

312. Auf sich allein gestellt können die Vereinten Nationen keine der Herausforderungen bewältigen, die ich hier beschrieben habe. Sie gehen die gesamte internationale Gemeinschaft an, und wir alle müssen dazu das Unsere tun. Ohne eine starke und wirksame Organisation wird es für die Völker der Welt jedoch unvergleichlich schwieriger sein, diesen Herausforderungen zu begegnen.

313. Ob die Völker der Welt über eine solche Organisation verfügen oder nicht, hängt auch heute – wie in der Vergangenheit – letzten Endes davon ab, wie sehr sich ihre Regierungen dafür engagieren. Heute wie eh und je sind es die Mitgliedstaaten, die das wahre Fundament der Vereinten Nationen bilden.

314. Im Zuge der Vorbereitungen für den Millenniumsgipfel müssen wir unsere Gründungsziele erneut bekräftigen. Wir müssen jedoch auch unsere Phantasie walten lassen, wenn es darum geht, wie die Vereinten Nationen gestärkt werden könnten, damit sie den Staaten wie auch den Völkern in dieser neuen Epoche bessere Dienste leisten können.

315. Die Auseinandersetzung mit Fragen von globaler Tragweite ist heute nicht mehr Sache der Außenministerien allein, und die Staaten sind auch nicht die einzigen, die Lösungen für die zahlreichen Probleme unseres kleinen Planeten anzubieten haben. Viele verschiedene nichtstaatliche Akteure, die einen immer größeren Einfluss ausüben, haben sich mit den staatlichen Entscheidungsträgern zusammengetan, um neue Formen der globalen Lenkung zu improvisieren. Je komplexer das zur Debatte stehende Problem ist – ob es sich nun um das Verbot von Landminen, die Begrenzung von zur globalen Erwärmung beitragenden

Emissionen oder die Schaffung eines Internationalen Strafgerichtshofs handelt –
desto wahrscheinlicher ist es, dass wir auf nichtstaatliche Organisationen, Einrichtungen des privaten Sektors und multilaterale Organisationen stoßen, die sich
gemeinsam mit souveränen Staaten um Konsenslösungen bemühen.

316. Ich bin der Auffassung, dass zwei Strategien für die Realisierung des Poten-
zials der Vereinten Nationen in den nächsten Jahren unerlässlich sein werden.

317. Zum Ersten: Während wir als Organisation über äußerst beschränkte Mittel
verfügen, sind die Gemeinwesen, in deren Dienst wir stehen, weit besser mit
Ressourcen ausgestattet. Wir müssen versuchen, statt die Rolle anderer Akteure
auf der Weltbühne zu usurpieren, zu einem wirksameren Katalysator des Wandels und der Koordinierung ihrer Tätigkeit zu werden. Unsere allerwichtigste
Aufgabe wird es sein, zu kollektivem Vorgehen auf globaler Ebene anzuregen.

318. Zum Zweiten: Wie alle anderen Institutionen in der Welt von heute müssen
sich die Vereinten Nationen die großartigen Möglichkeiten des Informationszeit-
alters in vollem Umfang zunutze machen. Die digitale Revolution hat technologische Umwälzungen ausgelöst, die in der Geschichte beispiellos sind. Werden
sie verantwortungsbewusst eingesetzt, so können sie unsere Chancen im Hinblick auf die Beseitigung der Armut und die Erreichung unserer vorrangigen
Ziele wesentlich verbessern. Dies wird aber nur dann der Fall sein, wenn wir uns
bei den Vereinten Nationen die neuen Technologien vorbehaltloser als bisher zu
Eigen machen.

A. Unsere grundlegenden Stärken erkennen

[...]

320. Wir verfügen als Organisation nicht über eine unabhängige militärische
Kapazität, und unsere Ressourcen auf wirtschaftlichem Gebiet sind relativ bescheiden. Der Einfluss und die Wirkung, die wir auf die Welt ausüben, sind
jedoch viel größer als manche meinen – und oft größer als es uns selbst klar ist.
Dieser Einfluss beruht nicht auf Machtausübung, sondern auf der Kraft der
Werte, für die wir eintreten, auf unserer helfenden Rolle bei der Erarbeitung und
Aufrechterhaltung globaler Normen, auf unserer Fähigkeit, zu globalem Prob-
lembewusstsein und globalem Handeln anzuregen, und auf dem Vertrauen, das
uns entgegengebracht wird, weil wir praktisch tätig werden, um die Lebensver-
hältnisse der Menschen zu verbessern. [...]

322. Die UN-Konferenzen der neunziger Jahre waren zwar mitunter von Zwietracht gekennzeichnet, doch haben sie bei der Herbeiführung eines normativen Konsenses und der Aufzeigung praktischer Lösungen für die großen Probleme unserer Zeit eine zentrale Rolle gespielt. Nirgends sonst bot sich der internationalen Gemeinschaft als Ganzes die Möglichkeit, Antworten auf die sich abzeichnenden Herausforderungen der Globalisierung zu entwerfen, denen alle oder so gut wie alle zustimmen konnten. Genau diese Antworten sind es, auf denen dieser Bericht aufzubauen sucht.

323. In den letzten Jahren haben wir einen sprunghaften Anstieg staatenübergreifender monothematischer Kampagnen zur Festigung von Normen und Schaffung von Rechtsregimen erlebt, die beispielsweise zu dem Übereinkommen über das Verbot von Landminen oder zu der im vergangenen Jahr erfolgten Einigung über eine verstärkte Schuldenerleichterung für die am höchsten verschuldeten Länder geführt haben. Diese Kampagnen, die häufig gemeinsam mit den Vereinten Nationen durchgeführt wurden, haben mit dazu beigetragen, dass die internationale Gemeinschaft für viele wichtige globale Fragen sensibilisiert wurde und diese in einem anderen Licht sieht, wie auch dazu, das Verhalten der Staaten gegenüber diesen Fragen zu ändern.

324. Die Vereinten Nationen spielen eine ebenso wichtige, jedoch weitgehend unbekannte Rolle bei der Erarbeitung und Aufrechterhaltung der globalen Regeln, ohne die moderne Gesellschaften einfach nicht funktionieren könnten. So legt die Weltgesundheitsorganisation beispielsweise Qualitätskriterien für die pharmazeutische Industrie in der ganzen Welt fest. Die Weltorganisation für Meteorologie trägt Wetterdaten aus einzelnen Staaten zusammen und verteilt sie weiter, was wiederum weltweit eine bessere Wettervorhersage ermöglicht. Die Weltorganisation für geistiges Eigentum schützt Warenzeichen und Patente außerhalb ihres Ursprungslands. Die Rechte von Fluggesellschaften zum Überfliegen von Grenzen leiten sich aus Übereinkommen ab, die von der Internationalen Zivilluftfahrtorganisation ausgehandelt wurden. Die Statistische Kommission der Vereinten Nationen sorgt mit dafür, dass im Rechnungswesen einheitliche Normen Anwendung finden.

325. Tatsächlich sind die Grundsätze und Praktiken des Multilateralismus aus unserer globalisierten Welt nicht mehr wegzudenken. Eine offene Weltwirtschaft anstelle des Merkantilismus; eine allmähliche Bedeutungsminderung konkurrierender Militärbündnisse im Verein mit einem Sicherheitsrat, der häufiger entscheidungsfähig ist; eine Auseinandersetzung mit den gemeinsamen Anliegen der Menschheit durch die Generalversammlung oder große Zusammenkünfte von Staaten und Organisationen der Zivilgesellschaft – dies sind einige, wenn auch

noch unvollständige und verhaltene Anzeichen für das aktive Tätigsein eines unverzichtbaren multilateralen Systems.

326. Blicken wir weiter zurück, so zeigt sich, dass weite Teile der im letzten Jahrtausend erzielten sozialen Fortschritte auf die Ausweitung der Herrschaft des Rechts zurückzuführen sind. Gewiss, hierbei handelt es sich um ein Vorhaben, das, vor allem auf internationaler Ebene, noch nicht abgeschlossen ist, doch sind wir nach wie vor um die Vertiefung der Herrschaft des Rechts bemüht. Diese würde größere Unterstützung finden, wenn die Länder die internationalen Verträge und Übereinkünfte unterzeichneten und ratifizierten. Manche lehnen dies aus sachlichen Gründen ab, weit größer jedoch ist die Zahl derer, die nicht über die erforderlichen Fachkenntnisse und Ressourcen verfügen, insbesondere wenn die internationalen Rechtsinstrumente in innerstaatliches Recht umgesetzt werden müssen.

327. Ich bitte daher alle zuständigen Stellen der Vereinten Nationen, die nötige technische Hilfe anzubieten, damit alle Staaten, die dazu bereit sind, voll an der sich abzeichnenden globalen Rechtsordnung teilhaben können.

328. Auf dem Millenniumsgipfel werden wir den Staats- oder Regierungschefs im Rahmen besonderer Einrichtungen Gelegenheit geben, ihre Unterschrift unter jeden Vertrag und jedes Übereinkommen zu setzen, deren Verwahrer der Generalsekretär ist.

329. Hand in Hand mit den weltweiten Normen sind Institutionen entstanden. So waren wir in jüngster Zeit beispielsweise Zeugen der Schaffung von Ad-hoc-Gerichten für Ruanda und das ehemalige Jugoslawien als Antwort auf die wachsende Besorgnis der internationalen Gemeinschaft über massive Menschenrechtsverletzungen und ihre Entschlossenheit, der Kultur der Straflosigkeit ein Ende zu setzen.

330. Ich fordere alle Länder nachdrücklich auf, das Römische Statut des Internationalen Strafgerichtshofs zu unterzeichnen und zu ratifizieren, damit die Fortschritte, die wir in dem Bemühen erzielt haben, die für Verbrechen gegen die Menschlichkeit Verantwortlichen vor Gericht zu bringen, konsolidiert und ausgeweitet werden.

331. Auch die Vereinten Nationen selbst müssen sich dem Wandel der Zeit anpassen. Einer der kritischen Bereiche, den ich bereits angesprochen habe, ist die Reform des Sicherheitsrats. Der Rat muss funktionsfähig sein, er muss aber auch unangefochtene Legitimität genießen. Innerhalb des Spielraums dieser beiden Kriterien muss eine Lösung gefunden werden. Ich fordere die Mitgliedstaaten nachdrücklich auf, diese Aufgabe unverzüglich in Angriff zu nehmen.

332. Außerdem müssen wir unsere Arbeit in den Beratungsorganen so anpassen, dass sie aus den Beiträgen der Zivilgesellschaft vollen Nutzen ziehen kann. Schon jetzt leisten Organisationen der Zivilgesellschaft einen wichtigen Beitrag zur Artikulierung und Verteidigung globaler Normen. Es steht außer Zweifel, dass die Vereinten Nationen und die Menschen in aller Welt erheblich davon profitieren würden, wenn sich die Organisation dieser so wichtigen Quelle von Energie und sachverständigem Wissen weiter öffnen würde, ebenso wie wir auch von engeren institutionellen Beziehungen und praktischer Zusammenarbeit mit den einzelstaatlichen Parlamenten profitiert haben.

333. Ich möchte die Generalversammlung daher bitten, zu untersuchen, wie diese Beziehungen verbessert werden könnten. Als erster Schritt könnte eine Sachverständigengruppe, in der auch Vertreter von Organisationen der Zivilgesellschaft repräsentiert sind, gebeten werden, eine Studie innovativer „bester Verfahrensweisen" für Beiträge dieser Organisationen zu allen Aspekten der Tätigkeit der Vereinten Nationen zu erstellen. Eine solche Studie könnte die Ausgangsbasis für Beschlüsse über neue Möglichkeiten zur stärkeren Einbeziehung der Zivilgesellschaft in unsere gemeinsamen Bemühungen bilden.

334. Wie in diesem Bericht schon mehrmals erwähnt, kommt Partnerschaften mit dem Privatsektor und mit Stiftungen ebenfalls eine außerordentlich hohe Bedeutung bei den in letzter Zeit von uns erzielten Erfolgen zu.

B. Im Dienste des Wandels Netzwerke aufbauen

335. Das rasante Tempo der Umwälzungen übersteigt heute häufig die Anpassungsfähigkeit nationaler und internationaler Institutionen. So viele Dinge ändern sich gleichzeitig, dass keine Organisation für sich allein mit ihnen Schritt halten kann – insbesondere, da diese Veränderungen im Allgemeinen nicht an den traditionellen Grenzen zwischen Wissenschaft und beruflicher Praxis Halt machen.

336. Eine teilweise Lösung bietet vielleicht die Herausbildung von „globalen Politiknetzwerken". Diese Netzwerke – oder Koalitionen für den Wandel – vereinen internationale Institutionen, Organisationen der Zivilgesellschaft und des Privatsektors sowie Regierungen bei der Verfolgung gemeinsamer Ziele.

337. In manchen Fällen sind internationale Organisationen federführend – so beispielsweise die Weltgesundheitsorganisation bei der Kampagne zur Beseitigung der Malaria oder mein eigenes Büro im Falle des Globalen Paktes mit dem Privatsektor.

338. In anderen Fällen sind einige Regierungen und nichtstaatliche Organisationen die treibende Kraft wie beispielsweise bei der Kampagne zur Ächtung der Landminen. In der Globalen Allianz für Impfstoffe und Immunisierung sind der private Sektor und philanthropische Stiftungen die Hauptakteure. In jedem Fall jedoch verleihen diese lockeren, kreativen Koalitionen den einleitenden Worten der Charta „Wir, die Völker" neue Bedeutung, da sie zeigen, dass die globale Lenkung kein Nullsummenspiel ist. Alle Partner in einem solchen Netzwerk gewinnen an Einfluss.

339. Insbesondere die Staaten profitieren von der Mitwirkung an globalen Politiknetzwerken, da sie durch Zusammenarbeit erreichen können, was im Alleingang unmöglich wäre.

340. Globale Politiknetzwerke können zwar viele verschiedene Formen annehmen, doch sind ihnen eine Reihe von Merkmalen gemeinsam. Sie kennen keine Hierarchie und sorgen dafür, dass die Zivilgesellschaft ein Mitspracherecht hat. Sie helfen bei der Festlegung globaler politischer Ziele, gestalten die Debatten und sorgen für die Aufklärung der Öffentlichkeit. Sie erarbeiten und verbreiten Wissen und Erkenntnisse, indem sie umfassenden Gebrauch vom Internet machen. Sie erleichtern die Konsensbildung und die Aushandlung von Übereinkommen über neue weltweite Normen sowie die Schaffung neuer Arten von Mechanismen für deren Durchführung und Überwachung.

341. Unsere eigene Mitwirkung an globalen Politiknetzwerken war zwar weitreichend, verlief jedoch im Großen und Ganzen ohne festen Plan. Wir müssen gezielter und systematischer vorgehen. Wir müssen feststellen, wie wir den Regierungen, der Zivilgesellschaft und dem privaten Sektor am besten dabei behilflich sein können, zusammenzuarbeiten, damit diese Netzwerke ihre – und unsere – Ziele erreichen.

C. Digitale Verbindungen herstellen

[...]

343. Vor zehn Jahren war es kostspielig und zeitraubend, Informationen aus den Entwicklungsländern zu erhalten bzw. an diese Länder weiterzugeben. Das ändert sich jedoch heutzutage mit dem World Wide Web. Wir können inzwischen Zeitungen aus jedem Winkel der Erde Sekunden nach ihrem Erscheinen online lesen. Genauso schnell können wir bei Ministerien einzelner Länder, führenden ausländischen Forschungseinrichtungen und wichtigen nichtstaatlichen Organisationen Informationen finden und herunterladen.

344. Dies ist noch nicht alles. Dank der zunehmenden globalen Vernetzung ist die reichhaltige Fundgrube elektronischer Informationen auf der Webseite der Vereinten Nationen Jahr für Jahr immer mehr Menschen kostenlos zugänglich. Unsere Webseite ist außerordentlich populär – im vergangenen Jahr wurden über 100 Millionen Zugriffe verzeichnet.

345. Außerdem ermöglicht uns das Internet auch die Abhaltung interaktiver weltweiter elektronischer Konferenzen, wodurch nicht nur Flug-, Hotel- und Konferenzkosten eingespart werden, sondern genauso so leicht und billig 10000 wie 10 Menschen die Teilnahme ermöglicht werden kann. Innerhalb des Sekretariats können anstelle vieler persönlicher Zusammenkünfte elektronische „Besprechungen" abgehalten werden, sodass die Mitarbeiter ihre Zeit weitaus besser nutzen können. In modernen Organisationen, die sich die Informationsrevolution zunutze machen, ist dies zunehmend üblich.

346. Schließlich kann die Informationsrevolution die Effizienz unserer Feldeinsätze drastisch verbessern. Die drahtlose Kommunikation funktioniert sogar unter den schlimmsten Bedingungen, namentlich bei Naturkatastrophen und anderen Notständen.

347. Ich freue mich, die Einleitung eines neuen Katastrophenbekämpfungsprogramms bekannt geben zu können, das Mobil- und Satellitentelefone sowie Mikrowellenverbindungen für humanitäres Hilfspersonal zur Verfügung stellen und unterhalten wird.

348. Diese Initiative steht unter der Führung von Ericsson und wird in Partnerschaft mit Stellen der Vereinten Nationen und der Internationalen Föderation der Rotkreuz- und Rothalbmondgesellschaften durchgeführt.

349. Die logistische Planung und die Einsätze in komplexen Notstandssituationen können ebenfalls von einer besseren Nutzung der verfügbaren Technologie profitieren. So hat beispielsweise das International Rescue Committee in Pristina in Kosovo ein gemeinsam genutztes Satelliten/Funk-Internet-Netz geschaffen. Alle UN-Organisationen, die Organisation für Sicherheit und Zusammenarbeit in Europa, mehrere einzelstaatliche Vertretungen und die meisten nichtstaatlichen Organisationen stehen über dieses Netz rund um die Uhr miteinander in Verbindung.

350. Bisher haben die Vereinten Nationen sich jedoch erst einen Bruchteil der Möglichkeiten der Informationsrevolution zunutze gemacht. Die Hindernisse, die sich uns nach wie vor in den Weg stellen, sind eine veränderungsresistente Organisationskultur, eine unzureichende Informationstechnologie, -infrastruktur, mangelnde Ausbildung und vor allem die Tatsache, dass nicht begriffen wird,

welche großen Vorteile die Informationstechnologie mit sich bringt, wenn sie kreativ eingesetzt wird. Wir müssen unsere internen Kapazitäten für Informationstechnologie auf den neuesten Stand bringen und ausbauen. Für das gesamte System der Vereinten Nationen besteht enormer Spielraum für eine bessere Integration online, damit Menschen in der ganzen Welt für sie wichtige und interessante Informationen und Daten zur Verfügung gestellt werden können.

351. In Zusammenarbeit mit anderen Mitgliedern des Systems der Vereinten Nationen werde ich diese Ziele energisch verfolgen. Ich werde darüber hinaus an die Informationstechnologieindustrie appellieren, den Vereinten Nationen bei der Neugestaltung ihrer Infrastruktur und Kapazität auf dem Gebiet der Informationstechnologie behilflich zu sein.

D. Die „stille Revolution" fördern

[...]

353. Wenn wir den Umfang unserer Aufgaben und die in uns gesetzten Hoffnungen mit den Ressourcen vergleichen, die uns zur Verfügung stehen, gelangen wir zu einer ernüchternden Erkenntnis. Der Jahreshaushalt für unsere Kernaufgaben – die Tätigkeit der Sekretariate in New York, Genf, Nairobi, Wien und in fünf Regionalkommissionen – beläuft sich auf bloße 1,25 Milliarden Dollar. Das entspricht etwa 4 Prozent des Jahreshaushalts der Stadt New York – und ist fast eine Milliarde Dollar weniger, als die Stadt Tokio jährlich für ihre Feuerwehr aufwendet. Unsere Ressourcen stehen einfach in keinem Verhältnis zu unseren weltweiten Aufgaben.

354. Die Schwierigkeiten, die wir haben, mit stagnierenden Haushaltsmitteln und der Nichtentrichtung von Beiträgen fertig zu werden, sind allgemein bekannt. Was weniger verstanden wird, ist die Belastung, die sich dadurch ergibt, dass uns die Mitgliedstaaten neue Mandate erteilen, ohne gleichzeitig neue Mittel zur Verfügung zu stellen. Wir können mit weniger mehr tun, aber nur bis zu einem gewissen Grad. Früher oder später wird die Qualität unserer Arbeit unweigerlich darunter leiden.

355. Es gibt nicht nur Hindernisse finanzieller Art. In vielen Bereichen können wir unsere Aufgaben nicht wahrnehmen, weil Meinungsverschiedenheiten unter den Mitgliedstaaten den für ein wirksames Tätigwerden nötigen Konsens verhindern. Am augenfälligsten ist dies wohl bei den Friedenssicherungseinsätzen, doch sind auch andere Bereiche davon betroffen. Außerdem macht es uns die sehr invasive und übermäßig ins Detail gehende Aufsicht, die einige Mitglied-

staaten über unsere Programmaktivitäten ausüben, sehr schwer, die Effizienz oder Wirksamkeit unserer Arbeit zu maximieren.

356. Die „stille Revolution", die ich 1997 eingeleitet habe, war dazu vorgesehen, die Vereinten Nationen zu einer schlankeren und wirksameren Organisation zu machen. Seither haben wir unsere Managementverfahren gestrafft, Ressourcen von der Verwaltung in die Entwicklungsarbeit umgeschichtet, Management unter Heranziehung eines Führungskabinetts eingeführt und die Koordinierung zwischen den weit verstreuten Mitgliedsorganisationen des Systems der Vereinten Nationen beträchtlich verbessert.

357. Um der inhärenten Tendenz zu institutioneller Unbeweglichkeit entgegenzuwirken, unter der unsere Arbeit gelitten hat, und um die strategische Umschichtung von Ressourcen zu erleichtern, habe ich die Einführung von Fristen oder Auslaufbestimmungen für Initiativen vorgeschlagen, für die neue Organisationsstrukturen geschaffen oder umfangreiche Mittelbindungen getätigt werden müssen. Die Generalversammlung hat diesen Vorschlag bislang noch nicht angenommen; ich fordere sie nachdrücklich dazu auf.

358. Ferner muss eine mehr auf den Menschen ausgerichtete Organisation eine stärker ergebnisorientierte Organisation sein, sowohl was die personelle Ausstattung als auch die Veranschlagung von Mitteln angeht. Wir machen allmählich Fortschritte auf dem Weg zu einem ergebnisorientierten Haushaltssystem, in dem der Schwerpunkt weniger auf Inputs und Prozessen als auf Ergebnissen liegt. Wenn es erst einmal voll funktionsfähig ist, wird dieses System größere Effizienz und Flexibilität fördern, gleichzeitig jedoch auch die Transparenz und die Rechenschaftslegung des Sekretariats gegenüber den Mitgliedstaaten verbessern. Auch hier ist Unterstützung seitens der Generalversammlung vonnöten.

359. Fassen wir zusammen: Die Vereinten Nationen müssen sich im 21. Jahrhundert weiterhin von ihren Gründungsprinzipien leiten lassen. Sie müssen eine Organisation bleiben, die den Interessen der Mitgliedstaaten und ihrer Völker dient. An unseren Zielen – Frieden, Wohlstand, soziale Gerechtigkeit und eine bestandfähige Zukunft – ändert sich nichts. Die Mittel, die wir zur Erreichung dieser Ziele einsetzen, müssen jedoch den Herausforderungen dieser neuen Ära angepasst sein.

360. Die Vereinten Nationen müssen künftig noch stärker als Katalysator für gemeinsame Maßnahmen fungieren, und zwar sowohl unter den Mitgliedstaaten als auch zwischen diesen und der dynamischen Konstellation neuer nichtstaatlicher Akteure. Wir müssen weiterhin der Ort sein, an dem neue internationale Verhaltensnormen ausgearbeitet werden und breiter Konsens dazu herbeigeführt wird. Wir müssen das Potenzial der Technologie nutzen, um das Los der Ent-

wicklungsländer zu verbessern. Schließlich müssen wir zu einer wirksameren und effizienteren Organisation werden, zu der die Völker in der ganzen Welt leichten Zugang haben. Gelingt uns dies nicht, so müssen wir uns selbst am schärfsten tadeln. [...]

(Quelle: UN Doc. A/54/2000; Deutscher Übersetzungsdienst der Vereinten Nationen; Auszug gemäß Internationale Politik 12/2000, S. 74-92).

[20] Stärkung der Vereinten Nationen: Eine Agenda für weitere Veränderungen

Bericht vor der UN-Generalversammlung
New York, 9. September 2002

[...]

Die in diesem Bericht beschriebenen Maßnahmen resultieren in einer ganz anderen Art des Vorgehens als bisher. Sie werden sich weder automatisch noch über Nacht durchführen lassen. Spezifische Organisationseinheiten und Personen werden den Auftrag erhalten, den Wandel zu steuern, insbesondere in denjenigen Hauptabteilungen, die sich am meisten verändern werden. Es müssen Mittel für die Umschulung der Bediensteten, deren Arbeitsplätze betroffen sein werden, und für Investitionen in die Informationstechnik, die eine unabdingbare Voraussetzung für den Erfolg vieler der vorgeschlagenen Maßnahmen ist, vorgesehen werden. Der Generalsekretär ersucht die Mitgliedstaaten, dem gesamten Paket ihre nachdrückliche Zustimmung zu erteilen.

I. Stärkung der Vereinten Nationen

1. Vor zwei Jahren bekräftigten die Staats- und Regierungschefs auf der Millenniums-Versammlung der Vereinten Nationen ihren Glauben an die Vereinten Nationen und ihre Charta als unverzichtbare Grundlagen einer friedlicheren, wohlhabenderen und gerechteren Welt. Sie legten ihre Prioritäten für das neue

Jahrhundert fest: „Kampf für die Entwicklung aller Völker der Welt, Kampf gegen Armut, Unwissenheit und Krankheit, Kampf gegen Ungerechtigkeit, Kampf gegen Gewalt, Terror und Kriminalität und Kampf gegen die Schädigung und Zerstörung unserer gemeinsamen Heimat". Darüber hinaus trafen sie den Beschluss, „die Vereinten Nationen zu einem wirksameren Instrument zur Verfolgung aller (dieser) Prioritäten zu machen".

2. In der Tat ist die Notwendigkeit einer wirksamen multilateralen Institution, die sich dem Dienst an der gesamten Menschheit verschrieben hat, nie so deutlich zutage getreten wie in der heutigen Ära der Globalisierung. Dieses neue Zeitalter der Interdependenz und der Integration eröffnet allen Völkern der Welt viele Chancen, birgt aber auch viele Gefahren. Die vor uns liegende Herausforderung besteht darin, dass wir unsere Fähigkeit zu kollektivem Handeln stärken und so in einer Zeit immer rasanteren globalen Wandels unser Schicksal gemeinsam in die Hand nehmen.

A. Was wir bisher erreicht haben

3. Glücklicherweise müssen wir eine Institution, die den Völkern der Welt dient, nicht von Grund auf neu schaffen. Die Vereinten Nationen bestehen bereits – nicht als statisches Monument der Bestrebungen einer früheren Zeit, sondern als Projekt, an dem noch gearbeitet wird: notwendigerweise unvollkommen wie jedes Menschenwerk, doch zu Anpassungen und Verbesserungen fähig.

4. Die Vereinten Nationen sind wandlungsfähig, und sie haben sich auch verändert – vor allem seit dem Ende des Kalten Krieges, das die größte und am schwersten fassbare Quelle des Misstrauens zwischen ihren Mitgliedern beseitigte, womit sich neue Felder für kreatives Handeln und Zusammenarbeit eröffneten. Als ich 1997 mein Amt als Generalsekretär antrat, waren die Dinge bei den Vereinten Nationen im Fluss. Eine meiner ersten Prioritäten – Gegenstand eines meiner ersten Berichte an die Generalversammlung – war es damals, die Strukturen des Sekretariats – und auch seine Kultur – den neuen Erwartungen und Herausforderungen anzupassen, denen es sich gegenübersah.

5. Die Veränderungen, die ich damals vorgeschlagen habe, sind, soweit es in meiner Verantwortung lag, umgesetzt worden und haben, wie ich meine, größtenteils Früchte getragen. Vielleicht noch wichtiger war jedoch das Handeln der Mitgliedstaaten. Im Laufe der vergangenen fünf Jahre haben sie sich immer häufiger an die Vereinten Nationen gewandt, um den neuen Herausforderungen der Globalisierung zu begegnen, und es war für mich ermutigend, mit welcher

Fantasie und Kreativität man daranging, das Potenzial der Organisation auszuloten und zur Entfaltung zu bringen. Gemeinsam haben wir einige bedeutende Veränderungen herbeigeführt und können einige wichtige Errungenschaften verzeichnen.

Neue Entwicklungsziele festlegen

6. An erster Stelle steht die Verabschiedung der Millenniums-Erklärung der Vereinten Nationen durch die politischen Führer der Welt, mit der die Mitgliedstaaten der Welt eine gemeinsame Vision für das neue Jahrhundert gegeben haben. Insbesondere auf wirtschaftlichem und sozialem Gebiet ist diese Vision für die ersten 15 Jahre des Jahrhunderts mit konkreten, messbaren Vorgaben verknüpft – den Millenniums-Entwicklungszielen. Über die genaue Definition dieser Ziele besteht nunmehr eindeutig Einigkeit und ein klares Verständnis seitens der verschiedenen, jeweils zuständigen internationalen Organisationen. Unsere Anstrengungen zur Förderung engerer Zusammenarbeit und größerer Kohärenz im gesamten System der Vereinten Nationen, einschließlich der Bretton-Woods-Institutionen, haben sich somit bezahlt gemacht. Um diesem Aktionsprogramm größere Dynamik zu verleihen, habe ich im Jahr 2001 einen Kompass für das weitere Vorgehen zur Verwirklichung der Millenniums-Entwicklungsziele (A/56/326) veröffentlicht, und vor kurzem habe ich den ersten der künftig jährlichen Berichte vorgelegt, der einen Überblick über die erzielten – oder ausgebliebenen – Fortschritte gibt.

7. Diese Entwicklungsziele wurden in der Millenniums-Erklärung zwar zum ersten Mal zusammengefasst, doch entstammten sie weitgehend der Reihe großer internationaler Konferenzen, die während der zehn vorangegangenen Jahre einberufen worden waren, um verschiedene Entwicklungsaspekte zu beleuchten, darunter Kinder, Umweltfragen, die Menschenrechte, Bevölkerungsfragen, Frauen und Sozialpolitik. Heute wird der Wert dieser Konferenzen im Hinblick auf die Herbeiführung eines globalen Konsenses über Normen und Zielvorgaben und sogar über detaillierte Aktionspläne auf breiter Ebene anerkannt, sogar von einigen, die ihnen früher skeptisch oder kritisch gegenüberstanden. Diese Konferenzen halfen zu gewährleisten, dass die Vereinten Nationen die Schwerpunkte ihrer Tätigkeit den Erfordernissen der Zeit anpassten und auf die neuen Herausforderungen reagierten, die sich den Völkern der Welt stellen. Die im Jahr 2002 in Monterrey veranstaltete Konferenz über Entwicklungsfinanzierung und die in Johannesburg abgehaltene Konferenz über nachhaltige Entwicklung konnten auf den Ergebnissen dieser Vorgängerkonferenzen aufbauen und sie erweitern.

8. Die Welt erwartet in zunehmendem Maße, dass die Vereinten Nationen soziale Probleme globaler Tragweite angehen – allen voran die Beseitigung der extremen Armut – und dass sie helfen, einen globalen Konsens über den Weg zur Auseinandersetzung mit diesen Problemen zu formulieren. Namentlich im Jahr 2001 taten dies die Vereinten Nationen, indem sie HIV/AIDS als ein weltweites Problem ins Zentrum der Aufmerksamkeit stellten, durch die Abhaltung einer Sondertagung der Generalversammlung und die damit verbundenen Vor- und Nachbereitungstätigkeiten. Natürlich besteht in dieser Frage kein Grund zur Selbstzufriedenheit, und ich werde sie auch weiterhin zu einer meiner persönlichen Prioritäten machen. Mittlerweile, so meine ich, steht jedoch außer Zweifel, dass die Vereinten Nationen in der Lage sind, auf solchen Gebieten einen entscheidenden Beitrag zu leisten.

Die Friedensmissionen reformieren

9. Die Umsetzung vieler in dem Bericht der Sachverständigengruppe für die Friedensmissionen der Vereinten Nationen (A/55/305-S/2000/809) enthaltenen Vorschläge ist eine weitere wichtige Leistung. Wir haben bei unserer Fähigkeit, komplexe Friedenssicherungseinsätze und Friedenskonsolidierungsmissionen zu dislozieren und zu steuern, erhebliche Verbesserungen erzielt. Der volle Nutzen dieser Verbesserungen wird sich zwar erst im Laufe der Zeit einstellen, doch haben uns die jüngsten Ereignisse schon früh auf die Probe gestellt. In den letzten drei oder vier Jahren sahen wir uns auf diesem Gebiet neuen und unerwarteten Herausforderungen gegenüber – insbesondere in Sierra Leone, im Kosovo und in Osttimor –, und ich wage zu behaupten, dass wir uns dabei recht gut geschlagen haben. Diese und andere Leistungen lassen sich nicht nur der harten Arbeit und der Einsatzbereitschaft der VN-Bediensteten im Feld und am Amtssitz zuschreiben, sondern auch dem Sicherheitsrat, der aus seinen Schwierigkeiten der letzten zehn Jahre gelernt hat, weisere und wirksamere Lösungen auszuarbeiten. Zwar bestehen noch immer große Herausforderungen, denen der Rat aus verschiedensten Gründen bisher nicht angemessen begegnen konnte, doch arbeiten die Ratsmitglieder inzwischen bei vielen Konflikten auf der ganzen Welt harmonisch und durchaus wirkungsvoll zusammen.

Die Kohärenz verbessern

10. Nicht nur bei den Friedensmissionen beweisen die Vereinten Nationen jedoch größere Kohärenz. So gibt es nun in jedem Entwicklungsland, in dem wir
tätig sind, ein gemeinsames Landesteam, das oftmals in einem einzigen „Haus
der Vereinten Nationen" untergebracht ist. Dieses Team vereint die Vertreter der
verschiedenen Fonds, Programme und Sonderorganisationen der Vereinten Nationen und steht unter der Leitung eines residierenden Koordinators, der den Auftrag hat, dafür zu sorgen, dass das gesamte System mobilisiert wird, um die Bedürfnisse jedes Landes zu decken. Diese Struktur ist Ausdruck meines Versuchs,
Kohärenz und gemeinsame Zielverfolgung auf oberster Ebene zu gewährleisten,
indem ich die Leiter aller Hauptabteilungen, Fonds und Programme in einer
wöchentlichen Sitzung der Hochrangigen Managementgruppe an einen Tisch
bringe und indem ich hauptabteilungsübergreifende Exekutivausschüsse eingerichtet habe, die die vier Hauptpolitikbereiche überwachen, nämlich Frieden und
Sicherheit, wirtschaftliche und soziale Angelegenheiten, humanitäre Angelegenheiten und Entwicklung.

Partnerschaften aufbauen

11. Schließlich möchte ich auf unsere Erfolge bei der Entwicklung neuer Vorge-
hensweisen aufmerksam machen, die auf kooperativen Partnerschaften beruhen.
Die Vereinten Nationen sind und bleiben eine zwischenstaatliche Organisation,
in der die Entscheidungsbefugnisse fest in der Hand der Mitgliedstaaten liegen.
Gleichzeitig jedoch leben wir in einem internationalen System, in dem in zunehmendem Maße auch nichtstaatliche Akteure, wie zivilgesellschaftliche Organisationen, Freiwilligenorganisationen, Interessengruppen, die Privatwirtschaft, philanthropische Stiftungen, Universitäten, „Denkfabriken" und selbstverständlich
auch kreative Einzelpersonen ihren Einfluss geltend machen. Will man heutzutage Veränderungen herbeiführen, so gilt es, die Unterstützung eines vielfältigen
Netzes nichtstaatlicher Akteure zu mobilisieren und ihre Ideen zu nutzen.

12. Die Vereinten Nationen haben versucht, dies zu beherzigen. Unsere Zusammenarbeit mit nichtstaatlichen Organisationen bei der Bekämpfung von Krankheiten, der Minderung der Armut und der Milderung von Leid nach Katastrophen
ist heute eine so vertraute Tatsache, dass kaum noch ein Wort darüber verloren
wird. Die Aktivitäten philanthropischer Stiftungen – insbesondere der Stiftung
für die Vereinten Nationen – zur Förderung unserer gemeinsamen Ziele werden
zunehmend als wertvolle Ergänzung der von Regierungsseite unternommenen

Maßnahmen angesehen. Durch die von mir eingeleitete Initiative des Globalen Paktes wurden Hunderte von Unternehmen aus aller Welt angehalten, sich für unternehmerische Verantwortung und universelle Werte auf dem Gebiet der Menschenrechte, des Arbeitsrechts und der Umwelt einzusetzen. Heute ist eine große Zusammenkunft der Vereinten Nationen ohne Beteiligung der Zivilgesellschaft in ihren unterschiedlichen Ausprägungen kaum noch denkbar.

13. Wie aus diesen Ausführungen hervorgeht, sind die Vereinten Nationen heute eine andere Organisation als vor 20 Jahren – sie passen sich den Anforderungen der Zeit an und arbeiten heute effizienter, transparenter und kreativer.

B. Was noch zu tun bleibt

14. Im Hauptteil dieses Berichts werde ich mich auf meinen eigenen Verantwortungsbereich konzentrieren und eine Reihe von Verbesserungen vorgeschlagen, mit denen ich erreichen will, dass das Sekretariat für seine Auftraggeber, die zwischenstaatlichen Organe, bessere Dienstleistungen erbringt. Wenn wir die Vereinten Nationen stärken wollen, sind aber auch Veränderungen bei den zwischenstaatlichen Organen notwendig. Zwar wurden schon viele Verbesserungen vorgenommen, doch sind noch weitere nötig, und im Folgenden möchte ich einige Vorschläge dazu unterbreiten.

Stärkung der Generalversammlung

15. Die Generalversammlung ist das einzige universelle Forum, in dem alle Staaten eine gleichberechtigte Stimme haben. Durch ihre Befugnis, den Haushalt zu prüfen und zu genehmigen, hat die Versammlung erheblichen Einfluss auf die wirksame Tätigkeit der Vereinten Nationen. Viele Mitgliedstaaten sind jedoch der Auffassung, dass der Beitrag der Versammlung zur Arbeit der Vereinten Nationen abnimmt, und ich teile diese Besorgnis.

16. Es ist von entscheidender Bedeutung, dass die Versammlung ihre eigenen Reformbemühungen fortsetzt und ihre Tagesordnung weiter strafft. Derzeit erörtert sie zu viele sich überschneidende Gegenstände mit einer Häufigkeit, die oftmals nicht gerechtfertigt ist. Dadurch werden Zeit und institutionelle Energie, die zur Herbeiführung eines politischen Konsenses über aktuelle oder sich abzeichnende Weltprobleme dringend gebraucht werden, für repetitive und sterile Berichte und Debatten und für die Aushandlung von Resolutionen vergeudet, deren Geltungsbereich begrenzt und deren politische Wirkung gering ist. We-

sentliche Verbesserungen sind indessen möglich, wenn doppelt vorhandene Gegenstände zusammengefasst und eng miteinander zusammenhängende Gegenstände gemeinsam im Rahmen einer einzigen Aussprache behandelt werden, die zu politisch relevanteren Ergebnissen mit größerer Wirkung führt. Auch das Muster jährlich wiederkehrender Tagesordnungspunkte sollte dahin gehend kritisch überprüft werden, ob viele Gegenstände nicht zweijährlich oder in noch größeren Abständen behandelt werden könnten.

17. Zusätzlich müsste die Versammlung ihre Kompetenzen im Verhältnis zum Wirtschafts- und Sozialrat und seinen Fachkommissionen, insbesondere was den Folgeprozess von Konferenzen betrifft, so abklären, dass die Versammlung auf der Arbeit dieser Organe aufbauen und ihr Mehrwert hinzufügen kann.

18. Ich begrüße den Beschluss, den Versammlungspräsidenten und die Vorsitzenden der verschiedenen Ausschüsse drei Monate im Voraus und nicht wie bisher am ersten Sitzungstag zu wählen. Dadurch sollte die Festlegung des Zeitplans für die Versammlung erheblich verbessert werden können, was wiederum andere dringend notwendige Reformen erleichtern wird.

Stärkung des Wirtschafts- und Sozialrats

19. Die wachsende Rolle der Vereinten Nationen bei der Konsensbildung zu wichtigen sozialen und wirtschaftlichen Fragen von globaler Tragweite erfordert eine entsprechende Stärkung des für diese Fragen zuständigen Hauptorgans, nämlich des Wirtschafts- und Sozialrats. Der Rat hat bei der Organisation seiner Arbeit in klar abgegrenzten Teilbereichen mit fester thematischer Ausrichtung erhebliche Fortschritte erzielt. Er ist dadurch in der Lage, dem gesamten System bessere Anleitung zu geben, wenn es um Fragen in seinem Zuständigkeitsbereich geht. Eine der vielversprechendsten Neuerungen ist der jährliche Dialog mit den Bretton-Woods-Institutionen und der Welthandelsorganisation, durch den der Rat mit der Zeit zu einem bevorzugten globalen Forum für die Gestaltung der Entwicklungspolitiken und -strategien werden kann. Wenn an dieser wie auch an anderen Tagungen des Rates jedoch auch weiterhin hochrangige Vertreter teilnehmen sollen, so müssen sowohl ihre Tagesordnung als auch ihr Format zielgerichteter und die Tagungen besser vorbereitet sein.

Der ins Stocken geratene Prozess der Reform des Sicherheitsrats

20. Die von der Generalversammlung eingesetzte, allen Mitgliedstaaten offen stehende Arbeitsgruppe über die Reform des Sicherheitsrats ist seit beinahe zehn Jahren tätig. Die Mitgliedstaaten scheinen jedoch von der Einigung auf eine Formel, die eine Erhöhung der Zahl der Mitglieder des Sicherheitsrats ermöglichen würde, noch weit entfernt. In den Augen weiter Teile der Welt ist der Sicherheitsrat weder in seiner Größe noch in seiner Zusammensetzung ausreichend repräsentativ. Die wahrgenommenen Mängel in der Glaubwürdigkeit des Sicherheitsrats tragen zu einer langsamen, aber stetigen Aushöhlung seiner Autorität bei, was wiederum schwerwiegende Auswirkungen auf den Weltfrieden und die internationale Sicherheit hat. Daher wäre jede Reform der Vereinten Nationen ohne eine Reform des Sicherheitsrats unvollständig. Gleichzeitig muss bedacht werden, dass Autorität sich auch aus der Fähigkeit herleitet, rasche und realistische Beschlüsse zu fassen, und aus dem Willen, nach diesen Beschlüssen zu handeln. Ein Reformprozess, der lediglich eine Erhöhung der Mitgliederzahl erbrächte, würde den Rat in diesem wesentlichen Bereich wohl kaum stärken.

21. Der Sicherheitsrat hat seine Arbeitsmethoden in den letzten paar Jahren erheblich verbessert – wozu zum Teil die klugen Überlegungen der allen Mitgliedstaaten offen stehenden Arbeitsgruppe den Anstoß gaben. Der Rat ist transparenter geworden und bietet den Mitgliedern der Vereinten Nationen insgesamt mehr Gelegenheit, an seiner Arbeit mitzuwirken. Die Zahl der öffentlichen Sitzungen unter Beteiligung von Nichtmitgliedern des Sicherheitsrats hat zugenommen, es gab Unterrichtungen für die Allgemeinheit der Mitglieder der Vereinten Nationen, und die Regelungen für Konsultationen mit den truppenstellenden Ländern wurden verbessert. Angesichts dieser ermutigenden Entwicklungen könnte der Sicherheitsrat vielleicht erwägen, diese jüngsten Änderungen seiner Praxis zu kodifizieren.

22. Umfassende Konzepte für die Prävention und Beilegung von Konflikten sowie für die Konsolidierung eines dauerhaften Friedens erfordern die Mitwirkung und Unterstützung der anderen Organe der Vereinten Nationen. Der Sicherheitsrat muss sich an die Generalversammlung und an den Wirtschafts- und Sozialrat wenden, wenn dies notwendig ist, und diese Organe wiederum werden möglicherweise ihre eigenen Verfahren und ihre institutionelle Praxis entsprechend anpassen müssen, damit sie ihre Aufgaben wahrnehmen können.

Zu viele Sitzungen

23. Die Zahl der Sitzungen, die unter der Schirmherrschaft der verschiedenen
zwischenstaatlichen Organe abgehalten werden, ist im Laufe der Jahre ebenso
drastisch angestiegen wie die Zahl der Berichte und sonstigen Dokumente, die
diese Organe beim Sekretariat anfordern. Im Zweijahreszeitraum 2000-2001
wurden sage und schreibe 15.484 Sitzungen abgehalten und 5.879 Berichte herausgegeben. Dieser Trend ist zwar zum Teil ein unvermeidbares Ergebnis der
zunehmenden Komplexität der globalen Agenda, doch kann und sollte er umgekehrt werden. Die ausufernde Zahl der Sitzungen und offiziellen Dokumente
überfordert sowohl das Sekretariat als auch die Mitgliedstaaten. Für viele kleinere Mitgliedstaaten ist es mittlerweile fast unmöglich geworden, selbst bei den
wichtigsten Tätigkeiten der Generalversammlung und des Wirtschafts- und Sozialrats eine sinnvolle Rolle zu übernehmen. Sogar für größere Länder wird es
zunehmend schwierig, jedes Jahr über alle Sitzungen auf dem Laufenden zu
bleiben – geschweige denn aktiv daran mitzuwirken. Auf Grund dieser Zwänge
besteht heute ein spürbarer Bedarf, den Umfang der offiziellen Sitzungen und
Dokumente zu beschränken.

24. Das gleiche Problem betrifft auch die unter der Schirmherrschaft der Vereinten Nationen abgehaltenen großen Konferenzen. Wie bereits erwähnt, haben
viele der in den letzten Jahren abgehaltenen Konferenzen einen konstruktiven
Beitrag zur internationalen Zusammenarbeit in Fragen globaler Bedeutung geleistet. Es müsste jedoch mittlerweile allen klar sein, dass die internationale A-
genda mit derartigen Treffen überfrachtet ist. Sowohl bei der Öffentlichkeit als
auch bei vielen Regierungen hat sich eine gewisse Gipfelmüdigkeit eingestellt.
Ich hoffe, dass die Mitgliedstaaten in Zukunft Selbstdisziplin üben werden und
zusätzliche Konferenzen nur dann einberufen, wenn die Notwendigkeit besteht,
in neuen Fragen der globalen Politik auf hoher Ebene umfassende Orientierungen zu geben.

[...]

II. Tun, was wichtig ist

31. Unsere Anstrengungen, die Vereinten Nationen zu stärken, müssen mit einer
eingehenden und ehrlichen Bestandsaufnahme dessen beginnen, was die Organisation tut – der Vielzahl von Aktivitäten, Berichten und Sitzungen, welche die
Energien der Delegierten wie auch des Sekretariats beanspruchen. Der Rest –

Strukturen, Verfahren, Personal und Systeme – soll sicherstellen, dass wir das, was wir tun, auch stets gut tun. Nur wenn wir gewährleisten, dass sich die Vereinten Nationen auf die Fragen konzentrieren, die heute am wichtigsten sind, und auf diejenigen, die morgen am wichtigsten sein werden, werden wir unser Ziel, die Organisation zu stärken, auch erreichen können.

32. In diesem Abschnitt befasse ich mich zunächst mit unserem Arbeitsprogramm insgesamt. Danach werde ich entsprechend den im Jahr 2001 eingegangenen Ersuchen der Generalversammlung auf zwei konkrete Bereiche näher eingehen, nämlich auf die Menschenrechte und die Öffentlichkeitsarbeit.

A. Die Tätigkeiten nach den Prioritäten ausrichten

33. Das Arbeitsprogramm der Vereinten Nationen ist sowohl komplex als auch umfassend, wie dies von einer Organisation zu erwarten ist, von der verlangt wird, sich mit nahezu allen Aspekten der internationalen Zusammenarbeit zu befassen. Das Programm ist Ausdruck der vielen über die Jahre hinweg erteilten Mandate.

34. Die Millenniums-Erklärung ebenso wie die Internationale Konferenz über Entwicklungsfinanzierung, der Weltgipfel für nachhaltige Entwicklung und die Ergebnisse anderer Konferenzen zeichnen eine umfassende Vision dessen, was die Mitgliedstaaten zu erreichen wünschen. Wir müssen nun dafür sorgen, dass unser Arbeitsprogramm so angepasst wird, dass es diese Ziele und Prioritäten unterstützt.

35. Wir müssen alle unsere Tätigkeiten kritisch beleuchten und uns fragen, ob sie für die Verwirklichung der Millenniums-Erklärung und anderer Konferenzergebnisse relevant sind und ob sie die gewünschte Wirkung erzielen. Ist die Antwort nein, müssen wir bereit sein, die betreffende Tätigkeit einzustellen.

36. Auf der anderen Seite besteht kein Mangel an Fragen, in denen die Vereinten Nationen ihr Wissen vertiefen, konzentrierter arbeiten und wirksamer tätig werden müssen.

37. Die Globalisierung und ihre Auswirkungen auf die Entwicklung werden in den kommenden Jahren ein zentrales Thema sein. Die Vereinten Nationen müssen besser befähigt werden, den Entwicklungsländern zu helfen, die Chancen der Globalisierung, insbesondere in den Bereichen Handel und Investitionen, zu nutzen und gleichzeitig die Risiken auf ein Mindestmaß zu beschränken. Es bleibt noch viel zu tun, um sicherzustellen, dass ein angemessener Ordnungs- und Normenrahmen vorhanden ist, damit die internationale Gemeinschaft den

durch die Globalisierung entstehenden Herausforderungen wirksam begegnen kann. Auch die weltordnungspolitischen Institutionen müssen so weiterentwickelt werden, dass die Entwicklungsländer verstärkt an der Entscheidungsfindung teilhaben können.

38. Die Millenniums-Entwicklungsziele und die auf den Weltkonferenzen eingegangenen Verpflichtungen legen maßgebliche Ziele für die internationale Gemeinschaft fest. Die Vereinten Nationen müssen ihre Fähigkeit verbessern, zur Verwirklichung dieser Ziele globale Orientierungen zu geben, politischen Willen und Ressourcen zu mobilisieren und den Ländern bei ihren Anstrengungen zur Entwicklung geeigneter einzelstaatlicher Strategien behilflich zu sein. Darüber hinaus müssen sie sicherstellen, dass ein umfassender Folgeprozess zu den Weltkonferenzen stattfindet, namentlich zur Internationalen Konferenz über Entwicklungsfinanzierung und zum Weltgipfel für nachhaltige Entwicklung. Der Rolle von Wissenschaft und Technologie bei der Verwirklichung der Millenniums-Entwicklungsziele gebührt größere Aufmerksamkeit als bisher. Wir brauchen außerdem kohärentere Maßnahmen seitens der Vereinten Nationen zur Unterstützung der Entwicklung Afrikas. Ohne ein derartiges entschlossenes Vorgehen wird es uns nicht gelingen, die unannehmbare Armut, in der Milliarden von Menschen leben, zu mildern.

39. Meiner Meinung nach ist es auch an der Zeit, die vielfältigen Dimensionen der Migrationsfrage, die heute Hunderte Millionen Menschen und gleichzeitig Herkunfts-, Transit- und Zielländer betrifft, umfassender zu beleuchten. Wir müssen die Ursachen internationaler Migrationsbewegungen und ihre komplizierten Wechselbeziehungen mit der Entwicklung besser verstehen. Auch müssen wir uns auf die Verschiebung im zahlenmäßigen Verhältnis zwischen jungen und älteren Menschen vorbereiten, die in weiten Teilen der Welt bereits begonnen hat, sowie auf die Auswirkungen, die dies auf die Erwerbsbevölkerung, die sozialen Dienste und die politischen Prozesse hat.

40. Wasserknappheit, Wasserverschmutzung und durch verunreinigtes Wasser verursachte Krankheiten sowie damit zusammenhängende Fragen, die beim Weltgipfel für nachhaltige Entwicklung so breiten Raum einnahmen, haben schwerwiegende Folgen. Ein breites Spektrum von Interessengruppen, die Akteure des Privatsektors und der Zivilgesellschaft umfassen, widmet sich diesen Fragen. Wir müssen die Energien dieser verschiedenen Interessengruppen nutzen, um sicherzustellen, dass rechtzeitig koordinierte und wirksame internationale Maßnahmen ergriffen werden. Auch dem Bereich der Energie sollte größere und koordiniertere Aufmerksamkeit gelten. Wir müssen uns eingehend mit den mannigfaltigen Dimensionen dieser Frage befassen, namentlich der Energiesi-

cherheit, der ländlichen Stromversorgung, den erneuerbaren Energiequellen und der Energieeffizienz. Ich bin außerdem der Auffassung, dass wir besser auf Naturkatastrophen vorbereitet sein und das Risikomanagement bei Katastrophen in unsere Armutsbekämpfungs-, Entwicklungs- und Umweltstrategien einbeziehen müssen.

41. Von zentraler Bedeutung für die Mission der Vereinten Nationen, den Weltfrieden und die internationale Sicherheit zu wahren, ist ihre Fähigkeit, Konflikte zu verhüten und den Frieden in der Konfliktfolgezeit zu konsolidieren. Wir müssen unser Verständnis der wirtschaftlichen und sozialen Ursachen gewalttätiger Konflikte vertiefen und unsere Fähigkeit stärken, den Ländern dabei behilflich zu sein, wenn es darum geht, die Herausforderung zu bewältigen, Einheit inmitten von Pluralismus und Vielfalt zu fördern, Ungleichheit abzubauen und die Grundsätze guter Regierungs- und Verwaltungsführung in ihren öffentlichen Institutionen zu verankern. Die gute Regierungs- und Verwaltungsführung auf lokaler, nationaler und internationaler Ebene ist in der Tat der wohl wichtigste Faktor bei der Förderung der Entwicklung und des Friedens. Viele Errungenschaften im Rahmen der Konfliktprävention werden jedoch zunichte gemacht werden, wenn die Vereinten Nationen nicht auch dafür sorgen, dass sie besser in der Lage sind, die weltweite Bedrohung durch den Einsatz von Waffen, insbesondere Massenvernichtungswaffen, sowie die Gefahr massiver Verluste an Menschenleben unter der Zivilbevölkerung durch den Einsatz konventioneller Waffen zu vermindern.

42. Die Vereinten Nationen müssen darüber hinaus ihre Fähigkeit verstärken, im Kampf gegen den Terrorismus, der seit den Terroranschlägen des 11. September 2001 eine ständig präsente Sorge ist, die ihnen zustehende Rolle zu spielen. Insbesondere müssen sie in der Lage sein, den Mitgliedstaaten bei der Stärkung ihres rechtlichen und administrativen Rahmens mit Rat und Hilfe beizustehen. Die internationalen Anstrengungen zur Bekämpfung des Terrorismus, des Drogenhandels und der internationalen Kriminalität müssen im Rahmen einer integrierten Strategie zur Überwältigung der Kräfte der „unzivilen Gesellschaft" ausgeweitet werden.

43. Darüber hinaus gibt es selbstverständlich viele weitere Fragen, die stärkere Aufmerksamkeit verdienen. Wir sollten die Tatsache nutzen, dass wir 2003 den Haushalt für den Zweijahreszeitraum 2004-2005 verabschieden werden. Dies verschafft uns eine Gelegenheit, das Arbeitsprogramm gründlich zu überprüfen und zu aktualisieren und einen Programmhaushaltsplan zu verabschieden, der mit unseren vereinbarten Prioritäten im Einklang steht.

[Es folgt eine Zusammenstellung der im Einzelnen geforderten Maßnahmen:]

Maßnahme 1. Ich werde der Generalversammlung im Jahr 2003 einen gründlich überarbeiteten Programmhaushaltsplan vorlegen, der den auf der Millenniums-Versammlung vereinbarten Prioritäten besser Rechnung trägt.
[...]

B. Die Menschenrechte stärken

45. Die Förderung und der Schutz der Menschenrechte sind eine grundlegende Voraussetzung für die Verwirklichung der in der Charta enthaltenen Vision einer gerechten und friedlichen Welt. Die Zunahme und die Verbreitung von Normen und Übereinkünften über die Menschenrechte war eine der wahrhaft großen Errungenschaften des letzten Jahrhunderts, und die Vereinten Nationen standen im Mittelpunkt der damit verbundenen Bemühungen. Diese haben im Laufe der vergangenen zehn Jahre für das Arbeitsprogramm der Vereinten Nationen immer mehr an Bedeutung gewonnen. In der Millenniums-Erklärung wurde bestätigt, dass diese Mission nach wie vor eine zentrale Stellung einnimmt: „Wir werden keine Mühen scheuen, um (...) die Achtung aller international anerkannten Menschenrechte und Grundfreiheiten (...) zu stärken".

46. Die Menschenrechtskommission ist ein unverzichtbarer Teil der Organisation, der auf eine ruhmreiche Geschichte zurückblicken kann, zu der namentlich die Ausarbeitung der Allgemeinen Erklärung der Menschenrechte gehört. Menschen auf der ganzen Welt wenden sich an sie zum Schutz ihrer Menschenrechte und um Hilfe bei der Herbeiführung eines besseren Lebensstandards in größerer Freiheit, auf den die Präambel der VN-Charta Bezug nimmt. Ich fordere die Mitgliedstaaten nachdrücklich auf, den wahren Zweck der Kommission im Auge zu behalten und nach Wegen zu suchen, um sie wirksamer zu gestalten. Sie müssen erkennen, dass die Glaubwürdigkeit und die Nützlichkeit der Kommission unweigerlich untergraben werden, wenn sie es zulassen, dass Wahlen und Debatten von politischen Überlegungen oder von Blockpositionen diktiert werden anstatt von echten Bemühungen, die Menschenrechte in der ganzen Welt zu stärken.

47. Als weltweite Organisation bieten die Vereinten Nationen einen einzigartigen institutionellen Rahmen für die Erarbeitung und Förderung von Menschenrechtsnormen und einer entsprechenden Praxis sowie für die Förderung rechtsetzender, überwachender und operativer Instrumente zur Wahrung der Allgemeingültigkeit der Menschenrechte bei gleichzeitiger Achtung der nationalen und kultu-

rellen Vielfalt. Die Menschenrechtsmechanismen des VN-Systems sind auf den folgenden drei Gebieten tätig: Information, Analyse und Politikgestaltung, Unterstützung für Menschenrechtsorgane sowie Förderung und Schutz der Menschenrechte. Diese Aktivitäten sollen einander ergänzende Teile einer Gesamtstrategie zur Unterstützung der Anwendung von Menschenrechtsnormen durch die Mitgliedstaaten bilden.

48. Bisher wurden bei der durchgängigen Integration der Menschenrechte im System der Vereinten Nationen gute Fortschritte erzielt. So werden beispielsweise Menschenrechtsexperten zu Friedenssicherungsmissionen entsandt. Bei den meisten humanitären Missionen ist der Schutz von Flüchtlingen oder Binnenvertriebenen ein wesentlicher Bestandteil der Reaktion auf Notsituationen. Die von den Vereinten Nationen unterstützten Entwicklungsprogramme fördern die Menschenrechte durch Aufklärung und Information sowie durch die Unterstützung von Menschenrechtsinstitutionen, wie beispielsweise einzelstaatlichen Menschenrechtskommissionen.

49. Die Herausforderung besteht für uns darin, auf diesen Fortschritten aufzubauen, indem wir insbesondere beim Schutz der Menschenrechte in den einzelnen Ländern behilflich sind. Auch müssen wir uns weiter darum bemühen, das System der Menschenrechtsverträge zu modernisieren, die Rolle der besonderen Verfahren zur Tatsachenermittlung auszubauen und die Steuerungskapazitäten des Amtes des Hohen Kommissars der Vereinten Nationen für Menschenrechte zur Unterstützung dieser Bemühungen zu erweitern.

[...]

Maßnahme 2. Der Hohe Kommissar der Vereinten Nationen für Menschenrechte wird in Zusammenarbeit mit der Gruppe der Vereinten Nationen für Entwicklungsfragen und dem Exekutivausschuss für humanitäre Angelegenheiten einen Plan erstellen und umsetzen, um die auf Landesebene durchgeführten Maßnahmen der Vereinten Nationen auf dem Gebiet der Menschenrechte zu verstärken.

Maßnahme 3. Der Hohe Kommissar der Vereinten Nationen für Menschenrechte wird mit den Vertragsorganen Konsultationen über neue, gestraffte Berichtsverfahren führen und mir bis September 2003 seine Empfehlungen vorlegen.

Maßnahme 4. Der Hohe Kommissar der Vereinten Nationen für Menschenrechte wird die besonderen Verfahren überprüfen und mir bis September 2003 einen Bericht vorlegen, der Empfehlungen darüber enthält, wie ihre Wirksamkeit verstärkt und die bereitgestellte Unterstützung verbessert werden kann.

Maßnahme 5. Der Hohe Kommissar der Vereinten Nationen für Menschenrechte wird unter Berücksichtigung der Empfehlungen, die aus der Managementüberprüfung durch das Amt für interne Aufsichtsdienste hervorgehen, einen Plan zur Stärkung des Managements ausarbeiten. Ich erwarte, dass mir der entsprechende Bericht bis März 2003 vorgelegt wird.

[...]

C. Die Öffentlichkeitsarbeit verbessern

59. Die Vereinten Nationen können uns faszinierende Informationen geben. Diese müssen aber auch entsprechend vermittelt werden, denn die Unterstützung der Öffentlichkeit ist für die Stärkung der Organisation unverzichtbar. Die Vereinten Nationen müssen in der Lage sein, die vielen Resolutionen, Beschlüsse, Erklärungen und Debatten in aussagekräftige Botschaften umzusetzen, die ihre zentrale Rolle bei der Arbeit für eine bessere Welt für alle in den Vordergrund stellen.

60. Die Hauptabteilung Presse und Information leidet auf Grund zu vieler Aufgaben und Aufträge unter einer Zersplitterung ihrer Bemühungen. Es werden große Mengen an Informationsmaterial produziert und zahllose Aktivitäten veranstaltet, aber diese Produkte dürfen nicht als Selbstzweck betrachtet werden. Die Vereinten Nationen müssen sicherstellen, dass ihr Informationsmaterial und die entsprechenden Aktivitäten die gewünschte Wirkung erzielen und ein effektvolles Mittel darstellen, um die unverkennbare Stimme der Organisation in der gesamten Welt zu Gehör zu bringen. Daher kommt es entscheidend auf Evaluierung und Überwachung an.

61. Mein früherer Bericht (A/AC.198/2002/2), den ich im März 2002 dem Informationsausschuss übermittelt habe, war ein erster Schritt im Rahmen der umfassenden Überprüfung der Hauptabteilung, die von der Generalversammlung gefordert wurde. Was ich hier vorschlage, ist ein neues operatives Modell für die Hauptabteilung in New York, ein neues operatives Konzept für die VN-Informationszentren im Feld und eine gründliche Wirkungsbewertung für alle wesentlichen Produkte und Dienstleistungen der Hauptabteilung. Ich schlage außerdem verschiedene Veränderungen im Publikationsprogramm des Sekretariats und bei den Bibliotheksdiensten vor.

[...]

Maßnahme 6. Die Hauptabteilung Presse und Information wird die folgende neue Struktur erhalten: a) eine Abteilung Strategische Kommunikation, die Botschaften der Vereinten Nationen zu vorrangigen Themen ausarbeiten, verbreiten und evaluieren wird; b) eine Abteilung für Außenbeziehungen, in der die Dienstleistungen für die Delegationen, die Kontakte zur Zivilgesellschaft und die für die breite Öffentlichkeit bestimmten Tätigkeiten zusammengefasst werden; c) eine verstärkte Abteilung Nachrichten und Medien, die auch die Verwaltung der Internetseite der Organisation wahrnehmen wird; d) die Sektion Kartografie wird in die Hauptabteilung Friedenssicherungseinsätze überführt.

Maßnahme 7. Die Hauptabteilung Presse und Information wird mit Unterstützung des Amtes für interne Aufsichtsdienste während eines Dreijahreszeitraums eine systematische Evaluierung der Wirkung und der Kostenwirksamkeit aller ihrer Tätigkeiten vornehmen.

Maßnahme 8. Ich schlage vor, das Netz der Informationszentren der Vereinten Nationen zu straffen und um regionale Informationszentren zu gruppieren, beginnend mit der Schaffung eines westeuropäischen Regionalzentrums.

Maßnahme 9. Das Management der Bibliotheken der Vereinten Nationen wird wie folgt verbessert: a) Die Dag-Hammarskjöld-Bibliothek in New York übernimmt die Verantwortung für die Festlegung der Politik und die Koordinierung der Arbeit aller Bibliotheken der Vereinten Nationen; b) die Hauptabteilung Presse und Information wird zusammen mit der Hauptabteilung Management einen umfassenden Plan für die Integration der Bibliotheksdienste der Vereinten Nationen an den verschiedenen Standorten unter Einsatz der Informations- und Kommunikationstechnologien ausarbeiten; c) die Hauptabteilung Presse und Information wird einen Plan ausarbeiten und durchführen, um den elektronischen Zugriff auf die Sammlungen der Vereinten Nationen zu verbessern, die Überführung von papiergestützten Sammlungen in elektronische Dateien zu erleichtern und die Bibliothekare der Depotbibliotheken entsprechend zu schulen.

Maßnahme 10. Im Publikationsbereich werden folgende Verbesserungen vorgenommen: a) Der Exekutivausschuss wird alle Publikationen innerhalb der jeweiligen Themenbereiche planen und koordinieren, um ihre Anzahl zu reduzieren und die Kohärenz, die jeweilige Themenkonzentration und die terminliche Abstimmung der vielen Publikationen der Organisation zu verbessern. Die Hauptabteilung Presse und Information wird dies bei ihren eigenen Publikationen ebenfalls tun; b) der Beirat für Veröffentlichungen wird als normsetzendes Organ neu konstituiert, mit der entsprechenden Mitgliedschaft und einer dieser Funktion entsprechenden Aufgabenstellung; c) die Machbarkeit und die Kosten der Bereitstellung von Publikationen online, ergänzt durch eine Kapazität zum Drucken bei Bedarf, werden geprüft werden; d) das Repertorium der Praxis der Organe der Vereinten Nationen sollte nicht mehr von den Vereinten Nationen produziert werden.

III. Den Mitgliedstaaten besser dienen

84. Damit die Vereinten Nationen sich überhaupt mit einer bestimmten Sachfrage befassen können, sind die Mitgliedstaaten auf eine Infrastruktur unterstützender Tätigkeiten angewiesen, die unverzichtbar ist, aber kaum richtig gewürdigt wird. Viele Staaten benötigen Hintergrundmaterial und Dokumente, Einrichtungen und Dolmetschdienste für ihre Sitzungen sowie Berichte und Aufzeichnungen über ihre Beratungen und Beschlüsse. Es ist für die Effektivität der gesamten Organisation ausschlaggebend, wie wirksam die Vereinten Nationen diese Aufgaben erfüllen.

85. In diesem Abschnitt erörtere ich Maßnahmen zur Verbesserung der Kohärenz und der Wirkung von VN-Berichten und zur Verringerung ihrer Anzahl. Ich schlage außerdem Maßnahmen vor, die dazu beitragen sollen, einen integrierteren Ansatz für die Planung und das Management von Sitzungen zu schaffen.

A. Berichte straffen

Maßnahme 11. Die Berichterstattung wird verbessert werden durch a) die Konsolidierung von Berichten, die verwandte Themen betreffen; b) die Abfassung präziserer Berichte mit klar definierten Maßnahmen; c) die Einhaltung der vorgeschriebenen Seitenhöchstzahlen.

Maßnahme 12. Ich lege der Generalversammlung nahe, einen Mechanismus zu schaffen, durch den geprüft werden soll, ob an wiederkehrenden Berichten noch Bedarf besteht und wie häufig sie vorgelegt werden sollen.

B. Management der Konferenzen und Sitzungen

Maßnahme 13. Die Hauptabteilung Generalversammlung und Konferenzmanagement wird Veränderungen durchführen, um ein stärker integriertes Vorgehen bei Planung und Management von Sitzungen und Dokumentation zu ermöglichen.

IV. Besser zusammenarbeiten

109. Die gemeinsamen Herausforderungen, denen sich die Politik der öffentlichen Institutionen im gegenwärtigen globalen Zeitalter gegenübersieht, überschreiten die nationalen Grenzen ebenso wie die institutionellen Abgrenzungen. Ob unser Ziel darin besteht, die extreme Armut zu vermindern, HIV/AIDS zu bekämpfen, eine nachhaltige Entwicklung zu gewährleisten oder bewaffnete Konflikte zu vermeiden, – die Strategien, die wir verfolgen, müssen auf einem koordinierten Vorgehen innerhalb der Vereinten Nationen und auf verstärkter Zusammenarbeit mit Partnern außerhalb unserer Organisation beruhen.

110. In diesem Abschnitt werde ich Schritte zur Verbesserung der Koordinierung innerhalb der Vereinten Nationen und zur weiteren Klarstellung der institutionellen Funktionen und Verantwortlichkeiten umreißen. Ich werde außerdem die strukturellen Verbesserungen im wirtschaftlichen und sozialen Bereich sowie in Bezug auf Afrika aufzeigen. Der Abschnitt schließt mit einer Erörterung der Möglichkeiten eines effektiveren Zusammenwirkens der Vereinten Nationen mit den Akteuren der Zivilgesellschaft und des Privatsektors.

A. Durch Koordinierung bessere Ergebnisse erzielen

111. Die Vereinten Nationen sind eine komplexe Institution mit einem weltweiten Mandat, einer ambitionierten Agenda und einem komplizierten Instrumentarium zur Behandlung einer Vielzahl von Problemen, die häufig miteinander verknüpft sind. Die Verbesserung der Koordinierung innerhalb der Organisation war ein Hauptschwerpunkt meiner 1997 unternommenen Reformen. Seither haben wir beachtliche Fortschritte erzielt, so dass die Vereinten Nationen ihre Aufgaben heute in einer besser abgestimmten und kohärenteren Weise wahrnehmen.

112. Wir müssen jedoch noch besser werden, wenn die Vereinten Nationen die systemweite Koordinierung herbeiführen sollen, die die überwältigenden sozialen, wirtschaftlichen und politischen Herausforderungen verlangen, denen sie sich täglich gegenüber sehen. Das Leben und das Wohl einer großen Zahl von Menschen hängen von unserer Fähigkeit ab, wirksamer zusammenzuarbeiten.

Maßnahme 14. Bis September 2003 wird die Gruppe der Vereinten Nationen für Entwicklungsfragen einen Umsetzungsplan ausarbeiten, um die Wirksamkeit der

Präsenz der Vereinten Nationen in den Entwicklungsländern zu steigern. Zu den Bestandteilen dieses Plans werden die gemeinsame Programmierung und die Zusammenlegung von Ressourcen ebenso gehören wie gemeinsame Datenbanken und Wissensnetzwerke, spezielle Unterstützung für den residierenden Koordinator sowie Instrumente für die integrierte Planung, Budgetierung und Mittelmobilisierung für Postkonfliktländer.

B. Funktionen und Verantwortlichkeiten klären

122. Die Vereinten Nationen befassen sich mit einem breiten Spektrum von Fragen und sind an vielen verschiedenen Orten tätig. In jedem Tätigkeitsbereich gibt es eine Vielzahl von Akteuren, unter denen die Arbeitsteilung nicht immer so klar ist wie sie sein sollte. Die ehrgeizigen, miteinander verknüpften Ziele der Millenniums-Erklärung lassen eine noch viel größere Notwendigkeit erkennen, das Arbeitsprogramm der Organisation in einer weitaus stärker integrierten Weise anzugehen. Darüber hinaus ist es unerlässlich, dass sowohl die Mitgliedstaaten als auch die Institutionen der Vereinten Nationen klar verstehen, wer welche Aufgabe hat.

Maßnahme 15. Bis September 2003 wird ein Dokument zur Klarstellung der Funktionen und Verantwortlichkeiten im Bereich der technischen Zusammenarbeit ausgearbeitet werden.

Maßnahme 16. Für den kommenden Zweijahreshaushalt werde ich die Schaffung einer zusätzlichen Position eines Beigeordneten Generalsekretärs vorschlagen, um die Politikkohärenz und das Management der Hauptabteilung Wirtschaftliche und Soziale Angelegenheiten zu unterstützen.

Maßnahme 17. In der Hauptabteilung Wirtschaftliche und Soziale Angelegenheiten wird eine Gruppe für Politikplanung eingerichtet.

Maßnahme 18. Der Berater für besondere Aufgaben in Afrika wird die Ausarbeitung der Berichte und Beiträge für die auf Afrika bezogenen Aussprachen der Generalversammlung und ihrer Nebenorgane koordinieren und anleiten. Zu diesem Zweck werden die dem Büro des Sonderkoordinators für Afrika und die am wenigsten entwickelten Länder zugewiesenen Mittel auf das Büro des Beraters für besondere Aufgaben in Afrika übertragen.

C. Partnerschaften fördern

133. Die internationale Gesellschaft wird pluralistischer und vielfältiger. Akteure der Zivilgesellschaft und des Privatsektors sind auf allen Ebenen, von der lokalen bis zur weltweiten, zunehmend an der internationalen Zusammenarbeit beteiligt. Ihre Art der Beteiligung reicht vom Vorbringen von Ideen und Vorschlägen bis hin zu konkreten Tätigkeiten, wie der Bereitstellung von öffentlichen Gesundheitsdiensten oder Nahrungsmittelhilfe. Ihr unverzichtbarer Beitrag wird weithin anerkannt. Deshalb haben die Mitgliedstaaten in der Millenniums-Erklärung beschlossen, „dem privaten Sektor, den nichtstaatlichen Organisationen und der Zivilgesellschaft insgesamt mehr Gelegenheit zu geben, zur Verwirklichung der Ziele und Programme der Vereinten Nationen einen Beitrag zu leisten". In diesem Abschnitt werde ich auf das Zusammenwirken zwischen der Zivilgesellschaft und dem System der Vereinten Nationen und auf den Sonderfall der Beziehungen zwischen den Vereinten Nationen und dem Privatsektor und den Stiftungen eingehen.

Die Zivilgesellschaft einbeziehen

134. Die Zahl der Akteure der Zivilgesellschaft und der Umfang der transnationalen Netzwerke, in deren Rahmen sie agieren, haben exponentiell zugenommen. Die Zahl der internationalen nichtstaatlichen Organisationen ist im Laufe des 20. Jahrhunderts auf das Vierzigfache angewachsen und betrug im Jahr 2000 über 37.000. Die sich ausdehnenden weltweiten Netzwerke nichtstaatlicher Organisationen umfassen praktisch jede Organisationsebene, von der Dorfgemeinschaft bis zu Weltgipfeln, und nahezu jeden Bereich des öffentlichen Lebens, von der Bereitstellung von Kleinstkrediten und Nothilfelieferungen bis zum Einsatz für die Umwelt und die Menschenrechte.

135. Die Beziehungen der Vereinten Nationen mit Organisationen der Zivilgesellschaft sind so alt wie die Charta selbst. Die Partnerschaft zwischen dem VN-System und den nichtstaatlichen Organisationen im humanitären und im Entwicklungsbereich ist seit Jahrzehnten die Regel. In der Tat sind die Beziehungen so eng, dass sich nichtstaatliche Organisationen in vielen Fällen an den Planungsprozessen der Vereinten Nationen auf Landesebene beteiligen.

136. Die umfangreiche Mitwirkung von Akteuren der Zivilgesellschaft an den zwischenstaatlichen Prozessen ist jüngeren Datums. Mit den Weltkonferenzen des letzten Jahrzehnts hat sie eine echte Blüte erfahren. Die förmlichen Beratun-

gen und Entscheidungen vieler dieser Tagungen werden nun häufig durch die Debatten bereichert, die parallel zu den offiziellen Konferenzen in nichtstaatlichen Foren und Veranstaltungen stattfinden. Viele Vertragsorgane der Vereinten Nationen prüfen inzwischen neben den offiziellen Regierungsberichten auch alternative Berichte nichtstaatlicher Organisationen. In einigen Fällen haben nichtstaatliche Organisationen das Wort an die Plenarsitzungen der Konferenzen gerichtet und an formellen Rundtischgesprächen mit Regierungsdelegierten teilgenommen. Viele Regierungen nehmen inzwischen auch Vertreter der Zivilgesellschaft in die Delegationen auf, die sie zu internationalen Konferenzen und Sondertagungen und mitunter auch zur Generalversammlung entsenden.

137. Der Sicherheitsrat hat ebenfalls einige innovative und kreative Maßnahmen verabschiedet, damit seine Mitglieder auch die Stimmen der nichtstaatlichen Organisationen hören können. So ermöglicht beispielsweise die Arria-Formel nichtstaatlichen Organisationen, in Bezug auf bestimmte Krisen und Probleme, wie Kinder in bewaffneten Konflikten, gegenüber Mitgliedern des Sicherheitsrats außerhalb der offiziellen Sitzungen Aussagen abzugeben.

138. Von den nichtstaatlichen Organisationen haben heute mehr als 2.000 Konsultativstatus beim Wirtschafts- und Sozialrat und etwa 1.400 bei der Hauptabteilung Presse und Information. Bei der jüngsten Weltkonferenz, dem Weltgipfel für nachhaltige Entwicklung, wurden über 3.500 nichtstaatliche Organisationen förmlich akkreditiert.

139. Als Ergebnis dieser explosiv angewachsenen Beteiligung sind Anzeichen einer gewissen Belastung des Systems festzustellen, das sich zur Erleichterung der Interaktion zwischen den Vereinten Nationen und den Akteuren der Zivilgesellschaft über mehrere Jahre herausgebildet hat: a) Die rasche Zunahme der Zahl nichtstaatlicher Organisationen hat unsere Einrichtungen und Ressourcen stark unter Druck gesetzt. Es ist den Vereinten Nationen derzeit physisch nicht möglich, dem Wunsch aller um Teilnahme an Konferenzen und Tagungen der Vereinten Nationen ersuchenden nichtstaatlichen Organisationen zu entsprechen; b) es gibt eine Vielzahl von Akkreditierungsverfahren. Trotz des Bestehens einer umfangreichen Praxis sehen sich nichtstaatliche Organisationen, die an Konferenzen und Tagungen der Vereinten Nationen teilzunehmen wünschen, häufig mit unterschiedlichen Regeln und verwirrenden Verfahren konfrontiert; c) während viele Mitgliedstaaten dem ständigen Druck, bei ihren Beratungen nichtstaatlichen Organisationen mehr Raum zu gewähren, mit Skepsis gegenüberstehen, meinen die nichtstaatlichen Organisationen, dass ihnen eine sinnvolle Teilnahme verweigert wird; d) es besteht ein großes zahlenmäßiges Ungleichgewicht zwischen nichtstaatlichen Organisationen aus Industrieländern und denjenigen

aus Entwicklungsländern, wobei letztere nur selten an Aktivitäten der Vereinten Nationen teilnehmen; e) einige Akteure der Zivilgesellschaft, wie Parlamentarier und Gruppen des Privatsektors, um nur zwei zu nennen, betrachten sich nicht als nichtstaatliche Organisationen, und die Modalitäten ihrer Teilnahme sind nicht besonders klar; f) die Verantwortung für die Beziehungen mit den nichtstaatlichen Organisationen ist auf verschiedene Stellen des Sekretariats verteilt.

140. Einige nichtstaatliche Organisationen haben versucht, sich mit den genannten Problemen auseinanderzusetzen. In vielen Fällen haben sie sich zusammengeschlossen, um kollektive Auffassungen zu wesentlichen Grundsatzfragen zum Ausdruck zu bringen. Einige haben versucht, auf Fragen hinsichtlich ihrer Repräsentativität und des Umfangs ihrer Rechenschaftspflicht zu reagieren, indem sie ein System der Selbstregulierung und Vereinbarungen über einen Verhaltenskodex erkundet haben. Einige nichtstaatliche Organisationen haben Anstrengungen unternommen, um ihre Mitgliedschaft zu erweitern und Personen und Gruppen aus Entwicklungsländern aufzunehmen.

141. Es ist natürlich das Vorrecht der Mitgliedstaaten, die Bedingungen für die Akkreditierung und die Teilnahme von nichtstaatlichen Organisationen an Konferenzen und sonstigen Beratungen der Vereinten Nationen festzulegen. Alle Beteiligten würden jedoch aus einem Zusammenwirken mit Akteuren der Zivilgesellschaft Nutzen ziehen, das auf Verfahren und Leitlinien beruht, die sich durch eine größere Kohärenz, Stimmigkeit und Berechenbarkeit auszeichnen. Ich bin der Überzeugung, dass es nützlich wäre, die bisherigen Erfahrungen der Organisation bei ihrem Zusammenwirken mit der Zivilgesellschaft auszuwerten. Als ersten Schritt werde ich eine Gruppe namhafter Persönlichkeiten zusammenstellen, die eine Vielzahl von Perspektiven und Erfahrungen vertreten, damit sie die früheren und gegenwärtigen Praktiken prüfen und Verbesserungen für die Zukunft empfehlen, um das Zusammenwirken zwischen der Zivilgesellschaft und den Vereinten Nationen auf eine sinnvollere Grundlage zu stellen.

Maßnahme 19. Ich werde eine Gruppe namhafter Persönlichkeiten einberufen, die die Beziehungen zwischen den Vereinten Nationen und der Zivilgesellschaft prüfen und praktische Empfehlungen für verbesserte Modalitäten des Zusammenwirkens abgeben wird.

Maßnahme 20. Es wird ein Büro für Partnerschaften eingerichtet, um das Büro für den Globalen Pakt und den Fonds der Vereinten Nationen für internationale Partnerschaften unter einem Dach zusammenzufassen.

V. Die Mittel den Prioritäten zuweisen

148. Um zu gewährleisten, dass unsere Arbeit den Prioritäten der Millenniums-Erklärung entspricht, müssen wir ein effizientes, flexibles System anwenden, um angemessene Mittel für die Prioritäten der Organisation zu veranschlagen. Wir benötigen ein Planungs- und Haushaltsverfahren, das dem dynamischen Umfeld, in dem wir arbeiten, Rechnung trägt und das die Aufmerksamkeit des Sekretariats und der Mitgliedstaaten auf die erzielten Ergebnisse lenkt. Das gegenwärtige System wird diesen Anforderungen nicht gerecht.

149. In diesem Abschnitt werde ich das derzeit bestehende Planungs- und Haushaltsverfahren erörtern und in mehreren wichtigen Bereichen mögliche Vereinfachungen und Verbesserungen aufzeigen. Ich werde außerdem Wege zur Straffung der Friedenssicherungshaushalte und zur Verbesserung der Verwaltung von Treuhandfonds prüfen.

Maßnahme 21. Ein verbessertes Planungs- und Haushaltssystem soll die folgenden Bestandteile enthalten: a) einen kürzeren, strategischeren mittelfristigen Plan, der sich auf zwei anstatt vier Jahre erstreckt und näher zu dem Zeitraum vorgelegt wird, auf den er sich bezieht; b) einen Rahmen-Haushaltsplan, der mit dem mittelfristigen Plan kombiniert werden könnte; c) einen kürzeren, strategischeren Haushaltsplan, zu dem ergänzende Details gesondert vorgelegt werden; d) die Flexibilität, während einer Haushaltsperiode bis zu 10 Prozent der Mittel zwischen Programmen oder zwischen den Ansätzen für Personalkosten und Nichtpersonalkosten umzuschichten; e) ein verstärktes Evaluierungs- und Überwachungssystem, mit dem sich die Wirkung unserer Arbeit besser messen lässt.

Maßnahme 22. Im Einklang mit dem oben beschriebenen Ansatz empfehle ich, die derzeit sowohl vom Fünften Ausschuss als auch vom Programm- und Koordinierungsausschuss vorgenommene zwischenstaatliche Überprüfung der Pläne und Haushalte allein dem Verantwortungsbereich des Fünften Ausschusses zu unterstellen.

Maßnahme 23. Die künftigen Friedenssicherungshaushalte werden formal neu gestaltet, um einem strategischeren Ansatz für die Zuweisung der Mittel Ausdruck zu verleihen.

Maßnahme 24. Die Verwaltung der Treuhandfonds wird verbessert durch a) die Konsolidierung und Verringerung der Zahl der Treuhandfonds; b) die größtmögliche Vereinheitlichung der Vorschriften und Anforderungen bezüglich der Treuhandfondsverwaltung und -berichterstattung; c) die Überarbeitung des Systems der Unterstützungskostengebühren; d) die Straffung der Verfahren für den Zugriff auf Treuhandmittel.

VI. Die Organisation und ihre Mitarbeiter: Investitionen in Leistung und Qualität

172. Die angestrebten Ziele der Millenniums-Erklärung der Vereinten Nationen können nur dann verwirklicht werden, wenn wir über erstklassiges Personal verfügen, das den Herausforderungen unseres neuen globalen Zeitalters gewachsen ist. Die Wirkungskraft und Vitalität der Organisation beruht auf einem Kernbestand an internationalen Beamten, die ihre Laufbahn in den Dienst der Vereinten Nationen stellen und sich an unzähligen Standorten auf der ganzen Welt für ihre Mission einsetzen. Dies wird auch weiterhin der Eckpfeiler unserer Personalpolitik sein. Darüber hinaus wird die Herbeiführung einer geografisch vielfältigen und geschlechtlich ausgewogenen Mitarbeiterschaft – ohne dabei dem hohen Qualitätsniveau zu schaden, nach dem wir im gesamten System der Vereinten Nationen streben – eine dauerhafte Priorität und Quelle der Kraft für die gesamte Organisation bleiben. Wir sind entschlossen, talentierte Bewerber aus nicht repräsentierten oder unterrepräsentierten Ländern für die Organisation zu gewinnen. Außerdem kommen wir bei unseren Bemühungen voran, die Zahl der Frauen im Höheren Dienst zu erhöhen. Wir haben jedoch noch einen weiten Weg zurückzulegen, bis wir eine annehmbare Ausgewogenheit beider Geschlechter, insbesondere bei den Führungspositionen, erreicht haben.

173. In diesem Abschnitt führe ich die Maßnahmen auf, die die Leistungen und die Qualität unserer Mitarbeiter weiter anheben werden. Dazu gehören die Förderung der Mobilität der Bediensteten, die Verbesserung der Karriereaussichten für die Bediensteten des Allgemeinen Dienstes, die Unterstützung unserer Mitarbeiter zum Zwecke der besseren Vereinbarkeit ihres Berufs- und Privatlebens und die Stärkung des Personalmanagements in der gesamten Organisation.

174. Zu den Prioritäten meiner ersten Amtszeit gehörte die Verbesserung des Qualifikationsniveaus innerhalb der Organisation und die Förderung einer neuen Kultur der Leistung, der Rechenschaftspflicht und des Vertrauens. Wir haben beträchtliche Fortschritte erzielt, zum Beispiel die Ausarbeitung einer umfassenden Personalmanagement-Strategie, die die Generalversammlung vor zwei Jahren billigte, und die Schaffung eines neuen Systems zur Rekrutierung, Beförderung und Verlegung unserer Mitarbeiter. Ich bin zuversichtlich, dass diese Maßnahmen in den kommenden Jahren Früchte tragen werden.

175. Tausende unserer Bediensteten, die an problematischen Standorten im Feld tätig sind, sind bei der Wahrnehmung ihrer Dienstpflichten großen Gefahren ausgesetzt. Im Jahr 2001 unterstützten die Mitgliedstaaten wichtige Maßnahmen zur Verstärkung der Sicherheitsmechanismen und zur Erhöhung der Sicherheit der Bediensteten im Feld. Die Sicherheit des Personals wird auch weiterhin ein zentrales Anliegen für alle Führungskräfte der Vereinten Nationen sein.

Maßnahme 25. Zur Erweiterung der Mobilität der Bediensteten im gesamten System der Vereinten Nationen werden wir a) bis Ende 2003 die den Sekretariatsbediensteten im Feld angebotenen vertraglichen Regelungen und Leistungen überprüfen, um sicherzustellen, dass sie mit den Regelungen und Leistungen der Fonds und Programme der Vereinten Nationen vergleichbar oder ihnen gleichwertig sind; b) die Vereinbarungen zwischen dem Sekretariat und den Fonds, Programmen und Sonderorganisationen der Vereinten Nationen überprüfen, um die derzeitigen Barrieren für die Mobilität zwischen den Organisationen des gemeinsamen Systems abzubauen; c) für verdienstvolle Mitarbeiter, die in Feldmissionen tätig sind, Aussichten auf längerfristige Verträge schaffen; d) besondere Rekrutierungs- und Belohnungsmechanismen für Dienstorte mit einem übermäßigen Anteil unbesetzter Stellen ermitteln; e) alle Regelungen zwischen dem Sekretariat und den Fonds, Programmen und Sonderorganisationen der Vereinten Nationen überprüfen, um sicherzustellen, dass Ehegatten von VN-Bediensteten, die über geeignete Qualifikationen verfügen, wohlwollend in Betracht gezogen werden, wenn sie sich um Stellen an Felddienstorten bewerben; f) bei den Regierungen sondieren, ob Gaststaatabkommen neu ausgehandelt werden können, die es den Ehegatten von VN-Bediensteten ermöglichen, in dem betreffenden Land zu arbeiten.

Maßnahme 26. Ich lege den Mitgliedstaaten eindringlich nahe, zu erwägen, die Beschränkung der Zahl der Bediensteten des Allgemeinen Dienstes aufzuheben, die in den Höheren Dienst befördert werden können.

Maßnahme 27. Im Laufe der nächsten zwölf Monate wird ein Umsetzungsplan ausgearbeitet, der Folgendes umfasst: a) eine umfassende Überprüfung der Aufgaben, Verantwortlichkeiten und Kompetenzen des Allgemeinen Dienstes; b) Verbesserungen am System der Einführung in den Allgemeinen Dienst und der Laufbahnplanung; c) Schaffung von Möglichkeiten und Anreizen für eine größere Mobilität zwischen Aufgabenbereichen, Abteilungen und Dienstorten der Feld- und Friedenssicherungsmissionen.

Maßnahme 28. Mit Wirkung vom 1. Januar 2003 werden alle Bediensteten des Sekretariats der Vereinten Nationen als internationale Beamte bezeichnet.

Maßnahme 29. Die folgenden Maßnahmen werden eingeführt: a) Einführung flexibler Arbeitsregelungen in allen Hauptabteilungen des Sekretariats mit Wirkung vom 1. Januar 2003, soweit die Arbeitserfordernisse es zulassen; b) Erweiterung der Teilzeitbeschäftigungsmöglichkeiten für Sekretariats-Bedienstete.

Maßnahme 30. Es werden Maßnahmen eingeführt werden, um a) eine bessere Planung für die Wiederbesetzung der Stellen ausscheidender Bediensteter zu ermöglichen; b) Mechanismen für eine gezieltere Rekrutierung auszuarbeiten; c) das bestehende Abfindungspaket dahin gehend zu erweitern, dass es Hilfestellung bei der Arbeitsvermittlung sowie günstige Übergangsregelungen umfasst.

Maßnahme 31. Ich werde im nächsten Zweijahreshaushaltsplan eine beträchtliche Erhöhung der Ansätze für Fortbildungsmaßnahmen empfehlen.

Maßnahme 32. Zur Fortsetzung der Bemühungen um die Verbesserung des Managements a) wird eine eingehende Überprüfung delegierter Befugnisse durchgeführt, mit dem Ziel, den Führungskräften eine erweiterte und flexiblere Handhabung der ihnen zugeteilten Ressourcen zu ermöglichen; b) werden die Funktionen und Verantwortlichkeiten der Hauptabteilung Management sowie der Verwaltungsstellen neu definiert, um die stärkere Delegation von Befugnissen zu unterstützen; c) wird die Fortbildung für Führungskräfte in der gesamten Organisation verstärkt, insbesondere unter Nutzung der Fortbildungsakademie der Vereinten Nationen.

Maßnahme 33. Es soll eine eingehende Überprüfung stattfinden, um zu gewährleisten, dass die Grundsatzpolitik der Organisation bezüglich HIV/AIDS in vollem Umfang angewandt wird, und bei Bedarf sollen bis Ende 2002 weitere Maßnahmen durchgeführt werden.

Maßnahme 34. Es wird eine Überprüfung des derzeitigen Systems der internen Rechtspflege durchgeführt, um die Effizienz des Systems zu erhöhen und den Bediensteten ein faires und ordentliches Verfahren zu ermöglichen.

Maßnahme 35. a) Ich ermutige die Kommission für den internationalen öffentlichen Dienst, die Ausarbeitung ihrer Vorschläge für ein konkurrenzfähigeres Besoldungs- und Sozialleistungssystem abzuschließen; b) ich ermutige zur Einleitung einer unabhängigen Überprüfung der Tätigkeit und der Aufgaben der Kommission selbst.

VII. Den Wandel steuern und gestalten

195. Das entscheidende Kriterium für den Erfolg in einer sich rasch verändernden Welt ist die Fähigkeit, den Wandel zu steuern und zu gestalten. Die letzten fünf Jahre haben gezeigt, dass die Vereinten Nationen auf Veränderungen reagieren können, dass sie willens und fähig sind, sich schnell anzupassen, und dass sie finanzielle Umsicht an den Tag legen.

196. Die vorausgegangenen Abschnitte enthalten eine Agenda für den Wandel. Die in diesem Bericht beschriebenen Maßnahmen summieren sich zu einer ganz anderen Art des Vorgehens als bisher. Wie ich schon einmal dargelegt habe, ist Reform kein Ereignis, sondern ein Prozess, und Änderungen werden sich weder automatisch noch über Nacht bewerkstelligen lassen. Bei der Durchführung der in diesem Bericht aufgezeigten Reformen muss das Augenmerk auf drei maßgebliche Bereiche gelegt werden: die Steuerung des Wandlungsprozesses selbst, die Weiterbildung und die Informationstechnik.

197. Erstens bedürfen wir einer internen Kapazität speziell zur Steuerung des Wandels, insbesondere in denjenigen Hauptabteilungen, die erheblichen Veränderungen unterzogen werden, wie der Hauptabteilung Generalversammlung und Konferenzmanagement und der Hauptabteilung Presse und Information.

198. Zweitens werden die in diesem Bericht in Betracht gezogenen Reformen beträchtliche Auswirkungen auf die Merkmale zahlreicher Positionen innerhalb der Organisation haben. Es bedarf ausreichender Mittel für die Umschulung von Bediensteten, um sicherzustellen, dass sie über die Fähigkeiten verfügen, die notwendig sind, um die neuen Herausforderungen im Zusammenhang mit der Reform der Vereinten Nationen zu bewältigen. In manchen Fällen – die hoffentlich selten sein werden – werden wir möglicherweise Abfindungspakete anbieten müssen.

199. Schließlich erfordern viele Vorschläge, sei es im Hinblick auf die Konferenzbetreuung, die Verbesserung der Öffentlichkeitsarbeit oder auch als Folge der Entscheidung zu Gunsten eines integrierteren Vorgehens bei wichtigen Fragen, verstärkte Investitionen in die Informationstechnik. Die Organisation verfügt über das Potenzial, ihre bestehende Kapazität als eines der wichtigsten globalen Netzwerke der Welt auszubauen, dies aber nur, sofern entsprechende Investitionen in die Technologie getätigt werden. Versäumt sie umgekehrt, ihre technologischen Kapazitäten zu modernisieren und zu verbessern, riskiert sie den Verlust ihrer Bedeutung und ihrer Fähigkeit, im Mittelpunkt des Weltgeschehens zu agieren. Darüber hinaus erfordert gutes Management gute Informationen. Wir

beabsichtigen, auf dem Erfolg unseres Integrierten Management-Informations-systems aufzubauen. Eine neue Strategie für den Einsatz von Informations- und Kommunikationstechnologien wird auf Ersuchen der Mitgliedstaaten zu einem späteren Zeitpunkt während der laufenden Tagung der Generalversammlung vorgelegt.

200. Ich habe die Stellvertretende Generalsekretärin beauftragt, die Umsetzung der hier beschriebenen Reformmaßnahmen zu überwachen. Die in diesem Bericht enthaltenen Initiativen sind Ausdruck der Ideen und Vorschläge aus allen Teilen des Sekretariats sowie der Konsultationen mit allen Fonds und Programmen der Organisation. Ihre Verwirklichung wird ebenso große gemeinsame Anstrengungen erfordern. Ich bin zuversichtlich, dass wir alle in dem gemeinsamen Ziel der Stärkung der Vereinten Nationen vereint sind.

Maßnahme 36. Die Stellvertretende Generalsekretärin wird die Umsetzung der gebilligten Reformen überwachen.

(Quelle: UN Doc. A/57/387; Deutscher Übersetzungsdienst der Vereinten Nationen.)

V. Neue Wege

[21] Ein neues Verständnis von Souveränität

Rede zum Jahresbericht
New York, 20. September 1999

Ich fühle mich sehr geehrt, vor dieser letzten Generalversammlung des 20. Jahrhundert zu sprechen und Ihnen meinen Jahresbericht über die Tätigkeit der Organisation vorzustellen. Der Text des Berichts liegt Ihnen vor. Bei dieser Gelegenheit möchte ich die Aussichten für die menschliche Sicherheit und das Thema Intervention im nächsten Jahrhundert ansprechen. Angesichts der dramatischen Ereignisse des letzten Jahres vertraue ich darauf, dass Sie diese Entscheidung verstehen werden.

Als Generalsekretär habe ich es als meine oberste Pflicht verstanden, den Vereinten Nationen ihre berechtigte Rolle beim Streben nach Frieden und Sicherheit zurückzugeben und sie den Menschen, denen sie dienen, näher zu bringen. An der Schwelle zum neuen Jahrhundert, bleibt diese Aufgabe bestehen. Aber sie bleibt in einer durch geopolitische, wirtschaftliche, technologische und ökologische Veränderungen transformierten Welt bestehen, deren langfristige Bedeutung sich uns noch entzieht. Bei unserem Versuch, neue Wege zu suchen, um die alten Feinde Krieg und Armut zu bekämpfen, werden wir nur erfolgreich sein, wenn wir alle unsere Organisation an eine Welt mit neuen Akteuren, neuen Verantwortlichkeiten und neuen Möglichkeiten für Frieden und Fortschritt anpassen.

Staatliche Souveränität in ihrer grundsätzlichen Bedeutung wird durch die Kräfte der Globalisierung und der internationalen Kooperation neu definiert. Der Staat wird nun weithin als Diener seines Volkes verstanden und nicht umgekehrt. Gleichzeitig wurde die individuelle Souveränität – und damit meine ich die Menschenrechte und die fundamentalen Freiheiten jedes Einzelnen, wie sie in unserer Charta verankert sind – durch ein erneuertes Bewusstsein über die Rechte jedes Einzelnen, sein Schicksal zu bestimmen, aufgewertet.

Diese parallel ablaufenden Entwicklungen – bemerkenswert und in vielerlei Hinsicht begrüßenswert – eignen sich nicht für einfache Interpretationen oder simple Schlussfolgerungen. Sie fordern von uns jedoch eine Bereitschaft, erneut darüber nachzudenken, wie die Vereinten Nationen auf die politischen, menschenrechtlichen und humanitären Krisen reagieren, die so große Teile der Welt betreffen; über die Mittel, die seitens der internationalen Gemeinschaft in Notsituationen eingesetzt werden und über unsere Bereitschaft, in einigen Konflikt-

herden einzugreifen, während wir uns bei vielen anderen Krisen, deren Todes-
zahlen und Leidensausmaß uns aus Schamgefühl zum Handeln zwingen sollten,
auf humanitäre Linderungsmittel beschränken.

Unsere Überlegungen zu diesen schwierigen Fragen rühren nicht nur von den
Ereignissen des letzten Jahres her, sondern von einer Vielzahl an Herausforderungen, denen wir uns gegenübersehen, am dringlichsten in Ost-Timor. Von
Sierra Leone über Sudan, Angola, den Balkan, Kambodscha bis Afghanistan gibt
es eine große Anzahl Menschen, die mehr brauchen von der internationalen Gemeinschaft als nur Mitleidsbekundungen. Sie brauchen eine ernsthafte und nachhaltige Verpflichtung, ihnen zu helfen, ihren Teufelskreis von Gewalt zu durchbrechen und sie auf einen sicheren Weg zum Wohlstand zu bringen.

Während der Völkermord in Ruanda für unsere Generation die Konsequenzen
von Untätigkeit angesichts von Massenmord aufzeigt, hat der aktuellere Konflikt
im Kosovo wichtige Fragen hinsichtlich der Konsequenzen von Handeln beim
Fehlen vollständiger Einigkeit der internationalen Gemeinschaft aufgeworfen. Er
hat uns das Dilemma dessen, was „humanitäre Intervention" genannt wird, mit
aller Deutlichkeit vor Augen geführt: einerseits die Frage nach der Legitimität
des Einsatzes einer regionalen Organisation ohne ein Mandat der Vereinten Nationen und andererseits die allgemein anerkannte Notwendigkeit, massive und
systematische Menschenrechtsverletzungen mit gravierenden humanitären Folgen wirksam zu beenden.

Die Unfähigkeit der internationalen Gemeinschaft, im Fall Kosovo diese beiden
gleichermaßen herausfordernden Interessen – universelle Legitimierung und
Effektivität bei der Verteidigung der Menschenrechte – miteinander in Einklang
zu bringen, kann nur als eine Tragödie betrachtet werden. Sie hat die Hauptherausforderung für den Sicherheitsrat und die Vereinten Nationen als Ganzes im
nächsten Jahrhundert offenbart: ein Konsens für den Grundsatz herbeizuführen,
dass massive und systematische Menschenrechtsverletzungen – wo immer sie
stattfinden mögen – nicht bestehen bleiben dürfen.

Der Kosovo-Konflikt und dessen Ausgang haben eine umfassende Debatte von
tief greifender Bedeutung über Konfliktlösungen vom Balkan über Zentralafrika
bis Ostasien ausgelöst. Und jeder Partei in dieser entscheidenden Debatte kann
man schwierige Fragen stellen.

Diejenigen, die den Einsatz von Gewalt ohne ein Mandat des Sicherheitsrats als
größte Gefahr für die Zukunft des internationalen Systems ansehen, möchte man
fragen – nicht im Fall Kosovo – aber im Fall Ruanda: Wenn in jenen dunklen
Tagen und Stunden, die zum Völkermord führten, eine Koalition von Staaten
bereit gewesen wäre, zur Verteidigung der Tutsi-Bevölkerung einzugreifen, aber

keine sofortige Ermächtigung durch den Sicherheitsrat erhalten hätte, hätte eine solche Koalition untätig danebenstehen sollen, als das Grauen ausbrach?

Diejenigen, für die der Kosovo-Einsatz eine neuen Ära ankündigt, in der Staaten und Staatengruppen militärische Gewalt außerhalb der etablierten Mechanismen für die Durchsetzung von internationalem Recht anwenden, könnte man fragen: Besteht nicht die Gefahr, dass solche Interventionen das nach dem Zweiten Weltkrieg geschaffene, unvollkommene, jedoch anpassungsfähige Sicherheitssystem unterminieren könnten und dass gefährliche Präzedenzfälle für künftige Interventionen geschaffen werden könnten, ohne dass es ein eindeutiges Kriterium gibt, wer sich auf diese Präzedenzfälle berufen darf und unter welchen Umständen?

Angesichts dieser turbulenten Ära der Krisen und Interventionen gibt es diejenigen, die vorbringen, dass die Charta mit ihren Wurzeln in der Folgezeit eines weltweiten zwischenstaatlichen Krieges, schlecht geeignet sei, um uns in einer Welt der ethnischen Kriege und innerstaatlichen Gewalt zu leiten. Ich glaube, sie haben Unrecht.

Die Charta ist ein lebendiges Instrument, dessen Grundsätze weiterhin für die Hoffnungen der Menschen auf ein Leben in Frieden, Würde und Fortschritt stehen. Nichts in der Charta schließt aus, dass Rechte über Grenzen hinweg bestehen. Vielmehr sind Buchstaben und Geist der Charta eine Bestätigung jener grundlegenden Menschenrechte. Kurz, es sind nicht die Unzulänglichkeiten der Charta, die uns in diese Situation gebracht haben, sondern unsere Schwierigkeiten, deren Grundsätze auf eine neue Ära anzuwenden; eine Ära, in der die traditionellen Auffassungen von Souveränität den Hoffnungen der Menschen, ihre fundamentalen Freiheiten zu erhalten, nicht mehr gerecht werden können.

Die souveränen Staaten, die die Charta vor einem halben Jahrhundert entworfen haben, waren dem Frieden verpflichtet, aber im Krieg erfahren. Sie kannten die Grausamkeit des Konflikts, aber wussten gleichermaßen, dass es Zeiten gibt, in denen der Einsatz von Gewalt beim Streben nach Frieden legitim sein kann. Darum erklären die eigenen Worte der Charta, dass „Waffengewalt nicht eingesetzt werden soll, es sei denn, im allgemeinen Interesse". Aber was ist dieses allgemeine Interesse? Wer soll es definieren? Wer soll es verteidigen? Unter wessen Autorität? Und mit welchen Interventionsinstrumenten? Das sind die gewaltigen Fragen, denen wir uns gegenübersehen, wenn wir ein neues Jahrhundert beginnen. Obwohl ich keine konkreten Antworten oder Kriterien vorstellen werde, möchte ich vier Aspekte der Intervention nennen, von denen ich glaube, dass sie wichtige Lehren enthalten für die Lösung zukünftiger Konflikte.

Erstens ist es wichtig, Intervention so weit wie möglich zu definieren, um innerhalb eines weiten Kontinuums die friedfertigsten wie die gewaltsamsten Maßnahmen einzubeziehen. Die tragische Ironie bei vielen heutigen Krisen, die weiterhin unbemerkt und unbeantwortet stattfinden, ist, dass sie durch weitaus weniger gefährliche Formen der Intervention gelöst werden könnten als diejenige, die wir vor kurzem in Jugoslawien erlebt haben. Und dennoch variiert das Engagement der internationalen Gemeinschaft für friedenserhaltende Maßnahmen, humanitäre Hilfe, Wiedereingliederung und Wiederaufbau sehr stark von Region zu Region und von Krise zu Krise.

Wenn die neue Verpflichtung zur Intervention angesichts extremen Leides die Unterstützung der Völker der Welt behalten soll, muss sie – und so wird es gesehen – fair und konsequent angewandt werden, ungeachtet der Region oder des Landes. Humanität ist letztlich nicht teilbar.

Es ist ebenso notwendig anzuerkennen, dass jede bewaffnete Intervention selbst eine Folge von gescheiterter Prävention ist. Wenn wir über die Zukunft von Interventionen nachdenken, müssen wir unsere Bemühungen verdoppeln, unsere präventiven Fähigkeiten zu verbessern – eingeschlossen Frühwarnsysteme, präventive Diplomatie, präventive Stationierung und präventive Abrüstung. Ein aktuelles machtvolles Instrument der Abschreckung waren die Tribunale für Ruanda und das ehemalige Jugoslawien. In ihrem Kampf gegen Straflosigkeit liegt ein Schlüssel, um vor Verbrechen gegen die Menschlichkeit abzuschrecken. Mit diesen Gedanken im Kopf habe ich den einleitenden Essay meines Jahresberichts der Untersuchung der Möglichkeiten gewidmet, von einer Kultur der Reaktion hin zu einer Kultur der Prävention zu gelangen. Sogar die kostspieligste Politik der Prävention ist wesentlich billiger – in Menschenleben und Ressourcen gerechnet – als die billigste Form der Gewaltanwendung.

Zweitens ist klar, dass die Souveränität allein nicht das einzige Hindernis für effektives Handeln bei Menschenrechts- oder humanitären Krisen ist. Nicht weniger bedeutsam ist die Art, wie die Mitgliedstaaten der Vereinten Nationen ihr nationales Interesse in einer Krise definieren. Natürlich ist das traditionelle Verfolgen nationaler Interessen ein dauerhafter Wesenszug der internationalen Beziehungen sowie des Lebens und der Arbeit des Sicherheitsrats. Doch in dem Maße, wie sich die Welt seit dem Ende des Kalten Krieges in tief greifender Art geändert hat, glaube ich, dass unsere Konzeptionen von Nationalinteresse es nicht geschafft haben, Schritt zu halten.

Eine neue, weiter gefasste, weiter gedachte Definition des nationalen Interesses im neuen Jahrhundert würde – davon bin ich überzeugt – die Staaten dazu bringen, weit mehr Einigkeit bei der Suche nach den grundlegenden Werten der

Charta wie Demokratie, Pluralismus, Menschenrechte oder Rechtsstaatlichkeit zu erzielen. Eine globale Ära erfordert globales Engagement. Bei einer wachsenden Zahl von Herausforderungen, der sich die Menschheit gegenübersieht, ist das kollektive Interesse zugleich das nationale Interesse.

Drittens müssen wir im Fall, dass eine gewaltsame Intervention notwendig wird, sicherstellen, dass der Sicherheitsrat, das Organ, das mit der Autorisierung von Gewalt im internationalen Recht betraut ist, in der Lage ist, die Herausforderung anzunehmen. Die Wahl darf nicht – wie ich während des Kosovo-Konflikts sagte – zwischen Einigkeit im Rat und Untätigkeit angesichts von Völkermord wie im Fall Ruanda einerseits und der Spaltung des Rates und regionalem Handeln wie im Fall Kosovo andererseits liegen. In beiden Fällen hätten die Mitgliedstaaten in der Lage sein sollen, eine gemeinsame Grundlage zur Aufrechterhaltung der Chartagrundsätze und zur Verteidigung unserer gemeinsamen Humanität zu finden.

Die Durchsetzungsmacht des Rates ist ebenso wichtig wie seine Abschreckungskraft. Wenn er nicht fähig ist, sich geschlossen durchzusetzen, wenn es einen gerechtfertigten Grund gibt und die notwendigen Mittel zur Verfügung stehen, könnte darunter in den Augen der Welt seine Glaubwürdigkeit leiden.

Wenn Staaten, die zu kriminellem Verhalten neigen, wissen, dass Grenzen keine absolute Verteidigung sind; wenn sie wissen, dass der Sicherheitsrat handeln wird, um Verbrechen gegen die Menschlichkeit zu beenden, dann werden sie kaum einen solchen Kurs einschlagen, in der Erwartung souveräner Straflosigkeit. Die Charta fordert, dass der Sicherheitsrat der Verteidiger des „gemeinsamen Interesses" ist, und wenn es nicht so gesehen wird – in einer Ära der Menschenrechte, gegenseitigen Abhängigkeit und Globalisierung –, besteht die Gefahr, dass andere danach trachten könnten, seinen Platz einzunehmen.

Lassen sie mich sagen, dass das sofortige und effektive Handeln bei der Genehmigung einer multinationalen Truppe für Ost-Timor durch den Sicherheitsrat genau die Einigkeit von Entschlossenheit darstellt, zu der ich heute aufgerufen habe. Es sind jedoch bereits zu viele Menschenleben verloren gegangen, und viel zu viel ist bereits zerstört worden, als dass wir uns auf unseren Lorbeeren ausruhen könnten. Die schwere Aufgabe, Ost-Timor Frieden und Stabilität zu bringen, wartet noch auf uns.

Schließlich ist es, wenn der Konflikt gelöst ist, in Ost-Timor wie überall, von größter Wichtigkeit, dass die Verpflichtung zum Frieden so groß ist, wie es die Verpflichtung zum Krieg war. Auch in dieser Situation ist Konsequenz von ausschlaggebender Bedeutung. Genauso wie unsere Verpflichtung zur humanitären Aktion universell angelegt sein muss, wenn sie legitimiert sein will, so kann auch unsere Verpflichtung zum Frieden nicht mit der Beendigung der Feindseligkeiten aufhören. Die Zeit nach dem Krieg erfordert nicht weniger Fähigkeiten, nicht weniger Opfer, nicht weniger Ressourcen, um einen dauerhaften Frieden zu erhalten und die Rückkehr zur Gewalt zu verhindern.

Kosovo stellt – neben anderen derzeit stationierten oder anstehenden Missionen der Vereinten Nationen – eine solche Herausforderung dar. Wenn die Vereinten Nationen nicht die für den Erfolg notwendigen Mittel und die Unterstützung erhalten, wird nicht nur der Frieden, sondern auch der Krieg verloren sein. Von der Errichtung einer Zivilverwaltung über die Überwachung bis hin zum Aufbau einer zivilen Gesellschaft, die in der Lage ist, eine tolerante, pluralistische und prosperierende Gesellschaft zu erhalten – die Herausforderungen an unsere friedenserhaltenden, friedenschaffenden und friedenaufbauenden Missionen sind immens. Wenn wir jedoch die notwendigen Mittel erhalten – in Kosovo und in Sierra Leone, in Ost-Timor und in Angola –, haben wir eine reelle Chance, den Teufelskreis der Gewalt ein für alle Mal zu durchbrechen.

Indem wir ein Jahrhundert beispiellosen Leidens und beispielloser Gewalt hinter uns lassen, bleibt unsere größte und anhaltendste Prüfung unsere Fähigkeit, den Respekt und die Unterstützung der Völker der Welt zu gewinnen. Wenn das kollektive Gewissen, das Grausamkeit verabscheut, Ungerechtigkeit entschieden ablehnt und nach Frieden für alle Völker strebt, nicht in den Vereinten Nationen seine größte Tribüne findet, besteht eine ernste Gefahr, dass es sich woanders nach Frieden und Gerechtigkeit umschaut.

Wenn es in unseren Worten und in unserem Handeln nicht seine eigenen Hoffnungen, Bedürfnisse und Befürchtungen wieder erkennt, wird es womöglich das Vertrauen verlieren, dass wir etwas bewirken können.

Wie wir gelernt haben, dass die Welt nicht tatenlos zusehen kann, wenn grobe und systematische Menschenrechtsverletzungen stattfinden, so haben wir auch gelernt, dass Interventionen auf legitimierten und universellen Grundsätzen aufgebaut sein müssen, wenn sie die anhaltende Unterstützung der Völker der Welt erhalten wollen. Diese sich entwickelnde internationale Norm für Interventionen, um Zivilisten vor einem massenhaftem Abschlachten zu bewahren, wird ohne Zweifel weiterhin große Herausforderungen an die internationale Gemeinschaft stellen.

Jede derartige Entwicklung unseres Verständnisses von staatlicher Souveränität und individueller Souveränität wird mancherorts auf Misstrauen, Skeptizismus und sogar Feindseligkeit stoßen. Aber es ist eine Entwicklung, die wir begrüßen sollten. Warum? Weil sie trotz ihrer Einschränkungen und Unzulänglichkeiten ein Zeugnis für eine Menschlichkeit ablegt, die sich stärker – nicht weniger – um das Leid unter uns sorgt, und eine Menschlichkeit, die mehr tun wird – und nicht weniger –, um es zu beenden. Dies ist eine hoffnungsvolles Zeichen am Ende des 20. Jahrhunderts.

(Quelle: UN Doc. SG/SM 7136; Übersetzung in Internationale Politik 12/1999, S. 89-93.)

[22] Der Globale Pakt für Menschenrechte, Arbeitsrechte und Umweltschutz

Rede auf dem Weltwirtschaftsforum
Davos, 31. Januar 1999

Ich freue mich, erneut mit Ihnen beim Weltwirtschaftsforum zusammenzukommen. Das ist mein dritter Besuch in nur zwei Jahren als Generalsekretär der Vereinten Nationen.

Bei meinen früheren Besuchen, habe ich Ihnen von meinen Hoffnungen auf eine produktive Partnerschaft zwischen den Vereinten Nationen und dem privaten Sektor erzählt. Ich habe dargelegt, dass die tägliche Arbeit der Vereinten Nationen – ob in der Friedenssicherung, bei der Etablierung technischer Standards, dem Schutz geistigen Eigentums oder durch die Bereitstellung dringend benötigter Hilfe an die Entwicklungsländer – dazu beiträgt, die Chancen für die Wirtschaft überall auf der Welt zu erweitern. Und ich haben ganz offen festgestellt, dass ohne Ihr Know-how und Ihre Ressourcen viele der Ziele der Vereinten Nationen weiterhin schwer zu erreichen sein werden.

Heute freue ich mich bestätigen zu können, dass unsere Beziehungen in den vergangenen zwei Jahren große Fortschritte gemacht haben. Wir haben durch gemeinschaftliche Unternehmungen – sowohl auf der politischen Ebene als auch konkret vor Ort – gezeigt, das die Ziele der Vereinten Nationen und die der Wirtschaft sich gegenseitig unterstützen.

In diesem Jahr möchte ich Sie auffordern, sich mir in dem Bemühen anzuschließen, unsere Beziehung auf ein noch höheres Niveau zu bringen. Ich schlage vor, dass Sie, die hier in Davos versammelten führenden Vertreter der Wirtschaft, und wir, die Vereinten Nationen, einen globalen Pakt über gemeinsame Werte und

Grundsätze initiieren, der dem globalen Markt ein menschliches Gesicht geben wird.

Die Globalisierung ist eine schlichte Tatsache. Aber ich glaube, wir haben ihre Zerbrechlichkeit unterschätzt. Das Problem ist Folgendes: Die Geschwindigkeit, mit der sich die Märkte ausbreiten, übertrifft die Fähigkeit der Gesellschaften und ihrer politischen Systeme, sich darauf einzustellen oder gar ihre Entwicklungsrichtung zu steuern. Die Geschichte lehrt uns, dass so ein Ungleichgewicht zwischen dem wirtschaftlichen, sozialen und politischen Bereich nie sehr lange aufrechterhalten werden kann.

Die industrialisierten Länder haben ihre Lektion durch die bittere und teuer erkaufte Erfahrung der Großen Depression gelernt. Um die soziale Eintracht und politische Stabilität wiederherzustellen, haben sie soziale Sicherheitsnetze geschaffen und andere Maßnahmen ergriffen, die dazu gedacht waren, die wirtschaftliche Volatilität zu begrenzen und die Opfer wirtschaftlicher Zusammenbrüche zu entschädigen. Dieser Konsens ermöglichte schrittweise Bewegungen hin zur Liberalisierung, die eine lange Nachkriegsperiode der Expansion hervorbrachte.

Unsere Herausforderung besteht heute darin, einen ähnlichen Pakt globalen Ausmaßes zu entwerfen, um die neue globale Wirtschaft abzustützen. Wenn uns das gelänge, würden wir die Fundamente für eine Epoche des globalen Wohlstands legen, die mit der vergleichbar wäre, derer sich die industrialisierten Länder in den Jahrzehnten nach dem Zweiten Weltkrieg erfreut haben. Ich fordere sie ausdrücklich auf, sich – individuell mit ihren Firmen und gemeinschaftlich mit ihren Wirtschaftsverbänden – zu einer Reihe von Grundwerten in den Bereichen der Menschenrechte, der Arbeitsnormen und der Umweltpraxis zu bekennen, diese zu unterstützen und zu verwirklichen.

Warum diese drei? An erster Stelle, weil es Bereiche sind, in denen Sie, als Geschäftsleute, etwas bewirken können. Zweitens, sind es Bereiche, in denen universelle Werte bereits durch internationale Vereinbarungen definiert worden sind, einschließlich der Allgemeinen Erklärung der Menschenrechte, der Erklärung über grundlegende Prinzipien und Rechte bei der Arbeit der Internationalen Arbeitsorganisation und der Rio-Erklärung der Konferenz der Vereinten Nationen über Umwelt und Entwicklung von 1992. Schließlich habe ich diese drei Bereiche ausgewählt, weil es die Bereiche sind, bei denen ich fürchte, dass es zu einer Bedrohung des offenen Marktes und insbesondere des multilateralen Handelsregimes kommen könnte, wenn wir nicht handeln.

Es gibt seitens verschiedener Interessengruppen einen enormen Druck, Handelsregime und Investitionsvereinbarungen mit Beschränkungen zu belasten, um die

Standards in den von mir gerade erwähnten Bereichen zu gewährleisten. Das sind legitime Interessen. Aber Beschränkungen des Handels und der Investitionen sind nicht die richtigen Mittel, die gebraucht werden sollten, wenn man diese in Angriff nimmt. Stattdessen sollten wir einen Weg finden, unsere erklärten Ziele mit anderen Mitteln zu erreichen. Und genau das ist es, was der Pakt tun soll, den ich vorschlage.

Im Wesentlichen gibt es zwei Möglichkeiten, das zu tun. Eine basiert auf der internationalen Politikarena. Man kann die Staaten dazu ermutigen, uns, den multilateralen Institutionen, deren Mitglieder sie alle sind, die Ressourcen und die Autorität zu geben, die wir brauchen, um unsere Arbeit zu tun.

Die Vereinten Nationen als Ganze fördern Frieden und Entwicklung, die Vorbedingungen dafür sind, dass soziale ebenso wie Umwelt-Ziele erfolgreich erfüllt werden können. Die Internationale Arbeitsorganisation, der Hohe Kommissar für Menschenrechte der Vereinten Nationen und das Umweltprogramm der Vereinten Nationen sind bestrebt, die Arbeitsbedingungen, die Menschenrechte und die Umweltqualität zu verbessern. Wir hoffen, Sie in Zukunft zu unseren Verbündeten in diesen Anstrengungen zählen zu können.

Die zweite Möglichkeit, mit der diese Werte gefördert werden können, besteht darin, sich ihrer direkt anzunehmen, indem Sie in Ihrem eigenen Unternehmensbereich Maßnahmen ergreifen. Viele von Ihnen sind Großinvestoren, Arbeitgeber und Produzenten in Dutzenden von verschiedenen Ländern rund um die Welt. Diese Macht bringt große Chancen mit sich – und große Verantwortungen. Sie können Menschenrechte und annehmbare Arbeits- und Umweltstandards direkt, durch die Führung ihres eigenen Unternehmens, unterstützen.

In der Tat können Sie diese universellen Werte als Kitt verwenden, der ihre globalen Unternehmen verbindet, da es Werte sind, die Menschen überall auf der Welt als ihre eigenen anerkennen werden. Sie können sicherstellen, dass Sie in ihrer eigenen Unternehmenspraxis die Menschenrechte wahren und achten, und dass Sie selbst nicht zu Mittätern bei Verletzungen von Menschenrechte werden.

Warten Sie nicht darauf, dass jedes Land Gesetze einführt, die die Koalitionsfreiheit und das Recht auf Tarifverhandlungen schützen. Sie können zumindest sicherstellen, dass ihre eigenen Angestellten und die ihrer Subunternehmer, diese Rechte genießen. Sie können zumindest sicherstellen, dass Sie selbst keine minderjährigen Kinder oder Zwangsarbeiter beschäftigen, weder direkt noch indirekt. Und Sie können sicherstellen, dass Sie mit ihrer eigenen Einstellungs- und Entlassungspolitik niemanden aufgrund seiner Rasse, seines Glaubensbekenntnisses, seines Geschlechts oder ethnischer Herkunft diskriminieren.

Sie können außerdem einen Vorsorgeansatz gegenüber umweltbezogenen Herausforderungen unterstützen. Sie können Initiativen starten, um eine größere Umweltverantwortlichkeit zu fördern. Und sie können die Entwicklung und Verbreitung umweltfreundlicher Technologien anregen.

Das ist es, meine Damen und Herren, was ich von Ihnen erwarte. Aber was, mögen Sie sich fragen, kann ich Ihnen dafür bieten? In der Tat glaube ich, dass die Vereinten Nationen etwas zu bieten haben.

Die Organisationen der Vereinten Nationen – der Hohe Kommissar für Menschenrechte der Vereinten Nationen, die Internationale Arbeitsorganisation (ILO), das Umweltprogramm der Vereinten Nationen (UNEP) – alle stehen bereit, Sie zu unterstützen, wenn Sie Hilfe brauchen, um diese vereinbarten Werte und Grundsätze in ihre Unternehmensphilosophie und -praxis aufzunehmen. Und wir sind bereit, einen Dialog zwischen Ihnen und anderen sozialen Gruppen zu erleichtern, um zu helfen, machbare Lösungen für die ernsten Sorgen zu finden, die sie zur Sprache gebracht haben. Sie finden es vielleicht nützlich mit uns über unsere neu geschaffene Webseite, www.un.org/partners, zu interagieren, die Service aus einer Hand für Unternehmen bietet, die sich für die Vereinten Nationen interessieren. Noch wichtiger ist vielleicht das, was wir in der politischen Arena tun können, um zu helfen, ein Umfeld zu rechtfertigen, das Handel und offene Märkte begünstigt und aufrechterhält.

Ich glaube, dass das, was ich Ihnen vorschlage ein echter Pakt ist, weil keine der beiden Seiten ohne die andere Erfolg haben kann. Ohne Ihr aktives Engagement und Ihre Unterstützung besteht die Gefahr, dass die universellen Werte weiterhin wenig mehr sein werden als schöne Worte – Dokumente, deren Jahrestage wir feiern und über die wir Reden halten können, aber mit begrenzter Auswirkung auf das Leben der normalen Menschen. Und wenn sich diese Werte nicht wirklich und sichtbar durchsetzen, fürchte ich, dass es in zunehmenden Maße schwierig für uns sein wird, überzeugend für einen offenen globalen Markt zu argumentieren.

Die nationalen Märkte werden durch gemeinsame Werte zusammengehalten. Angesichts des wirtschaftlichen Wandels und der Unsicherheit, wissen die Menschen, dass sie sich, wenn es zum Schlimmsten kommt, darauf verlassen können, dass bestimmte Mindeststandards sich behaupten werden. Aber zum globalen Markt haben die Menschen noch nicht dieses Vertrauen. Bis sie es haben, wird die globale Wirtschaft zerbrechlich und anfällig sein – anfällig für eine Gegenbewegung all der „-ismen" unserer Welt nach dem Kalten Krieg: Protektionismus, Populismus, Nationalismus, ethnischer Chauvinismus, Fanatismus und Terrorismus.

Was all diese „-ismen" gemeinsam haben ist, dass sie die Unsicherheit und die Not der Menschen ausnutzen, die sich durch den globalen Markt bedroht oder unfair behandelt fühlen. Je mehr unglückliche und unsichere Menschen es gibt, desto mehr dieser „-ismen" werden weiter an Boden gewinnen. Wir müssen eine Möglichkeit finden, den globalen Markt in ein Netzwerk gemeinsamer Werte einzubetten. Ich hoffe, ich habe einige praktikable Möglichkeiten angeregt, die uns ermöglichen, genau das zu tun.

Lassen Sie uns daran zurückdenken, dass die globalen Märkte und das multilaterale Handelssystem, das wir heute haben, nicht zufällig entstanden sind. Sie sind das Ergebnis aufgeklärter politischer Entscheidungen, die seit 1945 durch Regierungen getroffen wurden. Wenn wir sie im neuen Jahrhundert beibehalten wollen, müssen wir alle – die Regierungen, Unternehmen, die Nichtregierungsorganisationen, internationalen Organisationen – jetzt die richtige Wahl treffen.

Wir haben zwischen einem globalen Markt zu wählen, der durch Berechnungen kurzfristigen Profits angetrieben wird, und einem, der ein menschliches Gesicht hat. Zwischen einer Welt, die ein Viertel der Menschheit zum Verhungern und zu Elend verurteilt und einer, die jedem zumindest die Chance auf Wohlstand und eine gesunde Umwelt bietet. Zwischen einem selbstsüchtigen und ungezügeltem Wettbewerb, in dem das Schicksal der Verlierer nicht beachtet wird, und einer Zukunft, in der die Starken und Erfolgreichen ihre Verantwortungen annehmen, indem sie globale Vision und Führungsqualitäten erkennen lassen.

Ich bin sicher, Sie werden die richtige Wahl treffen.

[23] Die Weltrolle Europas im 21. Jahrhundert

Berliner Rede im Hotel Adlon
Berlin, 26. April 1999

Ich fühle mich zutiefst geehrt, dass Sie mich eingeladen haben, diese dritte „Berliner Rede" zu halten. Ich weiß sehr wohl, Herr Bundespräsident, welche Bedeutung Sie diesen jährlich stattfindenden Ansprachen beimessen, mit denen Sie selbst heute vor zwei Jahren den Anfang gemacht haben. Wie ich höre, wirkt die Rede, die Sie aus diesem Anlass hielten, in der deutschen Gesellschaft noch heute nach. Sie riefen Ihre Landsleute damals dazu auf, „alle Fesseln abzustreifen" und „als eine Gesellschaft im Aufbruch, voller Zuversicht und Lebensfreude, eine Gesellschaft der Toleranz und des Engagements" wieder an sich selbst zu glauben.

Ich freue mich, dass sich die Deutschen diese Herausforderung zu Herzen genommen haben, denn mir als Außenstehendem scheint dies eine hervorragende Beschreibung des heutigen Deutschlands zu sein.

Wie wohl jeder Besucher dieser Stadt bin ich überwältigt von dem Tempo und der Kühnheit, mit der diese historische Hauptstadt – und nicht zuletzt dieses prachtvolle Hotel – wieder aufgebaut wurden.

Ich bin mir außerdem, wie wohl jeder hier, der Symbolträchtigkeit dieses Zeitpunkts und dieses Ortes bewusst.

Vor vierundfünfzig Jahren erlebte eine der teuflischsten Mächte in der Geschichte der Menschheit hier, an diesem Ort, die letzten Tage vor ihrem Untergang. Für die gerade gegründeten Vereinten Nationen war es der Augenblick des Sieges, für diese Stadt und diese Nation hingegen der Moment der völligen Zerstörung und äußersten Verzweiflung: die berühmte „Stunde Null" in der deutschen Geschichte. Wohin man von hier aus auch blickte, man hätte kaum ein Gebäude gesehen, das noch stand.

Vor fünfzig Jahren war an dieser Stelle die Demarkationslinie zwischen den Besatzungszonen der siegreichen Alliierten zur Frontlinie zwischen zwei sich feindlich gegenüberstehenden Machtblöcken geworden, die beide über Waffen von unvorstellbarer Vernichtungskraft verfügten. Diese Frontlinie war auch die Grenze zwischen zwei rivalisierenden deutschen Staaten.

Vor achtunddreißig Jahren wurde an dieser Stelle die Mauer errichtet, die selbst die elementarsten menschlichen Kontakte zwischen den beiden Teilen der Stadt unterband.

Vor zehn Jahren wurde die Mauer jedoch wieder niedergerissen. Es war einer jener Augenblicke, die die gesamte Menschheit mit Hoffnung erfüllen – ein Augenblick, in dem die gewaltlose Aktion des nach Freiheit dürstenden einfachen Volkes über die Unterdrückung triumphierte.

Vor neun Jahren feierten die Deutschen an dieser Stelle ihre friedliche Wiedervereinigung innerhalb der Bundesrepublik Deutschland. An dieser Stelle möchte ich besonders den entscheidenden Beitrag würdigen, den der Altbundeskanzler Helmut Kohl – wie alle Welt weiß – zu diesem Prozess geleistet hat. Ich habe mich daher sehr gefreut, dass ich in der letzten Woche in New York an einer Feier des

Ost-West-Instituts teilnehmen konnte, bei der er als „Staatsmann des Jahrzehnts" geehrt wurde.

Und vor einer Woche überreichte Sir Norman Foster, dem gerade die wohlverdiente Ehre des Pritzker-Preises 1999 zuteil wurde, dem Präsidenten des Deutschen Bundestages den Schlüssel zum umgebauten Reichstag. In einem Monat, Herr Bundespräsident, wird in diesem Gebäude Ihr Nachfolger gewählt. In einer Stadt, einst die Hauptstadt von Königen und Kaisern, wird eine wahrhaft demokratische deutsche Republik ihr Zuhause finden.

Das ist in der Tat ein historischer Augenblick, und ich empfinde es als eine große Ehre, dass ich diesen Augenblick mit Ihnen erleben darf. Es scheint auch der richtige Moment zu sein, um über den Prozess nachzudenken, der über ein halbes Jahrhundert die Geschicke dieser Stadt und dieses Landes von Grund auf verändert hat. Für mich als Generalsekretär der Vereinten Nationen ist besonders wichtig, was die ganze Welt daraus lernen kann.

Erstens haben Sie, Herr Bundespräsident, meines Erachtens zu Recht die Rolle „der Toleranz und des Engagements" hervorgehoben. Diese beiden Eigenschaften ergänzen einander und bilden das Herzstück der deutschen Erfolgsgeschichte. Ohne den unerschütterlichen Willen zum Erfolg, der weit über die führenden Kräfte in der Politik hinausging und tief in der gesamten Gesellschaft verwurzelt war, hätten Sie eine solche Renaissance niemals herbeiführen können. Es war und ist der Wille, Ihr Land nicht nur wiederaufzubauen, sondern es auch zu verändern, nicht nur als Nation Erfolg zu haben, sondern diesen Erfolg an einem neuen Maßstab zu messen, ein Wille zum Frieden in der Welt und – ja auch das – zur Toleranz im eigenen Land.

In der Vergangenheit schafften die Deutschen Einheit durch Krieg, und nur allzu viele suchten sie durch Uniformität zu bewahren. Abweichende Meinungen galten als Zeichen der Dekadenz. Anderssein wurde rasch als Fremdsein und daher als Schwächefaktor betrachtet, den es auszumerzen galt. Wir alle wissen, zu welch tragischen und extremen Ergebnissen diese Einstellung geführt hat.

Ermutigend ist, dass die Deutschen von heute sich dessen sogar stärker bewusst zu sein scheinen als ihre Nachbarn und ihre ehemaligen Opfer. Manche Ausländer belächeln die Ernsthaftigkeit, mit der Sie zum Beispiel Fragen wie die Form des Adlers, der den neuen Reichstag ziert, diskutieren. In meinen Augen ist dieser Ernst jedoch gesund. Diese Dinge muss man richtig machen, indem man sie offen und zivilisiert diskutiert.

Ich werde heute auch noch die wiedererrichtete Synagoge in der Oranienburger Straße besuchen. Leider wird mir nicht genug Zeit bleiben, die Künstlerkolonie im nahe gelegenen „Tacheles" aufzusuchen. Nach allem, was ich gehört habe, ist sie ein wunderbares Beispiel für die Lebensfreude, von der Sie sprachen, Herr Bundespräsident.

Diese Phänomene symbolisieren beide auf ihre Weise, dass das heutige Deutschland Vielfalt als ein Element der Stärke und nicht der Schwäche versteht, als etwas, das nicht unterdrückt, sondern gefeiert werden sollte.

Doch wie Sie, die Deutschen, selbst als erste betonen, ist Deutschlands Erfolg nicht allein Ihr Werk. Dieser Erfolg geht über Deutschland hinaus, ja er steht im Mittelpunkt eines umfassenderen und sogar noch spektakuläreren Wandel ganz Europas.

In der Geschichte gibt es wenig Beispiele für eine Aussöhnung, die so vollkommen war wie die Versöhnung zwischen den Nationen Westeuropas, nach dem langen und brutalen Konflikt, der 1945 sein Ende fand.

Wodurch wurde dies möglich? Eine wesentliche Voraussetzung war vielleicht die Sicherheit Westeuropas während des Kalten Krieges dank des atlantischen Bündnisses. Das allein hätte jedoch niemals ausgereicht. Die entscheidende Neuerung im Nachkriegseuropa war die Integration einzelner Nationen in einen einheitlichen Wirtschaftsraum, innerhalb eines gemeinsamen rechtlichen Rahmens und getragen von gemeinsamen demokratischen Werten. Erreicht wurde dies durch beharrlich verfolgte politische Weitsicht und politischen Willen, zu denen auch deutsche Staatsmänner maßgeblich beigetragen haben. Dies wird Deutschland immer hoch anzurechnen sein.

Der schrittweise Aufbau der Europäischen Union mag ihren Bürgern mitunter als allzu mühselig erscheinen. Er hat auch immer wieder verständliche Ängste vor dem Verlust liebgewordener Traditionen und der Identität geschichtlich gewachsener Nationen Europas ausgelöst.

Die Ergebnisse des Einigungsprozesses sind nicht perfekt – aber welch menschliches Unterfangen ist das schon? Doch was erreicht wurde – und was Sie im Inneren der Union schon für selbstverständlich halten –, erfüllt die Welt außerhalb mit Neid und Bewunderung. Es gibt viele Regionen in der Welt, dessen kann ich Sie versichern, deren Völker den sehnlichen Wunsch haben, auch ihre Politiker hätten die Weitsicht und den Mut, dieselbe Art von multilateralen Banden zu knüpfen.

Natürlich kann kein politisches Modell ohne weiteres von einer Weltregion auf die andere übertragen werden. Jede hat ihre eigenen Traditionen und ihre eigenen Probleme. Jede muss ihre eigenen Lösungen finden. Doch ich zweifele nicht daran, dass alle von den Errungenschaften Europas lernen und davon profitieren können. Jede Region muss sorgfältig prüfen, was von dem in Europa Erreichten für ihre eigene Situation relevant ist und wie es am besten an die eigenen Verhältnisse angepasst werden kann.

Die Europäische Union ist für die anderen Kontinente nicht nur ein inspirierendes Beispiel. Sie ist auch eine große Wirtschaftsmacht. Gemessen an ihrem Bruttosozialprodukt liegt die EU heute Kopf an Kopf mit den Vereinigten Staaten. Sie ist der größte Markt für die Produkte der Entwicklungsländer. Und ihre neue Währung, der Euro, ist auf dem besten Wege, zur zweiten großen internationalen Leitwährung und zum zweitwichtigsten Zahlungsmittel zu werden.

Und doch hören wir ständig, dass wir in einer „unipolaren Welt" leben, in der es nur eine Supermacht – die Vereinigten Staaten – gebe. Was heißt das?

Manchmal reden die Leute so, als ginge es einfach nur um den Einsatz von Truppen. Zweifellos sind Fähigkeit und Wille, militärische Macht unter extremen Umständen einzusetzen, wichtig. Aber es gibt viele andere Möglichkeiten für ein Volk, Einfluss auf andere auszuüben – beispielsweise durch Handel, Kultur, Diplomatie usw.

Meistens entsteht diese Art von Einfluss spontan, durch einzelne Aktivitäten tausender privater Gruppen und Individuen außerhalb eines formellen politischen Prozesses. Doch wenn wir sagen, dass ein Staat oder ein Gemeinwesen mächtig ist, dann drücken wir damit aus, dass sie ihren Einfluss als Kollektiv und bewusst geltend machen, um bestimmte Ziele zu erreichen, auf die sich ihre Führer geeinigt haben.

Ist Europa so gesehen mächtig? Vielleicht viel mächtiger, als manchem Europäer bewusst ist, doch bei weitem noch nicht so mächtig, wie es sein könnte. Das liegt daran, dass Europas Fähigkeit, als Gemeinschaft zu denken und zu gemeinsamen Entscheidungen zu gelangen, noch relativ unterentwickelt beziehungsweise lediglich auf bestimmte Politikbereiche beschränkt ist. Der Eindruck, der sich Außenstehenden häufig aufdrängt, ist der einer Union, die mit ihren eigenen Sorgen beschäftigt ist und in der Welt draußen nicht die Rolle spielt, die man von ihr erwarten könnte.

Europa ist natürlich kein Nationalstaat, und die meisten Europäer wollen auch nicht, dass es einer wird. Sie hängen an ihrer eigenen Nation, und sie wissen aus Erfahrung nur allzu gut, welchen Schaden große und mächtige Nationalstaaten anrichten können.

Und doch sollten sich die Europäer fragen, ob sie mit der Welt, so wie sie ist und wie sie sich entwickelt, zufrieden sind.

Ist dies nicht der Fall, so sollten sie doch etwas tun, um ihren Einfluss wirksamer geltend zu machen. Könnten sie nicht, ohne ihre jeweilige nationale Identität und ihre Institutionen aufzugeben, ihre außenpolitische Handlungsfähigkeit stärken und nach außen mit einer Stimme sprechen?

Der demnächst in Kraft tretende Vertrag von Amsterdam ist zweifellos ein Schritt in die richtige Richtung. Ich sehe der Ernennung des ersten Hohen Beauftragten der Union für Außen- und Sicherheitspolitik, zu dem die Vereinten Nationen hoffentlich ein enges partnerschaftliches Verhältnis aufbauen werden, mit Interesse entgegen.

Der Teil der Welt, den die Union am stärksten beeinflussen möchte, ist natürlich ihre unmittelbare Nachbarschaft. Und dort hat sie auch zweifellos Einfluss.

Als ich gerade von der Aussöhnung zwischen den Nationen Westeuropas sprach, bin ich eigentlich ein wenig hinter dem Gang der Ereignisse zurückgeblieben. Es stimmt natürlich, dass in den ersten 40 Jahren des europäischen Einigungsprozesses nur die westeuropäischen Nationen daran mitwirken konnten. Doch in den letzten zehn Jahren sind auch die mitteleuropäischen Nationen einbezogen worden. Dies ist eine sehr ermutigende Entwicklung.

Gewiss, der Weg zur Vollmitgliedschaft in der Union erweist sich als länger und schwieriger, als diese Nationen gehofft hatten. Doch schon die Beitrittsperspektive ist zu einem entscheidenden Faktor für die Aussöhnung Deutschlands mit seinen östlichen Nachbarn geworden – wie auch zuvor der gemeinsame Aufbau Europas zur Aussöhnung mit den westlichen Nachbarn beigetragen hat.

Darüber hinaus hat die Aussicht auf eine EU-Mitgliedschaft den Mitteleuropäern geholfen, ihre Meinungsverschiedenheiten beizulegen oder zumindest unter Kontrolle zu halten. Sie hat ihnen Mut und Selbstvertrauen zur Reform ihrer Volkswirtschaften verliehen und war ein starker Anreiz zum Aufbau demokratischer Institutionen, in denen die Achtung vor den Menschen- und Bürgerrechten fest verankert ist. Das Bestreben, „europäische" Standards zu erreichen, hat sich als wirkungsvolle demokratiefördernde Kraft erwiesen.

Das langsame Tempo und die Schwierigkeit des Erweiterungsprozesses der Union sind nur allzu bekannt – und angesichts der Komplexität der damit verbundenen Probleme auch nur zu verständlich. Dieser Prozess hat sich jedoch schon jetzt als wirkungsvolles Instrument der Vertrauensbildung und der Konfliktverhütung erwiesen.

Diese Wirkung hatte er zumindest auf die Länder Mitteleuropas, für die die Mitgliedschaft ein nicht allzu fernes und erreichbares Ziel zu sein scheint. Wenn man den Blick weiter in Richtung Osteuropa und Balkan lenkt, bietet sich jedoch ein trauriges und ganz anderes Bild.

In vielen dieser Länder hat sich heute ein Gefühl des Ausgeschlossenseins breit gemacht. Die Menschen sehen nur geringe oder überhaupt keine Chancen, jemals in die Union aufgenommen zu werden, jedenfalls nicht in einem halbwegs überschaubaren Zeitraum. Zu Recht oder Unrecht haben sie das Gefühl, diskriminiert zu werden. Einige meinen auch, dass ihnen mit der Vorenthaltung eines baldigen Beitritts gleichzeitig auch dringend benötigte Auslandsinvestitionen entgehen. Und diese Befürchtung wird nur allzu oft wahr, wenn diesen Ländern die Motivation fehlt, Wirtschaftsreformen durchzuführen oder hohe Anforderungen an ihre Rechtsordnung und Staatsführung durchzusetzen.

Dieser Zustand ist höchst besorgniserregend. Er sollte vor allem für die Völker und die Führer der Europäischen Union Anlaß zur Besorgnis sein. Die Europäische Einheit ist ein hohes, inspirierendes Ideal. Es wäre wirklich bedauerlich, wenn dieses Ideal in der Praxis nur zu einer neuen Teilung führen würde, mit einem komfortablen, wohlhabenden und demokratischen Westeuropa – oder West- und Mitteleuropa – auf der einen Seite und einem verarmten, von Kriegen zerrissenen, ressentimentgeladenen Ost- und Südosteuropa auf der anderen Seite. Besonders traurig wäre es meines Erachtens, wenn die Union den Eindruck vermitteln würde, dass irgendein Land aufgrund seines religiösen oder kulturellen Erbes ausgeschlossen wird.

Ich will damit nicht sagen, dass das Problem dadurch gelöst werden kann, dass die Union in Zukunft einfach alle Beitrittskandidaten mit offenen Armen aufnimmt und von der Forderung abrückt, dass neue Mitglieder die gemeinsame Rechts- und Werteordnung akzeptieren und umsetzen müssen, die die Union zusammenhält. Eine solche Politik wäre selbstmörderisch.

Was ich jedoch sagen will ist, dass es auf lange Sicht genauso selbstzerstörerisch wäre, wollte man sich nur auf die aussichtsreichsten Kandidaten konzentrieren und gleichzeitig zulassen, dass die anderen immer weiter zurückfallen. Falls dies geschieht, ist mit dem Aufstieg populistischer Führer zu rechnen, die die Ressentiments der sich als Verlierer fühlenden Bevölkerung geschickt ausnutzen. Europa hat eine solche Politik zur Genüge erlebt und erlebt sie noch immer.

Wir dürfen es daher nicht zulassen, dass diejenigen, für die die Vollmitgliedschaft bestenfalls in ferner Zukunft liegt, sich zurückgewiesen fühlen oder die Hoffnung aufgeben. Es hätte nicht erst der schrecklichen Ereignisse auf dem Balkan bedürfen müssen, damit kreative Vorschläge für den Wiederaufbau Südosteuropas vorgelegt werden. Wie vieles hätte vermieden werden können, wenn solche Ideen früher verfolgt worden wären!

Lassen Sie uns zumindest jetzt energisch damit beginnen. Die führenden Politiker in ganz Europa – sei es innerhalb oder außerhalb der derzeitigen EU – sollten nicht länger zögern, ihre Vision von einem umfassenderen Europa, das sich auch über die Ostgrenzen der erweiterten Union hinaus erstreckt, zu bekräftigen.

Ein Weg dahin wäre meiner Meinung nach, dem Ausbau der Institutionen einen höheren Stellenwert einzuräumen, in denen bereits ein größeres Europa vertreten ist: des Europarats, der Organisation für Sicherheit und Zusammenarbeit in Europa (OSZE) und der Wirtschaftskommission der Vereinten Nationen für Europa. In diesen Organen sitzen Mitglieder und Nichtmitglieder der EU gleichberechtigt Seite an Seite. Wenn die Mitglieder der EU diesen Einrichtungen mehr Aufmerksamkeit widmeten und sie in stärkerem Maße nutzten, würden sich Nichtmitglieder weit weniger ausgeschlossen fühlen.

Doch die EU hat nicht nur in Europa unmittelbare Nachbarn. Geographisch gesehen finden sich einige ihrer nächsten Nachbarn in Nordafrika und im Nahen Osten.

Diese gelten nicht als Länder, die für eine Mitgliedschaft in der Europäischen Union in Betracht kommen; in wirtschaftlicher Hinsicht sind jedoch viele dieser Länder in höchstem Maße von der EU abhängig. Sie ist bei weitem der am besten erreichbare Markt für ihre Produkte. Nur wenn ihnen dieser Markt voll geöffnet wird, kann es ihnen vielleicht gelingen, die Investitionen anzuziehen, die sie für ihre eigene Entwicklung benötigen.

Politisch und auch in sozialer Hinsicht verbinden die Länder des Maghreb starke Bande mit der Union. In Westeuropa leben große aus Nordafrika stammende Bevölkerungsgruppen. Über sie und auch durch Hörfunk- und Fernsehverbindungen gelangen europäische Kultur und europäische Ideen zu ihren Verwandten auf der anderen Seite des Mittelmeers.

Sie selbst werden aber auch von den Ereignissen in ihren Herkunftsländern genauso unmittelbar beeinflusst – insbesondere wenn diese Ereignisse so traumatische Formen annehmen wie in den letzten Jahren in Algerien.

Die Europäische Union hat daher jede Veranlassung, sich für die Geschicke ihrer südlichen wie auch östlichen Nachbarn besonders eingehend zu interessieren und ihnen jede nur mögliche Hilfe zuteil werden zu lassen, damit sie ihre Probleme in den Griff bekommen. Mehr als jede andere Region der Welt kann Europa von Frieden und wirtschaftlicher Entwicklung im Nahen Osten und in Nordafrika profitieren, es hat aber auch mehr als jede andere Region von anhaltenden Konflikten und fortdauernder Armut dort zu befürchten.

Ich weiß, dass es viele Initiativen und Konferenzen zu diesem Thema gegeben hat. Ich hoffe, dass ihnen bald konkretere Maßnahmen folgen werden.

Die Interessen einer Großmacht können natürlich nicht auf ihre unmittelbare Nachbarschaft beschränkt bleiben – genauso wenig, meine ich, wie ihre Verantwortung. Eine Großmacht hat auch eine globale Rolle zu spielen.

Die Zeit, in der wir leben, wird von manchen als „die neue Weltunordnung" bezeichnet.

Dies bezieht sich zum Teil auf einige Auswirkungen des Endes des Kalten Krieges und des Zusammenbruchs der Sowjetunion. Diese Ereignisse brachten hier in Berlin Freiheit und Einheit und befreiten uns alle von der Furcht vor unmittelbarer Vernichtung. Sie zerstörten jedoch auch einen berechenbaren Rahmen internationaler Beziehungen, innerhalb dessen – wie immer man dazu auch stehen mag – die Großmächte vieles unter Kontrolle halten konnten, angefangen von der Verbreitung von Massenvernichtungswaffen bis hin zur Forderung der Völker nach Selbstbestimmung.

Wir wissen heute nicht mit Sicherheit, was aus Teilen des ehemaligen sowjetischen Nukleararsenals geworden ist oder wo einige der Wissenschaftler und Techniker, die dieses Arsenal geschaffen hatten, jetzt arbeiten.

Wenn die Führer kleiner oder mittelgroßer Staaten gegen internationale Verhaltensregeln verstoßen, können wir heute nicht mehr damit rechnen, dass sie von den Supermächten als ihren Schirmherrn zur Ordnung gerufen werden.

Heute kommt es in vielen Teilen der Welt zu Konflikten zwischen nationalen Volksgruppenbewegungen, die zu Blutvergießen und Massenvertreibungen in einem Ausmaß geführt haben, wie wir es seit dem Zweiten Weltkrieg nicht mehr erlebten.

Die internationale Ordnung scheint jedoch auch auf andere Weise gefährdet. Terrorismus, organisierte Kriminalität, illegale oder ungeregelte Migration, Drogen- und Menschenhandel (von dem besonders Kinder und Frauen betroffen sind) – all dies sind Phänomene, die sich über die Existenz staatlicher Grenzen einfach hinwegsetzen oder diese sogar ausnutzen. Einzelstaatliche Gesetze und Polizeikräfte reichen offensichtlich kaum noch aus, um sich ihrer zu erwehren oder sie gar unter Kontrolle zu bringen.

Dazu kommt die Bedrohung der natürlichen Lebensgrundlagen, die wiederum (zum größten Teil) auf die vom Menschen verursachte Belastung der Umwelt zurückzuführen ist: Wüstenbildung, Verlust der biologischen Vielfalt, Erschöpfung nichterneuerbarer Energiequellen, Klimaänderungen aufgrund von Treibhausgasen und der Schädigung der Ozonschicht.

Eine ähnliche Herausforderung besteht in der weltweiten Ausbreitung von Infektionskrankheiten. Als bedrohlichste ist hier HIV/AIDS zu nennen. Alle diese Entwicklungen unterstreichen eindeutig die Notwendigkeit irgendeiner Form der kollektiven Selbstkontrolle der menschlichen Spezies.

Die Belastung der Umwelt wird durch das schwindelerregend rasche Bevölkerungswachstum natürlich noch verstärkt. Viele Probleme werden jedoch weniger durch die höhere Zahl von Menschen verursacht, als durch Konsum- und Produktionsmuster, die zurzeit höchst unterschiedlich sind.

Probleme dieser Art lassen sich nicht dem Ende des Kalten Kriegs anlasten. Genauso wenig kann man vereinfachend die Schuld auf den technischen Fortschritt schieben.

Ganz im Gegenteil, ich bin fest davon überzeugt, dass uns die Technologie, richtig eingesetzt, viele Lösungen an die Hand gibt. Eines ist jedenfalls sicher: die Technologie, und insbesondere die Informationstechnologie, hat die staatlichen Grenzen inzwischen weit hinter sich gelassen.

So viele Transaktionen, die bis vor kurzem die Bewegung von Gütern oder Personen oder zumindest von Papier von einem Platz zum anderen erforderten, erfolgen heutzutage elektronisch, in jener schwer fassbaren Dimension, die als „Cyberspace" bekannt ist.

Im Finanzbereich fanden diese technischen Veränderungen gleichzeitig mit einer Liberalisierung statt, das heißt mit einer Reihe von – zum Teil ausgehandelten, zum Teil einseitig getroffenen – Entscheidungen der Regierungen, administrative Kontrollen über die Wirtschaftstätigkeit aufzuheben, die als Hindernisse für das Wirtschaftswachstum erkannt worden waren. Und zusammen haben Technologie und Liberalisierung die Entstehung von Mega-Unternehmen gefördert, deren Aktivitäten buchstäblich die Welt umspannen und die einen Umsatz erwirtschaften, der das Bruttosozialprodukt ganzer Staaten übersteigt. Wir haben es heute mit einer globalen Wirtschaft zu tun, wie es sie in der Welt bisher nicht gegeben hat.

Leider gibt es in diesem Globalisierungsprozess nicht nur Gewinner, sondern auch Verlierer. Millionen Menschen – ganze Länder, wenn nicht gar ein ganzer Kontinent – blieben von den Vorteilen dieses Prozesses ausgeschlossen und sind in einer Falle struktureller Armut gefangen.

All dies sind ganz offensichtlich globale Probleme. Die Lösungen müssen daher auch global sein. Sie müssen mit Hilfe eines demokratischen und partizipativen Prozesses gefunden werden. Sie müssen auf multilateralem Wege erarbeitet werden, damit alle Staaten sie als legitim akzeptieren können und sich auch verpflichtet fühlen, sie umzusetzen. Es muss ein Forum geben, auf dem diese Probleme offen diskutiert werden – wo alle Parteien das Gefühl haben, dass sie mitreden können. Es wird Sie wohl kaum überraschen zu hören, dass dieses Forum, meines Erachtens, die Vereinten Nationen sein müssen.

Die Vereinten Nationen können ihre Rolle in der Welt jedoch nur dann voll wahrnehmen, wenn Europa seine Rolle in den Vereinten Nationen voll wahrnimmt.

Schon heute ist die Europäische Union zusammengenommen der bei weitem größte Beitragszahler zum Haushalt der Vereinten Nationen. Zwei ihrer Mitglieder sind bereits ständige Mitglieder des Sicherheitsrats. Ich weiß, dass Deutschland ebenfalls diese hohe Verantwortung anstrebt. Ich würde dies im Rahmen einer umfassenderen Reform begrüßen. Der Sicherheitsrat muss ausgewogener und repräsentativer werden und die Realitäten des 21. Jahrhunderts und nicht des Jahres 1945 widerspiegeln.

Bedauerlicherweise ist eine Einigung über andere Aspekte der Reform noch nicht in Sicht. Aber wir müssen darauf beharren. Doch selbst ohne institutionelle Reform hat Europa großen Einfluss in den Vereinten Nationen, wenn seine Mitglieder im Geiste eines aufgeklärten Multilateralismus nicht nur mit einer Stimme sprechen, sondern auch ihr Vorgehen untereinander abstimmen, um ein gemeinsames Ziel zu erreichen.

Es stimmt nicht, dass die Welt „unipolar" ist. Ich bestreite das. Es mag zwar nur eine Supermacht geben, aber diese Macht, die Vereinigten Staaten, braucht Verbündete und Partner, die sie unterstützen, um ihre Ziele zu erreichen. Wenn andere Mächte so bereitwillig wie die Vereinigten Staaten Verantwortung in der Welt übernähmen, würde deutlicher werden, dass die Welt in Wirklichkeit multipolar ist oder zumindest, wie Samuel Huntington es formulierte, „uni-multipolar". Wir würden dann auch weniger oft zu hören bekommen, dass die Vereinten Nationen zum Zuschauen verurteilt oder an den Rand gedrängt werden.

Wenn es so aussieht, als sei die Welt unipolar, dann kann es nur daran liegen, dass andere Mächte ihre Verantwortung nur widerstrebend auf sich nehmen. Und wenn die Vereinten Nationen zum Zuschauen verurteilt sind, dann nur deswegen, weil ihre Mitgliedstaaten sie nicht wirklich in vollem Maße nutzen.

Es war deshalb für mich mehr als nur eine Ehre, vor zwölf Tagen zu einer Sitzung des Europäischen Rates unter der Präsidentschaft von Bundeskanzler Gerhard Schröder eingeladen zu werden. Es war vielmehr ein praktischer Schritt vorwärts, dem möglicherweise große Bedeutung zukommt.

Wir haben uns nicht mit Reden oder Förmlichkeiten aufgehalten. Wir haben uns auf praktische Maßnahmen konzentriert, um eine große Krise in Europa zu bewältigen. Wir haben überlegt, wie der Krieg – und ich spreche hier vom Krieg in Kosovo – so beendet werden kann, dass in allererster Linie die Sicherheit und Freiheit aller Völker des Balkans gewährleistet wird. Und wir haben uns auf Nothilfemaßnahmen geeinigt, um das schreckliche Leid der aus ihrer Heimat im Kosovo vertriebenen Menschen zu lindern.

Herr Bundespräsident, ich danke Ihnen für Ihre freundlichen Worte zu meiner Erklärung vom 9. April. Wie Sie wissen, wurde diese Erklärung vom Europäischen Rat unterstützt. Ich kann Ihnen mit Genugtuung berichten, dass sie inzwischen auch vom Sicherheitsrat der Vereinten Nationen begrüßt worden ist. Wie Sie wissen, werde ich selbst noch diese Woche im Rahmen der Suche nach einer politischen Lösung für diese Krise von hier nach Moskau reisen.

Ich beabsichtige auch, zwei diplomatische Beauftragte zu ernennen, die den Friedensprozess in Kosovo unterstützen sollen. Sobald ich die erforderlichen Konsultationen abgeschlossen habe, werden die Gesandten unverzüglich mit der intensiven Suche nach einer politischen Lösung für die Krise beginnen. Ich selbst werde, wie Sie wissen, im Rahmen dieser Bemühungen von hier nach Moskau weiterreisen.

Was verstehen wir unter einer Lösung? Meiner Meinung nach können unsere Bemühungen nur daran gemessen werden, ob die Flüchtlinge und Binnenvertriebenen rasch und sicher in ihre Heimat zurückkehren können. Wenn die Bewohner des Kosovo in Frieden und Sicherheit und unter voller Achtung der bürgerlichen und politischen Rechte aller leben können, wird das ein Sieg für Europa, für die Vereinten Nationen und für die ganze Menschheit sein. Alles andere könnte als Fehlschlag angesehen werden.

Herr Bundespräsident, ich sehe erwartungsvoll vielen weiteren Gelegenheiten entgegen, bei denen die Europäische Union mit und durch die Vereinten Nationen tätig wird, nicht nur im Dienste des Friedens in Europa, sondern im Dienste des Friedens und des Wohlstands in der ganzen Welt.

Lassen Sie uns in diesem symbolträchtigen und hoffnungsvollen Augenblick der deutschen und der europäischen Geschichte geloben, unermüdlich für eine bessere Welt zu kämpfen. Lassen Sie uns der Worte Goethes, des größten aller deutschen Dichter, gedenken:

„Wer immer strebend sich bemüht, den können wir erlösen."

Ich danke Ihnen.

(Quelle: UNIC Bonn, Pressemitteilung UNIC/162 v. 26.04.1999.)

[24] Die Vereinten Nationen im 21. Jahrhundert

Dag-Hammarskjöld-Gedächtnis-Vorlesung
Uppsala, 6. September 2001

Als Generalsekretär der Vereinten Nationen habe ich viele Reden und auch einige Vorträge gehalten. Aber ich kann mir keine Einladung, eine Rede zu halten, vorstellen, die eine größere Ehre oder eine größere Herausforderung wäre als diese.

Es wird Sie nicht überraschen, zu hören, dass Dag Hammarskjöld für mich eine Persönlichkeit von großer Bedeutung ist – wie er es für jeden Generalsekretär sein muss. Sein Leben und sein Tod, seine Worte und seine Taten haben die öffentlichen Erwartungen an das Amt und die gesamte Organisation mehr geprägt als jeder andere Mann oder jede andere Frau in der Geschichte.

Seine Weisheit und seine Bescheidenheit, seine unanfechtbare Integrität und sein unbeirrbarer Pflichteifer haben einen Standard für alle Bediensteten der internationalen Gemeinschaft – und insbesondere natürlich für seine Nachfolger – gesetzt, dem man einfach nicht gerecht werden kann. Für einen Generalsekretär kann es keine bessere Faustregel geben, wenn er eine neue Herausforderung oder Krise angeht, als sich selbst zu fragen: „Was hätte Hammarskjöld in dieser Situation getan?"

Wenn das für jeden Generalsekretär gilt, wie viel mehr muss es dann für einen meiner Generation gelten, der in den Jahren, in denen Dag Hammarskjöld die Vereinten Nationen verkörperte, den Kinderschuhen entwuchs und seine eigene Karriere im System der VN ein Jahr nach seinem Tod begann.

Und wie viel mehr muss es auch für jemanden gelten, der wie ich eine besondere Beziehung zu seinem Heimatland hat! Ich denke, Sie alle wissen, worauf ich Bezug nehme.

Sie sehen also, dass es eine ziemlich ernste Angelegenheit für mich ist, diesen Vortrag zu halten, vor allem so nah an Hammarskjölds vierzigstem Todestag. Und das um so mehr, als ich direkt aus dem Teil Afrikas komme, in dem er den Tod fand – und in dem die Vereinten Nationen, 40 Jahre später, wieder darum kämpfen, die Einheit und den Frieden der Demokratischen Republik Kongo wiederherzustellen.

Ich kann Ihnen mitteilen, dass die Kongolesen Dag Hammarskjöld nie vergessen haben. Vor vier Tagen, während meines Besuchs im Kongo, traf ich mich mit einer Gruppe von Repräsentanten der Parteien, die in den innerkongolesischen Dialog als Teil des Friedensprozesses eingebunden sind.

Ihr Sprecher begann das Treffen damit, mir zu sagen, wie sehr sie die Hingabe des Generalsekretärs und die Tatsache zu würdigen wissen, dass er sein Leben für den Frieden ihres Landes gab. Und er bat uns, Hammarskjölds Andenken durch eine Minute des Schweigens Anerkennung zu zollen. Ich fand es sehr bewegend, dass Menschen nach 40 Jahren so für ihn empfinden können.

Auch in Sambia – wo er, wie Sie wissen, wirklich starb – wird Hammarskjölds Tod jährlich gedacht. Die sambische Regierung hat zusammen mit der schwedischen Regierung und dem System der Vereinten Nationen ein „lebendiges Denkmal" begründet, das neben einem Programm, das junge Afrikaner zu Botschaftern des Friedens heranbildet, auch ein Zentrum für Frieden, gute Regierungsführung und Menschenrechte umfasst. Es kann keine bessere Art geben, ihm zu gedenken als damit, diese Ideale, die ihm so am Herzen lagen, zu fördern.

Wenn Dag Hammarskjöld jetzt durch diese Tür gehen und mich fragen würde, was die Hauptprobleme seien, mit denen die Vereinten Nationen heute befasst sind, könnte ich ihm leicht in einer Form antworten, die ihn denken ließe, dass sich nicht viel geändert hätte.

Ich könnte mit ihm nicht nur über den Kongo sprechen sondern auch über den Nahen Osten oder Zypern oder die Beziehungen zwischen Indien und Pakistan, und alles würde ihm sehr vertraut erscheinen.

Aber ich könnte ihm auch von Dingen berichten, die er alles andere als vertraut finden würde –, obwohl ihn manche Dinge weniger als andere überraschen würden und einige würden ihn mehr freuen als andere.

Er wäre wahrscheinlich erleichtert, aber nicht überrascht, zu hören, dass China jetzt bei den Vereinten Nationen durch die Regierung repräsentiert ist, die tatsächlich die überwiegende Mehrheit der chinesischen Menschen regiert.

Es würde ihn viel mehr überraschen, zu erfahren, dass die Sowjetunion nicht mehr existiert. Aber er könnte sich nur darüber freuen, dass zwischen den ständigen Mitgliedern des Sicherheitsrates keine unüberbrückbaren ideologischen Differenzen mehr bestehen.

Beeindruckt wäre er vielleicht von der Zahl der Konflikte, mit denen die Vereinten Nationen heute befasst sind, die eher innerhalb als zwischen den Staaten bestehen – obwohl die Erfahrung des Kongo ihn darauf vorbereitet hätte –, und auch von der Zahl der Regionalorganisationen, die sich als Partner der Vereinten Nationen in verschiedenen Teilen der Welt entwickelt haben.

Ich bin sicher, dass er sich in jedem Fall freuen würde, zu sehen, wie sich die Friedenssicherung der Vereinten Nationen entwickelt hat, von einem Modell, das er und Lester Pearson 1956 so glänzend improvisierten zu etwas sehr andersartigem und komplexeren, das oft besser als Friedenskonsolidierung beschrieben wird.

Und ich stelle mir vor, dass er gleichermaßen von dem breiten Spektrum der Aufgaben beeindruckt wäre, denen die Vereinten Nationen sich außerhalb der traditionellen Sicherheitsarena zu stellen haben – vom Klimawandel bis hin zu HIV/AIDS. Er wäre erfreut und vielleicht gar nicht so überrascht, zu hören, dass die Menschenrechte und die Demokratie nun allgemein als Weltnormen akzeptiert werden –, obwohl er wahrscheinlich bekümmert darüber wäre, zu sehen, wie wenig die Praxis in vielen Ländern die Rhetorik erreicht.

Er wäre definitiv bekümmert darüber, zu erfahren, dass der Völkermord während des letzten Jahrzehnts das Angesicht der Menschheit wieder entstellt hat – und dass gut über eine Milliarde Menschen heute in extremer Armut leben. Ich denke, er würde die Verhinderung einer Wiederkehr des ersteren und die Beendigung letzterer als die dringendsten Aufgaben betrachten, mit denen wir in diesem neuen Jahrhundert konfrontiert sind.

Er wäre ohne Zweifel von der Schnelligkeit und Intensität der modernen Kommunikation beeindruckt, und kurzzeitig verwirrt durch die Möglichkeiten von Faxen und Satellitentelefonen – ganz zu schweigen von E-mails und dem Internet. Aber ich bin sicher, dass er die Vor- und Nachteile all dieser Innovationen schnell erfassen würde, sowohl für die Zivilisation als Ganze wie für die Ausübung der Diplomatie im Besonderen.

Klar ist, dass seine Kerngedanken in diesem neuen internationalen Kontext in hohem Grade relevant bleiben. Die Herausforderung für uns besteht darin, zu erkennen, wie sie so angepasst werden können, dass sie dieser neuen Umgebung gerecht werden.

Eine Idee, die all seine Worte und Taten als Generalsekretär inspirierte, war sein Glaube, dass die Vereinten Nationen ein dynamisches Instrument sein müssten, durch das ihre Mitglieder gemeinschaftlich Formen des Handelns entwickeln würden.

Während seiner Amtszeit wurde er in zunehmendem Maße der Tatsache gegenüber empfindlich, dass einige Mitgliedstaaten diese Vision nicht teilten, sondern die Vereinten Nationen nur als Konferenzmaschinerie zur Lösung von Interessen- und Ideologiekonflikten mit Blick auf eine friedliche Koexistenz betrachteten.

In der Einleitung zu seinem letzten jährlichen Bericht – ein meisterhaftes Werk, das sich beinahe so liest, als ob er bewusst sein politisches Vermächtnis geschrieben hätte – argumentierte Hammarskjöld, dass diejenigen, die die Organisation in dieser Art betrachten, bestimmten grundlegenden Prinzipien der Charta nicht genügend Aufmerksamkeit schenken.

Er zeigte, dass die Charta eindeutig auf die Existenz einer internationalen Gemeinschaft schließen lässt, „für die die Organisation Instrument und Ausdruck ist". Der vorrangige Zweck dieser Gemeinschaft bestehe darin, die nachfolgenden Generationen vor der Geißel des Krieges zu bewahren, und um das zu tun, müsse sie bestimmten Schlüsselprinzipien folgen.

Diese seien:

- Erstens, „gleiche politische Rechte" – die sowohl die „souveräne Gleichheit" aller Mitgliedstaaten in Artikel 2 der Charta als auch „die Achtung vor den Menschenrechten und Grundfreiheiten" in Artikel 1 umfassen.

- Zweitens, „gleiche wirtschaftliche Chancen" – die in Artikel 55 genau erklärt sind als die Förderung „höherer Lebensstandards, der Vollbeschäftigung und der Voraussetzungen für wirtschaftlichen und sozialen Fortschritt und Aufstieg" wie auch als „die Lösung internationaler Probleme wirtschaftlicher, sozialer, gesundheitlicher und verwandter Art".

- Drittens, „Gerechtigkeit" – womit er meinte, dass die internationale Gemeinschaft „auf das Recht gegründet sein muss (…) mit einem rechtlichen Verfahren, durch das Recht und Gerechtigkeit zur Anwendung gebracht werden können".

- Und schließlich das Verbot, Waffengewalt anders als „im gemeinsamen Interesse" anzuwenden.

Diese Grundsätze sind, wie Hammarskjöld argumentierte, mit einem Verständnis der Vereinten Nationen als bloßer Konferenz- oder Debattierkammer unvereinbar. – Gleiches gilt für die Autorität, die die Charta ihren Hauptorganen und besonders dem Sicherheitsrat gibt, der eindeutig legislative und exekutive Befugnisse besitzt.

Der Kontext, in dem er diese Argumente vorbrachte, war natürlich der Kalte Krieg und im Besonderen die sowjetische Kampagne gegen ihn während der Kongo-Krise von 1960/61.

Diese Kampagne ist glücklicherweise lange Vergangenheit. Aber wir sehen uns von Zeit zu Zeit noch immer mit Versuchen der Mitgliedstaaten konfrontiert, die Vereinten Nationen auf einen Konferenzmechanismus zu reduzieren.

Diese Versuche kommen nicht mehr systematisch aus einem bestimmten ideologischen Lager. Stattdessen tendieren sie dazu, abhängig vom Diskussionsthema zu variieren.

Ganz allgemein gesprochen sehen die industrialisierten Länder es weiterhin nur ungern, dass die Vereinten Nationen nach dem zweiten Grundsatz – dem der Förderung „gleicher wirtschaftlicher Chancen" handeln. Und die Regierungen einiger anderer Länder sehen es gleichermaßen ungern, dass sie „die Achtung und Einhaltung der Menschenrechte und Grundfreiheiten aller" fördern.

In beiden Fällen glaube ich, hat der Generalsekretär keine Wahl. Er muss in die Fußstapfen Hammarskjölds treten, und das Recht und die Pflicht der Vereinten Nationen, die in der Charta niedergelegten Ziele zu verfolgen, wahren.

Natürlich gibt es immer eine Notwendigkeit zu Verhandlung und Diskussion über die angemessenen Formen eines solchen Handelns. Aber die Vereinten Nationen können ihrer Pflicht den Völkern der Welt gegenüber, die die entscheidende Quelle ihrer Autorität sind, nicht gerecht werden, wenn sie zulassen, dass sie auf eine rein statische Konferenz reduziert werden, ob über wirtschaftliche und soziale Rechte oder über bürgerliche und politische.

Gleiches gilt für Hammarskjölds hohe Vorstellung von den internationalen Bediensteten, die er auch in diesem letzten Jahresbericht und einem Vortrag, den er im gleichen Sommer an der Universität Oxford hielt, voranzubringen suchte.

Sein Argument war hier, dass die Personen, die mit der Ausführung exekutiver Funktionen der Vereinten Nationen betraut sind, im Bezug auf die Grundsätze der Charta nicht neutral sein können. Noch dürfen sie sich selbst als Vertreter oder Repräsentanten ihrer eigenen Nation betrachten oder von anderen als solche angesehen werden. Sie müssen die internationale Gemeinschaft als Ganze repräsentieren.

Auch hier stützt Hammarskjöld seine Argumentation auf eine sehr sorgfältige Deutung der Charta – in diesem Fall der Artikel 100 und 101.

Artikel 100 verbietet es dem Generalsekretär und jedem Einzelnen seines Personals, Weisungen von Staaten zu erbitten oder entgegenzunehmen. Und Artikel 101 schreibt „ein Höchstmaß an Leistungsfähigkeit, fachlicher Eignung und Integrität" als „den ausschlaggebenden Gesichtspunkt bei der Einstellung der Bediensteten" vor.

Noch einmal, Hammarskjöld argumentierte im Kontext des Kalten Krieges, in dem erst die eine und dann die andere Seite versucht hatte, auf das Recht zu beharren, im Sekretariat durch Personen repräsentiert zu sein, die ihrem politischen oder ideologischen Standpunkt gegenüber loyal waren.

Nochmals, der Kontext hat sich geändert und ich freue mich zu sagen, dass die Staaten heute, obwohl sie außerordentlich erpicht darauf sind, ihre Staatsangehörigen in leitende Positionen berufen zu sehen, nicht länger versuchen – oder zumindest nicht auf die gleiche Art versuchen – Kontrolle über sie auszuüben, wenn sie einmal ernannt sind.

Aber der Grundsatz einer unabhängigen internationalen Bedienstetenschaft, an dem Hammarskjöld so viel lag, bleibt so wichtig wie eh und je. Jeder nachfolgende Generalsekretär muss darauf achten, ihn zu verteidigen, selbst wenn, gelegentlich, sich ändernde Zeiten von uns verlangen, dass wir vom Wortlaut seiner Vorstellungen abweichen, um ihren Geist zu bewahren.

Um nur ein Beispiel zu geben: Hammarskjöld bestand darauf, dass die Mehrheit des Personals der Vereinten Nationen feste Anstellungen haben und davon ausgehen sollte, die gesamte berufliche Laufbahn innerhalb der Organisation zu verbringen.

Das mag zu seiner Zeit angebracht gewesen sein. Jetzt ist es das weniger, da sich die Rolle der Vereinten Nationen erweitert hat und mehr als die Hälfte aller Angestellten bei den Einsätzen vor Ort tätig sind. Das ist eine Entwicklung, die Hammarskjöld sicher begrüßt hätte, da sie den Übergang von dem statischen Konferenzmodell hin zum dem Modell des dynamischen Instruments, an das er so stark glaubte, widerspiegelt.

Aber es ist klar, dass dieses Ideal der Vereinten Nationen als Ausdruck der internationalen Gemeinschaft, mit einem Personal, das vielmehr die von den Staaten gemeinschaftlich getroffenen Entscheidungen ausführt als sich dem Willen jedes einzelnen zu unterwerfen, in unseren Tagen genauso relevant ist wie zu seiner Zeit.

Und das hat natürlich sehr bedeutende Auswirkungen auf die Rolle des Generalsekretärs.

Hammarskjöld weist darauf hin, dass Artikel 99 der Charta – der es dem Generalsekretär erlaubt, aus eigener Initiative die Aufmerksamkeit des Sicherheitsrats auf bestimmte Angelegenheiten zu lenken, wenn sie nach seinem Dafürhalten geeignet sind, die Wahrung des Weltfriedens und der internationalen Sicherheit zu gefährden – ihn eindeutig mehr zu einer politischen als administrativen Amtsperson macht.

In der Praxis haben sich nachfolgende Generalsekretäre nur sparsam darauf berufen. Ich selbst habe es noch nie für nötig befunden, es zu tun. Aber die Tatsache, dass der Generalsekretär diese Befugnis hat, beeinflusst entscheidend die Art, mit der er vom Sicherheitsrat und der Generalversammlung behandelt wird.

Wenige würden die Verpflichtung des Generalsekretärs, politisch zu handeln oder Erklärungen zu politischen Problemen abzugeben, in Frage stellen.

Tatsächlich ist es genau umgekehrt: Ich sehe mich aufgefordert, offizielle Stellungnahmen über fast alles abzugeben, was in der Welt heute passiert, angefangen bei königlichen Hochzeiten bis hin zur Möglichkeit menschlichen Klonens!

Ich tue mein Bestes, um dieser Forderung mit dem gebührenden Respekt vor den Entscheidungen des Sicherheitsrates und der Generalversammlung nachzukommen. Aber diese Organe würden es sehr seltsam finden, wenn ich bei jeder Gelegenheit ihre Genehmigung erlangen wollte, bevor ich den Mund öffne!

Ihre Mitglieder können und mögen Einwände gegen einige meiner Erklärungen erheben – und Gott sei Dank tun sie es. Es muss für Regierungen ebenso wie für internationale Bedienstete Redefreiheit geben! Aber sie zweifeln mein Recht, solche Erklärungen nach meinem eigenen Verständnis der in der Charta aufgestellten Ziele und Grundsätze der Vereinten Nationen abzugeben, nicht an.

Ohne Zweifel würde Hammarskjöld auch nicht mit einigen Positionen einverstanden sein, die ich eingenommen habe. Aber ich vermute, dass er mich um den Ermessensspielraum beneiden würde, den ich genieße, wenn es darum geht zu entscheiden, was ich sage und zu welchen Themen ich mich äußere. Und ich habe keinerlei Zweifel daran, dass er den Grundsatz, dass jeder Generalsekretär bestrebt sein muss, sich zu einer authentischen und unabhängigen Stimme der internationalen Gemeinschaft zu machen, stark unterstützen würde.

Was er nicht vorhergesehen haben mag, ist die Art, in der sich unser Konzept dieser Gemeinschaft in den letzten Jahren entwickelt hat. Zu seiner Zeit war sie im Grunde eine Gemeinschaft verschiedener Nationen oder Völker, die in allen praktischen Angelegenheiten durch Staaten repräsentiert wurden.

Wenn wir zu dem zurückkehren, was wir ihm über die heutige Welt erklären müssten, wenn er sich jetzt unvorhergesehen zu uns gesellen würde, wäre wahrscheinlich das Schwierigste, worauf er sich einstellen müsste, die schiere Komplexität einer Welt, in der Individuen und Gruppen der verschiedensten Art ständig interagieren – über Grenzen und Ozeane hinweg, wirtschaftlich, sozial, kulturell, politisch – ohne die Erlaubnis, geschweige denn die Unterstützung, ihrer nationalen Regierungen zu erwarten oder zu erhalten.

Er würde es wahrscheinlich schwierig finden, in einer solchen Welt die genaue Rolle eines Organs wie den Vereinten Nationen zu bestimmen, deren Charta die Einteilung der Welt in souveräne und gleiche Staaten voraussetzt, und in denen die Völker der Welt im Grunde durch ihre Regierungen repräsentiert werden.

Er würde das schwierig finden – und wenn, wäre er nicht allein! Aber ich bin überzeugt, dass er diese Herausforderung reizvoll finden würde. Und ich bin mir sicher, dass er nicht von seiner grundlegenden Überzeugung abkommen würde, dass die zentrale Aufgabe der Vereinten Nationen darin besteht, die Schwachen vor den Starken zu schützen.

Langfristig wird die Beständigkeit und Lebensfähigkeit der Organisation von ihrer Fähigkeit abhängen, diese Aufgabe zu erfüllen, in dem sie sich den sich ändernden Realitäten anpasst. Das ist, glaube ich, der größte Test, dem sie im neuen Jahrhundert gegenübersteht.

Wie würde Hammarskjöld diese Aufgabe angehen?

Zuallererst würde er völlig zu Recht darauf beharren, dass die Staaten noch immer die Hauptinhaber politischer Autorität in der Welt sind, und dass sie es wahrscheinlich auch bleiben werden. Tatsächlich wird je demokratischer sie werden – je mehr sie ihre Völker wirklich repräsentieren und ihnen verantwortlich werden – ihre politische Legitimität umso größer werden. Und deshalb ist es vollkommen richtig, ja unvermeidlich, dass sie die politischen Herren der Vereinten Nationen bleiben werden.

Er würde auch, da bin ich sicher, auf die fortdauernde Verpflichtung der Staaten beharren, die internationale Ordnung aufrechtzuerhalten – und in der Tat auch auf ihre kollektive Verantwortung, die ihre Führer in der Milleniumserklärung des letzten Jahres feierlich anerkannt haben, „weltweit die Grundsätze der Menschenwürde, der Gleichberechtigung und Billigkeit" zu wahren.

Und er würde sehr wahrscheinlich sagen, dass, von wenigen ehrenvollen Ausnahmen abgesehen, die glücklicheren Länder in dieser Welt dieser Verantwortung nicht gerecht werden, solange sie ihre anhaltende Verpflichtung zu viel höheren Anteilen an Entwicklungshilfe, zu großzügigerem Schuldenerlass und zu einem zoll- und quotenfreien Zugang der Exporte aus den am wenigsten entwickelten Ländern nicht erfüllen.

Aber dann würde er auch erkennen, dass seine eigene Zeit, in den meisten Ländern, mit dem Höhepunkt staatlicher Kontrolle über das Leben ihrer Bürger zusammenfiel. Und er würde erkennen, dass die Staaten heute im Allgemeinen einen kleineren Anteil des Vermögens ihrer Bürger besteuern und ausgeben als sie es vor 40 Jahren getan haben.

Daraus könnte er gut schließen, dass wir uns auch nicht ausschließlich auf staatliches Handeln verlassen sollten, um unsere Ziele auf internationaler Ebene zu erreichen.

Viel wird wahrscheinlich, so würde er denken, von den nichtstaatlichen Akteuren im System abhängen – von privaten Firmen, Freiwilligenorganisationen oder Pressuregroups, von philanthropischen Stiftungen, Universitäten und Think Tanks und natürlich von kreativen Einzelnen.

Und dieser Gedanke würde sicher in seine Überlegungen zur Rolle der Vereinten Nationen einfließen.

Können sie sich im einundzwanzigsten Jahrhundert auf die Rolle beschränken, die Aktivitäten der Staaten zu koordinieren? Oder sollten wir mehr zu erreichen versuchen?

Sind sie nicht dazu verpflichtet, damit sie die Ziele der Charta erfüllen, mit all diesen verschieden Akteuren Partnerschaften einzugehen? Ihnen zuzuhören, sie zu lenken und sie voranzutreiben?

Vor allem aber, für einen Rahmen geteilter Werte und des Verständnisses zu sorgen, innerhalb dessen freie und freiwillige Anstrengungen aufeinander wirken und sich gegenseitig verstärken können, anstatt einander in die Quere zu geraten?

Vielleicht ist es anmaßend von mir zu unterstellen, dass das zu Hammarskjölds Vision der Rolle der Vereinten Nationen im einundzwanzigsten Jahrhundert gehören würde – denn es ist natürlich meine eigene Vision.

Ohne Zweifel würde er uns, wenn er heute leben würde, etwas Edleres und Tiefsinnigeres anbieten.

Aber mir gefällt der Gedanke, meine lieben Freunde, dass das, was ich eben beschrieben habe, einen Platz in dieser Vision finden würde.

Recht vielen Dank.

[25] Die Vereinten Nationen am Scheideweg

Rede vor der UN-Generalversammlung
New York, 23. September 2003

Die zurückliegenden zwölf Monate waren für diejenigen von uns, die an gemeinsame Antworten auf unsere gemeinsamen Probleme und Herausforderungen glauben, sehr schmerzhaft. In vielen Ländern hat Terrorismus einmal mehr unschuldigen Menschen Tod und Leid gebracht. Im Nahen Osten und in gewissen Teilen Afrikas hat die Gewalt weiter zugenommen. Auf der koreanischen Halbinsel und anderswo wirft die Bedrohung durch nukleare Proliferation einen unheilvollen Schatten.

Und vor kaum einem Monat wurden die Vereinten Nationen selbst in Bagdad Opfer eines brutalen und vorsätzlichen Anschlags, bei dem die internationale Gemeinschaft einige ihrer fähigsten Diener verlor. Gestern wurden sie erneut angegriffen. Eine weitere Katastrophe wurde nur durch das schnelle Handeln der irakischen Polizei verhindert, wobei ein Polizist dafür mit seinem Leben bezahlte.

Ich möchte der Familie dieses mutigen Polizisten mein herzlichstes Beileid aussprechen. Meine Gedanken sind auch bei den 19 Verletzten, unter denen sich auch zwei irakische UNO-Mitarbeiter befinden. Ich wünsche allen eine schnelle Genesung. Gewiss sollten wir für all diejenigen beten, die ihr Leben in diesem Krieg verloren haben oder die verletzt worden sind – für Zivilisten wie auch Soldaten. In diesem Zusammenhang verachte ich – so wie Sie alle es sicher auch tun – den brutalen Anschlag auf Dr. Akila al-Hashemi, ein Mitglied des Regierungsrates. Ich bete auch für ihre volle Genesung.

Exzellenzen, Sie sind die Vereinten Nationen. Die Mitarbeiter, die bei dem Angriff auf unser Hauptquartier in Bagdad getötet oder verletzt worden sind, waren Ihre Mitarbeiter. Sie hatten ihnen den Auftrag erteilt, das leidende irakische Volk zu unterstützen und dem Irak dabei behilflich zu sein, seine Souveränität zurückzugewinnen. In Zukunft müssen wir nicht nur im Irak, sondern überall, wo die Vereinten Nationen engagiert sind, wirksamere Maßnahmen treffen, um die Sicherheit unserer Mitarbeiter zu gewährleisten. Ich zähle auf Ihre umfassende Unterstützung – rechtlich, politisch und finanziell.

Inzwischen lassen Sie mich die große Wichtigkeit betonen, die ich einem erfolgreichen Resultat in Irak beimesse. Wie auch immer ein Jeder von uns die Ereignisse der letzten Monate beurteilen mag, so ist es doch für alle von uns außerordentlich wichtig, dass das Ergebnis ein stabiler und demokratischer Irak ist – im Frieden mit sich selbst und mit seinen Nachbarn, förderlich für die Stabilität in der Region.

Vorbehaltlich gewisser Sicherheitsüberlegungen ist das System der Vereinten Nationen dazu bereit, seine volle Rolle bei den Bemühungen um ein zufrieden stellendes Resultat in Irak zu spielen, und zwar als Teil einer internationalen Anstrengung, einer Anstrengung der gesamten internationalen Gemeinschaft, vereint auf der Grundlage einer vernünftigen und machbaren Politik. Wenn es besonders viel Zeit und Geduld erfordert, diese Politik auf den Weg zu bringen, eine Politik, die umfassend, kohärent und arbeitsfähig ist, dann würde ich für meinen Teil diese Zeit als gut genutzt ansehen. Genau auf diese Art müssen wir die vielen drängenden Krisen angehen, denen wir uns heute gegenüber sehen.

Vor drei Jahren, als Sie zum Millenniumsgipfel hierher gekommen waren, hatten wir eine gemeinsame Vision, eine Vision von globaler Solidarität und kollektiver Sicherheit, die in der Millenniumserklärung ihren Ausdruck fand. Die jüngsten Ereignisse haben diesen Konsens allerdings in Frage gestellt.

Alle von uns wissen, dass es neue Bedrohungen gibt, denen es zu begegnen gilt – oder vielleicht alte Bedrohungen in neuen und gefährlichen Verbindungen: neue Formen des Terrorismus und die Verbreitung von Massenvernichtungswaffen. Einerseits betrachten manche diese Bedrohungen als Hauptherausforderung für Frieden und Sicherheit auf der Welt. Andere hingegen fühlen sich direkter bedroht durch Kleinwaffen, die in zivilen Konflikten eingesetzt werden, oder durch so genannte „sanfte Bedrohungen" wie die Fortdauer von extremer Armut, dem Einkommensunterschied zwischen oder innerhalb von Gesellschaften, der Verbreitung von Infektionskrankheiten oder dem Klimawechsel und Umweltverschmutzung. In Wahrheit bleibt uns keine Wahl. Die Vereinten Nationen müssen sich all diesen Bedrohungen und Herausforderungen stellen – neuen und alten, „harten" und „sanften". Sie müssen im Kampf um Entwicklung und die Vernichtung der Armut voll engagiert sein und mit der Vollendung der Millennium-Entwicklungsziele beginnen – im gemeinsamen Kampf darum, unsere gemeinsame Umwelt zu schützen und im Kampf um Menschenrechte, Demokratie, und gute Regierungsführung.

All diese Kämpfe sind miteinander verbunden. Mit zunehmender Klarheit sehen wir jetzt, dass eine Welt, in der viele Millionen Menschen unter brutaler Unterdrückung und sehr großem Elend leiden, niemals ganz sicher sein wird, nicht einmal für ihre am meisten privilegierten Bewohner. Aber die „harten" Bedrohungen wie Terrorismus und Massenvernichtungswaffen sind real und können nicht ignoriert werden. Terrorismus ist nicht nur ein Problem für reiche Länder – fragen Sie die Menschen in Bali, in Bombay, Nairobi oder Casablanca. Massenvernichtungswaffen bedrohen nicht nur den westlichen oder den nördlichen Teil der Welt – fragen Sie die Menschen im Iran oder in Halabja im Irak.

Worin wir anscheinend nicht übereinstimmen, ist die Art, wie diesen Bedrohungen zu begegnen ist. Seit der Gründung dieser Organisation haben Staaten im Allgemeinen versucht, mit Bedrohungen des Friedens durch Eindämmung und Abschreckung fertig zu werden, durch ein System, das auf kollektiver Sicherheit und auf der Charta der Vereinten Nationen beruht. Artikel 51 der Charta schreibt vor, dass alle Staaten, wenn sie angegriffen werden, das natürliche Recht auf Selbstverteidigung behalten. Aber bisher galt als vereinbart, dass, wenn Staaten darüber hinausgehen und beschließen, Gewalt anzuwenden, um umfassenderen Bedrohungen des internationalen Friedens und der Sicherheit zu begegnen, sie dazu die eindeutige Legitimierung durch die Vereinten Nationen benötigen.

Jetzt sagen manche, dass diese Vereinbarung nicht länger haltbar ist, weil ein „bewaffneter Angriff" mit Massenvernichtungswaffen jederzeit, ohne Vorwarnung oder durch eine Gruppe aus dem Untergrund erfolgen könne. Statt auf einen solchen Angriff zu warten, so argumentieren sie, haben Staaten das Recht und die Pflicht, präemptiv Gewalt einzusetzen, selbst auf fremdem Boden und selbst dann, wenn die zum Angriff vorgesehenen Waffensysteme noch in der Entwicklung sind. Folgt man diesem Verständnis, dann müssen Staaten nicht mehr auf eine Übereinkunft im Sicherheitsrat warten. Stattdessen nehmen sie sich das Recht, unilateral oder im Rahmen von Ad-hoc-Koalitionen zu handeln. Diese Logik bedeutet eine fundamentale Herausforderung für die Prinzipien, auf denen Frieden und Stabilität, wenn auch unvollkommen, in den vergangenen 58 Jahren in der Welt beruht haben. Meine Sorge ist es, dass im Falle des Übernehmens einer solchen Logik ein Handlungsmuster hergestellt werden könnte, das zur Verbreitung der unilateralen und gesetzlosen Ausübung von Gewalt führen würde, mit oder ohne Rechtfertigung. Aber es genügt nicht, Unilateralismus anzuprangern, wenn wir uns nicht auch unmittelbar um die Probleme kümmern, die in einigen Staaten das Gefühl besonderer Verwundbarkeit aufkommen lassen, zumal es diese Probleme sind, die sie zu unilateralem Handeln treiben. Wir müssen ihnen zeigen, dass diese Probleme durch kollektives Handeln wirksam angegangen werden können.

Exzellenzen, wir sind an einem Scheideweg angelangt. Dieser Augenblick könnte nicht weniger entscheidend sein als das Jahr 1945, als die Vereinten Nationen gegründet wurden. Damals war eine Gruppe weitblickender, von Präsident Franklin D. Roosevelt geleiteter und inspirierter Weltpolitiker entschlossen, die zweite Hälfte des 20. Jahrhunderts anders als die erste Hälfte zu gestalten. Sie sahen ein, dass der Menschheit nur eine einzige Welt zur Verfügung steht; dass die Menschheit zu Grunde gehen könnte, wenn sie ihre Angelegenheiten nicht umsichtig regelt. Deswegen formulierten sie Regeln, um internationales Verhalten zu regulieren, und begründeten ein Netzwerk von Institutionen – mit den Vereinten Nationen als Zentrum. Ein Netzwerk, in dem die Völker der Welt zusammen für gemeinsames Wohl arbeiten könnten.

Jetzt müssen wir uns entscheiden, ob es möglich ist, auf der damals vereinbarten Grundlage fortzufahren oder ob radikale Veränderungen notwendig sind. Und wir dürfen nicht zurückschrecken vor Fragen nach der Angemessenheit und der Wirksamkeit der uns zur Verfügung stehenden Regeln und Instrumentarien. Unter diesen Instrumentarien gibt es keines, das wichtiger ist als der Sicherheitsrat selbst. In meinem jüngsten Bericht über die Umsetzung der Millenniumserklärung habe ich auf die dringende Notwendigkeit hingewiesen, dass der Sicherheitsrat das Vertrauen von Staaten und der Weltöffentlichkeit zurückgewinnt – sowohl durch den Beweis seiner Fähigkeit, mit den schwierigsten Fragen effektiv fertig zu werden, als auch dadurch, dass er die internationalen Gemeinschaft als Ganze und die geopolitischen Realitäten unserer Tage breiter repräsentiert. Der Sicherheitsrat muss entscheiden, wie er mit der Möglichkeit umgehen soll, dass einzelne Staaten präemptiv Gewalt gegen angenommene Bedrohungen einsetzen könnten.

Seine Mitglieder müssen eventuell mit einer Diskussion über die Kriterien einer frühzeitigen und schnellen Autorisation von Zwangsmaßnahmen beginnen, um bestimmten Bedrohungen zu begegnen – zum Beispiel, terroristischen Gruppen, die mit Massenvernichtungswaffen ausgerüstet sind.

Und sie müssen nach wie vor noch ernsthafte Diskussionen darüber führen, wie man am besten Bedrohungen des Völkermords oder anderer vergleichbar schwer Menschenrechtsverletzungen entgegenwirken kann – ein Thema, das ich selbst 1999 vor diesem Podium angesprochen habe. Auch in diesem Jahr ist unsere kollektive Antwort auf Geschehnisse dieser Art – in der Demokratischen Republik Kongo und in Liberia – zögerlich und reichlich spät gewesen.

Was die Zusammensetzung des Sicherheitsrats angeht, so steht dieses Thema seit mehr als einem Jahrzehnt auf der Tagesordnung dieser Versammlung. Praktisch alle Mitgliedstaaten stimmen darin überein, dass der Rat vergrößert werden sollte, doch hinsichtlich der Einzelheiten gibt es keine Übereinstimmung. Ich sage Ihnen, Exzellenzen, mit allem Respekt, dass die Schwierigkeit, eine Übereinkunft zu erzielen, Ihr Scheitern in den Augen Ihrer Völker nicht entschuldigt. Wenn Sie wollen, dass den Entschließungen des Rates mehr Respekt erwiesen wird, vor allem in den Entwicklungsländern, müssen Sie sich der Frage seiner Zusammensetzung mit größerem Nachdruck zuwenden.

Aber der Sicherheitsrat ist nicht die einzige Institution, die der Stärkung bedarf. Wie Sie wissen, tue ich alles, um das Sekretariat effektiver zu gestalten – und ich vertraue darauf, dass diese Versammlung meine Bemühungen unterstützt.

Tatsächlich habe ich in meinem Bericht vorgeschlagen, dass diese Versammlung selbst gestärkt werden muss und dass die Rolle des Wirtschafts- und Sozialrats – wie die Rolle der Vereinten Nationen als Ganze – in wirtschaftlichen und sozialen Angelegenheiten, einschließlich ihres Verhältnisses zu den Bretton-Woods-Institutionen überdacht und erneut gestärkt werden muss.

Ich habe sogar vorgeschlagen, dass die Rolle des Treuhandrats überprüft werden könnte, angesichts der neuen Formen der Verantwortung, die Sie den Vereinten Nationen in den letzten Jahren übertragen haben.

Kurz gefasst, Exzellenzen, glaube ich, dass die Zeit reif ist für eine eingehende Prüfung fundamentaler Politik-Fragen und struktureller Veränderungen, die notwendig sein könnten, um sie zu stärken.

Die Geschichte ist ein strenger Richter: Sie wird es uns nicht verzeihen, wenn wir diesen Moment verstreichen lassen. Ich für meinen Teil beabsichtige, eine hochrangige Gruppe namhafter Persönlichkeiten einzusetzen, die ich mit vier Aufgaben betrauen werde:

Erstens – mit der Untersuchung der gegenwärtigen Herausforderungen für Frieden und Sicherheit;

zweitens – mit der Prüfung des Beitrags, den kollektives Handeln bei der Beantwortung dieser Herausforderungen leisten kann;

drittens – mit einer Funktionsüberprüfung der Hauptorgane der Vereinten Nationen und des Verhältnisses, das zwischen diesen besteht, und

viertens – mit der Unterbreitung von Empfehlungen zur Stärkung der Vereinten Nationen durch die Reform ihrer Institutionen und Verfahren.

Die Gruppe wird sich hauptsächlich auf Bedrohungen des Friedens und der Sicherheit konzentrieren. Aber sie wird auch andere globale Herausforderungen untersuchen müssen, sofern diese mit Bedrohungen des Friedens und der Sicherheit in Verbindung stehen oder diese beeinflussen könnten.

Ich werde die Gruppe bitten, mir vor Beginn der nächsten Tagung dieser Generalversammlung Bericht zu erstatten, damit ich Ihnen bei dieser Tagung Vorschläge unterbreiten kann. Aber nur Sie können die harten und klaren Entscheidungen treffen, die nötig sein werden. Diese Entscheidungen könnten weitgehende, institutionelle Reformen beinhalten. In der Tat hoffe ich, dass es so sein wird.

Aber allein institutionelle Reformen werden nicht ausreichen. Sogar das perfekteste Instrument wird versagen, wenn es nicht gut und nutzbringend eingesetzt wird.

Die Vereinten Nationen sind keineswegs ein perfektes Instrument, aber sie sind ein kostbares. Ich bitte Sie dringend, einen Konsens zu erarbeiten, um es zu verbessern, vor allem aber, es zu nutzen, wie seine Gründer es beabsichtigt haben – um nachfolgende Generationen vor der Geißel des Krieges zu bewahren, um den Glauben an die grundlegenden Menschenrechte zu festigen, um die fundamentalen Bedingungen für Gerechtigkeit und die Herrschaft des Rechtes zu schaffen, und um in größerer Freiheit sozialen Fortschritt und einen besseren Lebensstandard zu fördern. Die Welt mag sich verändert haben, Exzellenzen, aber diese Ziele sind genauso gültig und dringend wie eh und je. Wir müssen sie fest im Blick behalten.

(Quelle: UN Doc. SG/SM/8891; Erweiterte Fassung der Übersetzung in Internationale Politik 11/2003, S. 116-118.)

Dokumentennachweis

[1] Auszeichnung für die Weltorganisation
Rede zur Verleihung des Friedensnobelpreises
Oslo, 10. Dezember 2001
UN Doc. SG/SM/8071
Internet: http//www.un.org/News/Press/docs/2001/sgsm8071.doc.htm

I. Ressourcen und Grundlagen

[2] Es kommt auf den Einzelnen an
Rede am Macalester College
St. Paul/Minnesota, 17. Mai 1998
UN Doc. SG/SM/6536
Internet: http://www0.un.org/News/Press/docs/1998/19980518.sgsm6563.html

[3] Die Partnerschaft zwischen den Vereinten Nationen und der Wirtschaft
Rede auf dem Weltwirtschaftsforum
Davos, 1. Februar 1997
UN Doc. SG/SM/6153
Internet: http://www.un.org/News/Press/docs/1997/19970131.sgsm6153.html

[4] Drahtseilakt in internationaler Arena – Das Amt des Generalsekretärs
Rede vor dem Council on Foreign Relations
New York, 19. Januar 1999
UN Doc. SG/SM/6865
Internet: http://www0.un.org/News/Press/docs/1999/19990119.sgsm6865.html

[5] Die Rolle Deutschlands
Rede vor dem Deutschen Bundestag
Berlin, 28. Februar 2002
UN Doc. SG/SM/8143
Internet: http://www.un.org/News/Press/docs/2002/sgsm8143.doc.htm

[6] Der Dialog der Zivilisationen
Rede vor dem Zentrum für Islamische Studien,
Oxford, 28. Juni 1999
UN Doc. SG/SM/7048
Internet: http://www.un.org/News/Press/docs/1999/19990628.SGSM7048.html

[7] Demokratie und Frieden
Cyril-Foster-Gedächtnisvorlesung
Oxford, 19. Juni 2001
UN Doc. SG/SM/7850
Internet: http://www.un.org/News/Press/docs/2001/sgsm7850.doc.htm

II. Probleme und Herausforderungen

[8] Die politischen Konsequenzen der Globalisierung
Rede an der Harvard University
Boston, 17. September 1998
UN Doc. SG/SM/6703
Internet: http://www0.un.org/News/Press/docs/1998/19980917.sgsm6703.html

[9] Entwicklungshilfe im Kontext weltweiten Wirtschaftswandels
Rede an der Universität Uppsala
Uppsala, 11. August 1997
UN Doc. SG/SM/6300
Internet: http://www0.un.org/News/Press/docs/1997/19970811.SGSM6300.html

[10] Die Herausforderung der Konfliktprävention
Rede an der Rice University
Houston, 23. April 1998
UN Doc. SG/SM/6535
Internet: http://www0.un.org/News/Press/docs/1998/19980423.SGSM6535.html

[11] Die Universalität der Menschenrechte
Rede an der Universität von Teheran
Teheran, 10. Dezember 1997
UN Doc. SG/SM/6419
Internet: http://www0.un.org/News/Press/docs/1997/19971209.SGSM6419.html

[12] Die Herausforderung der Verschiedenheit
Rabbi-Marc-H.-Tanenbaum-Gedächtnisvorlesung am Zentrum für interreligiöse Verständigung
New York, 27. April 1998
UN Doc. SG/SM/6541
Internet: http://www0.un.org/News/Press/docs/1998/19980427.SGSM6541.html

III. Krisen und Konflikte

[13] Intervention und Souveränität
Ditchley-Foundation-Vorlesung
Ditchley Park, 26. Juni 1998
UN Doc. SG/SM/6613
Internet: http://www0.un.org/News/Press/docs/1998/19980626.sgsm6613.html

[14] Mit Saddam verhandeln
Pressekonferenz nach der Bagdad Mission
New York, 24. Februar 1998
UN Doc. SG/SM/6470
Internet: http://www0.un.org/News/Press/docs/1998/19980224.SGSM6470.html

[15] Ein Angriff auf die Menschheit
Rede vor der UN-Generalversammlung zum Terrorismus
New York, 1. Oktober 2001
UN Doc. SG/SM/7977
Internet: http://www.un.org/News/Press/docs/2001/sgsm7977.doc.htm

[16] „Der Krieg gegen AIDS"
Princess-of-Wales Gedächtnisvorlesung in der Bank von England
London, 25.06.1999
UN Doc. SG/SM/7045
Internet: http://www.un.org/News/Press/docs/1999/19990625.SGSM7045.html

IV. Veränderungen und Reformen

[17] Reform ist ein Prozess, kein Ereignis
Rede vor dem National Press Club
Washington, 24. Januar 1997
UN Doc. SG/SM/6149
Internet: http://www0.un.org/News/Press/docs/1997/19970124.sgsm6149.html

[18] Erneuerung der Vereinten Nationen: Ein Programm für Reformen
Bericht des Generalsekretärs (Auszüge)
New York, 14. Juli 1997
UN Doc. A/51/950
Internet: http://www.un.org/Docs/SG/Report97/

[19] Wir, die Völker: Die Rolle der Vereinten Nationen im 21. Jahrhundert
Bericht des Generalsekretärs (Auszüge)
New York, 3. April 2000
UN Doc. A/54/2000
Internet: http://www.un.org/millennium/sg/report/

[20] Stärkung der Vereinten Nationen: Eine Agenda für weitere Veränderungen
Bericht vor der UN-Generalversammlung (Auszüge)
New York, 9. September 2002
UN Doc. A/57/387
http://www.unhchr.ch/huridocda/huridoca.nsf/e06a5300f90fa0238025668700518ca4/4b5d
557cb16e82b6c1256c3e003933dd/$FILE/N0258326.pdf

V. Neue Wege

[21] Ein neues Verständnis von Souveränität
Rede zum Jahresbericht
New York, 20. September 1999
Un Doc. SG/SM/7136
Internet: http://www.un.org/News/Press/docs/1999/19990920.sgsm7136.html

[22] Der Globale Pakt für Menschenrechte, Arbeitsrechte und Umweltschutz
Rede auf dem Weltwirtschaftsforum
Davos, 31. Januar 1999
UN Doc. SG/SM/6881
Internet: http://www0.un.org/News/Press/docs/1999/19990201.sgsm6881.html

[23] Die Weltrolle Europas im 21. Jahrhundert
Berliner Rede im Hotel Adlon
Berlin, 26. April 1999
UN Doc. SG/SM/6970
Internet: http://www0.un.org/News/Press/docs/1999/19990426.SGSM6970.R1.html

[24] Die Vereinten Nationen im 21. Jahrhundert
Dag-Hammarskjöld-Gedächtnis-Vorlesung
Uppsala, 6. September 2001
UN Doc. SG/SM/7941
Internet: http://www.un.org/News/Press/docs/2001/sgsm7941.doc.htm

[25] Die Vereinten Nationen am Scheideweg
Rede vor der UN-Generalversammlung
New York, 23. September 2003
UN Doc. SG/SM/8891
Internet: http://www.un.org/News/Press/docs/2003/sgsm8891.doc.htm

Neu im Programm
Politikwissenschaft

Andreas Busch
Staat und Globalisierung
Das Politikfeld Bankenregulierung
im internationalen Vergleich
2003. XVIII, 300 S. Br. EUR 34,90
ISBN 3-531-14104-X

Eckhard Jesse (Hrsg.)
**Bilanz der
Bundestagswahl 2002**
Voraussetzungen – Ergebnisse –
Folgen
2003. 224 S. Br. EUR 26,90
ISBN 3-531-14172-4

Dirk Jörke
Demokratie als Erfahrung
John Dewey und die politische
Philosophie der Gegenwart
2003. 261 S. Br. EUR 32,90
ISBN 3-531-14051-5

Stephan Kaußen
**Von der Apartheid
zur Demokratie**
Die politische Transformation
Südafrikas
2003. 434 S. Br. EUR 39,90
ISBN 3-531-14112-0

Gerhard Lehmbruch
Verhandlungsdemokratie
Beiträge zur vergleichenden
Regierungslehre
2003. 217 S. Br. EUR 31,90
ISBN 3-531-14134-1

Werner J. Patzelt (Hrsg.)
Parlamente und ihre Funktionen
Institutionelle Mechanismen und
institutionelles Lernen im Vergleich
2003. 476 S. Br. EUR 39,90
ISBN 3-531-13837-5

Susanne Pickel, Gert Pickel,
Hans-Joachim Lauth, Detlef Jahn
(Hrsg.)
**Vergleichende politikwissen-
schaftliche Methoden**
Neue Entwicklungen und Diskussionen
2003. 352 S. Br. EUR 39,90
ISBN 3-531-14097-3

Jens Tenscher
**Professionalisierung
der Politikvermittlung?**
Politikvermittlungsexperten
im Spannungsfeld von Politik
und Massenmedien
2003. 428 S. Br. EUR 39,90
ISBN 3-531-14078-7

Neu im Programm
Politikwissenschaft

Wolfgang Schroeder,
Bernhard Weßels (Hrsg.)

**Die Gewerkschaften
in Politik und Gesellschaft der
Bundesrepublik Deutschland**
Ein Handbuch
2003. 725 S. Br. EUR 42,90
ISBN 3-531-13587-2

In diesem Handbuch wird von führenden Gewerkschaftsforschern ein vollständiger Überblick zu den Gewerkschaften geboten: Zu Geschichte und Funktion, zu Organisation und Mitgliedschaft, zu den Politikfeldern und ihrer Gesamtrolle in der Gesellschaft usw. Auch die Neubildung der Gewerkschaftslandschaft, das Handeln im internationalen Umfeld und die Herausforderung durch die Europäische Union kommen in diesem Buch zur Sprache.

Hans-Joachim Lauth (Hrsg.)

Vergleichende Regierungslehre
Eine Einführung
2002. 468 S. Br. EUR 24,90
ISBN 3-531-13533-3

Der Band „Vergleichende Regierungslehre" gibt einen umfassenden Überblick über die methodischen und theoretischen Grundlagen der Subdisziplin und erläutert die zentralen Begriffe und Konzepte. In 16 Beiträgen werden hierbei nicht nur die klassischen Ansätze behandelt, sondern gleichfalls neuere innovative Konzeptionen vorgestellt, die den aktuellen Forschungsstand repräsentieren. Darüber hinaus informiert der Band über gegenwärtige Diskussionen, Probleme und Kontroversen und skizziert Perspektiven der politikwissenschaftlichen Komparatistik.

Sebastian Heilmann

**Das politische System
der Volksrepublik China**
2., akt. Aufl. 2004. 316 S.
Br. EUR 21,90
ISBN 3-531-33572-3

In diesem Buch finden sich kompakt und übersichtlich präsentierte Informationen, systematische Analysen und abgewogene Beurteilungen zur jüngsten Entwicklung in China. Innenpolitische Kräfteverschiebungen werden im Zusammenhang mit tief greifenden wirtschaftlichen, gesellschaftlichen und außenpolitischen Veränderungen dargelegt. Die Hauptkapitel behandeln Fragen der politischen Führung, der politischen Institutionen, des Verhältnisses von Staat und Wirtschaft sowie von Staat und Gesellschaft.

Erhältlich im Buchhandel oder beim Verlag.
Änderungen vorbehalten. Stand: Januar 2004.

www.vs-verlag.de

VS VERLAG FÜR SOZIALWISSENSCHAFTEN

Abraham-Lincoln-Straße 46
65189 Wiesbaden
Tel. 0611.7878-285
Fax 0611.7878-400

MIX
Papier aus verantwortungsvollen Quellen
Paper from responsible sources
FSC® C105338

If you have any concerns about our products,
you can contact us on
ProductSafety@springernature.com

In case Publisher is established outside the EU,
the EU authorized representative is:
**Springer Nature Customer Service Center GmbH
Europaplatz 3, 69115 Heidelberg, Germany**

Printed by Libri Plureos GmbH
in Hamburg, Germany